清時期全圖（1820年）

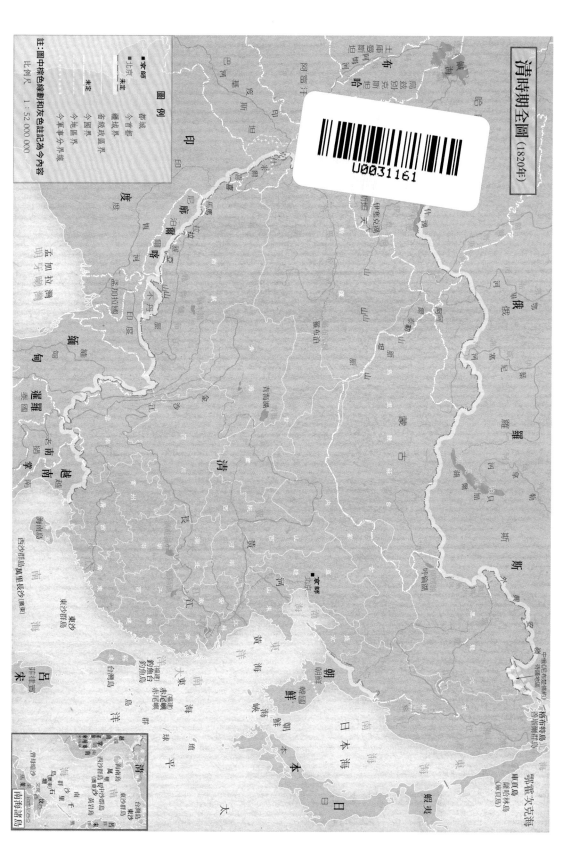

中俄《恰克圖條約》簽訂後中俄邊界及格爾必齊河、
額爾古納河流域

鄂霍次克海
庫頁島
（薩哈林島）

比例尺　1：52 000 000

註：圖中棕色線劃和灰色註記為今內容

圖　例
■　京師
■　北京　未定
　　　　　今省界
　　　　　羅城界
　　　　　今國界
　　　　　今地區界
　　　　　今軍事分界線

都城

布
哈
爾
海

土
耳
番
曼
斯
坦

烏
茲
別
克
斯
坦

阿
富
汗
斯
坦

巴
基
斯
坦

印
度

尼
泊
爾

巴
勒
喀
什
湖

伊
犁
河

那
林
河

齋
桑
泊

額
爾
齊
斯
河

鄂
畢
河

葉
尼
塞
河

俄

羅

斯

安
加
拉
河

貝
加
爾
湖

色
楞
格
河

庫
倫

蒙
古

斯

波
斯

阿
姆
河

帕
米
爾
高
原

喀
喇
崑
崙
山

喜
馬
拉
雅
山

孟
加
拉
灣

明
牙
喇
喇

緬
甸

暹
羅
暹
羅
國

怒
江

瀾
滄
江

越
南
越
南

雲
南

廣
西

貴
州

四
川

西
藏

青
海

甘
肅

新
疆

天
山

崑
崙
山

金
沙
江

青
海
湖

黃
河

清

湖
南

湖
北

陝
西

山
西

河
南

直
隸

京
師
北京

山
東

江
蘇

安
徽

江
西

浙
江

福
建

廣
東

廣
南
海
南

東沙群島
東沙群島

台
灣
島

台灣
台灣島

彭
湖
群
島

釣魚台
赤尾嶼

黃
海

東
海

南
洋
大
東
海

琉
球
群
島

朝
鮮

朝
鮮
國

日
本
海

日
本

蝦
夷

太
平

日

菲
律
賓

呂
宋

印
度
洋

南
海

西沙群島（萬里長沙）（慶泉）

（南海諸島）

清
南
海
諸
島

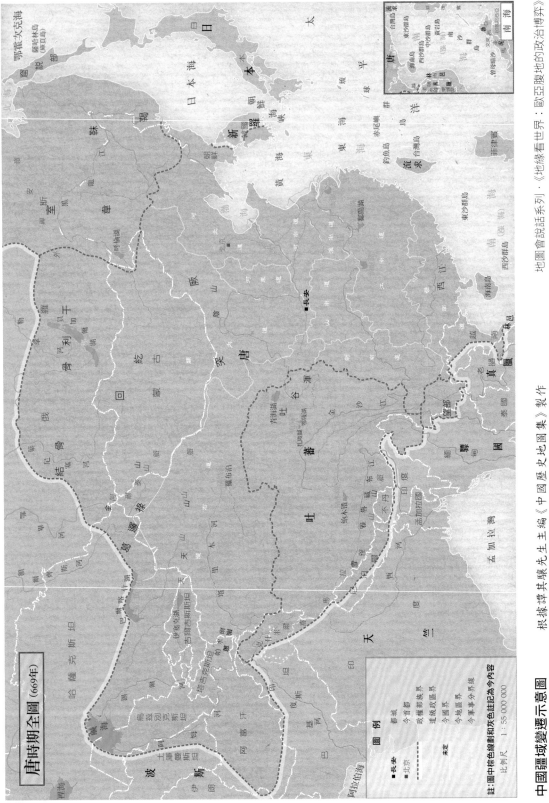

中國疆域變遷示意圖

地圖會說話系列‧《地緣看世界：歐亞腹地的政治博弈》

根據譚其驤先生主編《中國歷史地圖集》製作

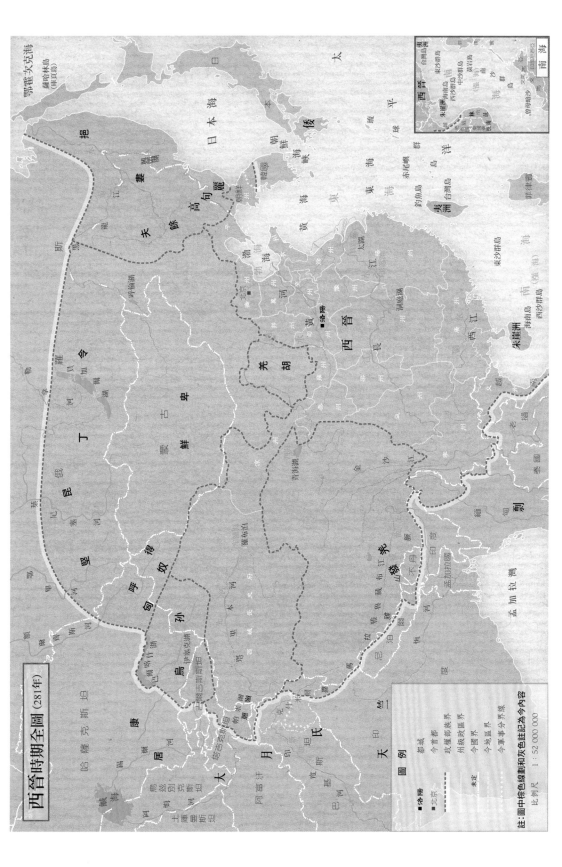

西晉時期全圖 (281年)

圖 例

■洛陽 都城

■北京 今省都

------ 政權部族界

州級政區界

今國界

未定 今地區界

今軍事分界線

註：圖中棕色線劃和灰色註記為今內容

比例尺 1:52 000 000

南 海

西晉

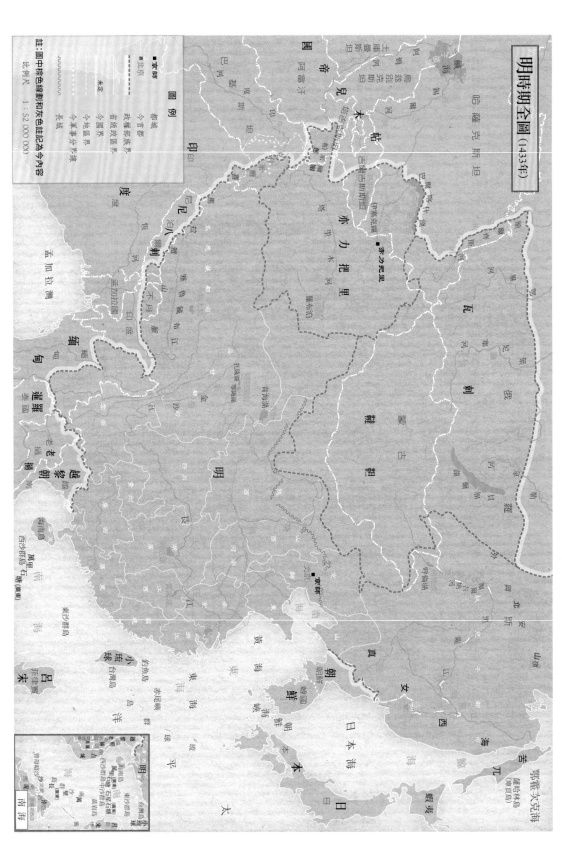

明時期全圖 (1433年)

圖　例

■ 京師
■ 北京
　　　　　　未定
　　　　　　都城
　　　　　　今省都
　　　　　　政權都城界
　　　　　　今省級政區界
　　　　　　今國政區界
　　　　　　今地區界
　　　　　　今軍事分界線
　　　　　　長城

註：圖中綠色線劃和灰色註記為今內容
比例尺　　1 : 52 000 000

哈薩克斯坦

阿
爾
泰
山

土
庫
曼
斯
坦

烏
茲
別
克
斯
坦

阿
富
汗

巴
基
斯
坦

印
度

孟
加
拉
灣

帖
木
兒
帝
國

亦
力
把
里

■ 赤力把里

瓦
剌

韃
靼

蒙
古

明

緬
甸

暹
羅

越
黎
朝

真
臘

女
直

朝
鮮

日
本

蝦
夷

鄂
霍
次
克
海

山
陽

安
東

西
海

朝
鮮
海
峽

大

日
本
海

琉
球

小
琉
球

呂
宋

菲
律
賓

台
灣
島

澎
湖

東
海

平

東
沙
群
島

海
南
島

萬
里
長
沙

西
沙
群
島
石
塘(西沙)

南
海

■ 京師
■ 北京

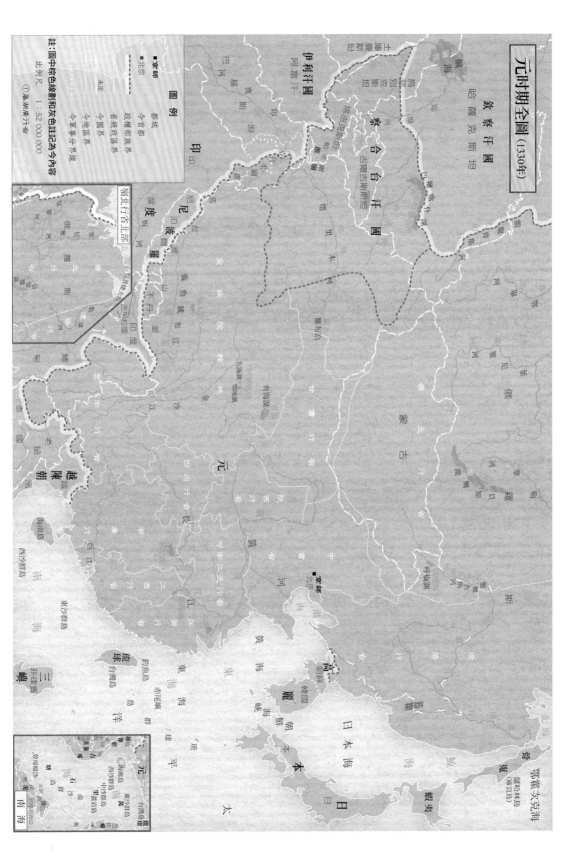

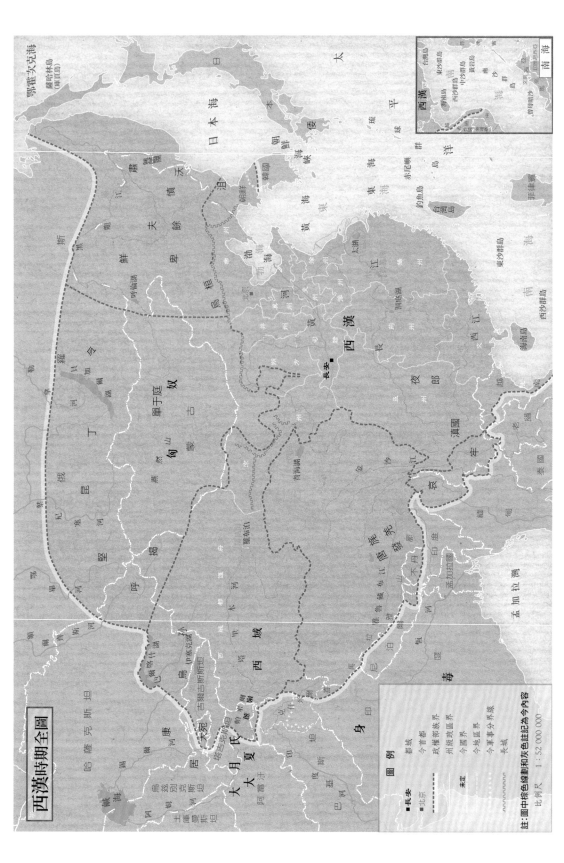

西漢時期全圖

圖例

■長安　　　都城
■北京　　　今首都
-·-·-　　　政權部族界
······　　　州級政區界
-------　　　今國界
-·-·-·-　　今地區界
~~~~~~　　今軍事分界線
　　　　　　長城
未定

註：圖中棕色線劃和灰色註記為今內容

比例尺　1：52 000 000

南海

西漢

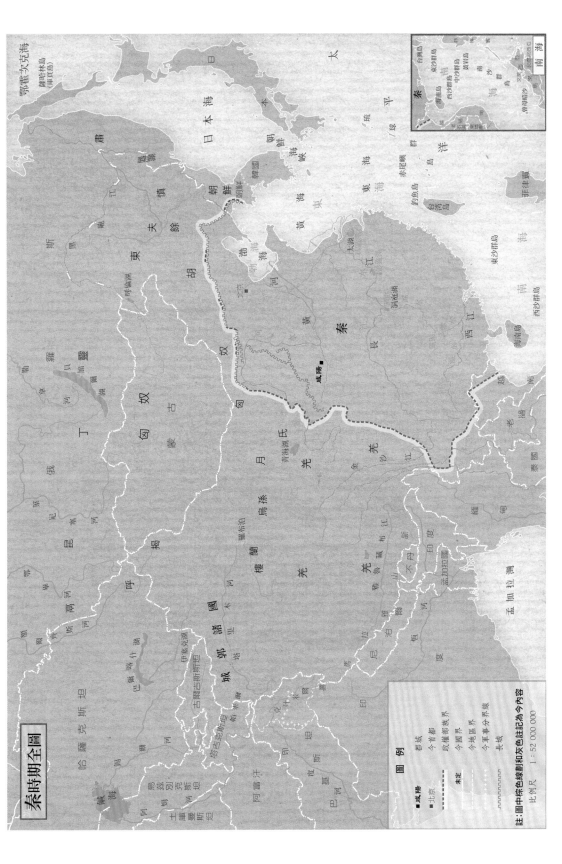

秦時期全圖

圖例

■ 咸陽　都城
■ 北京　今首都
------　政權部族界
------　今國界
------　今地區界
------　今軍事分界線
------　長城

未定

比例尺　1:52 000 000

註：圖中棕色線劃和灰色色註記為今內容

南　海

自諸繁地諸

台灣島
東沙群島
黃岩島
南沙群島
中沙群島
西沙群島
神狐暗沙　曾

秦

鄂霍次克海

薩哈林島
(庫頁島)

日　本　海

大

平

洋

斯

黑

江

肅

滿
鏡

夫

餘

東

胡

朝鮮
海峽

琉球
群島

赤尾嶼

江

鴨
綠
江

黃海

渤海
北京■
河

黃

東
海

韓國

日
本

朝
鮮

朝鮮

釣魚島
台灣島

東海

東沙群島

南

海

西沙群島

孟
加
拉
灣

泰國

緬甸

老
撾

奴

匈

秦

咸陽■

長

江

西江

洞庭湖

太湖

丁

零

羅

只
加
爾
湖

俄

勒
拿
河

葉
尼
塞
河

昆

斯

呼

鄂
畢
河

額
爾
齊
斯
河

哈薩克斯坦

鹹海

阿
姆
河

錫
爾
河

烏茲
別克
斯坦

土庫
曼斯坦

阿富汗

印
度

巴
基
斯
坦

塔
吉
克
斯
坦

吉爾吉斯斯坦

巴爾喀什湖

伊犁克湖

烏孫

蒙

古

匈

奴

月

氏

青海湖

羌

金

沙
江

羌

瀾
滄
江

怒
江

雅
魯
藏
布
江

恒
河

印
度
河

尼
泊
爾

不
丹

孟加拉國

揭

樓
蘭

諸
國
城
郭

木里

塔里木河

阿
拉
伯
海

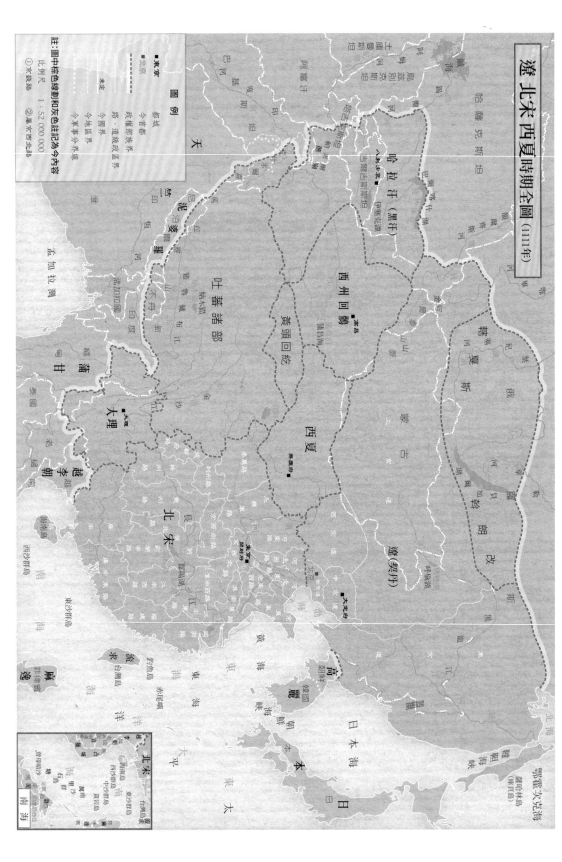

遼 北宋 西夏時期全圖 (1111年)

地緣看世界

歐亞腹地的政治博弈

地緣看世界

歐亞腹地的政治博弈

溫駿軒 著

中和出版
OPEN PAGE

中

今天我們在這裡研究「地緣」這個課題，包括回顧歷史，最大的意義並不在於政治或者軍事層面，而在於從更高的維度來審視人類應該如何正確改造和適應環境。

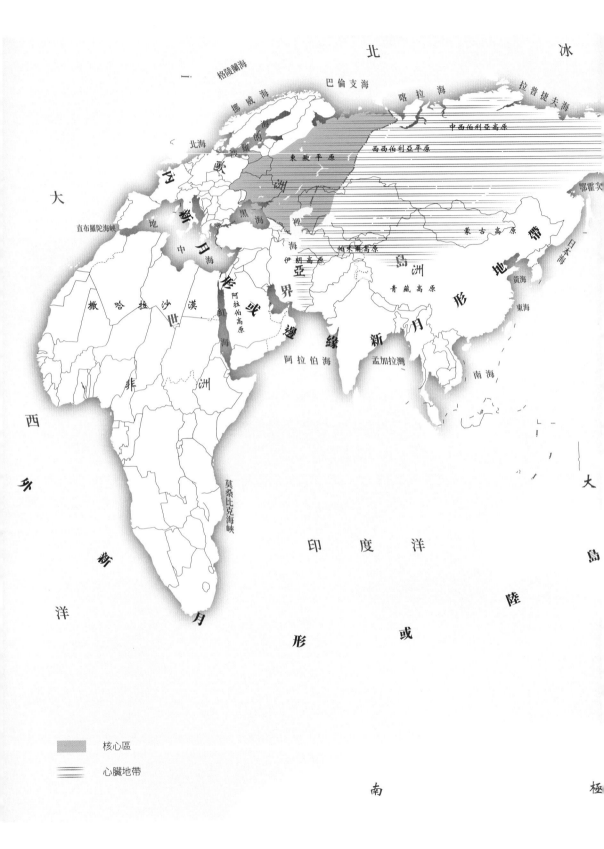

北冰洋

格陵蘭海　　　巴倫支海　　　　　咯拉海　　　拉普捷夫海

挪威海　　　　　　　　　　　　　中西伯利亞高原

北海　　　　　　　　　　西西伯利亞平原　　　　　　　　　　　　鄂霍次

歐　　波羅的海　　　　　東歐平原　　　　　　　　　　　　　　　　日本海

大　　　地　　洲　　黑海　　　　　　　　　　　蒙古高原　　　帶

直布羅陀海峽　　中　　　海　　　　裏海　　　　　　　　　　地　　黃海

西　　　　　　　　　　　　伊朗高原　　　　　阿木爾高原　島　　　形　　東海

撒哈拉沙漠　　世　　阿拉伯高原　　　青藏高原　　洲　　　月　　南海

紅海　　　　　　　　界　　　　　　　　　　新　　　　　　　　　　　　　大

非　　　　　　亞　　或　　　阿拉伯海　　孟加拉灣　　月　　　　　　　島

洲　　　　　　　　邊　　　　　　　　　　　　　　　　　　　　　　　　或

西　　　　莫桑比克海峽　　緣

外　　　　　　　　　　　印　度　洋　　　　　　　　　陸

洋　　　　　　　　　月　　　　　　　　　　　或　　　形　　　　　極

形　　　　　　　　　　　　　　　　　　　　　南

	核心區
	心臟地帶

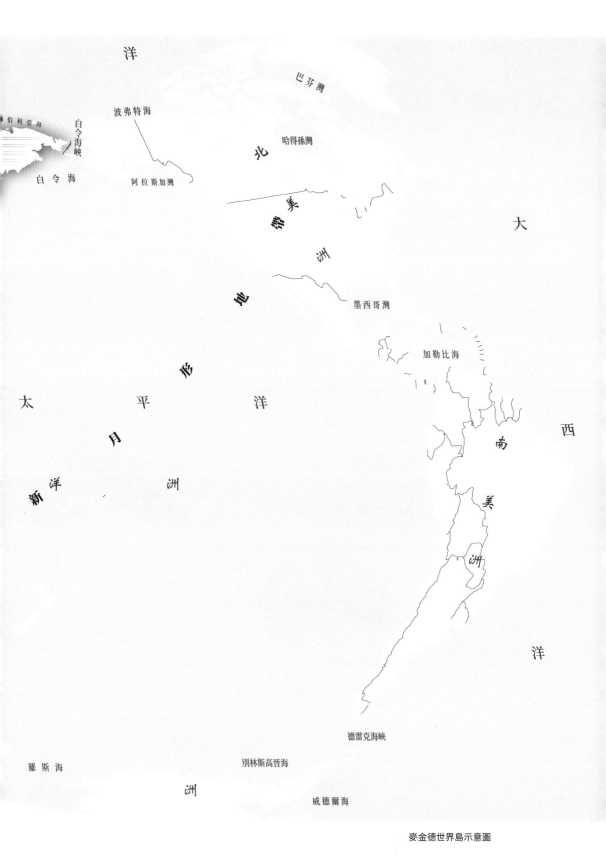

洋

巴芬灣

伯利亞海

白令海峽

波弗特海

哈得孫灣

阿拉斯加灣

白令海

北

美

洲

大

墨西哥灣

加勒比海

地

南

西

太

彤

平

洋

美

月

新

洋

洲

洲

洲

洋

德雷克海峽

羅斯海

別林斯高晉海

洲

威德爾海

麥金德世界島示意圖

北　冰　洋

歐　亞　大　陸　中　心　地　區

俄　羅　斯

東
邊
緣
地
區

日
本

中華人民共和國

南邊緣地區

印　度

世界島西外圍地區

東邊緣地區地緣利益區

世界島南外圍地區

印　度　洋

澳　大　利　亞

太　平

美國及其在大洋彼岸的盟友　　歐亞大陸中心地

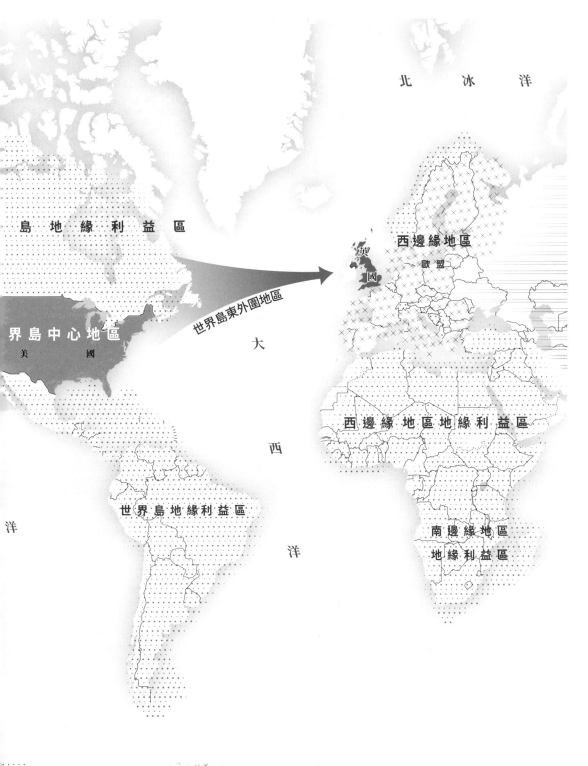

北　冰　洋

島　地　緣　利　益　區

西邊緣地區

歐盟

界島中心地區

美　國

世界島東外圍地區

大

西

洋

西邊緣地區地緣利益區

世界島地緣利益區

洋

洋

南邊緣地區
地緣利益區

各地區的邊緣利益區　　以歐亞大陸為中心的各個邊緣地區

新世界島地緣結構示意圖

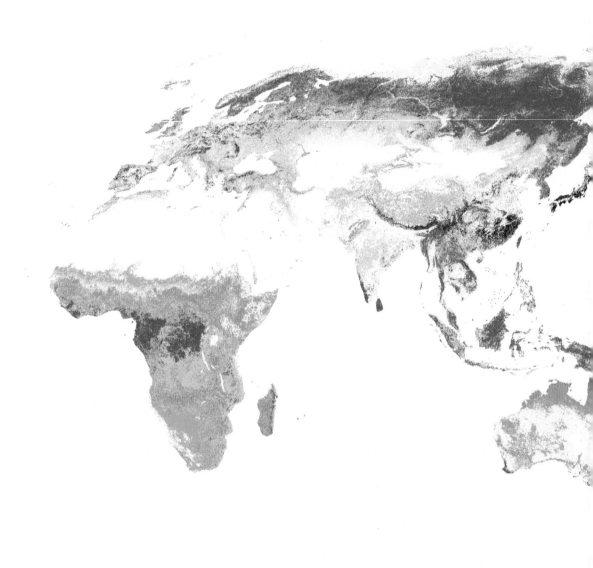

☐ 稀疏植被		☐ 裸地		☐ 冰川、雪	
☐ 草原		■ 人工建築		☐ 水體	■ 無數據

世界自然植被示意圖

前　言

　　三年又三年。想到了《誰在世界中心》會花三年時間出版，沒想到的是續篇也花了同樣的時間。好在這點時間放在歷史長河中實在不算甚麼，這些文字寫的時候亦是立足於大歷史層面，並沒有時效性。即便再過上若干個三年，相信這些文字對大家依然是有幫助的。

　　「上一秒即歷史，下一秒即未來。」單從這個角度來說，人類當下經歷的每一件小事，都會成為影響這個世界的變量，就像那個被稱為「蝴蝶效應」的著名比喻。只是人類沒有辦法關注到每一個細微變量，更不用說去評判它的影響力。

　　能夠給人留下印象的總是那些「大事件」。在中國崛起、世界地緣政治格局正在重塑的大背景下，與中國相關的事件又總能引來更多的關注。即便這裡面的中國因素並不是最重要的變量，也會被放大為「被中國影響的大事件」。不管基於甚麼樣的立場，今後很長一段時間，在世界範圍內，都會有更多的人有興趣了解中央之國是個甚麼樣的存在。無論是想知己還是知彼，本書都還算有點價值。

　　總體來說，《地緣看世界：歐亞腹地的政治博弈》的內容與《誰在世界

中心》是相輔相成的。《誰在世界中心》是在觀察中國在海洋中的身位,《地緣看世界:歐亞腹地的政治博弈》則着眼於了解中央之國在歐亞大陸上的定位。更具體點說,是解讀與中央之國的形成息息相關的「歐亞大陸中心地帶」。也可以認為,這兩本書分別是在解讀「21 世紀海上絲綢之路」和「絲綢之路經濟帶」的基礎地緣。

當然,於我寫這些文字的初衷來說,還是希望它們能分享一點看待世界的角度和方法。若能耐着性子讀完的話,再去看中國歷史以及一些時政新聞,也許會有豁然開朗的感覺。考慮到歐亞大陸作為「舊大陸」對人類文明史的貢獻,以及這一中心地帶對大陸邊緣諸文明的影響,對這片土地做一個系統性的解構,意義其實不止於幫助大家觀察中國的歷史和未來。

要想更全面了解人類腳下的每一片土地,以及洞悉人類社會如何走到現在這個狀態,還需要更多的文字。就我個人來說,幸運的是找到了「地緣」這把鑰匙,這份幸運也讓「地緣看世界」系列的文字能夠持續更新下去。不出意外的話,接下來將會出版一套「地緣三國」。不光為了給大家帶來一個不一樣的三國,更為了以波瀾壯闊的時代為載體,在地緣層面對中央之國核心區的結構做一梳理。

2020 年 4 月 5 日

目 錄

華氏零度

第一章

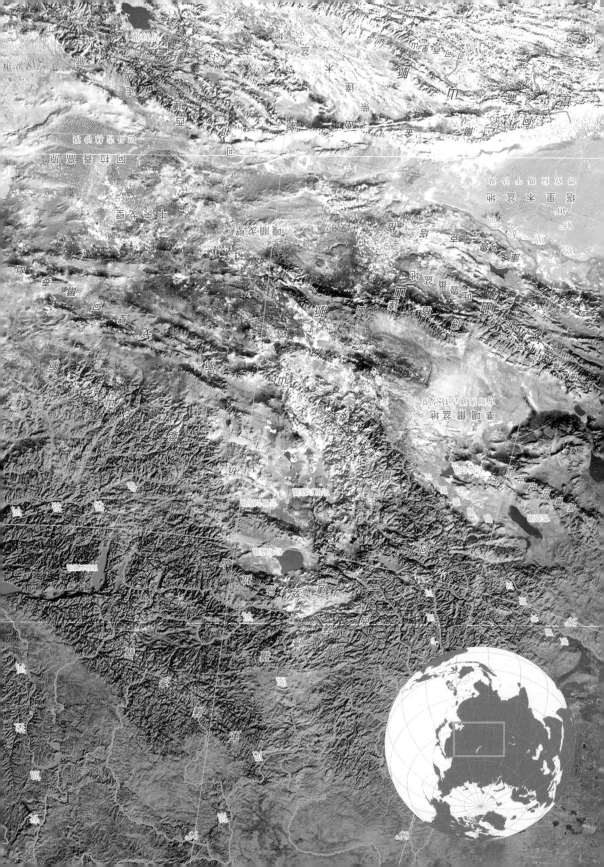

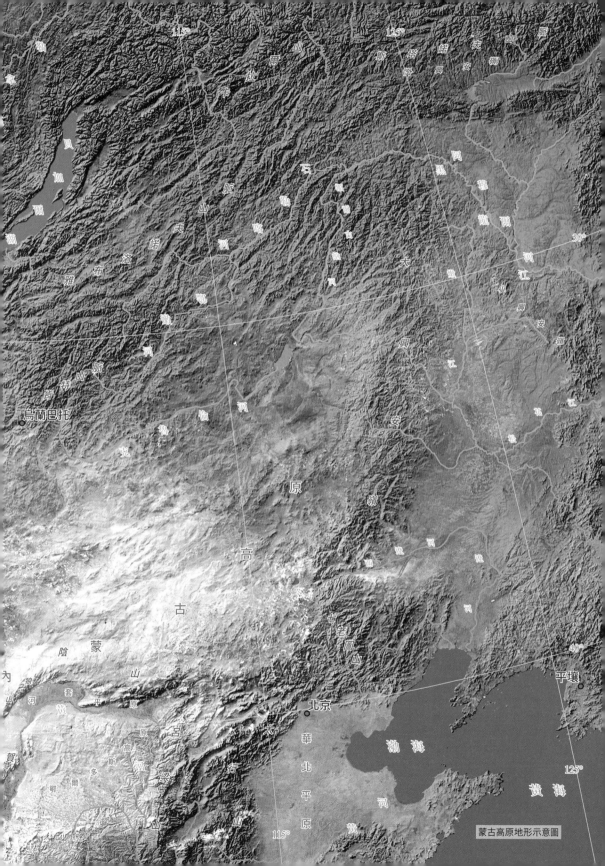

蒙古高原地形示意圖

對於現實的中國來說，東亞、東南亞應當是經略的重點，但從歷史的角度來看，北亞對中國地緣政治以及地緣文化的影響無疑是最大的。即使在今天，我們仍然不能忽視來自北方的壓力。這裡的北亞是地理概念，具體包含兩個地理單元，即蒙古高原和西伯利亞。如果從行政區劃的角度來看，大致就是蒙古國和俄羅斯的亞洲部分。

在麥金德的理論中，東歐平原是奪取歐亞大陸的樞紐地區，這在歐洲佔據了歐亞大陸主導權的時期無疑是正確的。但就整個古典時期來說，位於歐亞大陸中心地帶另一端的蒙古高原似乎更應該享有這個地位。最起碼對於歐洲人來說，「黃禍」曾經長期是恐怖的代名詞。而將蒙古高原的地緣威力發揮到極致的，無疑是匈奴的單于阿提拉和蒙古的可汗鐵木真。

就地緣位置來說，東歐平原和蒙古高原具有同等的地位。前者是歐洲遊牧文化的發源地，後者是亞洲遊牧文化的誕生之所。決定它們是否成為樞紐地區的關鍵因素並不在於它們自身，而在於它們的鄰居，也就是與之相對應的兩個邊緣地區。換句話說就是，誰相鄰的歐亞大陸邊緣地區的文明程度更高，誰就能夠成為真正的樞紐地區。中國強時則蒙古高原強，歐洲盛時則東歐平原盛。

就目前的情況來看，樞紐地區的稱號還是要授予東歐平原。發源於其上的莫斯科公國已經成長為一個橫跨歐亞的帝國，儘管它目前有衰弱的跡象，但仍然能夠控制大多數的歐亞大陸中心地帶。而蒙古高

原則已經弱化為一個緩衝地帶。

　　不過，歷史總是在發展，隨着世界的重心逐漸向歐亞大陸的東面傾斜，蒙古高原亦有可能重新奪回樞紐地區的地位，只不過這次的情況會有所不同。以往在歐亞大陸唱主角的，往往是位於中心地帶的民族，特別是古典時期的遊牧民族，他們所倚仗的是邊緣地區所不具備的機動性。而這一次，邊緣地區起到的作用就不會再局限於為相鄰的中心地帶輸入文明了。憑藉海洋的力量以及技術的提升，邊緣地區已經有力量打破與中心地帶的平衡。也就是說，如果現在出現東西方對抗，不再會是由中心地帶所發起的向邊緣地帶的入侵，更有可能的情況是，歐亞大陸兩端的邊緣地帶整合各自一邊的中心地帶（主要是東歐平原和蒙古高原）來爭奪大陸乃至世界的主導權。

　　從地理結構上來講，蒙古高原東界為大興安嶺，西界為阿爾泰山脈，北界為薩彥嶺、雅布洛諾夫山脈，南界為陰山—燕山山脈。整個高原的主體目前為蒙古國所佔據，南部區域基本在中國內蒙古自治區境內，西北部分行政上歸屬俄羅斯圖瓦共和國。

　　這種行政上的劃分結果，更多是源自近代中俄兩國的政治博弈。當然，正如我們經常說到的，大部分的行政區劃仍需遵循一定的地緣規律，即需要考慮明顯的地理特徵，以及由此產生的族群差異。就蒙古高原而言，這一規律仍然存在。

第一節
阿爾泰語系遊牧集團與蒙古高原

在族群劃分中，語言分類是重要依據之一。每一種語言的形成，又都與該語言族群所處的地理環境有關。在缺乏文史記錄的情況下，將語言分類與地理環境相對應，有助於我們剝離出整個草原的地緣演變規律。

阿爾泰語系遊牧民族的擴張

有一個問題是許多人感興趣的：為甚麼在整個歐洲大陸的歷史中，來自蒙古高原的遊牧民族，往往成為周邊地區（包括其他遊牧區）的噩夢。也就是說，蒙古高原遊牧民族，似乎比其他地區的民族，顯得更有進取心和戰鬥力。要解讀這一點，我們需要先看看蒙古高原的地緣位置。

從地緣的角度看，歐亞大陸腹地往往與「遊牧」二字聯繫在一起，或者說古典時期歐洲大陸腹地屬於遊牧民族馳騁之地。造成這種情況的根本原因，在於這片腹地不像西歐與東亞大陸一樣靠近海洋，因此形成了相對乾旱的大陸性氣候。與森林相比，更耐乾旱的多年生草

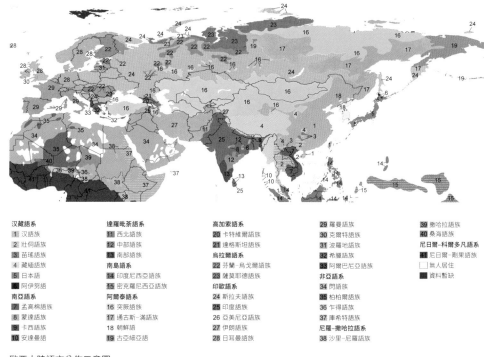

歐亞大陸語言分佈示意圖

本植物在這種氣候下會更佔優勢，因此而形成的草原地帶主體被稱為「乾草原」。

　　一般認為，歐亞大陸的乾草原地帶可以一分為二，即由多瑙河平原向東一直到阿爾泰山脈，縱深達 4000 公里的西乾草原，和由阿爾泰山到大興安嶺，縱深達 2400 公里的東乾草原。從這種分法我們可以看出，東乾草原地帶其實指的就是蒙古高原；西乾草原則包含東歐平原的南部（我們可以稱之為南俄草原）以及中亞草原，其中南俄草原是西乾草原地帶的核心。

　　南俄草原與蒙古草原的地理差異，在古代造就了兩個獨立的遊牧體系。前者在種族上呈現為高加索人種，也就是一般所稱的白種人，語言上則歸屬於印歐語系。歷史上曾經出現的雅利安人、斯基泰人等遊牧民族，都歸屬於這個體系，可以將之稱為印歐（語系）遊牧集團。至於興起於蒙古草原的遊牧民族，我們就更加熟悉了。這些種族特徵呈現為黃種人（蒙古人種）的遊牧民族，語言上都歸屬於阿爾泰語系，

可以統稱為阿爾泰（語系）遊牧集團。中國歷史上與中原王朝發生過聯繫的遊牧民族，比如匈奴、突厥、蒙古等，都可以歸類於這個體系。

與上述兩大遊牧體系並立的，還有活躍於北非—阿拉伯半島的閃含（語系）遊牧集團。在這一幾乎是在荒漠中求生的遊牧集團中，最傑出的代表自然就是阿拉伯人了。從種族特徵上看，這一遊牧集團屬於高加索人種，不過是暗白類型，與東歐、西歐的顯白類型有一定區別。

從地理位置來看，閃含遊牧集團的活動範圍並非屬於「世界島」的心臟地帶，而是邊緣地區。其擴張區域及博弈對象，主要在地中海周邊地區，這也使得阿拉伯人的歷史更多是和地中海北部的歐洲歷史聯繫在一起。真正參與大陸心臟地帶爭奪的，是印歐、阿爾泰兩大遊牧體系。

在古代戰爭史中，「馬」作為機動力的代名詞，對戰爭的進程起着非常重要的作用。活躍於東乾草原和西乾草原的遊牧民族，之所以能夠對周邊農業區長期造成巨大壓力，正是得益於「人馬合一」的生產生活方式。大約 6000 年前，南俄草原的印歐遊牧集團率先馴化了馬，並結合車輪這一技術發明，開始了他們的擴張之旅。除了歐洲以外，伊朗高原、印度，乃至中亞、西域這些亞洲地區，都先後成為印歐遊牧民族的覆蓋區。

馬能夠最先在南俄草原被馴化，得益於西乾草原相對較好的遊牧條件。相比西乾草原，海拔較高的東乾草原氣候要惡劣許多。降水的缺乏，使得蒙古草原的載畜量過低，以至更有動機尋找更優質的草原。所謂載畜量，指的是單位草場所能承載牲畜的數量。造成載畜量低的直接原因，是產草量太低。再上溯原因的話，就是蒙古高原惡劣的氣候了。相比蒙古高原的惡劣環境，歐洲大陸的草場可以算是地球上最好的草場了。歐洲大陸三面臨海、地勢平坦的地理特點，使得其

全境基本都處在海洋性氣候的影響之下。大西洋水汽的全覆蓋，也使得歐洲的牧草生長期更長、更多汁，其載畜量要高出蒙古高原數倍。

事實上，在歐洲大陸的生產生活中，畜牧業一直佔據着很重要的地位。即使在現代，英、法等國的農業產值中，仍有三分之二是來自畜牧業（法國有三分之一的土地是草場），這一比例在北歐國家甚至高達九成。我們在平時接觸到的影視、文學作品中，也能感受到這一點。在這些信息當中，歐洲農村很少有中國常見的在農田中精耕細作的場景，取而代之的是大量畜養牲畜，生產、食用奶製品的片段。這種以畜牧生產為主的農業生產方式為歐洲人帶來的好處，就是體質普遍好於東亞農耕區的民族。當然，在東亞民族意識到奶製品對體質的重要作用，並有針對性地彌補這個短板後，這種差距在迅速縮小。

歐洲人在身體條件上的優勢（但並不代表是健康的），也許讓很多亞洲人羨慕不已，尤其是在這個西方文化佔據主導地位的時代。然而，亞洲，尤其是東亞民族，卻不用為自己的土地感到自卑。因為說穿了，歐洲的土地之所以側重畜牧業，是因為它的綜合條件比不上東亞。我們很容易在地圖上發現，歐洲大陸在緯度上整體要比東亞大陸高出一個層級。以英、法、德為核心的西歐地區，與漠北蒙古高原處在同一區間（緯度）；而北歐的緯度，則已經和西伯利亞拉平了。唯一能夠和東亞地區處在同一起跑線上的，就是以亞平寧半島為代表的南歐地區（意大利）。這樣一橫向對比，相信大家就能夠理解為甚麼歐洲文明起源於地中海沿岸，以及現代歐洲人為甚麼那麼熱衷於跑到地中海去曬太陽了。

問題是，儘管大西洋的濕潤水汽能夠很大程度衝抵掉高緯度所帶來的寒冷，但歐洲半島的整體環境還是比不上與海洋同樣近距離接觸的東亞半島。而有條件大面積種植對氣候環境要求更高的農作物，也讓東亞地區的人口承載量要遠高於面積更大的歐洲大陸。

雖然歐洲大陸在種植業的規模上無法和東亞地區比拚，但當他們選擇對環境要求更低的畜牧業作為農業產出的主要生產方式時，卻有蒙古高原所無法比擬的條件。那些從森林中走出的原始漁獵民族很快就會發現，他們並不一定要像亞洲遊牧民族那樣，選擇遊牧的生活方式。在南俄草原，牧草更長的生長期、更高的產量，使得歐洲人可以選擇像農耕民族一樣過上定居生活。那些在秋季收割、曬乾的牧草，能夠支撐他們所畜養的牲畜度過寒冷的冬季。

定居生活所帶來的好處，並不僅僅在於可以讓歐洲人住上更舒適的木屋（而不是像亞洲遊牧民族那樣，住在簡陋的帳篷裡）。對於人類來說，定居生活意味着能夠有時間和精力經營「家」這個概念，並因此發掘出進一步改善自己生活的方法，更促進了人類文明的進步。具體到畜牧這種生產方式來說，開始定居並經營固定牧場的歐洲人，會更有動力通過選育、種植牧草的方式，來提升草場的載畜量 —— 發展到現在，已經有了四季常青的牧場。相比之下，亞洲遊牧民族所能做的技術改進，更多是在尋找自然規律，以期有效地利用天然牧場。

即使是現在，我們依然能夠在蒙古高原上看到堅持遊牧生活方式的牧民。而幫助他們進入定居生活狀態，以便更好地接觸現代文明，也成為牧區政府的一項重要任務。很多早已超出溫飽狀態、追求更高精神生活的「小資」，卻不認同這種人為干涉的做法。他們認為，在地球的某些角落保持一些原始的生活狀態，讓他們有機會走馬觀花般體驗一下，能夠讓他們的精神世界獲得極大的滿足，並體現所謂的人文關懷。只可惜，讓牧民年復一年地在青藏高原或蒙古高原持續這種生活狀態並不容易，若干年後，能堅持下來的就屈指可數了。

對於「小資」一族來說，看似與自然和諧相處的遊牧生活方式，處處顯露出浪漫氣質，但對於古典時期生活在乾旱地區的遊牧民族來說，選擇遊牧生活方式其實是出於無奈。在集高海拔、高緯度、低濕

度於一體的蒙古高原上，你很難找到一片草場能夠供給牲畜全年所需
的牧草。為了生存下去，蒙古高原中部和東部平原的遊牧部落，必須
在一年當中遷徙 3–8 次。其遷徙半徑，中部地區約在 10–20 公里，
東部地區約在 30–50 公里。

就遊牧生活方式而言，能夠在水資源豐富的低地草場上生活，其
實也是一種幸福。相比而言，那些在戈壁荒漠中憑藉有限的、低矮的
荒漠草場生存的部落，以及在高原西部以山地草原為主的區域內生存
的部落，一年當中的遷徙強度和半徑要大得多：每年 10–15 次的遷
移頻率，以及 100 公里以上的遊牧半徑，是他們的基本生活狀態。辛
勞是必然的。

相較於農耕民族對生存環境所做出的改造努力，遊牧生活方式對
自然環境的改造幾乎為零。這也意味着他們對災難的抵抗能力更低。
一旦遇上大的自然災害，相互之間的生存競爭幾乎是不可避免的。對
於處在農業區邊緣的遊牧民族來說，他們的幸福之處在於，那些辛勤
耕種的農民家中總是儲備着豐富的物資可以「取用」。當然，文明發
展到一定階段，遊牧民族試圖無償取得這些儲備物資時，通常會引發
道德層面上的問題。然而，當你一直生活在叢林法則中，這種掠奪方
式和針對動物的漁獵行為之間並沒有本質區別。

現在我們知道了，阿爾泰遊牧集團在蒙古高原遇到的困難，要遠
大於印歐遊牧集團在南俄草原遇到的困難。不過，事物總是兩面看
的，為了適應這種惡劣環境，蒙古高原的遊牧民族也形成了驚人的耐
力和戰鬥力。更為重要的是，除了已經適應高原生活的他們，其他地
區，包括西乾草原的遊牧民族，對這片苦寒之地都沒有太大的征服慾
望。反過來，東乾草原的遊牧民族更有動力向周邊更溫暖、水資源更
充足的地方遷移。在印歐遊牧集團的先發優勢喪失殆盡後，來自東乾
草原的阿爾泰遊牧集團開始以不同的民族標籤一次又一次地向西擴

散。由此導致的一個後果是，曾經為印歐遊牧集團所佔據的中亞地區，逐漸被阿爾泰語系民族所覆蓋。另一個後果則是，歐洲人的歷史中從此出現了「黃禍」這個讓人聞之色變的詞語。

蒙古戈壁與蒙古高原的地理分區

對於大多數生活在低地的人來說，高原的概念很多時候是模糊的。其實高原只是整體海拔較高，其內部同樣會有相對的高、低之別。草原是蒙古高原的經濟基礎所在。不過，在這片高原之上，除了連片的草原之外，還存在大片缺少雨水或河水潤澤、被稱為戈壁的土地。

戈壁屬於荒漠的一種，在蒙古語中有石頭、乾旱的意思。不同於沙漠，戈壁所呈現的地貌特徵主要為大片裸露的礫岩。在大風和遠古洪水的侵蝕之下，地殼表層土壤被帶走，進而露出下層的岩石。這些岩石又繼續被風蝕為大小不一、類似卵石的石塊（表面沒有水蝕而成的卵石那麼圓滑）。

蒙古高原每到冬季必然颳起強烈的西北風，這是戈壁地帶土壤丟失的直接原因。當然，如果再追根溯源的話，這筆賬還得算到北面的西伯利亞身上。不過，在人力無法改變風向、風力的情況下，這股每年影響我們生活的西北風的形成原因到底是甚麼，暫時也沒那麼重要了。

作為中國人，也不要只是抱怨西北風對我們生活的影響。要知道，那些經年累月從蒙古高原風運而來的土壤，在受到秦嶺等高大山脈阻攔後，大都落到了中國西北的黃土高原上，部分黃土又由黃河搬運至下游，積澱成為現在的華北平原。如果大家認同華夏文明起源於黃河中下游這片黃土地的話，那麼感恩一下為此付出生態代價的戈壁

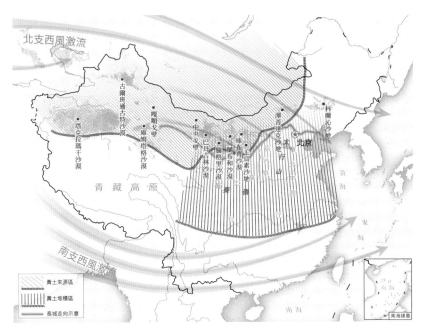

黃土搬運路線示意圖

也是應該的。

　　然而，隨着時間的推移，西北風為長城以南地區帶來的不再只是黃土了。在表層土壤幾乎喪失殆盡後，礫石表層會進一步被風化成細碎的沙質，並且在風力的作用下沿着相同的路徑南下，受阻於高大山脈或者高原後，進一步在戈壁的南部邊緣形成沙漠。這也造成了一個地理現象，那就是蒙古國境內並沒有連片的沙漠，中國內蒙古自治區南部則有一條斷續的沙漠和沙地（未完全沙漠化的土地）帶存在，比如河西走廊地區的巴丹吉林沙漠、騰格里沙漠，陝北高原北部的毛烏素沙地，以及大興安嶺西南端的渾善達克沙地。有鑒於此，將這片荒漠地帶統稱為戈壁沙漠會更為準確。

　　中國古代為防禦北方威脅而建築的長城實際上是一條農業線，或者說土地、氣候能夠支撐大規模農業生產的邊際線。在沙漠化的影

響下我們會發現，上述沙漠和沙地帶大體正是沿着長城北麓在延伸。很多沒有高地依託的長城牆體，甚至已經湮滅於沙漠之中了。進入工業時代以後，蒙古高原的地緣政治影響力已大不如前，然而當我們從更深層次了解這片土地與華夏文明的關係及對環境的影響後，就會發現，研究這片高原之地的前世今生，依然有着很強的現實意義。

先來看看這條橫貫中國和蒙古邊境的戈壁沙漠帶到底包含哪些區域。在地形圖上尋找到這片荒漠的邊緣，並不是一件容易的事。因為它本身並不像盆地、河谷那樣，有明顯的山體作為板塊邊緣，很難在地圖上一目了然地顯示出來。而了解這片戈壁荒漠的分佈範圍，對於我們解讀古代遊牧民族的地緣結構，卻有着非常重要的作用。因為在中原王朝與蒙古高原遊牧民族長達兩千多年的地緣博弈中，這片遼闊的荒漠區，極大地影響了雙方之間的博弈方式。

雖然說很難從地形的角度一眼看出蒙古戈壁的地理邊界，但通過河流水系分佈，還是可以確定這片乾旱之地的範圍。由於表面乾旱的原因，戈壁地區的水資源主要存在於地下，地面河流幾乎都是以季節河的形式存在。即使是靠近高大山脈的戈壁邊緣地區能夠四季獲得山地補水，那些山地之水所匯集而成的河流，通常也沒有機會沖破大漠戈壁的阻隔，匯入一條最終能夠入海的大河。這種不能走百川歸海模式的河流，被稱為內陸河。

可以說，如果你在地圖上看到一條河流是內陸河的話，那麼它所處的就是荒漠區了。再進一步說的話，在亞洲腹地，但凡沒有被外流河流域覆蓋的區域，基本就可以被歸類為荒漠區了。需要注意的是，這些荒漠區當中如果包夾有高大山脈的話，那麼山脈將有機會攔截更多的水汽形成降水。這些降水不僅能夠讓山脈披上綠裝，更能夠在山麓的荒漠地帶滋養出一塊塊綠洲，而這些可農可牧的綠洲，往往就是農業、遊牧兩大集團爭奪的焦點。

　　為了便於大家理解，我們可以把蒙古國境內的戈壁地帶稱為「外蒙古戈壁」。從大興安嶺西南一路向西綿延至準噶爾盆地的整個荒漠地帶中，「外蒙古戈壁」居於核心地帶。古人對於整個蒙古高原遊牧區向來有漠南、漠北之說，簡單來說，「外蒙古戈壁」之南即為漠南地區，北邊的蒙古草原則為漠北地區。

　　除了向內蒙古地區滲透以外，戈壁地帶其實還一路向西延伸至阿爾泰山與天山之間的準噶爾盆地。向西南方向擴張的高原遊牧民族，可以在跨越這片戈壁之後，向天山南北的草原、農業綠洲滲透。在突厥汗國時代，向這個方向擴張的突厥勢力被稱為西突厥；而在蒙古人控制北方草原時期，進入準噶爾盆地及其以西、以南地區的蒙古部落，則被稱為漠西蒙古。

　　現在我們知道了，如果結合蒙古高原遊牧民族的活動區間和「外蒙古戈壁」這個分隔區來看的話，可以劃分出漠北、漠南、漠西三個區間來。不過從地形和地緣角度來說，漠西並不屬於蒙古高原，因此對它的解讀會放在「西域」部分。真正在古代對長城以南地區構成直接威脅的，還是戈壁以北的那片高原。

　　我們可以在蒙古國的行政劃分中找到「外蒙古戈壁」的大致範圍。在蒙古首都烏蘭巴托南部，有四個名帶戈壁的省份：中戈壁省、南戈壁省、東戈壁省，以及面積較小的戈壁蘇木貝爾省；在更遠的西南方向，還有戈壁阿爾泰省。這五個以戈壁地貌為主的省份，面積加起來就有 55.5 萬平方公里了。而整個蒙古國的面積，也不過 156.65 萬平方公里。

　　比之純粹的沙漠地帶，戈壁要相對「養人」一些，尤其是靠近戈壁邊緣及高大山脈之處，甚至能滋養出連片的草場。這主要是因為那些礫岩的縫隙之間還存有少量土壤，能支持一定數量的植物生長。只不過這種荒漠化草原不僅生態系統十分脆弱，產草量也非常低。

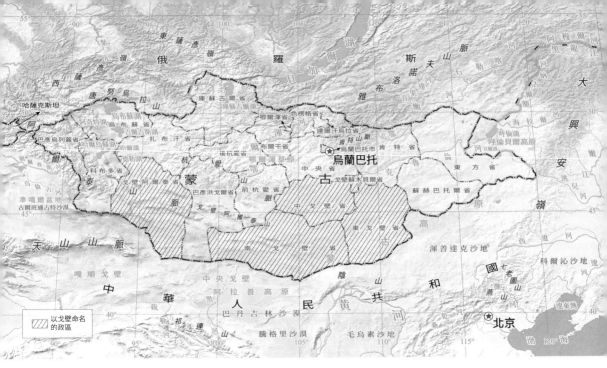

蒙古行政區劃示意圖

　　在這樣貧瘠的土地上，無論野生動物、牲畜，還是人類本身，密度都不可能太高。數字能帶給我們更直觀的感受。在耕地面積僅佔總國土面積 0.3% 的蒙古國，其人口密度約為 2 人／平方公里。是不是感覺已經很低了？尤其是在和已經將 6.71% 的土地開發成耕地的中國內蒙古自治區（人口密度約為 21 人／平方公里）對比之後。然而，在戈壁地區每平方公里土地只能承載 0.4 人左右的數據面前，估計讀者已經能夠嗅到一絲絕望的氣息了。

　　儘管戈壁地區的遊牧條件非常惡劣，但比起純沙漠區，穿越的難度還是要低很多。即使在沒有草場的純戈壁灘中，地下往往也有豐富的水資源（可以掘井），能夠為小規模的遊牧部落及南下的遊牧大軍補水。這也是漠北草原與漠南草原在地緣上能夠緊密聯繫在一起，並且長期對長城以南地區構成壓力的根本原因。反觀橫亙於非洲北部的撒哈拉大沙漠，地緣阻隔力度就要大得多了。以至很長一段時間，其南部的非洲都如一個地緣孤島般自我循環。

　　需要說明的是，即使以「外蒙古戈壁」的南緣為線，將蒙古高原簡單劃分為漠南高原、漠北高原兩部分，漠南的概念也不能與中國內蒙古自治區畫等號。這是因為，今天的內蒙古自治區還包括屬於漠北部分的呼倫貝爾草原及錫林郭勒草原。

　　相比中國的漠南地區，大家對漠北的地區結構要陌生得多。這部分土地，今天並非為蒙古國所全部擁有。17 世紀沙俄東擴，及 20 世紀初「幫助」「外蒙古」地區獨立時，先後佔據了兩個讓很多中國人魂牽夢縈的地理單元 —— 貝加爾湖地區及唐努烏梁海，以至我們今天可以單列出「俄屬蒙古高原」這樣一個地緣政治單元來。

　　不過，以漠北高原的地緣結構來說，上述兩個地理單元只能算是邊緣板塊。在後面的內容中我們會看到，兩千多年前，這兩片土地第一次為中原王朝所知曉，是因為兩個被匈奴流放於此的漢臣 —— 李陵和蘇武。至於漠北高原的核心區，則在「俄屬蒙古高原」與「外蒙古戈壁」之間。

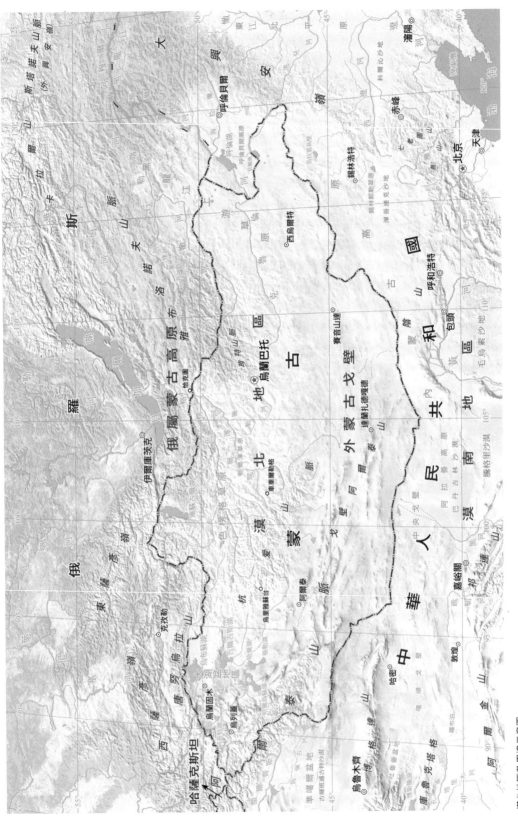

漠北地區及周邊示意圖

第 二 節

漠北

整個漠北高原的核心區可以分為三部分，山脈再一次顯示出了它在板塊分割問題上的絕對優勢。作為蒙古高原的主體，漠北高原的範圍東起大興安嶺，西至阿爾泰山脈。這兩條將漠北高原與東北平原、西域分割開來的山脈，整體呈現為一個上寬下窄的倒八字形。在這個「倒八字」之間，還有兩條體量較小的山脈 —— 肯特山及杭愛山組合而成的另一個「倒八字」。

四條兩兩相對的山脈，將整個漠北高原核心區分為三個類盆地板塊：東部的黑龍江上游草原、中部的色楞格草原，以及西部的大湖盆地。純粹做地理解讀，是不是有點枯燥？沒關係，接下來我們就結合歷史、人文、氣候等多重因素，從地緣角度帶大家去了解這片既熟悉又陌生的土地。

色楞格草原

對於遊牧民族的生產生活方式，一直以來有一句很寫實的概括 —— 逐水草而居。就杭愛山來看，這其實也是農耕民族的需求。哪

裡有水，能生長自身生存所需的植物，哪裡就是家園所在。相比遊牧民族靠天吃飯、居無定所的生活方式，農耕民族的生產方式決定了他們要通過改造自然環境來提升一塊土地的產出。不過，以蒙古戈壁的自然條件，即使是有現代技術支撐的我們，也很難將其改造為一片綠色之地，更別說是古人了。因此，無論是對蒙古戈壁，還是對它以北那片有水有草的高寒之地，中原王朝都很少表露出興趣。

儘管蒙古戈壁的自然條件注定它不可能成為遊牧民族的核心草場，但遊牧民族的生產生活方式卻使得他們更容易在這片乾旱之地中機動甚至小規模生存，這也使得這片乾旱之地事實上成為遊牧民族的地緣優勢所在（「我比你更適應」）。不過，僅憑戈壁灘所蓄養的那點人口，是無法對長城以南的農耕者造成長達兩千多年困擾的，遊牧民族需要一片真正水草豐美之地，來提升自己的人口基數。

前面我們為漠北草原劃出的三個板塊中，被肯特山、杭愛山包夾形成的色楞格草原在位置上當屬中心板塊。色楞格草原之名來自色楞格河。色楞格河發源於杭愛山北端，注入東北方向的貝加爾湖，是蒙古高原上最大的河流。其整個流域面積達 45 萬平方公里，由興安山脈（雅布洛諾夫山脈）、肯特山、杭愛山、唐努烏拉山、東薩彥嶺等山脈合圍而成。

這個類盆地區域內部的一個重要特點，就是河流眾多且分佈均勻。由周邊山脈上流入腹地的河水，首先匯集到一起（色楞格河），然後向北注入貝加爾湖。也就是說，從水系的角度來看，蒙古高原的這一中心板塊是被扇形分佈的色楞格河水系均勻覆蓋的。

這種地勢低緩、水源充足的結構，無疑有利於形成連片的草原，這也讓色楞格河水系地區成為眾多遊牧民族的駐地，比如最先統一蒙古草原的匈奴，最初正是活躍於色楞格草原的一支遊牧部落。不過，需要注意的是，在劃分地緣板塊時，色楞格河下游靠近貝加爾湖的部

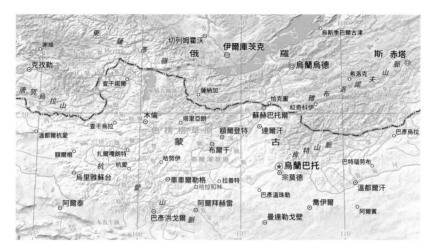

色楞格草原及周邊示意圖

分，並沒有被歸入色楞格草原的範疇中。

　　這樣分割的依據，並不僅僅是因為這一地區目前已經成為「俄屬蒙古高原」的一部分，更是因為在環境的變化下，貝加爾湖周邊地區的地帶性植被已經變成以寒溫帶針葉林為主。貝加爾湖西南至俄羅斯、蒙古接壤的色楞格河下游地區，整體則歸為過渡性的森林草原地帶。半遊牧半漁獵經濟，是這一地區的生活寫照。以至在成吉思汗統一蒙古高原時，生活在貝加爾湖周邊地區的部落還被稱為「林中百姓」。

　　理解了貝加爾湖周邊地區的植被變化，也就不難理解 1727 年（雍正五年）清朝與沙皇俄國簽訂新邊界條約時，會以今天俄羅斯、蒙古邊界的恰克圖為界，將整個貝加爾湖周邊地區「讓」給俄國人。因為對於蒙古草原來說，恰克圖以北已屬可有可無的邊緣地區。即使清王朝的統治者出於自身地緣屬性的原因，較以往諸中原王朝更加關注漠北及草原民族的利益，也不認為貝加爾湖及其周邊地區屬於應該竭力爭取的範疇。

今天再回顧那段歷史，肯定會有很多人扼腕歎息，尤其是在得知作為世界上最大最深的湖泊，貝加爾湖居然貯藏着全球五分之一的淡水後。然而，此一時彼一時，受限於當時的生產力，今人很難要求當時的人會想到有朝一日能夠從貝加爾湖及其周邊地區的資源中受益。就像我們的祖先曾經大規模圍湖造田，放在現在一定會被環保主義者所詬病。

匈奴是已知最早崛起於色楞格草原的遊牧勢力。作為中央之國打通陸地絲綢之路的推手，這個崛起於兩千多年前的草原帝國，在本書以後的內容中還會經常出現。在地理環境沒有發生根本性變遷的情況下，解讀匈奴時代的草原結構，及其與中原王朝之間的博弈，將為我們找到打開兩千年來東亞、北亞地區地緣關係之鎖的鑰匙。

匈奴最初只是遊牧於蒙古高原色楞格草原的一個部落之名。只不過這個部落最終在高原內部的競爭中脫穎而出，建立了統一的政治體系，遂順勢成為當時整個北方遊牧民族共同的稱呼。（後來所謂的「突厥」「蒙古」，也是如此。）因此，我們其實不用太糾結於北方那些遊牧民族到底應該如何分類。事實上，只有那些以相對獨立的形式在亞洲地緣政治版圖上佔得過一定位置的遊牧部落，才有可能被歷史記住，否則就只能湮沒在歷史當中，並被更強大的民族所代表了。

儘管在地理命名上，色楞格河憑藉自己的長度優勢，取得了代言整個流域的榮譽，但就色楞格草原，甚至整個漠北地區的情況而言，最重要的河流卻是色楞格河東岸的鄂爾渾河。從位置上看，鄂爾渾河更偏向於整片草原的中軸線，更為重要的是，它的東西兩個源頭，分別指向杭愛山的東南端和肯特山的東南端。為示區別，指向肯特山的這個源頭，被命名為圖勒河（匈奴稱余吾水）。

杭愛山與肯特山這兩座呈倒八字形排列的山體，像一座半開的大門一樣，讓開了色楞格草原南出戈壁的戰略通道。居於其間的鄂爾渾

河及其支流圖勒河，則呈人字形封堵住這個出口。而鄂爾渾草原在相對較低的緯度，在其他條件類似的情況下，相對較低的緯度能使年平均氣溫更高些，進而讓草的生長期更長一些。

雖然遊牧民族習慣於逐水草而居，但如果想要從政治角度將草原諸部統一起來，主導者還是需要選擇一個「風水」比較好的地方紮下他的大帳，甚至像定居民族那樣建造一座真正的都城。無論從生產、生活還是軍事方面考慮，背山靠水之地都是定居築城最好的選擇。

結合鄂爾渾草原與肯特山、杭愛山之間的地理關係，我們會看到，歷史上無論是誰統一草原，其所選擇的定都之地，都是在鄂爾渾河靠近山脈南端的兩個源頭之處。比如位於肯特山西南麓、圖勒河畔的匈奴單于庭，以及今天蒙古國的首都烏蘭巴托；位於杭愛山東南麓的鄂爾渾河正源河谷處的突厥、回鶻牙帳（都城），以及蒙古帝國的都城哈拉和林。

以哈拉和林遺址及烏蘭巴托這兩座有跡可尋的新舊蒙古都城來定位的話，二者之間相距的 315 公里開闊地帶，便是肯特山與杭愛山之間的近端距離，同時也是色楞格草原通過戈壁沙漠的大門所在。當然，戈壁本身並沒有甚麼好期待的，重要的是通過這片荒漠才能抵達漠南及看見長城。控制二者之間的草原地帶，不僅意味着得到了一片水草豐美的草原，更意味着掌控了整個草原通往戈壁沙漠、進而南下農業區搶掠的主動權。

儘管就色楞格草原的地理環境來說，烏蘭巴托及哈拉和林一帶，無論從哪個方面看都是最好的都城選擇，但在東亞核心區的農耕民族看來，這種差別相當於沒有差別。因為即使是烏蘭巴托一帶，平均氣溫低於零下 15 攝氏度的冬季也長達五個月，在氣溫最低的 1 月份，平均氣溫甚至能低至零下 30 攝氏度。這樣的氣溫條件，加上較低的降雨量，別說是支撐古典時期的農耕生產方式，即使是已經適應了環

境的遊牧民族，能夠從土地上收穫的資源也是有限的。（所以蒙古國現在的人口也不過幾百萬。）

由於無法在漠北進行大規模農業開發，歷史上漢、唐、明等多個中原王朝，雖然曾深入漠北顯示自己的力量，但總的來說，都屬於「以攻代守」的防禦手段。除了消耗對手的戰爭潛力（人口和牲畜），使其在很長一段時間內不得不休養生息以外，更多是在告誡遊牧者，大漠戈壁並非農業文明的禁區。而單從經濟角度看，這種勞師遠征是非常不划算的。

可以說，如果漠北草原的遊牧勢力不南下對長城沿線構成威脅的話，中原王朝是絕對不會理會這片沒有耕種價值的土地的。這同時也意味着，一般情況下匈奴人和其他遊牧民族在漠北高原的整合工作，也不用考慮遠在陰山—燕山以南的農耕民族的影響。

然而，華夏農耕文明在成長過程中並非只受到過漠北草原的影響。在中央之國成形的周王朝時期，陰山以南的河套地區，陝西、山西的北部高原地區，都曾經活躍着互不相屬的遊牧民族。只是在經歷過春秋戰國時代的重塑期之後，不僅華夏內部趨於統一，那些在黃土高原邊緣的遊牧區域基本上也都被華夏文明覆蓋了。

公元前 3 世紀初，趙、燕兩國開始在陰山—燕山一線修築長城，意味着華夏農業區在北方地理環境邊界趨於穩定。也正是從這一時期起，以匈奴為代表的遊牧勢力開始出現在長城之北。這條農牧分界線非常穩定，14-16 世紀修築的明長城與 2200 多年前的秦長城相比並沒有突破，有些地區反而因為環境的惡化出現了大幅南移的情況。其中最典型的，就是後文會解讀到的河套地區。

回到匈奴整合草原的問題上來。如果匈奴想代表遊牧文化向趨於統一的中央之國發起新一輪衝擊，首先要做的不僅是讓戈壁以北的勢力取得共識，還必須跨越戈壁，征服漠南地區的遊牧部落。匈奴一

族為趙、燕等國所知曉的公元前 3 世紀初期，應該就是匈奴統一色楞格草原諸部，並開始染指漠南草原的時段。在這個過程中，趙、秦兩國對黃土高原北部那些原本活躍着樓煩、義渠、林胡等民族的遊牧之地的征服，客觀上削弱了漠南遊牧者的地緣潛力，使得在隨後的兩千多年中，整個北方遊牧勢力的主導權一直掌握在漠北草原的控制者手中。

對於匈奴來說，統一色楞格草原僅僅是他們建立遊牧帝國的第一步。在蒙古高原之上，他們還有很多板塊和部落需要征服。單從方位上來看，匈奴人在征服這片漠北中央草原之後，可以向東、南、西、北四個方向繼續擴張。

向北的話，匈奴人最多能夠把控制線北移到貝加爾湖以南那片被我們標註為「俄屬蒙古高原」的森林草原地帶。至於貝加爾湖以北地區，並沒有特別的價值。以小的板塊命名角度來說，這一地區被叫作外貝加爾高原，而從大的劃分來看，整個貝加爾湖以北、一直到北冰洋的西伯利亞中部地區，被稱作中西伯利亞高原。至於整個西伯利亞的地理環境，即使沒有後面專屬章節的分析，大家也應該能夠感覺到，在古典時期的技術條件下，向這一片永久凍土帶索要生存之地，是非常不明智的。

既然繼續向北深入西伯利亞地區是一件沒有價值的事情，那麼向南穿越「外蒙古戈壁」以尋找溫度更高的草場，應該就是最好的選擇了。從大的方向來看，這種選擇並沒有問題。匈奴後來也的確把擴張重心放在了漠南，並以之為跳板持續對長城防線施壓。問題是，無論在漠北還是在漠南，匈奴都面臨着另一個叫作東胡的遊牧集團的挑戰。到後面我們會發現，如果按先秦時的歸類標準來看，中央帝國兩千多年來面臨的遊牧威脅，其實就是從所謂「胡」與「東胡」兩大集團中分化出來的。

　　在展開漠北高原外另兩大核心地理板塊之前，我們先來釐清一個方位問題。左、右是中國古代常用的方位詞。在華夏文明的左、右方位觀中，充當參照物的是河流。當以一條河流為參照物定位時，你的臉應該朝向下游方向，並以左、右手的位置來定位河流的左、右兩岸。這一認定的形成，源自東亞農耕民族遷徙或者說開發的方向。對於種植者來說，隨着農業技術的提升及水患治理水平的逐漸提高，整體呈現出從河流上游高地向中下游低地擴散的趨勢。

　　如果按照這種農業區習慣來認定方位的話，以色楞格草原為中央核心區的匈奴人，應該把杭愛山以西地區視作左翼、肯特山以東地區視為右翼。然而事實並非如此，匈奴人的方向認定正好與南方的農耕者相反。在匈奴統一漠北草原之後，為單于經略杭愛山以西大湖盆地區的貴族被稱為右賢王，肯特山以東黑龍江上游草原的副手則被任命為左賢王。

　　造成這一差異的原因在於，北亞河流的整體走向及下游環境與東亞存在本質區別。如果匈奴或者其他漠北遊牧部落也把擴張生存空間的希望放在河流的下游，那麼等待他們的不僅僅是北方那些無法遊牧的寒溫帶針葉林帶，更有令人絕望的永久凍土帶。相比之下，南方更加溫暖的草場及富庶的農業區顯然更有吸引力。當漠北遊牧者習慣於把目光投向南方時，左、右之位也就定下了。

　　對於匈奴人來說，高原左、右兩翼的開拓同樣重要。只有把這些同樣住在氈房裡、逐水草而居的部落結為一致行動者，匈奴才有足夠的力量與正在統一的中央之國對抗；另一個技術原因則在於，如果匈奴不能統一整個蒙古高原的話，那麼他們即使能夠穿越蒙古戈壁，並在漢地獲得額外的資源（或交換，或劫掠），也難保自己的後方不被其他遊牧民族所侵襲。

　　相比中央之國正在強化的中央集權制，匈奴人建立的草原帝國結

構要鬆散得多，就其內部的組織架構而言，與中央之國之前盛行的分封制頗有些類似。各大小部落都有自己相對固定的草場，而這些部落之間，又分級管理。其中，左、右賢王的政治地位僅次於單于。相對於之前各自為戰，僅以原始的血緣關係來區分敵友的狀況，匈奴能夠建立這樣一套草原分封體系，已經是很大的進步。後世的諸草原政權，在組織結構上同樣遵循這一草原分封原則。

從地緣位置來看，色楞格草原是蒙古高原，尤其是漠北的絕對中心。無論最終統一草原的部落最初崛起於何方，色楞格草原最南部通常都是新草原帝國地緣政治中心的選擇，具體地說，就是杭愛山與肯特山南端之間，鄂爾渾河、圖勒河上游地區（這兩條河流是色楞格河最南端的兩條支流，分別發源於杭愛山南端和肯特山南端）。比如匈奴帝國的龍城、突厥汗國的汗庭（於都斤山）、蒙古帝國的哈拉和林，以及現代蒙古國的首都烏蘭巴托，都在這個地理中心。

黑龍江上游草原

就色楞格草原東西兩側的情況來說，右翼的地形明顯要複雜一些，比較下來，左翼就顯得平緩多了。在這裡，我們要先解讀一條山脈——興安山脈。「興安」一名，中國人並不陌生。作為東北平原西部和東部邊界的大興安嶺和小興安嶺，是我們自小在地理課本中見過的名詞。除此之外，關心歷史的朋友一定會知道大興安嶺北邊的外興安嶺。這幾條喇叭形交會的山嶺，共同圍就了外東北地區。

上述三條山脈合稱為興安嶺。在它們的西部、貝加爾湖以東的俄羅斯境內，還有一條興安山脈與之相連。這四條山脈組合在一起，形成了一個爪字形結構。興安山脈就是這個「爪」字的最左一撇。不過，大家在地圖上未必找得到這條山脈，鑒於這條山脈現在屬於俄羅斯，

黑龍江上游草原及周邊示意圖

因此常見地圖上標註的是它的俄文名稱 —— 雅布洛諾夫山脈，一如外興安嶺的正式名稱現在是「斯塔諾夫山脈」一樣。

之所以先指出興安山脈的存在，是因為它與大興安嶺、肯特山脈一起，三面圍就了蒙古高原的左翼地區。比南部戈壁區要幸運的是，這些走向基本與海岸線平行的山脈，能夠幫助這個簸箕狀地理單元從太平洋季風中得到相對不錯的降水量。這些降水匯集而成兩條主要河流 —— 北部的鄂嫩河（下游稱石勒喀河）和南部的克魯倫河（額爾古納河）。

與蒙古高原腹地的河流形成一個完整的色楞格河水系，並最終注入貝加爾湖一樣，這兩條發源於肯特山東坡的河流，在大興安嶺與外興安嶺相交處的缺口合流匯入中俄邊境的黑龍江，並最終注入太平洋。從位置上看，它們相當於黑龍江的南、北兩源，這也是為甚麼我們要將整個板塊打上黑龍江上游草原的標籤。

　　一個區域的河流能夠外流入海，本身就證明它更有機會產生水草豐美之地。有了這些生命之源，蒙古高原左翼，特別是靠近大興安嶺，同時能夠受大興安嶺西麓河流補給的區域，植被覆蓋狀況就要理想得多了。歷史上，黑龍江上游草原也是蒙古帝國的興起之地。其中，鄂嫩河又叫斡難河，在成吉思汗統一蒙古諸部和明成祖朱棣遠征漠北的戰事中，這一地區都曾經進行過決戰。

　　鄂嫩河不是黑龍江北源的全部，它與另一條發源於肯特山北端的河流音果達河合流之後，被統稱為石勒喀河。需要注意的是，目前整個流域中只有鄂嫩河上游河段屬於蒙古國，沿興安山脈北上的大部分流域，則與色楞格河下游一樣，屬於俄羅斯外貝加爾邊疆區所轄。

　　水並非決定生存環境的唯一因素。在北亞這種高海拔、高緯度地區，溫度的影響會顯得同等重要。也就是說，如果不缺水的話，越靠近南邊的河流流域，就越適合人類生存。從這個角度說，鄂嫩河—石勒喀河流域算得上是整個流域中最精華的部分。同理，位置更偏南的克魯倫河流域的草場，又要比鄂嫩河流域的草場更為優質，以至在蒙古文化中，克魯倫河被視為母親河（匈奴時代稱弓盧水）。

　　大多數情況下，人類遵循着從河流上游向下游方向遷徙的規律，不過在追尋信仰的原點方面，這一規律卻正好相反。能夠成為一條母親河起點的高大山峰，既能夠從技術層面將山、水兩大地緣要素聯繫起來，又足夠讓觀者產生敬畏感。因此，在世界各民族中，往往存在着聖山崇拜的文化。這些聖山又都與崇拜者所依存的某一水系相連。

　　今天被蒙古人視為聖山的不兒罕山，正符合上述規律。這意味着，作為肯特山脈的最高峰，不兒罕山同時還是克魯倫河的源頭。遵循這一規律，我們也可以沿着圖勒河（余吾水）上溯，找尋當年霍去病大破匈奴之後祭天的狼居胥山在肯特山脈的大致位置。

　　除了讓人心生敬畏的源頭部分以外，克魯倫河靠近大興安嶺的另

一頭也同樣讓人印象深刻。在從肯特山東坡源出，並橫穿整個蒙古國東部之後，克魯倫河流入中國境內，在大興安嶺西麓之水的共同作用下，形成了蒙古高原最為優質的草原 —— 呼倫貝爾大草原。呼倫貝爾大草原得名於兩個湖泊，一個叫呼倫湖，一個叫貝爾湖。其中面積較大的呼倫湖完全位於中國境內，南部面積較小的貝爾湖則充當着中蒙兩國的界湖（93% 的水域歸屬於蒙古國）。不過，這兩個相通的湖泊並非克魯倫河的終點，在溢出湖面之後，克魯倫河從板塊南部收集而來的雨水，又開始更名為額爾古納河，並沿着大興安嶺西麓的中俄邊境北上，在與石勒喀河匯合之後形成黑龍江幹流。

在蒙古高原遊牧體系中，像克魯倫河和呼倫貝爾大草原這樣的自然條件，注定會成為一個各方聚焦的關鍵板塊。力圖統一蒙古高原，建立第一個遊牧帝國的匈奴，當然更不會放過了。只是，在匈奴所代表的色楞格河遊牧部落聯盟準備越過肯特山向東發展之時，發現這裡並非無主之地。一個在中國歷史上同樣佔據了重要地位的邊緣族群 —— 東胡，正在經營着包括呼倫貝爾草原在內的大興安嶺西麓草場。

正如古典時期很多糾纏不清的邊緣民族一樣，東胡的面目也同樣模糊不清。很多時候，大家糾結的是東胡到底是甚麼人種、應該包括哪些民族一類的問題。其實這些問題討論起來並不會有結果，也不會有太大的意義。因為即使我們有機會穿越回去，沒有文字記錄歷史的遊牧民族，也未必說得清自己的歷史。

事實上，對於遊牧民族來說，所謂血統並不是最重要的。惡劣的環境，使得他們珍惜每一個可能為己所用的潛在勞動力（戰士），並養成了「養重於生」的觀念。也就是說，後天能否成長並融入自己的部族，意義遠大於血統的來源。在這種觀念指導下，那些從戰爭中掠奪而來的人口，只要願意，都可以成為他們當中的一分子，尤其是那些

文化歸屬感尚未形成的幼童。

　　遊牧文化這種拿來主義的務實做法，甚至不會受到人種的限制。正因為如此，我們在繁雜的歷史記錄中，經常能夠看到對一個遊牧民族有不同的種族特徵描述。直到今天，在網絡上討論某一古典遊牧民族的人種，依然是很多人熱衷的話題。當然，這類討論的最終結果一般都沒有結果。

　　東胡作為一個獨立的遊牧集團出現在華夏文明的視線中，最初也是在匈奴崛起時代。在中央之國開始把匈奴人叫作「胡人」的時候，那些居於匈奴之東、肯特山直至大興安嶺區域的遊牧民族，就被稱為東胡了。事實上，東胡之所以能夠以獨立面目出現在中央之國視角的遊牧體系中，並非因為其人種、源流和匈奴有明顯的區別（前面也說了，他們自己都未必搞得清楚）。造成這一點的基本原因，是肯特山以東的蒙古高原本來在地理結構上就呈獨立狀態，是蒙古高原的二級地緣板塊。相比之下，這些依託黑龍江上游河流和大興安嶺的遊牧部落之間，更容易發生交集和博弈，並形成和色楞格河流域有一定區別的地緣文化。不過，在地理條件上有機會自成體系，並不是東胡之族讓歷史記住的主要原因。其根本原因，還是在於蒙古東部的這個地緣板塊在古典時期曾經成就過許多影響到中央之國歷史進程的著名遊牧民族，如鮮卑、契丹、蒙古。而按照地緣位置歸類，它們都被認定和公元前的東胡有親緣關係。這些被很多歷史研究者認定同出東胡體系的族群之間的共同特點，就是興起之地都在蒙古高原的東部。

　　一個能讓兩千多年前的中國人感受到的「胡」與「東胡」之間差異的特徵，很有可能是二者在語言上的差異。語言學家將曾經覆蓋整個北亞、東北亞地區的語言歸為阿爾泰語系。阿爾泰語系又分為三大語族，分別為突厥語族、蒙古語族以及通古斯語族。這當中最為成功的當屬突厥語族，從小亞細亞至天山南北的廣袤土地上，覆蓋了約 2 億

操各式細分民族語言的人口。有一個誇張的說法：如果一個土耳其人驅車從伊斯坦布爾一路向東，那麼在見到中國的長城之前，他都可以無障礙溝通。實際情況當然沒那麼簡單，不過，歸為同一語族的民族語言互相學習起來比較容易卻是事實。

作為一項重要的地緣指標，部分民族主義者有時也會以之為依據，期待其為現實的政治利益服務。泛突厥主義者們所謂「從亞得里亞海到中國的長城都應該是某國利益區」的狂想，在伊斯坦布爾以東地區的「理論依據」莫過於此（以西則是歷史上奧斯曼帝國曾經覆蓋巴爾幹半島）。

然而，無論在規劃國家未來版圖還是利益區的問題上，脫離了自身的地理位置及其他地緣因素影響，將語言的歸屬作為核心依據，都是沒有意義的。同屬印歐語系日耳曼語族的英格蘭人和德意志人，絕不會因為語言、民族源頭上的共同點而表現得像一家人；印度、巴基斯坦分別把自己的官方語言命名為印地語、烏爾都語的政治做法，也不能掩蓋它們其實是同一種語言的事實。

回到「東胡」和「胡」的分類問題上來。從語言上看，二者之間的差異很可能就是突厥語族與蒙古語族的差異。也就是說，古匈奴語言如果放在現在，應該歸為突厥語族，古東胡語則歸為蒙古語族。崛起的時間過早，是這兩個早期代表性遊牧民族沒有能夠成為語言學標籤的根本原因。

在蒙古高原之上，兩大族群長期以肯特山為地理分割線。也就是說，東胡民族及其後裔在蒙古高原東部會更具優勢，中、西兩大板塊則為突厥語族民族所覆蓋。這一平衡，直到史上最後一個遊牧帝國 —— 蒙古帝國建立之後，才宣告打破。與之在蒙古高原上存在競爭關係的突厥語部落，整體遷徙至中亞乃至更遠的地區，蒙古高原則整體為蒙古語族部落所覆蓋。

　　當然，如果人類到今天還沒有進入工業時代，歐亞大陸還一直在遊牧和農耕的博弈循環中，也不排除突厥語族部落重回蒙古高原，並將東胡後裔壓縮至黑龍江上游草原，甚至擠壓入大興安嶺地區的可能性。就像西漢初年，匈奴冒頓單于徹底擊敗東胡之後，殘餘的東胡勢力被迫退入大興安嶺及其邊緣地區，並形成鮮卑、烏桓兩族一樣。

　　與位於戈壁大漠以北的色楞格草原相比，東胡之地與核心農耕區的地緣關係要更緊密些。而這種緊密關係的形成，地理上的原因是大興安嶺的存在。對於大興安嶺的基本地貌，我想大家都應該有個基本印象，那就是林木茂盛。作為一條與海岸線平行，與海洋之間又存在大片低地和缺口的山脈，大興安嶺比它身後的那些山脈要更容易接受太平洋季風的潤澤，並積蓄更多的雨水。也正是由於水從東來，大興安嶺東麓的河流水系，從質量上要明顯優於西麓。這也為我國東北地區成為對水資源要求更高的森林地帶奠定了環境基礎。

　　高森林覆蓋率的環境特點，同時使得東北地區成為一個獨立於草原遊牧文明以及燕山以南農業文明之外的特殊地緣板塊，漁獵文化、漁獵經濟是這一板塊最顯著的特點。這一板塊在語言學上的特點，則顯示為被阿爾泰語系的另一個語族 —— 通古斯語族所覆蓋。中國人熟悉的金、清兩大王朝的建立者，便屬於通古斯語族。「通古斯」得名於貝加爾湖西側的通古斯卡地區。西伯利亞原住民族的語言，同樣屬於這個語族。鑒於西伯利亞的大部分地區與我國東北地區一樣為寒溫帶針葉林所覆蓋，兩個地區古典時期的居民存在親緣關係並不讓人感到意外。

　　相比草原遊牧地區，水資源更為豐富的森林漁獵地區往往更容易被開發為耕地。也可以說，人類歷史上獲得的耕地，很大程度上是源自對森林的開發。以東北地區的情況而言，過低的溫度是大規模農業開發的主要障礙。不過隨着農業技術的提高及全球農業技術的交流

（例如土豆、玉米的引入），漁獵文化及通古斯語在僅僅不到一百年的時間裡，就成了被保護對象。

雖然大興安嶺西麓的水資源狀況不如東麓，但在臨近大興安嶺的低地中，孕育出一片對水資源要求相對較低的草原還是可以的。尤其是可以得到肯特山和興安山東麓河流補給的北部地區，植被在溫度較高時期的狀況是讓遊牧民族十分滿意的。其中綜合條件最佳的，就是我們上一節提到的呼倫貝爾大草原（核心為克魯倫河和從大興安嶺流下的海拉爾河匯集而成的呼倫湖）。

如果說東胡之地的東面可以在水資源上左右逢源，那麼南面的情況就不盡如人意了。因為在這個方向，大興安嶺面對的是乾旱的蒙古戈壁。其臨近大興安嶺的低地，不僅得不到來自西面的河流補給，還要受到更多來自戈壁沙漠的惡劣氣候的影響。當然，由於大興安嶺的存在，那些從山嶺西麓流下的河流，雖然沒有能力伸入戈壁腹地，但還是可以自呼倫貝爾大草原以南，沿大興安嶺向南鋪設一條草原走廊。最後覆蓋這片草原的遊牧民族蒙古人，將這條大興安嶺西麓草原走廊命名為錫林郭勒草原。今天它的行政建制也繼承了這個名稱（錫林郭勒盟）。基於同樣的歷史繼承，呼倫貝爾草原行政上的歸屬也是呼倫貝爾市（地級市）。

需要說明的是，由於直面蒙古戈壁，錫林郭勒草原上的河流沒有機會匯入呼倫湖、貝爾湖，並成為黑龍江水系的一部分，而是在草原上形成了以烏拉蓋高壁為代表的一個個小型鹹水湖。不過，在地緣劃分上，我們依舊可以把這條草原走廊歸入漠北的範疇。它與漠南草原的分割線為大興安嶺與燕山山脈之間的缺口一線。比較方便的定位方法，是在地圖上找到錫林郭勒盟的行政中心錫林浩特市，這座草原城市以南區域即屬於漠南的範疇。

當然，這個時候你可能還會發現一個問題，那就是今天錫林郭勒

盟的範圍還要向南延伸至燕山北麓，與河北相接。也就是說，在地緣政治上，錫林郭勒地區本質上是一個橫跨漠南、漠北的行政區。考慮到今天的漠南與部分漠北地區已經整合為內蒙古的概念，相信大家對這種規劃背後的原因，應該不難體會出來。

當燕山以南的農業區進入秋季收穫期，遊牧民族的牲畜也正是膘肥體壯時。由於遊牧經濟的不穩定性，遊獵經濟往往是遊牧經濟的有效補充，只不過相較於草原的動物資源，遊獵富庶農業區的吸引力要大得多。當向南方農業區「打草穀」（契丹人對劫掠農業區行為的稱謂）成為一種週期性的生活方式，甚至成為遊牧文化的一部分時，錫林郭勒這條草原走廊的重要性就體現出來了。無論是原本居於大興安嶺西部草原的東胡部落，還是後來入駐於此的匈奴人，都很容易發現，相比穿越高原腹地的大漠戈壁，沿大興安嶺西麓草原走廊南下的障礙要小得多。當這條草原走廊即將走到盡頭時，燕山也就在眼前了。

今天，錫林郭勒草原及大部分的呼倫貝爾草原，都幸運地留在了中國版圖內。就地理位置來說，這條草原地帶不僅是漠北地區施壓長城線的重要通道，也是維持東北地區地緣政治安全的屏障。客觀地說，東北地區作為中央之國最後一個王朝根基之地的地位，為大興安嶺西麓這條草原地帶納入中國版圖創造了有利條件。

從地緣政治角度看，呼倫貝爾草原、錫林郭勒草原沒有被從中國版圖中剝離，不僅提升了大興安嶺及燕山一線的安全度，反過來也對「外蒙古」及「俄屬蒙古」的地緣安全構成了壓力。在歷史上，這一壓力曾經通過一次源自東北地區的失敗的進攻行為展現出來。

在混亂的 20 世紀初，原屬清王朝統治範圍的大興安嶺兩側是日本、俄國覬覦的對象。兩大帝國爭奪的結果，便是俄國支持「外蒙古」獨立，並將其納入了自己的勢力範圍，日本在東北地區扶植了自己的

傀儡政權。在這一瓜分中國北方地區的過程中，清王朝為了自身安全而對蒙古諸部所做的內、外蒙古劃分，為兩國劃分勢力範圍提供了最初的依據。只不過一如我們前面分析的那樣，內、外蒙古之分，並不等同於傳統的漠南、漠北之分。呼倫貝爾草原的大部，也就是今天屬於中國的部分，被歸入了偽滿洲國統治範圍（錫林郭勒草原則暫時以自治的形式保留在中國版圖內）。

俄國人肯定不會滿意自己的勢力範圍內缺少呼倫貝爾草原這塊重要拼圖，而日本人同樣希望憑藉這個跳板，在蒙古高原乃至西伯利亞得到更多。問題在於，長期以來，俄國（蘇聯）的主要壓力都源自歐洲方向，尤其是納粹所領導的德意志第三帝國的崛起，更是讓蘇聯不得不把主要精力放在西線。所以，最先試圖打破平衡的，反倒是已經在大興安嶺西麓佔得先機的日本人。

日本人以呼倫貝爾草原為跳板，挑戰蘇聯在蒙古高原存在的戰役，就是歷史上著名的諾門罕之戰。這場發生在呼倫湖和貝爾湖支流哈拉哈河河畔的戰役，以日本的徹底失敗而告終。此後，將戰略方向確定為「南下」的日本，以及認定東線無戰事（可以集中精力應對西

諾門罕戰役示意圖

線戰事）的蘇聯，在東北亞地區一直維持着「和平」狀態。直至 1945
年 8 月，同盟國陣營取得全面勝利時，這種狀態才被蘇聯打破。

大湖盆地

　　與蒙古高原其他板塊相比，大湖盆地算得上一個比較特別的板
塊。它的特別之處在於，所有的河流都是內流河。也就是說，從盆
地周圍的山地上流向腹地的河流，最終沒能匯成一條河流，並流向大
海。從地理結構上看，大湖盆地諸河流內流的命運，其實是無法避免
的。因為整個盆地的缺口在東南部，即使這些山脈上流下的河流有力
量沖出盆地，也會悲哀地發現，等待它們的並不是從其他高地匯集而
來、與之合力沖向大海的河流，而是一望無際的蒙古戈壁。在這種地
理結構下，大湖盆地周邊山地流下來的河水，除了在盆地腹地匯集成
大大小小的湖泊之外，別無出路。

　　由於大湖盆地的東南部靠近乾旱的戈壁區，整個盆地內的湖泊也
呈現出南小北大的格局：南半段靠近戈壁，蒸發量相對較大，土地也
更容易荒漠化；北半段受戈壁的影響相對較小，所蓄積的湖泊也相對
較大。其中較大的湖泊有三個：烏布蘇湖、哈爾烏蘇湖、吉爾吉斯湖。

　　既然湖泊之水是從山上來的，那麼它們也必定對應着各自的上游
河流。既然定性為盆地，自然會有圍邊的山地。西南方向的阿爾泰
山脈、西北方向的唐努烏拉山、東北方向的杭愛山，是圍就這個內
流區的三大山脈。從水資源的貢獻度來看，這三大高地倒是屬於同一
級別，我們前面所說的三大湖泊之水，正是分別來自這三大高地。其
中，阿爾泰山上流下來的科布多河匯成了哈爾烏蘇湖，杭愛山上匯出
的扎布汗河蓄積了吉爾吉斯湖，而唐努烏拉山則為烏布蘇湖及匯入該
湖的特斯河做出了最大的貢獻。

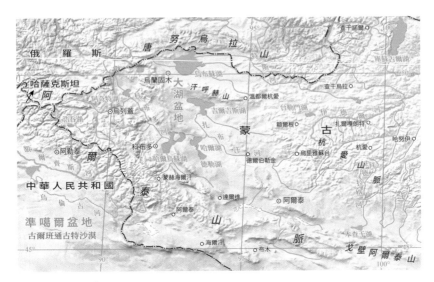

大湖盆地及周邊示意圖

　　既然圍就大湖盆地的三大山脈成就了三大水系和三大湖泊，那麼很自然，大湖盆地的北半段也可以分割為三個亞板塊。由於兩千多年前的匈奴帝國過的是逐水草而居的生活，我們很難找到他們生活的遺跡來驗證這三個亞板塊在匈奴帝國中居於何等地位。不過，在中國古代時期後期，清帝國出於控制蒙古高原的需要，以及近代蒙古國獨立之後，建立符合現代國家要求的行政區劃的需要，在大湖盆地北部建立了幾處重要城鎮。其中可能最為熟悉中國歷史的朋友所知曉的，就是清帝國興建的科布多（科布多河流域）和烏里雅蘇台（扎布汗河流域）。

　　在清帝國統治蒙古高原時期，外蒙古的政治中心並不在傳統的色楞格河流域上游地區（具體地說，就是鄂爾渾河與圖勒河上游），而是在大湖盆地中、杭愛山西南麓的烏里雅蘇台。之所以會做這樣的安排，是基於地緣位置的關係。興起於東北地區的滿洲人在試圖化解蒙古高原的威脅時，與漢族主導的中原王朝有所區別。對於長城以南的

華夏農耕民族來說，征服陰山—燕山一線的漠南草原部落，為長城與漠北草原之間設置一個緩衝區，能極大提升自己的安全係數。然而，對於視東北地區為祖地的滿洲人來說，僅僅控制漠南草原顯然是不夠的。如果不能將大興安嶺西側的呼倫貝爾—錫林郭勒的草原走廊納入直接控制區的話，大興安嶺東側的東北地區的戰略安全會很成問題。這一點，滿洲人的先祖女真人就有慘痛的教訓。雖然他們為了防備蒙古高原遊牧民族的襲擾，直接控制了錫林郭勒草原（當然也包括陰山北麓的草原地帶了），並在大興安嶺西側構築了中原王朝未曾嘗試過的草原長城，但呼倫貝爾草原及其以北的蒙古東部地區，還是成為金王朝的心腹之患。在成吉思汗通過統一蒙古東部地區進而成為草原之主後，金王朝也成為蒙古帝國崛起道路上的犧牲品之一。

女真人的教訓告訴滿洲人，如果他們想避免自己的後院起火，就需要把整條大興安嶺西側的草原走廊控制在手。最起碼，作為這條草原帶核心的呼倫貝爾草原，需要帝國強有力的控制。在這種思路指導之下，在大部分古代時期適用的、對蒙古高原遊牧區用「漠南」「漠北」加以區別的方式，就不適用了。傳統的漠南地帶，加上呼倫貝爾—錫林郭勒草原帶，成就了「內蒙古」的地緣概念。至於在此之外的蒙古高原，自然也就是「外蒙古」了。

清帝國是如何利用各種技術手段來控制內、外蒙古地區的，並不是我們今天要關注的。所謂內、外有別，僅僅從這兩個字的區別上，就足以顯出帝國對這兩個地區在控制力上的差異了。當然，「外蒙古」地區作為清王朝時期中央帝國的組成部分，並沒有甚麼問題，只是政府在管控力方面相對弱些。烏里雅蘇台將軍轄區包括「外蒙古」地區，與其他非帝國核心區的管理一樣，其組織模式為軍政合一。

既然東蒙的核心草原帶已經成功地從傳統的漠北板塊分離出來，那麼「外蒙古」地區的政治中心，勢必也會向西移動一點。由此，在

大湖盆地核心區南部、扎布汗河上游興建的烏里雅蘇台城，也就成了整個「外蒙古」地區新的政治中心。其實如果僅僅是為了更好地控制大湖盆地、唐努烏梁海，以及色楞格草原的話，杭愛山—肯特山南端的傳統地緣中心（烏蘭巴托及其以西至杭愛山地區）仍然是一個不錯的選擇。最起碼在肯特山以東，仍然有大片土地歸入了「外蒙古」板塊，雖然這些土地不如大興安嶺西麓草原走廊肥沃。

純粹從幾何角度看，蒙古高原傳統的地緣核心區仍然居於中點。不過，清帝國最終還是選擇將控制「外蒙古」地區的烏里雅蘇台將軍府設立到大湖盆地之中。這一選擇的地緣理由，就是所謂的「外蒙古」地區當時所涉及的並不僅僅是阿爾泰山以東、地理意義上的蒙古高原，阿爾泰山脈南麓的額爾齊斯河流域（也就是準噶爾盆地北沿）同樣屬於蒙古遊牧部落的控制區。

蒙古人並不是唯一滲透到阿爾泰山以南的高原遊牧民族。事實上，在漫長的歷史中，包括匈奴人在內的諸多草原民族，在控制大湖盆地之後，都會很自然地滲透到阿爾泰山以南，並將直接控制線推進到額爾齊斯河上游。為甚麼會這樣，我們在後面會有解讀。現在我們的關注焦點，還是在大湖盆地。

如果你觀察夠仔細的話，會發現烏里雅蘇台城並非建立在大湖盆地的腹地，而是在扎布汗河上游河流的山谷之中。按照我們在東亞農業區的經驗，河谷、盆地腹地（下游地區）才是最利於植被生長的區域，也因此能承載更多的人口，並成為板塊核心。烏里雅蘇台的選址似乎告訴我們，在大湖盆地當中，最優質的牧場並非存在於湖泊眾多的盆地腹地，而是在那些海拔相對較高的上游河谷中。

在這裡，我們需要先對「大湖盆地」這個地理標籤的範圍再做一個細化。狹義的大湖盆地，指的是阿爾泰山、唐努烏拉山、杭愛山西北段合圍出的地段。我們先前提到的烏布蘇湖、吉爾吉斯湖、哈爾

烏蘇湖等幾個規模較大的湖泊及其周邊地區，就是狹義大湖盆地的腹地。有一條曾經在漢匈博弈中出現過的山脈「汗呼赫山」（古稱「稽落山」，公元 89 年，東漢車騎將軍竇憲及副將耿秉擊敗北匈奴主力於此），橫向將這片腹地切割成了兩塊。北面的烏布蘇湖地區自成一塊，南面的吉爾吉斯湖、哈爾烏蘇湖，包括二者之間面積略小的另兩個湖 —— 哈爾湖與德勒湖共為一區。事實上，南部湖區之間都存在河道相連。也就是說，從杭愛山南麓匯流下來的扎布汗河與從阿爾泰山北麓流下來的科布多河，在盆地腹地匯集到一起。而唐努烏拉山東部，以及杭愛山西北側的河流，則單獨打造出特斯河和烏布蘇湖區。

當我們把視線從烏里雅蘇台城向南轉移時，會發現盆地仍在向東南方向延伸。只不過在這半段，只剩下杭愛山西南麓在向腹地提供淡水了，阿爾泰山南延山脈幾乎對盆地腹地的湖泊沒有貢獻。也正因為如此，這一部分的湖泊在規模上遠沒有北段的大。在地理分類中，這部分由阿爾泰山脈南延伸段與杭愛山東南段包夾而成的谷地，有時也被單獨稱作「湖谷」。

儘管從地理結構上看，廣義的大湖盆地也會包括湖谷地帶，但相比北段，湖谷的自然條件要更加惡劣。而造成這種惡劣環境的直接原因，是南部的阿爾泰山山勢開始走低，沒有力量提供足夠的水源。這不僅使得湖谷內部荒漠化，還使得山脈本身植被稀疏。正因為如此，這段阿爾泰山脈延伸段的名字被標註為「戈壁阿爾泰山」。如果從環境來說，戈壁阿爾泰山與湖谷地帶，其實也是「外蒙古戈壁」的一部分。

戈壁阿爾泰山的悲劇，與它的地理位置和海拔有很大關係。在蒙古高原，如果想從大氣中獲得更多的水資源，有兩個條件至關重要：一個是與海洋的距離，另一個則是高度。與海洋距離越近，太平洋季風就越有機會帶來濕潤的水汽；而高度越高，就越有機會將之轉換為

雨水（雪）。從距離的角度看，蒙古高原東部顯然會更有優勢；而從蒙古高原的地勢來看，西高東低的格局，又是西部山地佔優。這種糾結的結構，成就了蒙古高原中南部的悲劇。

具體到高原西部的核心板塊 —— 大湖盆地（廣義），其地勢最高的西段地區，乾旱程度就要低於東部地區。也就是說，越靠近蒙古戈壁的地區越乾旱。這一點，我們也可以從蒙古國在大湖盆地的行政建制中得到驗證。盆地中烏里雅蘇台及其以南的重要城市，都是建於上游河谷中。而西北部的省會城市烏蘭固木及科布多，則靠近湖區（前者靠近烏布蘇湖，後者靠近哈爾烏蘇湖）。

雖然大湖盆地的西北段，自然條件要比東南段好，但就盆地腹地的整體條件而言，比之色楞格河流域以及蒙古高原東部，還是要差上許多。不僅有很多湖泊是鹹水湖，而且荒漠、荒漠草原的比例也比較高（荒漠化程度自西向東逐漸嚴重）。大湖盆地板塊腹地的草場情況雖然不盡如人意，但整個板塊還是有機會在蒙古高原三分天下有其一，甚至有機會翻越阿爾泰山脈，將勢力範圍滲透到準噶爾盆地。

之所以會這樣，是因為歐亞大陸東部草原帶自東向西延伸到阿爾泰山南北時，形式和結構發生了重大變化。我們印象中那種一望無際、地勢平緩的草原帶開始消失，取而代之成為主角的，是立體分佈於高大山脈之中的山地草場。

與漠北高原中、東部相比，大湖盆地腹地的低地草場情況並不盡如人意。不過，周邊存在的高大山脈卻為遊牧其中的部落提供了另一種選擇 —— 山地牧場。我們知道，遊牧民族的生活被形容為「逐水草而居」。支撐這種生活方式的基礎在於，在一個部落的遊牧範圍內，存在不同生長期的草場。而除了牧草的品種、降水等因素，決定這些草場生長期的另一個主要原因就是溫度。山地複雜的地形結構，恰好能夠提供不同的溫度選擇。

一般情況下，海拔越高就意味着氣溫越低。按照這種邏輯，山地草場應該只能讓遊牧民族用來避暑了。但實際上，在一些結構複雜的山地，某些高海拔地區的氣溫卻有可能比低海拔地區還要高。像山地輪廓呈塊狀和層狀（斷塊山）的阿爾泰山就是這種情況。當然，草地的產生還跟水資源的供給情況有關，水太多的話，森林就會成為主角；太少，又會荒漠化。如果一定要具體解讀，阿爾泰山之中哪一區域是草場、森林、荒漠地貌，這些草場又分別適合在哪一季節放牧的話，應該可以寫一篇博士論文了。對於我們來說，知道像阿爾泰山這樣的山脈之上存在氣候環境迥異的山地牧場就可以了。

其實，像大湖盆地這種以山地牧場為主的地緣板塊並不是孤例。在我們後面將要解讀的中亞—西域板塊，腹地乾旱的環境也同樣使得山地牧場成為遊牧民族的研究對象。他們會根據自己的生活實踐，依據不同山地的自然條件，分割出二季、三季甚至四季牧場來。即使是在那些低地牧場為主的區域，那些有條件在夏季避暑或冬季躲風的山地牧場，也往往會作為某一季節的遷徙地。

以大湖盆地的位置來看，對於東亞核心區內的華夏文明，其直接影響要小於蒙古高原東部，然而這並不代表以大湖盆地為核心的蒙古高原右翼對中央之國的形成沒有發揮過重要作用。在「河西走廊」部分，這一作用將會呈現在大家面前。

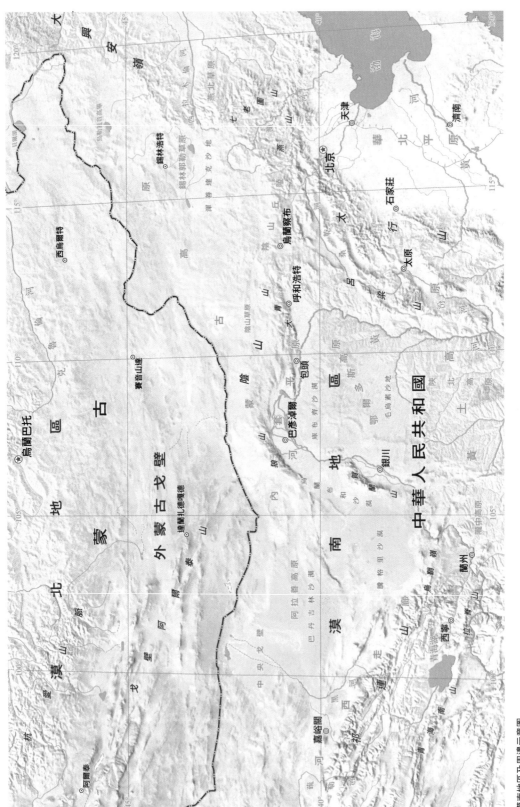

漠南地區及周邊示意圖

第 三 節
漠南

從地理位置來看,如果從色楞格草原直線穿越戈壁南下的話,那麼漠北遊牧民族將要直面的,將是今內蒙古自治區境內的陰山山脈。而如果從東部沿錫林郭勒草原南下的話,橫亙於匈奴或者東胡面前的,則是燕山山脈。依存於這兩大山脈的草原地帶,是整個漠南草原的核心。

需要注意的是,蒙古高原和漠南草原的概念,並非止步於上述兩大山脈。河西、河套兩地區,無論在地理還是地緣上,都與上述兩個概念有剪不斷理還亂的關聯。接下來的內容,就將為我們撥開籠罩在漠南身上的迷霧。

燕北草原

上天對於蒙古高原東部的厚愛,並不僅僅在於為其提供了一條依附大興安嶺而生成的草原帶。事實上,當由北而南遷移的遊牧民族沿大興安嶺西麓南下到達燕山北麓時,會驚喜地發現一條新的河流和新的草原帶。這條河流叫作西拉木倫河,主要是由燕山東北坡流下的雨

燕北草原及周邊示意圖

水匯集而成的。由於它的位置正好處在南北向的大興安嶺與東西向的
燕山山脈相接處的缺口，所以在東流過程中也會接受來自大興安嶺南
部的支流補給。

作為遼河的西源，西拉木倫河在與另一條從燕山北坡而下的老哈
河相匯之後，被稱為西遼河，後者又在與源出長白山脈的東遼河合流
成遼河之後，南流入渤海。在大興安嶺與燕山山脈之間，具體說是在
由西拉木倫河與老哈河交匯形成的這片三角地帶，同樣滋生有一片草
原 —— 科爾沁草原。

與呼倫貝爾、錫林郭勒一樣，科爾沁之名也是來自蒙古稱霸草原
的時代。不過，整個西遼河流域的歷史，遠不止為一代又一代遊牧者
提供草場那麼簡單。在中華文明的起源當中，長期被忽視，卻又因為
驚人考古發現而曝光的上古文化 —— 紅山文化，便出現於此。這個出
現在距今五六千年前的文明，帶給中央之國文明史的最大衝擊在於：
它明顯區別於黃河文明，是獨立起源的文明，其文明程度甚至高於同
時期的黃河流域。

對於一直以黃河文明為正源，甚至是唯一來源的中央之國來說，
這種結果多少讓人有些尷尬。在一些傳統的史家看來，與黃河流域並

重支撐起中央之國的長江流域，甚至都不存在單獨起源的文明。換句話說，長江流域進入文明期，都是因為某支黃河流域的部族遷移到此。《史記》為楚、吳、越等先秦南方諸侯續上來自黃河流域的家譜的做法，更是加深了這種印象。

然而在進入 20 世紀後，隨着由西而入的考古學在中央之國的興起，越來越多的證據表明，黃河流域並非中央之國文明的唯一起源地。現在我們所看到的，覆蓋眾多地理單元的華夏文明，更應該是中國境內多文明融合的結果。這個文明體之所以被稱為華夏，並長期將黃土高原視為唯一起源地，並不是因為最初的華夏文明比中國其他地區的文明程度更高，而是因為在政治博弈的問題上，這片黃土地有着天然的地緣優勢，這一優勢體現在地勢、土地的適耕性等多方面。在經過夏、商、周、秦，乃至漢、唐等朝代背書後，以「華夏」為名的文明體系及自我認知趨向成熟。

事實上，承認這一融合過程本身，並無損於華夏文明的自豪感。在歷史的進程中，每一個文明都存在兼容並蓄的發展過程。一個文明要想一直有生命力，這種吸收及融合就是必不可少的。我們會看到，歷史上基於華夷之辯而被中央之國概念排斥在外的邊緣板塊、邊緣文化，已經被更具包容性的中華民族文明概念所涵蓋。同樣在世界其他多民族、多種族國家，以國家認同為導向，推廣出更具包容性的民族、文明概念亦是常規做法。比較典型的例子，便是所謂將所有美國人都包含進去的美利堅民族、覆蓋所有印度人的印度斯坦族的提法。

從地理位置來看，西拉木倫河流域正處於東北平原、華北平原與蒙古高原三大板塊相接之地。這使得到達此處的遊牧民族不僅得到了一片水草豐美的草場（科爾沁草原），更獲得了通往華北平原、東北平原的跳板。除了位置以外，由這個特殊地理位置所引發的環境變化，也對周邊板塊的地緣博弈造成了深遠影響。由於西拉木倫河流域

處在東北平原與蒙古戈壁的交接處，它的地緣屬性並非恆定，而是一直在變化的。在 5000 多年前紅山文化興盛時，這一帶的環境顯然要比現在好許多。憑藉原始的工具和技術創造紅山文化的先人們，已經能夠在這片土地上發展原始的農業了。

能夠有如此良好的環境，那些從大興安嶺南部以及燕山北麓流下來的河水，自然是功不可沒。它們在共同匯入西拉木倫河之後，繼續向東進入東北平原。而在進入平原地區後，西拉木倫河被稱為西遼河，並與東部長白山脈流下來的東遼河合流成為遼河，南向流入渤海。

相比靠近蒙古戈壁且沒有山脈阻隔的西拉木倫河流域，可以受到燕山保護的遼河下游平原（下遼河平原）情況就要穩定多了。最起碼，那些從蒙古高原吹過來的風沙不會影響至此。而相對較低的緯度，以及豐富的水資源，也使它成為中原王朝北出燕山，向東北地區乃至朝鮮半島擴張的跳板。當然，反過來的話，源出於東北漁獵文化區的民族，如果能夠得到下遼河平原這片農耕之地，同樣會極大增加其入主中原的籌碼。

關於下遼河平原在華北平原與東北平原地緣博弈中的重要地位，在《誰在世界中心》中，已經有所解讀了。對於遊牧民族來說，身處遼河流域上游的科爾沁草原要更為重要。東胡、匈奴在蒙古高原東部發展的時候，西拉木倫河流域的氣溫、環境雖然未必如紅山文化時期那樣適合農業生產，但絕對能生成遊牧生產所需的優質草場。因此，興起於蒙古高原東部的遊牧民族一旦以科爾沁草原為基地，就足以找到機會跨越燕山中的幾條通道，進入華北平原窺探農民的收成。機動不足、資源有餘的中原王朝應對的方式，便是沿燕山山脈一線修築長城。

然而前文已經提及，這一地區的環境並不穩定，身處大興安嶺和燕山山脈缺口，從蒙古戈壁方向而來的「穿堂風」，不可避免地為這片

森林、草原交會之地帶來不穩定因素。一方面，蒙古戈壁表層沙土有機會沿河谷深入大興安嶺以東；另一方面，這種結構對水汽的聚結亦有影響，以至在周邊地區的年降水量都在 400 毫米的情況下，科爾沁草原的降水量明顯要低一個層級（只有 350 毫米）。

在上述自然因素的影響下，現在我們所看到的科爾沁草原，在很多地圖上已經被標註為「科爾沁沙地」了。當然，這種沙、草相間狀況的形成，人類過度的生產活動也是重要的催化劑。在生態環境脆弱的地區，如果不注意保護環境的話，周邊環境惡劣板塊的滲透便會更加容易（恢復起來就難了）。類似的情況也發生在黃土高原與蒙古高原相接地帶。

大興安嶺與燕山山脈的這個缺口，以及強大的西北風，使得科爾沁草原的環境不夠穩定，而直面戈壁、沿大興安嶺西麓延伸至此的草原走廊帶，同樣會陷入沙與草爭地的狀態。如果我們在地圖上尋找，就會在錫林浩特之南找到一片被標註為「渾善達克沙地」的區域。一方面受西側蒙古戈壁的風沙之苦，另一方面又有能接受臨近高地水資源（包括地上、地下）的地理條件，渾善達克沙地成為不多見的「水沙漠」，即沙漠中存在眾多的小型湖泊、河流。隨之而來的，便是沙、草相間的奇異景象。

對於今天的我們來說，被歸入漠南範疇的渾善達克、科爾沁兩片土地，算是懸於天堂與地獄之間。如果維護改造得好，並非沒有機會打造成一片農、林、牧相互依存的綠色之地。而對於兩千多年前的遊牧民族來說，他們倒不用考慮這麼多。天然形成的草場，已經足以滿足他們的遊牧生活方式了。在中央之國的農耕民族還沒有跨越燕山向北滲透時，遼河下游地區的自然狀態，同樣也是遊牧、漁獵民族所喜歡的，特別是這一帶有着相對更溫暖的氣候。

科爾沁草原並非唯一受益於燕山之水而形成的草原。燕山山脈整

體上呈現為西南—東北走向，滋養科爾沁草原的是來自山脈東北部，也就是面向東北平原方向的燕山之水；而面朝蒙古高原方向的西北坡，則生成了另一個著名的草原 —— 壩上草原。這片草原位於河北省西北部，與內蒙古自治區相接，西起張北縣，東至多倫縣、圍場縣一帶。其位於河北省內的主體，今為承德、張家口兩市所轄。

提到承德，大家首先想到的肯定是著名的承德避暑山莊。自 17 世紀末的康熙時期起，清王朝在壩上草原的北部圈定了一片皇家獵場 —— 木蘭圍場（圍場縣因此而得名），並於每年秋季與滿、蒙諸旗在此行圍狩獵。為了保障皇家及隨行人員的出行，北京至木蘭圍場一線相繼修建了 20 餘座行宮，位於燕山腹地的熱河行宮（承德避暑山莊）便是其中最重要的一座。

很顯然，這條以狩獵、避暑為名，穿越燕山山脈的出遊線路，本質是一條以華北平原（北京）為起點，強化對蒙古草原控制力的戰略通道。事實上，清王朝並不是最先重視壩上草原戰略地位的王朝。有類似入主中原經歷的遼、元等朝，都曾經在此有過重要佈局。比如與北京元大都並立的元中都、上都，正位於壩上草原的東西兩端。其中，元中都位於今天河北境內的張北縣，上都則被劃入了內蒙古自治區錫林郭勒盟境內的正藍旗。

需要說明的是，由於錫林郭勒盟作為一個行政區，在地理上跨越了漠北、漠南兩個分區，錫林郭勒草原往往也被用來指代錫林郭勒盟內所有的草原。「壩上草原」一稱則看似為河北省所專有。受現實行政切割影響而造成的地緣錯位，是一種常見的現象。就好像「內蒙古」和「內蒙古草原」這樣的分類方式，並非歷史和蒙古高原地緣劃分的常態一樣。

一個比較簡單的辨別方法是，作為漠北草原組成部分的錫林郭勒草原，承接的山地補水來自大興安嶺西坡，壩上草原承接的山地補水

則來自燕山西北坡。能夠同時從大興安嶺、燕山獲益的，就是科爾沁草原了。如果我們從燕山、大興安嶺分水嶺，順着河流把視線向中蒙邊境西移，就會發現這些地表河流在流到中蒙邊境前就已經消失不見了。這些因水資源缺乏而荒漠化的土地（全年降水不超過 200 毫米），只在有降雨的夏季才會短暫呈現出草原景象。以至如果你一定要把它歸入草原而不是荒漠的範疇，也只能算是二者之間的過渡性地貌 —— 荒漠草原。

從地理角度歸類的話，科爾沁草原和壩上草原可以統稱為燕北草原。戰略上看，控制這片草原地帶的遊牧者，能夠尋找機會穿越燕山山脈進入華北平原。由此，燕山山脈及其上修築的長城成為中原王朝在華北平原的屏障。西端的張家口及東端山海關，是整條燕山防線的起止點。

由於燕山山脈同時也是華北與東北地區的天然分割線，所以有機會突破這條防線入主中原的，還包括金、清等東北漁獵政權。很顯然，即使不在南下問題上產生競爭關係，這兩個以大興安嶺為分割線的板塊之間也會產生博弈關係。在二者的地緣博弈中，科爾沁草原成為關鍵。

科爾沁草原其實並不屬於蒙古高原，而是屬於中國東北地區。這就好像下遼河平原雖然在地理分區上屬於東北，但在經濟屬性上卻為農耕一樣。這使得科爾沁草原不僅在遊牧體系中能夠承擔進入華北農業區的跳板功能，更能成為遊牧民族滲透東北地區的前哨。這一雙重屬性亦體現在今天的行政區劃中，今天科爾沁草原所涉赤峰、通遼兩市，屬於內蒙古自治區而不是遼寧省。

事實上，基於科爾沁草原乃至以承德為核心的燕山山脈這種大板塊相接之地的地緣屬性來說，單獨劃出一級行政區來也是可以的。民國時期，在日、俄爭奪東北地區控制權的背景下，上述地區曾設熱河

省。我們在歷史資料中，經常會看到「東四省」「熱河抗戰」的說法。

在近現代以前，不管是哪個發端於東北地區的漁獵政權想要入主中原，除了要先控制下遼河平原這塊農耕基地，以彌補人口和經濟上的短板之外，還要解決掉從科爾沁草原滲透而來的遊牧威脅。從這個角度說，曾經一度覬覦中原的高句麗之所以未能南下，在於同時期蒙古草原也崛起了突厥這樣的強大遊牧政權。而唐王朝崛起之後，不僅解除了草原上的威脅，同時也擊潰了高句麗。

反觀金、清兩朝，在這個問題上的歷史機遇就要好得多了。在女真人崛起之時，當時控制蒙古草原並在燕山南北建立統治的遼王朝已經步入了衰退期。遼王朝橫跨燕山南北的統治結構，使得女真人可以通過征服契丹人，一舉完成征服蒙古草原及入主中原兩個戰略目標。清王朝崛起之時所面對的蒙古草原，更是在明王朝的打擊下早就陷入了四分五裂的狀態。正是在征服了漠南、漠北的蒙古諸部，解決後顧之憂後，清王朝才發動了入關戰役，並入主北京[1]。

基於方位的原因，以科爾沁草原為核心的燕北草原，歷史上一直是高原左翼勢力的輻射範圍。這一地緣特點在先秦時期就已經被記錄下來，遊牧於這一地區的，是整體位於高原左翼的東胡部落。公元前300年，偏居於華北平原北部，以今北京地區為核心的燕國，為了壯大自己的實力，曾經跨越燕山山脈進行過一次擴張，史書記載「東胡卻千餘里」，戰果是下遼河平原以及之前被東胡部落所覆蓋的燕山山脈成為燕國的領地。燕人甚至在燕山北麓（而不是山脈之上）興建長城，將下遼河平原置於長城之南。

這次重大打擊，無疑嚴重影響了東胡部落的實力，以至當色楞格草原的匈奴人開始向兩翼擴張時，東胡部落很快被擊潰，歷史上第一

---

[1] 1636年，在後金改國號為清的同年，漠南蒙古十六部正式歸屬於清朝。1638年、1646年，漠北蒙古和青海的厄魯特蒙古各部先後向清朝納貢稱臣。1644年，清軍入關，明朝滅亡。

個完成蒙古草原統一工作的草原帝國得以輕鬆完成最關鍵的一塊拼圖。而從鄂嫩河到張家口的高原左翼草原，則成為匈奴左賢王治下的領地。

然而，匈奴帝國的崛起，並不意味着這個東胡族系就此退出地緣政治舞台。如果要說，誰是從東胡之地入主中原的先行者，那麼這個榮譽應該授予鮮卑人。其實，鮮卑族群的形成和匈奴的東擴有着直接的關係。當匈奴人向東擴張，佔據大興安嶺西麓草場之後，一部分東胡之民被匈奴帝國直接吸收，成為匈奴的一分子，而並不願意就此湮滅的東胡部落則退入了山高林密的大興安嶺。這些被迫在自己的生產生活過程中加入漁獵成分的東胡部落共分為兩支，其中漠北部分退入大興安嶺北部，形成了鮮卑人，漠南部分則在大興安嶺南部形成了烏桓人。這一南一北兩支東胡部落，在大興安嶺南北分別定位了屬於自己的聖山 —— 烏桓山、鮮卑山。

儘管退入大興安嶺的兩大東胡部落避免了被匈奴融合的命運，卻也必須正視匈奴在蒙古高原的領導地位。在具體的合作態度上，鮮卑人和烏桓人有着不同的認識。這最終也直接影響了兩支部落的命運。解讀這兩支分屬漠北、漠南的東胡部落的歸宿，不僅對理解科爾沁草原的地緣價值有益，更能通過這個例子理解高原左翼的地緣關係。

與在中原地區始創分封體系的周人會將那些非血親關係的諸侯吸收進來一樣，那些被匈奴征服的部落，除了被打散併入嫡系部族以外，也有機會成建制地加入草原帝國體系，前提是他們要表現出足夠的服從度。對於匈奴人來說，這樣做的好處，是能夠以較小的成本（殺敵一千，自損八百）將對手併入己方陣營；壞處就是，一旦自己的控制力變弱，那些能夠完整保留自己部族文化的被征服者，一定不會放棄重獲獨立的機會。

位置更為敏感的烏桓，就是這樣一個成建制地臣服於匈奴帝國的

典型。而他們得到的回報，則是被允許從烏桓山上下來，在科爾沁草原及其周邊地區保持自己的遊牧生活方式。當然，匈奴能夠「恩賜」這樣一塊草原，並不是出於善心。烏桓除了按歲納貢之外，同樣要服從匈奴帝國的軍事調遣。不過，前文也說了，以強大的武力威懾這些曾經的對手，並使之成建制地為己所用，固然是一種節約成本的方式，但可靠性要差上許多。在漢武帝大破匈奴之後，這些本為匈奴左翼前哨的烏桓人，又反過來成為漢帝國對付匈奴的助手。

當烏桓決心在戰略上依附更為強大的漢帝國時，他們的命運也發生了重大變化。一方面為了更好地控制烏桓，另一方面也為了使其免受匈奴的直接威脅，漢帝國在和烏桓的合作過程中，不斷將其內遷至燕山南北的幾個邊郡。在三國時代，烏桓甚至成為曹操主力騎兵的來源之一。也許對於先前在塞外苦寒之地遊牧的烏桓人來說，生活在溫暖的南方，甚至一定程度上接受一些農耕生產方式，並不是件壞事。只是這樣一來，他們也就沒有機會像匈奴一樣在蒙古高原建立屬於自己的遊牧帝國了。

每一個人和每一個民族，都有權利選擇自己的生活方式。與烏桓選擇在匈奴與漢帝國之間周旋不同，退入大興安嶺北部的鮮卑人，似乎更安於接受在山林之中以漁獵為主的生活方式。這也使得他們基本上沒有甚麼機會在漢帝國與匈奴的殘酷博弈中露臉。我們無法知曉，鮮卑人困守於大興安嶺北部，是主觀上不願意被匈奴所同化，還是因為匈奴不希望在自己左翼核心的草原為鮮卑人分割出一片草場所致。不過，客觀的結果卻可以知曉，那就是當匈奴在漢帝國強大的武力壓迫下，被迫分裂、衰退之後，作為與匈奴核心之地最近的獨立部族，一直在積蓄力量的鮮卑人有機會從山林中下來，接收呼倫貝爾草原一帶的東胡故地（還包括數以萬計的部眾），並在漠北匈奴被迫西遷之後，成為蒙古高原之主。

當然，作為遊牧勢力進入華北平原的前哨之地，科爾沁草原也並非沒有機會誕生出強大的遊牧政權。同屬東胡後裔的契丹人，以及他們所創建的遼王朝，就是這片草原孵化出來的。在契丹人的興盛過程中，科爾沁草原與東北漁獵之地、華北農耕之地緊密的地緣關係，亦在其經濟和政治結構上留下深刻的烙印。一方面，受兩大山脈的影響，科爾沁草原邊緣含有更多森林草原的成分。這使得契丹人在崛起之初，除了遊牧經濟以外，漁獵經濟也佔據了相當的比重（史書記載為「以畜牧、田漁為稼穡」）。另一方面，在得到長城以南部分土地並立國之後，契丹人並沒有全面漢化，也沒有試圖破壞當地的文化、經濟結構，而是「因俗而治」，採取南北兩院制分治漢地和草原之地。

鮮卑、契丹、蒙古東部遊牧政權的成功，抬升了蒙古高原左翼的地緣政治地位，並使得歸入蒙古語族的東胡後裔，得以在亞洲草原上一直與突厥語族並存，甚至在蒙古帝國崛起之後，控制整個蒙古高原（同時將突厥語部落遷入中亞等地）。從這個角度看，在阿爾泰語系草原民族的內部博弈中，蒙古語族似乎取得了最終勝利。

不過，對比突厥語族遊牧民族在中、西亞的成功擴張，蒙古帝國在政治上的成功，卻並沒有轉化為語言、民族、文化等方面更長遠的地緣影響力。我們會看到，今天在這個星球上有約兩億人可以被納入突厥語族範疇，而蒙古語族覆蓋的人口卻只有 500 多萬。

陰山草原

「敕勒川，陰山下，天似穹廬，籠蓋四野。天蒼蒼，野茫茫，風吹草低見牛羊。」在描述草原的文字中，這首出自《樂府詩集》的詩應該是流傳最廣的。作為漠南草原的核心部分，在蒙古高原遊牧民族與中原王朝的博弈中，陰山草原的地位極為重要。如果說燕北草原是進

陰山草原及周邊示意圖

入華北平原的前哨，那麼陰山草原對接的就是黃土高原。

　　先來看看陰山山脈的內部結構。總的來說，斷塊山結構的陰山山脈內部可以分為四個部分，由西向東分別為組成陰山主脈的狼山、陰山、大青山，以及位於山西高原北部，介於陰山主脈與燕山山脈之間的陰山丘陵。這四個地理分區，在今天的行政劃分上亦有體現。其中，狼山位於巴彥淖爾市境內，陰山以包頭市為核心，內蒙古自治區首府呼和浩特背靠的是大青山（呼和浩特一詞在蒙古語中的原意為「青色的城」）。至於比較容易被忽視的陰山丘陵地帶，則歸屬於烏蘭察布市。

　　觀察上述行政與地理的對應關係，會發現一個明顯有別於大興安嶺、燕山山脈的不同之處。與大興安嶺分屬內蒙古、黑龍江、吉林三個省份，燕山山脈潤澤河北、內蒙古、遼寧，乃至北京、天津這兩個直轄市不同的是，陰山山脈及其收集的降水，全部位於內蒙古境內。考慮到上述行政劃分形成的 20 世紀中葉，也是中國開始由傳統經濟全面向工業化邁進的時間，同時參考科爾沁草原因殘存的遊牧屬性而

被劃入內蒙古範疇的例子，陰山山脈的這一行政歸屬，意味着它在中國古代整體所呈現出的強烈遊牧屬性。換句話說，遊牧經濟在陰山山脈之南，同樣佔據優勢。相比之下，大興安嶺、燕山山脈對遊牧、漁獵、農耕三種傳統經濟及文化形態，則具有明顯的地緣分割作用。

陰山山脈的這種屬性，很大程度與氣候環境有關。從位置上看，大興安嶺、燕山山脈和陰山山脈，是蒙古高原與東北平原、華北平原，以及黃土高原的地理分割線。如果將之視為一個山系的話，那麼整個山系周邊的降水情況，呈現出由東向西逐漸遞減的趨勢。在東北端的大興安嶺地區，年降水量可以達到 500 毫米左右（東側高於西側），而到了陰山山脈的西端狼山地區，年降水量就只有可憐的 100 毫米。即使是東部降水較多的丘陵地帶，年平均降水量也不過 350 毫米。一個地區的年降水量如果低於 400 毫米的話，那麼草本植物將取代喬木成為覆蓋地表的主要植被；如果低於 200 毫米的話，那麼地表所呈現出的自然植被狀態，最多只能是草原與荒漠的過渡形態 —— 荒漠草原（直至變成荒漠）。

以自然降水的情況來看，陰山草原中條件最好的，應該是東段陰山丘陵地帶了。從地理結構來看，這片陰山主脈延伸部的最大特點就是一個字 —— 亂。整個區域山勢凌亂，丘陵、盆地、台地交錯。不過，居於其中的遊牧者卻能真實感受到受山脈走勢影響產生的環境差，並將這片丘陵地帶分為前山、後山兩個地區。前山、後山以大青山東延出來的灰騰梁為地理分割線。其中，烏蘭察布市區所在的集寧區及其以南地區，為前山地區，氣候相對比較溫暖，雨量能夠達到 350-400 毫米；集寧以北的後山地區，則受西北風的影響較大，氣溫較低，且降水相對較少。

陰山丘陵地帶之南所對接的是山西高原最北部的大同盆地。今天內蒙古與山西之間的行政邊界所在，即是古代農、牧博弈形成的自然

分割線。對於試圖從陰山草原南下的遊牧者來說，大同盆地是他們入主中原的重要跳板。一旦得到大同這個農業基地，遊牧政權便有力量繼續南下，或者沿着大同盆地的核心桑乾河谷（永定河上游）東行，穿越燕山與太行山之間的丘陵盆地，進入華北平原。歷史上遵循這一線路擴張的最成功案例，便是鮮卑人建立的北魏政權。

大同盆地並不是從陰山草原進入農業區的唯一選擇，在陰山丘陵東側，是以張家口盆地為核心的燕山西南丘陵地帶。貫穿張家口盆地的洋河，在經過一系列燕山山前小盆地（統稱張家口盆地），與流出大同的桑乾河合流，匯集而成永定河匯入華北平原北部。遊牧者可以從陰山丘陵或者壩上草原兩個方向進入張家口，然後沿河谷向華北平原北部發動攻擊。歷史上著名的「土木堡之變」，其戰爭過程便是對上述路線的一次典型實踐。

今天，地理上定位於燕山西南丘陵地帶，西與陰山丘陵、南與太行山北相接的這片土地，與部分壩上草原一起，歸入了河北張家口市的行政範圍。與陰山丘陵和壩上草原不同的是，張家口盆地的自然降水儘管也只有400毫米左右，但河流貫穿的特點，使之有機會開展灌溉農業，並因此在古代聚集更多的農業人口。基於這一特點，歷史上張家口成了華北平原在西北方向抵禦遊牧民族入侵的前哨。為了拱衛華北的安全，很多王朝都會在張家口與北京之間的分水嶺上（準確說是燕山、太行山之間的缺口）修建長城。特別是明王朝定都北京後修建的被世人稱為八達嶺長城的明長城，已成為長城最具代表性的名片。

鑒於燕山山脈、陰山山脈、太行山脈相接的這片丘陵盆地具備的重要地緣價值，張家口及烏蘭察布這個地理分區在近代曾經一度被整合為察哈爾省。只不過與熱河一樣，這個為了緩衝日本入侵而建立的省份，在中國再次恢復統一之後，便從行政區劃中消失。張家口、烏

蘭察布依它們的核心地緣屬性，分別成為河北與內蒙古的一部分。

　　黃仁宇先生曾經提出「15 英寸等雨線」（381 毫米）的概念，來解讀長城的走向問題。當然，影響農業形態的因素並不只有降水，還有溫度。最起碼在降水充足的東北地區，我們需要一條以「無霜期」為參考指標的溫度線，來解釋長城的走向。同時，如果自然降水不足的話，依靠河流開展灌溉農業，同樣可以進行綠洲式的農業開發。以種植業所需要的條件來說，陰山山脈並不是遊牧經濟擴張的極限。

　　在陰山主脈以南，被黃河那個著名「几」字彎包圍的地區，分佈有兩處高原，分別為東南部的陝北高原，以及佔據大部的鄂爾多斯高原。其中，河谷縱橫的陝北高原雖然有環境惡化的走勢，但整體上一直屬於可以開展大規模農業的板塊。反觀地勢平坦、幾無地表水分佈的鄂爾多斯高原，降水和積溫（植物生長週期內所需要的日平均氣溫的總和）依然很難達到種植業的要求，海拔 1100－1500 米的高度，又使之無法從黃河之水中獲益。更為不幸的是，本應為鄂爾多斯高原西、北迎風面提供保護的陰山山脈、賀蘭山脈，海拔和連續性上都不足以對鄂爾多斯高原形成天然防護。在年復一年的西北季風作用下，不僅鄂爾多斯高原的表層土壤容易剝離（包括沙化），更可能被來自西北戈壁地區的黃沙所侵蝕。對比之下，生活在山西高原和華北平原的人則要幸福得多，儘管每年冬天也會有沙塵暴的煩擾，但有燕山、呂梁山、太行山等高大山脈的保護，這一地區受到的影響要小得多。

　　鄂爾多斯高原的地勢和環境，使得它今天整體呈現為沙、草相間結構。環境最為惡劣的西北部，變身為庫布齊沙漠，東南部與陝北、隴東高原相接之地，則因山勢阻擋了大量的風沙，而變成毛烏素沙地。即使勉強可以歸類為草原的區塊，其類型也多是荒漠草原狀態。當然，在一些相對溫暖、濕潤的歷史時期（比如先秦），鄂爾多斯高

原的環境會比現在更好些，但整體而言，這片土地一直是遊牧者的天
下。這也是今天的鄂爾多斯地區會劃入內蒙古境內，而秦長城的走向
實際正是沿着鄂爾多斯高原與陝北、隴東兩個陝西北部高原的分割線
延伸的根本原因。

從地理分區看，鄂爾多斯高原更應該被劃入黃土高原的範疇。不
過考慮到環境以及傳統經濟形態，它很多時候會被認為是廣義蒙古高
原的一部分。不管鄂爾多斯在地理上到底是歸入蒙古高原還是黃土高
原，就定義蒙古草原以及漠南概念來說，無疑應該把鄂爾多斯板塊包
含進去。

由於被黃河「几」字彎包圍，很多時候鄂爾多斯高原也會同陝北
高原一起，被納入河套的概念中。儘管從「河套」二字的地理本意來
說，這樣的歸納並沒有問題，不過考慮「河套」一詞在地緣層面的意
義，它指向的更應該是僅僅由黃河水滋養的那幾處河套平原地區。

河套

能夠被稱為「河套平原」的一共有三處：一是由狼山、鄂爾多斯
高原合圍而成的後套平原，當下的中心城市為巴彥淖爾市；二是由陰
山─大青山與鄂爾多斯高原、山西高原包夾而成的前套平原，分別依
附大青山、陰山的呼和浩特、包頭兩市，是前套平原的雙子星，同時
也是內蒙古呼包鄂城市群的中心城市；陰山山脈西南方向的賀蘭山，
是成就另一處河套平原的關鍵，這片地處鄂爾多斯高原西部的平原，
被命名為西套平原。

從地理上看，西套平原與蒙古高原的關係，顯然比陰山山脈腳下
的前套、後套平原要更遠一些。無論在歷史和現實中，西套平原更像
是一個介於周邊幾大板塊之間的孤立板塊。900 多年前，党項人據此

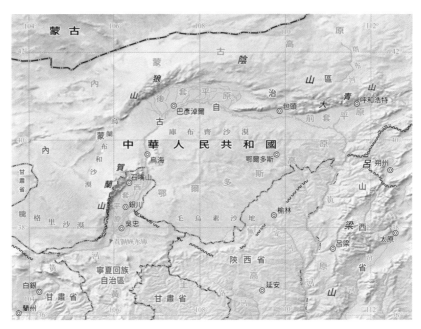

河套平原及周邊示意圖

建立的西夏王朝，以及今天我們所看到的寧夏回族自治區，都是這種
地理孤立性的體現。基於這一行政屬性，西套平原又被稱為寧夏平原
或者銀川平原。

　　狹義情況下，河套平原一般只是指向前套、後套平原。不過在遊
牧民族與中原王朝的博弈中，這三個具備同樣地理屬性的黃河中游平
原，都有重要的戰略價值，只不過西套平原因為其地理孤立性，有可
能成為第三方生存的基地罷了。決定三個河套平原在遊牧體系中地位
的，除了與黃土高原相鄰的位置以外，還有黃河水為它們創造的優異
草場條件。

　　談到遊牧生活，大家腦海中浮現的一定是藍天、白雲、一望無際
的大草原，以及成群的牛羊。然而在地理學以及牧民的概念中，草原
其實是分為很多類型的。在歐亞大陸草原中佔據主導地位的，是處於

寒冷、半乾旱的大陸性氣候中（降水量為 250–400 毫米），以旱生的多年生草本植物為主的乾草原，這種草原又被稱為典型草原。在乾草原上畜養最多的牲畜，一般是對水資源需求相對較少的綿羊。如果降水量進一步降低到 200 毫米以下，那麼草原就會逐漸向荒漠過渡，更加耐旱的山羊和駱駝將成為荒漠草原乃至荒漠的優勢物種。

在牧民眼中，乾草原並不是最好的草場，真正好的草場應該是背靠山林、依託山地帶來的豐富水資源形成的草甸草原。蒙古牧民用自己的語言，將之命名為「杭蓋」。草甸草原是森林向草原過渡的一種植被類型，高於乾草原的自然降水（能達到 450 毫米／年）或者充沛的河流補水，是草甸草原形成的關鍵。更多的水意味着更多的物種，相較植物品種單一的乾草原，草甸草原能夠生長很多對水分條件要求較高的優質牧草，所謂「水草豐美」，其實就是用來形容草甸草原的。

在蒙古高原上，草甸草原產草量最高能達到每畝 150 公斤乾草，典型草原產草量一般為每畝 100 公斤，而荒漠最多只有每畝 20–30 公斤。在草甸草原的環境下，牛、馬這種對水、草條件要求更高的大牲畜，也能大規模飼養。像與大興安嶺、燕山山脈緊密相連的呼倫貝爾草原、壩上草原，最吸引牧民和旅遊者的其實就是它們核心部分的草甸草原了。

在自然狀態下，水資源豐富的河套平原，所呈現出的植被狀態就是優質的草甸草原。在草甸草原，植物群落的高度可達到 40–50 厘米。《敕勒歌》形容的「風吹草低見牛羊」的景象，便是出現在陰山腳下的河套平原。生活在南方的朋友並不是沒有機會體驗這種感覺，比如中國四大淡水湖之首的鄱陽湖，近年來就因為枯水時間過長，以至讓草本植物有了足夠的生長週期，而被網友戲稱為「鄱陽湖大草原」。

在東亞農耕文明的成長過程中，通過興修水利開發農田一直是非常重要的方式。耕種規模的擴大，在增加人口潛力的同時，改變了很

多地區的自然生態環境。如果不是人類已經意識到保持鄱陽湖水體面積對整個地區生態環境至關重要的話，相信所謂的「鄱陽湖大草原」在出現之初就會被開發成耕地。儘管水資源情況較好的草甸草原是牧民和其他人心目中的「草原形象代言」，但恰恰是這種良好的環境為之帶來了被開發為耕地的風險。

並不是每一片草甸草原都會被開發為耕地。溫度仍然是必須考慮的重要因素，在緯度較高的呼倫貝爾草原，這種變化的風險相對要小得多。然而，在緯度較低的河套平原，改變的風險就要大很多。中國五千年的文明史中，氣溫並不是一成不變的。從公元前 8 世紀的春秋時期到東漢初年的公元 1 世紀，是中國歷史中的一個溫暖期，根據史書記載，山東半島的糧食種植甚至能夠達到一年兩熟。

這種氣候上的變化，同樣對河套平原的政治歸屬產生了重大影響。公元前 4 世紀末，通過「胡服騎射」拉平與遊牧民族之間軍事技術差距的趙國，一舉將領土擴張至陰山山脈，並在狼山—陰山丘陵一線修築趙長城。此後的秦、漢兩代，亦通過長城和軍事優勢，總體上保有了對河套平原的控制。然而，長城和中央之國在人力、資源上的優勢，並不是中原王朝控制河套平原的關鍵。如果不是因為氣溫的上升，使得前套、後套平原有了農業開發的可能，無論是趙、秦還是兩漢，實際上都無法「移民實邊」，去控制遊牧民族更佔優勢的河套平原。

每一個溫暖期之後，都會伴隨着一個溫度相對較低的寒冷期。對於東亞農耕區腹地來說，這往往意味着糧食減產甚至災荒；對於像河套平原這樣的農牧相接之地來說，變化會更為明顯。之前那些勉強可以耕種的土地將被迫重新恢復自然狀態。新的寒冷期在東漢時期就已到來，一直延續至南北朝末年（公元 1–6 世紀）。這一時期中國地緣政治呈現的巨大變化，就是強大的漢王朝雖然在初期還能夠壓制北方

遊牧政權，但具體到河套乃至整個西北地區的政治安全，則要依靠那些內遷的遊牧部落。這場自公元 1 世紀中開啟的民族遷徙，後來造成了中國歷史上最為混亂的一個時期。

從大歷史的角度看，唐王朝是中國歷史上的第二個強盛期。隋唐時期，中國再次進入新的溫暖期，是中原王朝再次強大的重要背景。在這種情況下，河套平原的農耕經濟又得到了一定程度的恢復，並成為唐王朝壓制遊牧區的重要支撐。只不過在唐王朝崩潰之後，週期性的降溫再次消融了河套平原的農耕潛力。此後儘管還有短暫的溫暖期出現，但中央之國的整體溫度都沒有能夠恢復到公元前後的程度。

相對而言，緯度更低的西套平原，比前套、後套平原要更具農業潛力。在前套、後套平原因為溫度原因重回草原狀態的情況下，西套平原仍然可以進行一定程度的農耕開發。今天銀川每年的無霜期仍然能夠達到 180 天左右，而包頭的無霜期最高也只有 140 天。歷史上，西套平原能夠成為西夏的根基，並最終能夠生成一個自治區的行政建制，除了地理上的孤立以外（周邊皆為荒漠、半荒漠地區），這種相對較好的農耕條件是重要基礎。

從地緣結構上看，即使河套平原具備移民開發的條件，歷史上中原王朝想要控制上述板塊也存在很大變數，這是因為三個河套平原本質上都是對應山脈與鄂爾多斯高原合圍而成的。儘管因為地勢原因，這三個盆地狀河谷平原有機會成為農業綠洲，但乾旱少水的鄂爾多斯高原卻始終是遊牧者的天堂。另外，陰山山脈與賀蘭山脈並沒有對包括鄂爾多斯高原在內的整個河套地區形成完整的保護。這些因素結合在一起，沿線構築一條完整的長城防線，成本是難以承受的。這意味着，河套平原無論在戰略還是戰術上，都非常容易陷入被遊牧力量包圍的境地。在這種情況下，自秦國開始沿隴東高原、陝北高原的邊緣修築的長城，就成為中原王朝拱衛陝西和關中安全的主要手段。

河西走廊

一提到河西走廊，馬上就會讓人聯想到甘肅省。不過，河西走廊並非甘肅省的全部。啞鈴形狀的甘肅省，其輪廓本身就顯露出了它的建制使命 —— 連接西域與黃土高原所代表的華夏核心區。西域地區的東大門北山（天山最東端），以及黃土高原最西部的隴西、隴東兩個高原，是這個啞鈴的東西兩端，而中間的細長地帶，就是河西走廊了。

相信對於大多數人來說，理解河西走廊位置的重要性不是一件難事。作為黃土高原、青藏高原、西域、蒙古高原四大板塊的交會處，河西走廊那條狹長的綠色帶，承擔了太多的地緣使命。河西走廊的「靠山」祁連山脈，因其四五千米的平均海拔，更有機會攔截到更多的水汽。西北—東南的走向，也使得祁連山脈比青藏高原北部邊緣的崑崙山脈、阿爾金山脈更能接觸到來自太平洋的水汽。假如我們換一個角度來審視「風水」一詞的話，作為東亞大陸最後一塊能明顯接收到太平洋水汽的板塊，祁連山脈和河西走廊在歷史上能夠比較穩定地成為華夏農耕區的一部分，與大家同享同一「風水」帶不無關係。

然而，說到河西走廊的地理結構，想來很多人會陷入誤區。因為從板塊的角度來看，河西走廊的綠洲帶並非我們從表面所感知的那樣，是一條帶狀。整個河西走廊的核心，是由一個個沿祁連山麓分佈的綠洲串聯起來的，在這些綠洲之間，仍然充斥着來自北部荒漠區的風沙。那些從祁連山北坡奔流下來的水（包括雨水），最終匯集成兩大水系：西部的額濟納河（黑河內蒙古境內河段）水系、東部的石羊河水系。前者在山前的沖積扇成就了酒泉、張掖兩片綠洲，後者則以武威為中心。

漠北高原左翼的遊牧者，沿大興安嶺山麓南下可以對接燕北草原；居於色楞格草原的部落，在穿越外蒙古戈壁後能夠抵達陰山草

河西走廊及周邊示意圖

原。而如果居於高原右翼的遊牧者也要直線向南尋找新的草場，難度則大得多。與大湖盆地同經度的區域內，緊貼青藏高原東北角的河西走廊是唯一成規模的綠地。

在漠北草原南下河西走廊的征程中，中國境內阿拉善高原（行政建制為阿拉善盟）是一片必須穿越的荒漠地帶。地理位置上，阿拉善高原位於天山山脈、河套地區、河西走廊、戈壁阿爾泰山之間。與之重疊的還有兩個地理標籤：西部的巴丹吉林沙漠、東部的騰格里沙漠。這意味着整個阿拉善高原的環境，甚至比與其隔西套平原相望的鄂爾多斯高原還要惡劣。如果說後者的一些區域還勉強能往荒漠草原範疇靠攏，那麼阿拉善高原就完全可以被定位為荒漠了。

無論是荒漠還是荒漠草原，遊牧者終歸是比農耕文明更容易適應的。這也是為甚麼阿拉善高原與鄂爾多斯高原一樣被歸入了內蒙古範圍。如果不是來自青藏高原或者祁連山的水，在高原的東北邊緣滋養了幾個綠洲的話，河西走廊這條連接黃土高原與西域的狹長通道，並無可能存在。

不過，從漠北南下的遊牧者實際並不需要抵達祁連山麓，就能夠

獲得補給。從地圖上可以看到，在甘肅啞鈴狀的外輪廓上，河西走廊所代表的中間地帶，並非邊緣光滑的帶狀，而是在東北方向有兩個明顯的凸起。常識告訴我們，如果這兩個深入阿拉善戈壁的凸起，只是一片對農、牧雙方用處都不大的荒漠，通常情況下並不會劃入一個位列核心區的省份。也就是說這種行政分割法，很可能意味着這兩個區域內存在着足以讓雙方爭奪的綠洲。事實也的確如此，甘肅中部的這兩個凸起的確與兩塊依附於河西走廊的綠洲 —— 居延海和瀦野澤有關。

居延海和瀦野澤是額濟納河與石羊河的終端湖，由於河道的不穩定性，居延海和瀦野澤在沙漠中的位置並不十分固定，就像我們後面會分析到的羅布泊一樣。在這種沙漠之地，這種不穩定性反倒不是一件壞事。最起碼它讓河流所帶來的礦物質無法累積於一地，從而變成人畜無法飲用的鹹水湖。一路向北的額濟納河與石羊河的珍貴淡水，使河西走廊的綠洲帶得以向阿拉善戈壁的腹地滲透。

自漢帝國強勢滲透河西走廊並對上游經濟進行農業開發後，額濟納河、石羊河終端的水面都不可避免地大幅縮小，尤其是水量原本就更小一些的石羊河。20 世紀 50 年代，最盛時曾經長約 100 公里、最寬處達 50 公里的瀦野澤，終於完全乾涸了（消失之前被稱為青土湖）。依賴這片水域而生的甘肅省民勤縣，今天展現在世人面前的形象，大多是當地居民如何與惡劣的自然環境抗爭、試圖在沙漠中固沙植綠的勤勉之舉。

相比無力維持瀦野澤存在的石羊河，額濟納河所顯示的力量要更為強大些。今天我們依然可以在額濟納河下游緊鄰中蒙邊境的地方，看到兩個小型湖泊。而在兩千多年前，被稱為居延海的大湖，曾覆蓋數千平方公里的土地，面積堪與現在中國的第一大湖 —— 青海湖相比。如此寬闊的湖面，能夠為周邊地區帶來多少綠色，就可想而知了。

對於試圖從漠北南下的遊牧民族來說，能夠穿越整個阿拉善戈壁，抵達戈壁阿爾泰山南麓，居延海是極為重要的中繼點。今天，儘管甘肅省在額濟納河方位上能夠沿河道向北延伸一個凸起，但額濟納河下游及居延海一帶，則與阿拉善高原一起歸屬於內蒙古。基於這片綠洲在地緣政治上一直為河西走廊承擔緩衝作用，這種劃分並無不妥。否則的話，將邊界向北延伸至中蒙邊界的甘肅省，將不得不直面國防壓力。只不過，這種缺少天然地理分割線的劃分，多少也為與額濟納河相鄰的額濟納旗（內蒙古）、金塔縣（甘肅）帶來了一些困擾。如果在地圖上仔細觀察這段省界，會發現它仍處於有爭議的未定狀態。

在漫長的歷史中，作為河西走廊綠洲的延伸，居延海畔發生了無數故事。其中最為人所關注的歷史發生在西夏時期。這倒不是說西夏對於居延海綠地的經營有過人之處，而是因為西夏人在居延海畔所建立的重要據點 —— 黑水城，在 20 世紀初被發掘了出來。黑水城得名於黑水（古弱水），即我們現在所說的黑河。

說到這裡，順便澄清一個誤區。曾經不止一次有朋友問，為甚麼西夏僅僅憑藉西套平原就能夠和遼（金）、宋呈現三足鼎立之勢。實際上，西套平原只是西夏國的核心區。包括居延海綠洲、瀦野澤綠洲在內的河西走廊綠洲，以及河套地區的後套平原、鄂爾多斯高原都曾經完全屬於西夏（自然也包括這些綠洲相間的整個阿拉善戈壁了），其控制區甚至還滲透到前套平原、隴西高原、陝北高原的邊緣地區。在匈奴崛起的年代，這樣的控制區基本就相當於匈奴右賢王在漠南的領地。之前漢、唐帝國對西北這些水草豐美之地進行的農業開發，是西夏有機會躋身地緣政治舞台中心的重要基礎。只是做到這點的前提是黨項人必須與時俱進，而不是單純堅持他們的遊牧生活方式。很顯然，他們做到了。

從地理位置上看，黃土高原之上的華夏族，應該更有機會滲透到河西走廊。問題是，對於這個從黃土中發現農業潛力的族群來說，東部有着更為廣闊的空間。畢竟，與華北平原等東部板塊相比，河西走廊可供農業開發的那些土地，就不算甚麼了。只是，當遊牧民族從西、北兩個方向對中央之國造成強大壓力之後，華夏文明才會去思考，如何把自己的農耕線儘量往西、北兩個方向推進。在壓縮對方遊牧空間的同時，為自己獲得更多的緩衝之地。

對於華夏文明來說，向周邊地區擴張的過程，本身就是一個不斷延伸農業線的過程。這種以農為本、人地合一的做法，固然是華夏文明能夠歷經千年而不倒，並且越做越大的根本原因，但從環境的角度來看，在那些農牧相接處開展大規模農業活動，環境代價也是很慘痛的。相比自然生長的草場，種植農業所需要的水要多得多。當然，產出和單位土地的人口承載量也相應要高得多。

在人口增長的壓力下，環境就會變得更加脆弱，甚至形成惡性循環。為了生存，人類不斷竭澤而漁式地改變環境，反過來，惡劣的環境又將壓縮人類的生存空間。唯一能夠從中直接「受益」的，大約就只有考古學家了。諸如黑水城之類的遺址，要不是因為被沙漠所覆蓋，應該是留不到今天的。這種結果顯然不是人類所追求的，今天我們在這裡研究「地緣」這個課題，包括回顧歷史，最大的意義並不在於政治或者軍事層面，而在於從更高的維度來審視人類應該如何正確改造和適應環境（不光包括地理環境，也包括人文環境）。

回到河西走廊的話題上來。額濟納河與石羊河所成就的綠洲，並非河西走廊的全部支撐點。在漢武帝代表中央之國和華夏文明將河西走廊的草場變成農業綠洲時，漢帝國一共在這條走廊地帶設有武威、張掖、酒泉、敦煌四郡。今天我們依然能夠在甘肅的行政建制中看到這些古地名。其中，武威對應的是石羊河沖積扇綠洲，張掖、酒泉則

分屬額濟納河的兩條上游河流流域。接下來要解讀的，是知名度最高的敦煌。

　　儘管同屬河西走廊板塊，但敦煌綠洲的地緣屬性與另幾片綠洲有很大不同。如果說武威、張掖、酒泉及其所依附的兩條河流是背靠祁連山，面朝東北方向的黃土、蒙古兩大高原的話，那麼處在塔里木盆地入口處的敦煌，直面的就是整個西域—中亞板塊了。其地緣政治地位乃至因莫高窟藏經而提升的文化地位，都得益於這個樞紐般的位置。

　　從位置上看，敦煌綠洲並不是僅由祁連山之水所滋養的。它在青藏高原方向所面對的，正好是祁連山脈與阿爾金山脈相接處的缺口。如果沿着這個缺口一路向東的話，就將抵達青海湖以及河湟谷地，並打通一條橫貫青海的絲綢之路（青藏高原部分會有詳細解讀）。不過，敦煌的存在，並不依賴這條可能為人類所利用的通道，從祁連山、阿爾金山兩大山脈西流而下的疏勒河水，才是敦煌綠洲存在的基礎。

　　從收集太平洋水汽的角度來看，疏勒河上游山地的位置並不理想，畢竟地勢至此，它所面對的山地已經開始面朝歐亞大陸腹地了。祁連山脈南坡以及阿爾金山脈東部山地，為此提供了面積更大的集水區。前者提供了疏勒河的主源，後者則延伸出了另一支上源 —— 黨河。二者在山前合流之後向西，與塔里木河在盆地中所收集的淡水一起，匯集成著名的羅布泊。只不過在如此脆弱的環境裡，這個神秘湖泊經常會「玩失蹤」，以至我們今天暫時看不到它的存在。

　　敦煌城的定位處於黨河河畔，與之在地緣政治上緊密相連的玉門關，則位於合流之後的疏勒河畔。從地緣位置上看，敦煌綠洲的重要性，體現在它是河西走廊連接天山南北的樞紐點。通過這個點，經河西走廊西進的商旅，既可以選擇進入天山北路的準噶爾盆地，也可以選擇沿塔里木盆地南、北山麓繼續西行。區別在於塔里木盆地邊緣，

有一連串農業綠洲充當穩定的支撐點，使其成為漢代開通的絲綢之路的主線。其中，沿塔里木盆地北沿的線路被稱為「北道」，南沿的則被稱為「南道」。

至於天山北麓或者說準噶爾盆地的情況，則要困難得多。到中亞—西域部分我們會知道，這一地區在古代並不具備打造農業綠洲的條件，因此一直屬於遊牧區。及至唐代，征服西突厥之後，沿天山北麓的路線才被打通，並被稱為「新北道」。

敦煌的這一樞紐位置，使其也面臨着很大的地緣政治風險。對於中原王朝來說，如果不能夠直接控制西域或者羈縻（最低限度是塔里木盆地的綠洲帶），那麼保有敦煌這個突出部是十分困難的。正因為如此，未能如漢唐那樣控制西域的明王朝，才會在 16 世紀初把河西走廊防線退至扼守酒泉綠洲的嘉峪關，並把嘉峪關以西之民遷至關內。

在大多數歷史時期，能夠在河西走廊對中原王朝造成威脅的力量，都是源自蒙古高原的遊牧勢力，這也是要把河西走廊板塊放在蒙古高原部分來解讀的原因。然而，蒙古高原對河西走廊的地緣威脅，並非僅僅透過有居延海綠洲中繼的阿拉善高原來達成，更多的時候，戰略影響是來自西域方向。因此，要準確了解河西走廊的地緣政治定位，以及它在絲綢之路中的作用，還需要通過後面對中亞—西域板塊的解讀來完善。

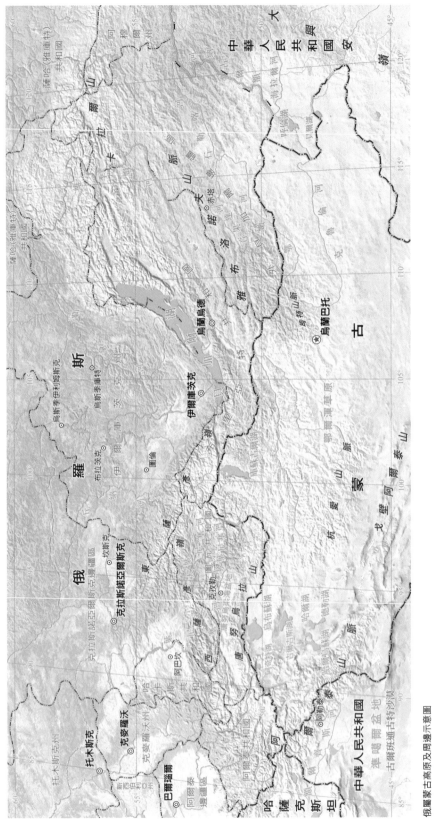

俄羅蒙古高原及周邊示意圖

第四節
俄屬蒙古高原

　　17 世紀，在西歐沿海國家傾力進行海洋擴張的大背景下，地處東歐的俄國也試圖打開它的海洋通道。俄國人為此在波羅的海、黑海與瑞典、奧斯曼等國家進行了一系列戰爭。西線的擴張，使得俄羅斯今天能夠擁有北冰洋和大西洋的出海口。不過單純從領土角度來看，俄國在亞洲的擴張顯然更讓人矚目。儘管隨着蘇聯的解體，曾為俄羅斯帝國和蘇聯一部分的中亞五國獲得了獨立，但幾乎完整保有西伯利亞的俄羅斯，仍然是最強大的大陸國家。從海洋角度看，受益於東線擴張而獲得的太平洋出海口，也讓俄國與美國一樣成為這個星球上僅有的兩個能連通三洋的國家。

　　蒙古帝國的衰弱，是俄國在東歐平原崛起的契機。此後整個歐亞大陸西邊緣地區（西歐）在技術上的領先，幫助俄國完成了在歐亞大陸中心地帶的擴張。在成吉思汗之孫拔都代表帝國西征東歐，並征服當時的羅斯諸國 600 年後，東擴的沙皇俄國終於反過來站上了蒙古高原。這一歷史和現狀，使得我們必須從地緣政治角度單列出俄屬蒙古高原這個板塊來。

　　從行政角度看，俄屬蒙古高原包括今天俄羅斯境內的圖瓦共和

國、布里亞特共和國及外貝加爾邊疆區的南部地區。接下來的內容將
告訴我們，諳熟地緣政治之道的俄國人，為甚麼一定要得到這些蒙古
高原的土地。

唐努烏梁海與阿爾泰諾爾烏梁海

唐努烏梁海位於大湖盆地區的北部，從漠北的地緣政治分區來
看，屬於右翼板塊。地理結構上，這是由蒙古高原最西北角的三條山
脈 —— 西薩彥嶺、東薩彥嶺、唐努烏拉山合圍而成的一個高山盆地。
與蒙古高原整體呈西高東低的走勢有所不同，唐努烏梁海盆地周邊山
勢，呈現的是東高西低的走勢。也就是說，唐努烏梁海與色楞格河流
域之間的山體，地勢是最高的，而面向西西伯利亞平原的地勢相對較
低。不要小看這一點區別，在地緣政治中，這一點區別最終決定了唐
努烏梁海的歸屬問題。

與所有由山脈合圍而成的河谷、盆地一樣，那些從山脈之上沖刷
出眾多河道的雨水，最終會在最低點匯合成一條河流。在大多數情
況下，匯合之後的河流會尋找一個缺口沖出谷地，並在和更大的河流
匯合之後奔向海洋。當然，也不是所有的雨水都有這份回歸海洋的幸
運，仍然會有一些內陸河沒有力量找到大河，只能在低地蓄積出一個
湖泊作為最終的歸宿，就像唐努烏梁海之南那些流入大湖盆地的河流
一樣。

由於東薩彥嶺以及唐努烏拉山西部的地勢要高於西薩彥嶺，所以
合流之後的河流有機會從地勢較低的西薩彥嶺尋找到缺口，打開通往
北冰洋的大門。對俄國地理結構知曉一二的朋友，應該聽過這條河流
的名字，它就是俄國水量最大的河流 —— 葉尼塞河。也就是說，為俄
國帶去最多水資源的葉尼塞河（利用率倒不是最高的，因為流域人口

密度太低），正是發源於唐努烏梁海。

任何一個稍有戰略眼光的政治家，都不會願意自己境內的河流受制於人。或者說，無論你是主觀上有計劃，還是客觀上遵循自然滲透的規律，沿河流向上、下游方向擴張，都很自然地有把一條河流兩邊的土地歸入同一政治體的需求和慾望。從這個意義上說，如果俄國人在盡握主動權的情況下，卻不試圖將本國和蒙古的政治分界線定位在葉尼塞河與色楞格河（也包括大湖盆地）的分水嶺之上的話，那也當不起他們在地緣政治研究領域享有的諸多讚響了。

在幼兒教育中，經常出現水汽是如何變成雨水並最終流入大海的童話故事。在這些故事中，能夠回到大海中的小雨滴都是幸福的。然而以葉尼塞河為背景寫類似童話的話，也許這是一個悲劇性的結尾。因為在唐努烏梁海盆地的日子，是故事主角最美好的時段。接下來它將穿越寒冷的西伯利亞，注入更加寒冷的北冰洋。

按照我們在溫帶的生活經驗，每一條大河的下游地區通常都是地理條件最好的區域。平坦而肥沃的土地、充足的水資源，一旦人類有力量對其加以疏導，肥沃的良田就能夠使所承載的人口呈幾何數級增長（相對自然狀態）。不過，西伯利亞卻是一個截然不同的世界。後面的西伯利亞部分會告訴我們，氣候短板是如何讓葉尼塞河下游喪失農業開發機會的。

在沒有工業助力的古代，西西伯利亞的大部分土地不僅讓農耕民族無力開發，就算是靠天吃飯的遊牧民族，也不會有太大興趣。反倒是靠近上游高地的區域，因內部氣候多樣，而有機會為人類所利用。群山環繞的唐努烏梁海，就是這樣一個典型的例子。所謂山水總相連，山脈越高，攔截水汽、蓄積雨（雪）水的能力就越強，因此相比地勢平緩、腹地無高大山脈分割的蒙古高原中央戈壁區，唐努烏梁海在水資源方面是很有優勢的。不過，凡事有利有弊，高大山脈過密的

存在，雖然有利於植被生長，卻也會讓森林擠佔了遊牧民族更為喜歡的優勢草場的生存空間。

由於合成唐努烏梁海的三條山脈相距較近，唐努烏梁海盆地內事實上並沒有太大規模的草場。發源於東薩彥嶺上的大葉尼塞河，與發源於唐努烏拉山東端的小葉尼塞河，在西薩彥嶺和唐努烏拉山之間，合成了葉尼塞河的起始段。這些河流兩側，就成了這些生產方式整體以漁獵為主、輔以畜牧的部落的生存之地。越往高處去，漁獵的比例越高。也就是說，西段的葉尼塞河河谷，畜牧的比例高些；東段的大、小葉尼塞河等支流，漁獵的比例更高。總的來說，唐努烏梁海與貝加爾湖周邊地區一樣，是一個更多帶有漁獵屬性的板塊。

在蒙古崛起之時，生活在唐努烏梁海及其以東，直至貝加爾湖東、南森林地區的半遊牧、半漁獵部落，都被統稱為「林中百姓」，以區別於那些馳騁在大草原上的遊牧部落。在成吉思汗決心征服蒙古高原西、北部這些森林民族時，生存於唐努烏梁海的斡亦剌惕部（明稱「瓦剌人」）是最先與蒙古人合作，並走出森林的「林中百姓」，這也成為其他森林部落迅速納入蒙古帝國體系的導火索。這種政治上的「先知先覺」，為瓦剌人在蒙古帝國崩潰之後成為蒙古高原的主導力量取得了先發優勢（因其可以獲得比其他部落更好的政治待遇）。

瓦剌人之所以會成為「林中百姓」中最先歸順成吉思汗的部落，和他們的位置有着很重要的關係。他們所聚居的山林，正是在唐努烏拉山脈的最東端，這裡也是小葉尼塞河的最上源處（共有八條小河，故被稱為八河流域）。與蒙古高原核心遊牧區色楞格河流域無縫對接的地理位置，使得瓦剌人成為最容易下山徹底遊牧化的民族。

進入遊牧體系的瓦剌人很快便融入了成吉思汗打造的草原帝國體系，並以蒙古部落的身份繼續着與農耕區的千年博弈。在元朝滅亡後，瓦剌人逐漸成為草原上最強悍的部落，甚至一手釀成了農牧戰爭

史上中原王朝最慘痛的失敗之一 —— 土木之變。在這次戰役中，明
王朝甚至直接損失了一位皇帝（明英宗，被瓦剌所俘）。除此之外，
這些 13 世紀從唐努烏梁海走出的「林中百姓」後裔，還創造過很多歷
史，比如以「東歸英雄」稱號被載入史冊的土爾扈特人、曾經稱霸天
山南北的準噶爾人，都是從瓦剌部落中分化出來的。在清朝，他們被
統稱為厄魯特蒙古。

只要具備人類生存條件，每一片土地都不會成為無主之地。一個
部落遷走之後，很快就會有另一個部落填充進來，並在相同的環境下
延續着相似的生活狀態。在瓦剌人走出唐努烏梁海後，填補進唐努烏
梁海盆地的部落被稱為圖瓦人，今天俄羅斯境內有圖瓦共和國。從民
俗特點來看，圖瓦人與其他蒙古部族並沒有太大區別。不過，圖瓦語
卻並不屬於蒙古語族，而是屬於突厥語族，一些專家認為圖瓦人的準
確定位應該是蒙古化的突厥部落。

唐努烏梁海的邊緣位置，以及它與蒙古高原主體若即若離的地緣
關係（河流不是指向高原腹地，而是西伯利亞），加上不甚突出的遊牧
環境，不僅造就了圖瓦人的雙重屬性，更使得這一地區在歷史上並沒
有成為決定蒙古高原命運的核心板塊。不過對於中央之國來說，這個
板塊卻有着特殊的意義。這裡所說的特殊，並不是很多人糾結的清王
朝曾經在唐努烏梁海建立過統治的問題。事實上，唐努烏梁海地區與
華夏文明的交織，遠比很多人所認知的要早。可以說，在西漢時期，
這一地區就已經播撒了華夏文明的種子。

之所以會有這種情況，與當地群山環抱、水源充足的小環境分不
開。周邊山脈最大限度地隔離了來自西伯利亞與蒙古高原腹地的惡劣
氣候影響（冷空氣和沙）。相對濕潤的小氣候以及因森林覆蓋率高而
腐殖成的良好土壤條件，使得相對開闊的大葉尼塞河河谷不僅有着自
然條件不錯的草場，同時也具備了農業開發的基本條件。

　　以農耕這種生產方式來說，地勢平緩的森林地帶遠比草原要有吸引力。依靠原始的刀耕火種方式，焚燒過的森林很快就能變成耕地。等到那些因焚燒草木而產生的肥力被快速消耗掉後，原始的農耕者就會把目光投向另一片森林。不過，在中央之國，隨着人口的增加，這種粗放的農業方式已經變得過於奢侈。以積肥、秸稈灰還田等方式對固定土地精耕細作、保持肥力的方式，成為東亞農耕區的普遍做法。這種生產方式以及對土地的態度，深深地決定了這個民族的性格。

　　如果想在唐努烏梁海的山間河谷中進行農業開發，倒不用去考慮改良土壤的問題。千百年來因植物腐敗所形成的腐殖土，足以使農業開發者只考慮「播」和「收」兩個程序（想想東北平原的黑土地是怎麼形成的）。事實上，在東北亞、北亞森林地帶，只要溫度不是冷到難以忍受，能夠提供農業生產最低限度的積溫，小規模的農耕生產、畜養牲畜就會一直存在，並作為漁獵生產方式的重要補充。

　　從原本的生活模式來說，漁獵區會比遊牧區更吸引農耕人口。這很大程度上是因為漁獵區與農業區的居民有些相同的定居方式，當你有機會穩定下來，並視自己腳下的土地為家園時，才會有機會在其中發掘出新的潛力。而在歷史上，把農業技術帶入北方漁獵區的，往往就是那些因為戰爭原因被掠入北方的中原農民。

　　你很難要求兩千多年前的匈奴人或是其他遊牧民族自然生成農耕的概念，並試圖開發唐努烏梁海的農業潛力。通常情況下，被掠入遊牧區的農業人口，會依掠奪者的軍功被分配給各部落，並分散到蒙古高原的各個角落。不過，讓那些或主動或被動來到蒙古高原的漢地移民，有一個更容易適應的環境生活，將有利於發揮他們從中原帶來的技術特長。另一方面，相比漁獵、遊牧的生產方式，同一片土地如果被開發為耕地，其產出量要遠遠高於草場和森林。

　　李陵是最早讓唐努烏梁海進入中央之國視線的歷史人物。在這個

悲劇英雄被迫歸降匈奴之後，匈奴人將他和他的部下安置到了這個蒙古高原的邊緣之地。很顯然，這種做法一方面能在地理層面杜絕李陵歸漢的可能，另一方面也可以利用唐努烏梁海盆地內的小環境安撫那些歸降的漢軍。

李陵的故事並沒有隨他本人的逝去而從中國歷史中消失。真正在宏觀歷史層面引發我們興趣的，是一個叫作黠戛斯的部落。這支生活在葉尼塞河上游地區的部落，曾經向唐帝國的統治者表述過他們當中部分成員的華夏血統，並試圖以此為紐帶建立政治聯盟。黠戛斯部所指向的血統來源就是李陵。基於中央帝國在東亞地區的文化統治力，邊緣民族的這種攀附行為是非常常見的。不過，結合唐努烏梁海的地理結構以及李陵經略過此地的史實，黠戛斯部的部分成員的確有很大可能是李陵所代表的、曾經在唐努烏梁海及其周邊地區生存的漢地移民之後。只不過因為李陵是他們當中聲名最為顯赫的，才有幸成為代言人罷了。至於黠戛斯是不是現代的吉爾吉斯人，那就是另一個話題了。最起碼目前看起來，這段歷史還沒有被渲染的空間。

回到唐努烏梁海的問題上。封閉的高山盆地環境，使得這塊土地有機會為人類保留一些原始的東西。比如現代圖瓦人所操持的語言，就被認為是一種古老的突厥語，並為許多語言學家所矚目。而他們與自然和諧相處的生活方式，也是許多人感興趣的。當然，對於一些中國人來說，會很遺憾這片土地目前已經歸屬俄國。不過如果只是對圖瓦人的生活方式感興趣，並試圖通過他們感受唐努烏梁海的地緣特點的話，倒是不用出國。在新疆阿爾泰山南麓，中國西北地區唯一與俄羅斯相交的邊境區域，生活着一支從唐努烏梁海地區遷移過來的圖瓦人（在中國被納入蒙古族範疇）。喀納斯湖是中國境內圖瓦人生存之地的地理標籤。

除唐努烏梁海以外，地理上屬於蒙古高原（並被清朝納入「外蒙

古」範圍）、後又與唐努烏梁海一起為俄國所佔據的，還有一個完全為山地的板塊，那就是覆蓋阿爾泰山脈西段的阿爾泰諾爾烏梁海（也稱「阿勒坦淖爾烏梁海」）。事實上，在蒙古高原西端，以「烏梁海」為名的土地共有三塊，分別是唐努烏梁海、阿爾泰諾爾烏梁海，以及今為中國和蒙古國共有的、地理上為阿爾泰山脈東段的阿爾泰烏梁海。

被保留在中國境內的阿爾泰烏梁海地區，演變為今天的阿勒泰地區，而被俄國吞併的阿爾泰諾爾烏梁海，則建制有阿爾泰共和國。阿勒泰、阿爾泰這兩個略有差異的命名，其實只是為了便於區分。生活在這些地區的古老部落，被稱為烏梁海人。

今天，生活在俄羅斯阿爾泰共和國的數萬烏梁海人，被命名為阿爾泰人。與很多在 13 世紀後被遷入蒙古高原腹地、在語言和文化上完全蒙古化的「林中百姓」不同的是，「阿爾泰諾爾烏梁海」阿爾泰人和圖瓦人一樣，雖然在習俗方面很大程度上已經蒙古化，但在語言上仍然屬於突厥語族。

沙皇俄國需要阿爾泰諾爾烏梁海的地緣政治原因，與一定要拿到唐努烏梁海的理由是一樣的。唐努烏梁海哺育了葉尼塞河，鄂畢河的源頭則指向阿爾泰邊疆區。很顯然，既然俄國人得到了全部的西伯利亞，自然也就沒有理由讓西伯利亞的那些母親河有一個外國源頭。

如果再仔細觀察西伯利亞水系構成，我們會發現阿爾泰山脈南坡同樣為鄂畢河提供了重要的水源。源自中國阿勒泰地區的額爾齊斯河，在收集好阿爾泰山脈南坡之水後，向西通過哈薩克斯坦，再北流入俄羅斯境內與鄂畢河匯合。換句話說，如果追求絕對地緣安全，無論是當年與清王朝博弈的沙俄，還是華麗轉身後的蘇聯，顯然不會滿意把阿勒泰地區留在中國境內。結合這一地緣政治設定，再去看沙俄、蘇聯時期與阿勒泰地區有關的一些歷史事件，相信一定會有不一樣的感悟。

當然，隨着蘇聯的解體與哈薩克斯坦等中亞國家的獨立，阿爾泰山脈的地緣政治結構又發生了新變化。對於在地緣政治上相互忌憚的中俄兩國來說，當下阿爾泰山脈地區所形成的中、俄、哈、蒙四國相接的格局，不失為一個巧妙的平衡。中俄雙方在這個位置上所保留的54公里邊境線，既能保證雙方有獨立的通道溝通（同時又與另兩國接壤），又不至於為安全而虛耗大量的人力、物力。

另一個關於地緣政治的有趣發現是，如果在歐亞大陸中心地帶的範圍內觀察將中、俄、哈、蒙相接的這個點，我們會發現它不僅是這個中心地帶的地理中心，是西伯利亞、「外蒙古高原」、西域、中亞四大板塊相接的位置，更是能夠承擔歐亞大陸中心地帶地緣政治中心點的關鍵所在。

當然，無論是地理還是地緣政治層面的中心點，這個「點」本身是不具備任何統治力的。中心點周邊四大板塊的潛力及歸屬才是問題的關鍵。在中國只保有西域，而俄國直接控制西伯利亞、中亞，間接控制「外蒙古高原」的那段歷史時期，中國在西北所承受的壓力可想而知。只是在蘇聯分裂、歐亞大陸中心地帶新格局形成的今天，四分天下有其一（且幾乎完整擁有青藏高原）的中國，在歐亞大陸中心地帶的身位，無論如何不能說弱了。

貝加爾湖和外貝加爾地區

唐努烏梁海地區並不是蒙古高原之上唯一高森林覆蓋率的區域。在其東、南兩面的環貝加爾湖地區，森林同樣取代草原成為主要植被（越往北覆蓋率越高）。從地緣政治層面來說，這一地區被命名為「外貝加爾」，很顯然，與遠東、中東、近東這些概念的命名規則一樣，是一個以歐洲為視線起點的標籤。當然，每一個國家都有權力以自己

貝加爾湖和外貝加爾地區及周邊示意圖

為中心，為自己的周邊板塊命名。比如，被歐洲人稱為「印度支那」
的那片土地，中國人會更願意稱之為中南半島（中國之南的半島）。

　　既然解讀到「外貝加爾」的概念，肯定就不能不提貝加爾湖。這
個蓄積了世界 1/4 淡水的高原湖泊，第一次進入中央之國的視線，是
因為被匈奴放逐於其南岸的漢朝使者 —— 蘇武。當時它的名稱還是
「北海」，在中國「海中地」的方位觀中，這一定位意味着它已是華夏
文明地理認知的邊緣了。

　　每一條河流，都有它們最終的歸宿。蒙古高原是這個星球上為數
不多能發源出兩片大洋水系的高地。肯特山以東的河流，除了消失在
大漠戈壁中的內陸河以外，成規模的河流最終都通過黑龍江匯入了太
平洋；而色楞格河流域大大小小上百條河流最終的歸宿卻是北冰洋。
只不過在它們到達北冰洋之前，先得填滿貝加爾湖。在填滿貝加爾湖
這個大坑之後，這些蒙古高原之水，才有機會向地勢較低的西北方向
打開一個缺口，最終通過葉尼塞河流入北冰洋。

　　事實上，色楞格河的流量並不大，能夠蓄積起世界第一大淡水
湖，很大程度上得益於貝加爾湖區的低蒸發量（太冷了）。同時，平

均深度 730 米、最深處達 1620 米的貝加爾湖也有能力保住絕大部分的私家珍藏。不過，在某一個地質時期，貝加爾湖的海洋之路應該會比現在更通暢些，以至來自北冰洋的斑海豹有機會溯河而上，變身為世界上唯一的淡水海豹 —— 貝加爾海豹。

將貝加爾湖與葉尼塞河連接在一起的河流叫作安加拉河。對於這個名字，可能絕大部分人會感到陌生。不過提起它的另一個名字，估計就能引起很多人的興趣了：上通古斯河。沒錯，總是在羅列世界之謎的書籍中出現的通古斯大爆炸，就發生在上通古斯河流域。同時，通古斯地區還被很多人認為是東北漁獵民族的起源地。

從流域劃分的角度看，安加拉河也是葉尼塞河的一條支流。只不過葉尼塞河正源之名被授予了唐努烏梁海中的大、小葉尼塞河。基於地緣政治的考慮，俄國人在和清帝國時期的中央之國分割「蒙古國」劃定邊界時，唐努烏梁海盆地和貝加爾湖一樣，都作為葉尼塞河的源頭，成為俄國志在必得的區域，尤其是生存條件相對較好的外貝加爾高原南部（相對於貝加爾湖西北部而言）。

作為蒙古高原的東北邊緣板塊，外貝加爾地區的地理範圍包括俄、蒙邊界以外，貝加爾湖以東、大興安嶺—外興安嶺以西，以雅布洛諾夫山脈（興安山脈）為核心的區域。需要注意的是，目前俄羅斯以雅布洛諾夫山脈為分割線，在此建制有布里亞特共和國及外貝加爾邊疆區兩個行政區。為了與行政上的外貝加爾區別開，地理上的外貝加爾可以稱作外貝加爾高原。

外貝加爾高原的地勢整體呈現為西北向東南逐漸下降的趨勢，降水量同樣遵循這一規律，由 1000 毫米降至 300 毫米。整個高地內部的河流分為三部分：色楞格河下游，向西流入貝加爾湖，最終通過葉尼塞河注入北冰洋的部分；向北穿越山脈分水嶺，匯入勒拿河並外流北冰洋的部分；向東接入黑龍江，並成為太平洋水系一部分的石勒喀

河流域。

以三大水系交匯的地理特點來看，外貝加爾高原應該是很有可能成為一個地緣樞紐點的。然而事實上，外貝加爾並沒有取得這樣的地位。這很大程度上是因為這片高原的緯度實在是太高了。除了南部隸屬貝加爾、黑龍江水系的部分，有一定數量的草場和森林草原存在以外，其大部分屬於亞寒帶針葉林區，乃至在西北高地上還生成有冰川。在地理分區時，我們甚至可以把雅布洛諾夫山脈以北的勒拿河流域劃入西伯利亞的範疇。

1689 年（康熙二十八年）簽訂的《尼布楚條約》，以及 1727 年（雍正五年）簽訂的《布連斯奇界約》，是今天俄蒙兩國在貝加爾湖東、南方向邊界的歷史及法律依據。其中，《尼布楚條約》也是中俄歷史上簽訂的第一個正式條約。尼布楚城位於石勒喀河下游，西距鄂嫩河口約 60 公里，得名自石勒喀河左岸支流尼布楚河。對於滲透至此的沙皇俄國來說，尼布楚城和石勒喀河最大的價值在於能使其順流而下進入黑龍江（阿穆爾河），並最終獲取太平洋的出海口。為了達到這個目的，哥薩克們不僅在外貝加爾地區修築了尼布楚城，更在外東北板塊內的黑龍江畔構築了雅克薩城。

如果俄國人所覬覦的，僅僅是外貝加爾這樣的蒙古高原邊緣板塊，那麼清王朝並不會特別警覺。然而，清王朝以東北為後院，沙皇俄國對黑龍江的滲透，很顯然會引發雙方激烈的對抗。正是在這一地緣政治背景下，從 1685 年開始，中俄之間圍繞着外東北的政治歸屬權進行了兩次雅克薩之戰，並直接催生了《尼布楚條約》。條約規定：中、俄以額爾古納河、格爾必齊河為界，再由格爾必齊河源順外興安嶺往東至海，嶺南屬中國，嶺北屬俄國。今天中、蒙、俄三國在這一地區的交匯點原則，便是在此條約背景下確定的。

清王朝簽訂《尼布楚條約》的地緣政治目的，主要是為了遏制俄

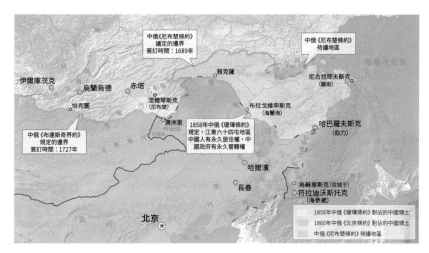

《尼布楚條約》《璦琿條約》《布連斯奇界約》劃界示意圖

國勢力滲透東北地區，它也的確做到了（雖然在 1858 年《璦琿條約》簽訂後，中國還是失去了黑龍江以北的外東北地區），但對於中、俄兩國在蒙古高原的邊界劃分沒有做出詳細的約定。在這種情況下，才有了後來形成今天蒙、俄東半段邊界的《布連斯奇界約》。在這個用來確定邊界具體走向的條約中，色楞格河畔的重要通商口岸恰克圖（今屬俄羅斯）以及額爾古納河上游，成為劃定邊界線的兩個重要地標。

依據上述條約，俄國人完整地得到了貝加爾湖以及外貝加爾湖地區。在具體的邊界劃分中，一支特別的蒙古部落 —— 布里亞特人的歸屬，成為重要的參考。生活在貝加爾湖東部和南部的布里亞特人，在成吉思汗時期也被歸於「林中百姓」的範疇，並隨之成為蒙古民族的一部分（元代稱「不里牙惕」）。很顯然，這一分類的地理背景是布里亞特人生活的地區同樣以森林為主。

在俄國入侵外貝加爾地區並征服布里亞特人後，部分不願意接受俄國統治的布里亞特人被清王朝重新命名為巴爾虎人，安置到了肥美

的呼倫貝爾草原。今天呼倫貝爾草原建制的三個縣級行政區：新巴爾虎左旗、新巴爾虎右旗、陳巴爾虎旗，便是得名於此。目前，仍在俄羅斯外貝加爾高原境內的布里亞特人，人口約為 40 萬，主要集中在布里亞特共和國。

從地緣背景來看，俄國能夠控制外貝加爾高原，與外貝加爾高原不是純粹的草原地帶有很大的關係。這種邊緣地位，使得蒙古高原的控制者不會為了保有它們而傾注更多的資源。受溫度和植被條件影響，在外貝加爾地區能夠讓遊牧經濟佔據相對優勢的，只有色楞格河下游及石勒喀河上游地區（包括鄂嫩河下游）。今天布里亞特共和國的首府烏蘭烏德，以及外貝加爾邊疆區的首府赤塔，正定位於這兩條河流之側。在兩地總計 210 萬的居民中，有將近 40% 的人口生活在這兩座城市中。

需要注意的是，以外貝加爾地區的自然條件來說，實際是無法支撐這個人口規模的（儘管跟農業區比已經很低了）。基於資源而發展的工業經濟以及俄羅斯的移民實邊政策，是外貝加爾乃至整個遠東地區人口總量高於古代的關鍵所在。相比之下，缺乏這兩個因素的蒙古國，當下 300 萬的人口承載量，與古典時期相比並沒有質的變化。

第二章

大中亞

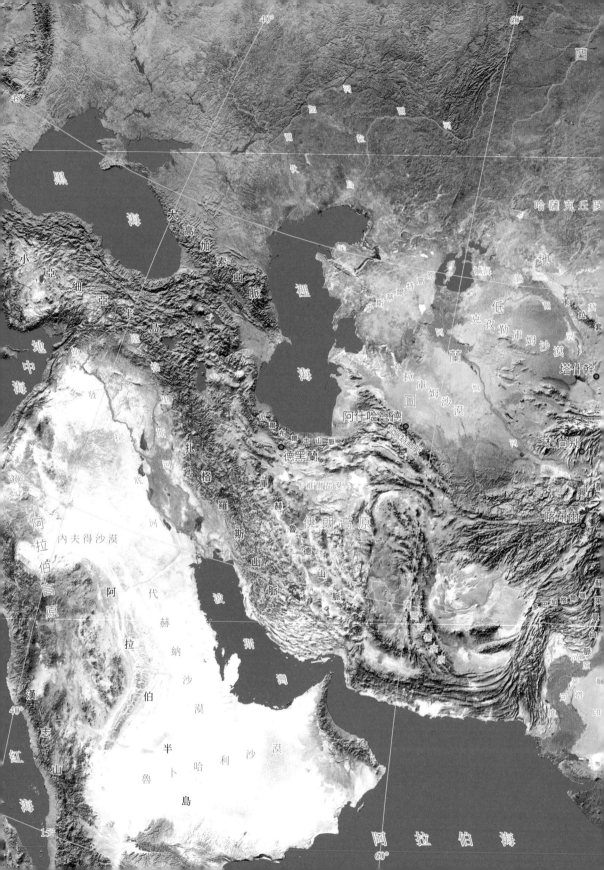

黑海

大高加索山脈

裡海

小亞細亞半島

地中海

阿拉伯高原

內夫得沙漠

阿拉伯半島

志漢山

紅海

代赫納沙漠

魯卜哈利沙漠

西

哈薩克丘陵

地鶴低

卡拉庫姆沙漠

克孜勒庫姆沙漠

塔什幹

阿什哈巴德

杜尚別

德黑蘭

伊朗高原

喀布爾

卡維爾鹽漠

扎格羅斯山脈

波斯灣

阿拉伯海

45°

40°

60°

60°

45°

30°

40°

15°

60°

利亞平原
額爾
齊斯
河
爾蘇丹
西爾克什爾
伊
犁
河
天
比什凱克
山
阿爾泰山脈
蒙古高原
準噶爾盆地
古爾班通古特沙漠
脈
塔里木河
山
河西走廊
祁連山脈
塔里木盆地
塔克拉瑪干沙漠
金爾
山
脈
柴達木盆地
阿爾
山
脈
帕米爾高原
昆崙
山
唐古拉山脈
青藏高原
喜
伊斯蘭堡
岡底斯山脈
馬拉
雅
山脈
念青唐古拉山脈
橫斷山脈
沙漠
新德里
恆
河
平原
河
馬爾瓦高原
印度半島
溫迪亞山脈
若開山脈

孟加拉灣

大中亞示意圖

不可否認，在地理大發現之後，權力和利益的鬥爭更多地體現在對海洋的爭奪上。然而，這並不代表對歐亞大陸腹地的爭奪就失去了意義。作為邊緣國家，中國在陸地邊境上必須耗費更多精力，這固然有可能成為一塊短板，但在國際秩序穩定的今天，中國與周邊國家解決完所有邊境糾紛後，這一短板又有可能成為中國壓倒美國的一塊長板。畢竟不是所有國家都有海岸線，尤其是身處亞洲腹地的中亞地區。

第 一 節
大中亞的範圍與板塊劃分

　　在開始分析中亞之前，我們需要確定一下中亞的地理範圍。如果按照字面上來理解，亞洲的中部就是中亞了，在亞洲所劃出的地理中心是新疆的烏魯木齊。而目前一般提到的「中亞」卻是指向中亞五國，也就是哈薩克斯坦、烏茲別克斯坦、土庫曼斯坦、吉爾吉斯斯坦、塔吉克斯坦五個國家，並不包括烏魯木齊所在的新疆地區。

　　很多地理概念之所以模糊不清，主要是受到了政治因素的影響。國與國之間的劃界，地理結構是一個重要參考，但又不可能完全依照這個標準。因此，我們需要單純地從地緣結構上來劃定一下中亞的範圍。事實上，俄國人當年所佔據的中亞地區，只是地緣中亞的一部分，由於它們都曾經是俄國的一部分，所以被稱為「俄屬中亞」會更加準確。從地緣位置、地緣結構上看，伊朗高原、興都庫什山脈，以及天山南北的兩個盆地，也應該與之放在一個大板塊當中。為了和一般認識中的「中亞」概念區別開來，我們可以將這個位於亞洲之中的大板塊稱為「大中亞」。在這個大板塊中，除中亞五國之外，還要加入伊朗、阿富汗兩個成員。而中國由於有部分領土覆蓋到了「大中亞」所涉及的地理單元，也是「大中亞」地緣政治舞台上的重要成員。

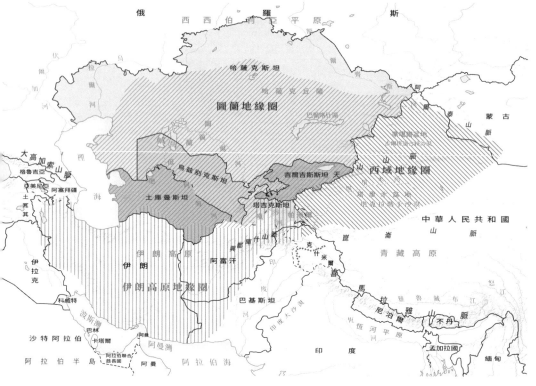

傳統中亞五國與「大中亞地區」對比示意圖

　　通常情況下，政治家們決定的國境線並不能真正反映地緣結構。由此有一些介於板塊相接之處的國家，往往就不知道如何歸類了。就像伊朗通常被劃入西亞板塊，而在本書中又被劃入「大中亞」一樣。同樣的事情也發生在阿富汗身上，這個主體在興都庫什山脈的國家，也經常在中亞和南亞中搖擺。實際上，這只是被動地被「專家」們劃來劃去，阿富汗人本身並不會在意自己到底屬於哪個板塊。

　　在北部也存在同樣的問題，哈薩克斯坦的北部其實已經伸入了西西伯利亞平原的南部，西部有部分更是進入了歐洲。而在東部，無論是研究中亞五國的地緣和歷史，還是研究新疆的情況，都必須將兩者聯繫起來才能獲得客觀準確的結果。鑒於中國在新疆無可置疑的主權，以及中國整體被定位為東亞國家，再將中國定位為一個中亞國家，顯然是不合適的。但是，這並不妨礙我們從地緣結構的角度來探討中國與中亞的淵源。

　　由於「大中亞地區」內部存在錯綜複雜的地緣關係，依照各自的基本地緣屬性，我們可以將其再細分為三個地緣圈：

　　一、西域地緣圈。具體的範圍就是塔里木盆地與準噶爾盆地，加上將二者連接在一起的伊犁河谷。之所以要將之合稱為「西域」這個古稱，是因為這代表着中國在這一區域的歷史。既然西方可以以歐洲為參照物，將亞洲分割出遠東、中東、近東的概念，那麼從中國的角度進行分析時，以東方的視角，將中國的這片領土定義為「西域」也無可厚非。

　　地理是地緣板塊劃分的基礎，不過所謂「地緣」，與地理之間的最大不同，就是加入了「人」的因素。尤其是一個地理板塊相接的過渡地帶，劃分時就更需要參考族群分佈、現實行政管理等方面的因素了。綜合各種地緣因素，西域地緣圈的西部邊界，也可以理解為中國與中亞國家之間的國境線。

　　二、圖蘭地緣圈。伊朗高原以北、裡海以東、阿爾泰山—天山山脈以西、西伯利亞以南的中亞腹地，有一片面積達 150 萬平方公里的平原，地理上的名稱叫作圖蘭低地。在遠古時期，這裡曾經是地中海的海床，裡海和鹹海就是海水退卻之後的遺存。如果是在雨量充沛的東亞，這種低地通常是非常不錯的農業用地。不過在因高地環繞而無法接受海洋水汽的中亞地區，這種低地就沒那麼幸運了。乾旱氣候使得沙漠和鹽鹼地佔據了圖蘭低地的大半，只有河流兩岸的狹窄地帶才有機會形成規模性的定居點。

　　從地緣關係來看，圖蘭地緣圈的範圍還應包括與之結合緊密的哈薩克丘陵。再往北就是隸屬北亞範疇的西西伯利亞平原了。整個地緣圈的基本地緣特色就是「低」，即使像吉爾吉斯斯坦、塔吉克斯坦這樣貌似建立在高原山地上的國家，其人口大部分也處在邊緣低地上。

　　以現在的行政劃分來看，圖蘭地緣圈也可以直接對應狹義的「中

亞」概念。在蘇聯的作用下，中亞被分成了五個民族國家，即哈薩克斯坦、吉爾吉斯斯坦、烏茲別克斯坦、土庫曼斯坦和塔吉克斯坦。這一地區曾經是俄國的領土，因此也可稱為「俄屬中亞」。當然，任何政治上的切割，都很難真正完美地和地緣結構結合起來。不過大的地緣規律總是要遵循的。因此將圖蘭地緣圈結合在一起的根本因素，其實並不是俄國人當年的組合，而是因為他們彼此之間的確存在緊密的地緣關係。[1]

在這種地緣關係的作用下，除了塔吉克人以外，板塊內的民族大部分可以歸為操突厥語的民族。需要注意的是，民族、語言方面是否趨同，只是劃分地緣圈的一個重要標準，並不是最重要或者唯一的標準。要是僅僅按照這個標準，遠在小亞細亞的土耳其，就應該和圖蘭地緣圈劃在一起；而新加坡這個所謂的「華人國家」就必須與中國捆綁在一起。事實上，上述誤區也不同程度存在於現實的地緣政治關係中，尤其是存在於一些不具備綜合分析能力的、非官方性質的民族主義言論中。

另一個需要注意的問題是，塔吉克斯坦在地緣上的雙重屬性。儘管在俄國人的組合下，帕米爾高原的大部，以及生活於這個高原及其邊緣低地的塔吉克人，被打包進了「俄屬中亞」這個地緣政治板塊中，但塔吉克人在民族、語言上與圖蘭地緣圈的其他成員並不相同，而是與伊朗的主體民族波斯人、阿富汗的主體民族普什圖族相近。在中亞國家已經徹底獲得獨立的情況下，這層屬性很有可能讓其與下一個地緣圈 —— 伊朗地緣圈結合得更加緊密。

三、伊朗高原地緣圈。除了伊朗高原之外，這一板塊還包括伊朗高原東部的興都庫什山脈。整個板塊位於「大中亞地區」的南部，地

---

[1]　為了便於大家理解，行文中「中亞」一詞所對應的即為此圖蘭地緣圈。

理特點是「高」。它的戰略地位可以說是世界級的，至於有多重要，稍後會分析到。如果以國家來歸類的話，伊朗、阿富汗是這個地緣圈的兩個組成部分，另一個可以被本地緣圈整合的，就是前文說到的塔吉克斯坦。

伊朗高原和興都庫什山脈在定位上也遇到了很多邊緣板塊會遇到的問題。如果從位置上看，伊朗與西亞的地緣關係也很近，並且最近這些年在國際時政中露面，也多與伊拉克、敘利亞這些西亞國家有關。阿富汗的情況也是如此，自從美國在阿富汗開啟反恐戰爭後，巴基斯坦—阿富汗邊境就是最熱的熱點地區。

基於阿富汗與巴基斯坦之間的地緣關係，阿富汗很多時候又會被定位為南亞國家。比如由印度主導的「南亞區域合作聯盟」（簡稱「南盟」），除了傳統意義上的 7 個南亞國家以外，在 2005 年就吸收了阿富汗為正式成員。從地緣政治角度看，這顯然對印度向中亞地區滲透影響力有所幫助。不過，有巴基斯坦這個與印度有結構性矛盾的國家在，印度事實上很難做到這點。

上述混合屬性，源自兩國板塊交接的地理特點。河流的走向可以幫助我們分清一個國家內部諸板塊的真實屬性。源出伊朗東北部的河流注入地是中亞，南部河流則注入西亞。以興都庫什山脈為核心地理特徵的阿富汗，同樣如此。興都庫什山脈之上的分水嶺，是地理意義上的中亞、南亞分割線。兩個國家的歷史及民族、文化結構中，無處不體現出這種交融性。

相比只能在中亞、南亞之間被動作選擇的阿富汗，曾經有過帝國歷史，並將領土延伸到阿拉伯半島和圖蘭低地的伊朗，就更希望憑藉中亞、西亞相接的樞紐位置有更大的作為了。1985 年，伊朗曾經和另一個在中亞、西亞都存在利益的國家土耳其，加上地理位置上也算是介於中亞、西亞之間的巴基斯坦，共同成立「中西亞經濟合作組

織」。很顯然，在這三個國家中，伊朗是最有機會從兩大板塊間的合作中受益的。只是受限於伊朗現在在國際上的孤立性，這一作用暫時無法體現出來罷了。

伊朗、阿富汗也好，巴基斯坦也好，如果想在區域合作中有機會成為樞紐並獲取額外的利益，中國的作用至關重要。而中國如果想向西亞、南亞，包括歐洲方向延伸影響力，也同樣要重視與上述國家的合作。從這個角度看，將伊朗、阿富汗劃入「大中亞」板塊，並在做戰略規劃時，將之與中亞國家一起統籌考慮，是符合中國的地緣利益的。

儘管這三個地緣圈的地理結構、民族分佈不盡相同，但三大板塊在環境上有共同特徵，就是氣候上的「乾」。降水主要集中在能夠攔截水汽、形成冰雪和地形雨的山地上。那些能夠從山地河流中補水的低地，如果同時積溫又適合農作物生長，通常能夠發展出人口集中的綠洲；而那些降水勉強能達到 250–400 毫米之間的土地，則以草原的形式滋養着遊牧經濟。

這種混合狀態的存在（農業經濟整體處在遊牧經濟的包圍當中），使得在整個大中亞地區的文明進程中，遊牧民族產生的影響，要比東亞地區大得多。來自北亞遊牧區、西亞遊牧區、東歐遊牧區的遊牧民族，在語言、宗教、人種上，都對大中亞地區造成了深遠影響。

第二節
圖蘭地緣圈

　　相比目前屬於中國領土的西域地緣圈，大多數人應該對與狹義中亞概念重合的圖蘭地緣圈更感興趣。這種興趣一方面來源於域外的陌生感；另一方面是因為在很多人模糊的歷史觀中，這片土地本屬於中國，而後是被俄國人強行切割的。當然，事情肯定沒有那麼簡單。不過，無論從歷史還是地緣的角度，兩個地緣圈的關係的確非常緊密。

中亞的地理環境

　　天山山脈的存在不僅對西域地緣結構的形成意義重大，對於圖蘭地緣圈也同樣有着非常重要的影響。事實上，天山山脈用來切割西域兩大盆地的，只是它的東段，而它的西段主脈，則和與之緊密相連的帕米爾高原一起，充當了塔里木盆地和圖蘭低地的地理分割線。這兩段高地連接緊密，又是塔里木盆地與中亞盆地交流的必經之路，在中國的史書中，它們被統稱為蔥嶺。
　　對於生活在圖蘭低地的族群來說，天山對於他們的意義，絕不亞於生活在西域盆地的居民。因為和西域盆地腹地的情況一樣，圖蘭低

圖蘭地緣圈及周邊示意圖

地無法從降水中得到多少淡水，從天山、帕米爾高原流下來的雪水，
幾乎是他們唯一可以仰仗的生命之泉。幸運的是，相比西域盆地，圖
蘭低地能夠得到更多的高山雪水。

　　從海洋吹過來的暖濕氣流是形成降水的根本所在。當我們把視線
從東亞核心區向西轉動，尤其是到了阿爾泰山脈、天山山脈時就會發
現，中國人所熟悉的從太平洋颳過來的東南季風已漸漸消失，取而代
之成為主角的是來自西北方向的風。當然，對於西面來風，我們也並
非沒有感覺。每到冬日，那乾冷的西北風總是逼迫我們穿上厚厚的冬
衣（東南丘陵地帶的感覺不那麼明顯）。不過，我們這裡關注的「西風」
並不是那些來自歐亞大陸內部的乾冷西北風，而是帶來濕潤水汽的大
西洋暖濕氣流。

　　地理距離，加之蒙古高原、青藏高原的阻擋，河西走廊東段的祁
連山麓基本上算是太平洋水汽所能施加影響的終點了。至於與圖蘭低

地距離更近的印度洋，同樣不能抱有太大希望，青藏高原、帕米爾高原、伊朗高原，完美地在其南部形成一道地理屏障。相比之下，遠在萬里之外的大西洋，反倒給了圖蘭低地生的機會。

與其他兩個方向相比，大西洋與圖蘭低地之間可以算得上是一馬平川了，整個歐洲最為高大的兩條山脈 —— 斯堪的納維亞山脈、阿爾卑斯山脈，一條在北歐的斯堪的納維亞半島邊緣，另一條在地中海的北岸。也就是說，從大西洋吹入歐亞大陸的水汽，可以毫無障礙地跨越萬里，抵達圖蘭低地上空。當然，經過這麼長距離的跋涉，你並不能指望這些水汽有力量滋養整片荒原，但最起碼歐亞大陸腹地有了降水的基本條件。

如果歐洲大陸也像中國這樣，由西至東形成三級地形的話，那麼歐亞大陸中部的乾旱還會加劇到甚麼程度就很難說了。不過，現在大西洋的水汽在潤澤了東西向排列的阿爾卑斯山系後，還有餘力吹到阿爾泰山、天山山脈卻是客觀事實。這也意味着，當溫潤的大西洋水汽長途跋涉到達帕米爾高原、天山、阿爾泰山時，將要被迫抬升進入氣溫較低的空間。如果氣溫足夠低，那它們將形成冰雪，等到整個區域進入夏季時，再化成雪水潤澤山麓；而在氣溫還沒低到讓水汽結冰的區間，這些水汽則會很快變成地形雨，為山地帶來綠色。

山脈的迎風面往往有超過 1000 毫米的年降雨量，背風面則只有 300 毫米左右。既然水汽是西來的，圖蘭低地很顯然要比天山南麓的塔里木盆地能夠承接更多的山地之水。事實也的確如此，這些從帕米爾高原、天山、阿爾泰山上西流下來的融水，除了在沙漠中沖開一條條河道之外，甚至還在低地的西端蓄積成兩個大型內流湖：巴爾喀什湖和鹹海。

在圖蘭低地，那些或流入上述湖泊，或獨自湮沒於沙漠中的河流主要有 7 條。

七河地區

如果你對中亞歷史感興趣的話，那麼就一定會碰到「七河」這個地緣概念。「七河」包括 7 條發源於天山山脈、準噶爾盆地西部山地的河流，由北至南分別為阿亞古茲河、列普薩河、阿克蘇河、卡拉塔爾河、伊犁河、楚河和塔拉斯河。其中，前五條共同注入了圖蘭低地與哈薩克丘陵相接的一片窪地，蓄積成一片月牙形的湖泊，這個湖泊就是著名的巴爾喀什湖。

巴爾喀什湖的形成，絕大部分功勞要記在水量巨大的伊犁河身上。湖水的 80% 都是依靠這條年徑流量 200 多億立方米的河流輸送的。也就是說伊犁河之北的四條河流，總水量只佔到伊犁河流域的 1/4。這種水資源供給模式，甚至讓巴爾喀什湖形成了半鹹半淡的奇

七河地區及周邊示意圖

觀。由伊犁河獨立供給的南湖，由於水量巨大而形成淡水湖；那些經年累月從高山中帶下的礦物質則被排入了較深的北湖，形成鹹水湖。

伊犁河的巨大水量，受益於天山山脈在這一地區的特殊結構。在地形圖上我們可以清楚地看到，全面處在天山山體庇護之下的伊犁河中上游流域，也就是我們所熟知的伊犁河谷，呈現為一個開口向西的喇叭形狀。這意味着伊犁河的源頭之水，從天山腹地流出後，還可以在長達 700 公里的低地區持續接受兩側山地的補水。比起大多數流出山谷後就不得不直面沙漠的中亞河流來，伊犁河的集水區可以算得上是得天獨厚了。這也使得整個伊犁河谷成為大中亞地區植被覆蓋情況最好的區域之一。

相比伊犁河，七河流域最南部的兩條河流——楚河、塔拉斯河就沒有條件那麼好的集水區了。儘管天山山脈也在楚河之北、塔拉斯河之南延伸了兩段山體，但終究不能與伊犁河谷的情況相比。不過，這也足以讓這兩條河流在乾旱的中亞地區顯示出地緣影響力了。後面我們會看到，這兩條河谷是否有機會成為絲綢之路中的一個節點。

在這片整體乾旱的土地上，人類對「水是生命之源」這句話的感受是最深的。很顯然，伊犁河巨大的水量以及伊犁河谷整體濕潤的環境，使之成為七河地區的地緣中心。任何想控制七河流域的政治力量或族群，都必須進佔伊犁河谷。在俄國人代表歐洲從西方擴張而來之前，作為中亞草原的重要組成部分，七河流域，尤其是伊犁河谷，是各種遊牧勢力爭奪的對象。儘管華夏文明通過絲綢之路的開通將文明的觸角延伸至此，但在清朝攻滅佔據於此的蒙古準噶爾部之前，中原王朝無法實際控制這一區域。

之所以會這樣，是基於緯度的關係，這一地區無法提供農業生產所需的積溫。簡單點，就是對於絕大多數在古代能夠大規模種植農作物的地區來說，七河流域太冷了。這樣的氣候，更適合那些生存能力

更強的草本植物，以及依靠它們就能生存的遊牧民族。當然，伊犁河谷由於兩側山脈的存在，既能減弱北方西伯利亞寒潮的侵襲，又能阻擋塔克拉瑪干大沙漠乾熱風的危害。相對來說，有些區域的小環境是可以嘗試種植業生產的。然而，作為中亞草原的核心區，這種嘗試必須面對遊牧民族的強大壓力。在遠離中央之國核心區的情況下，中原王朝缺少足夠的試錯機會。

因此，直到攻滅準噶爾部，在伊犁河谷設立「伊犁將軍府」這個管理全疆的軍政機構後，清王朝才開始嘗試從南疆地區移入農業人口，與駐紮於此的漢族士兵合力屯田。而在古典時期行將結束時的這次農耕文明滲透，也讓中國在隨後面臨俄國巨大壓力的情況下，能夠保有大部分伊犁河谷。至於七河地區那些純粹的遊牧區，最終都成為「俄屬中亞」的一部分。

儘管在古典時期，七河流域為遊牧勢力所控制，但這並不代表整個圖蘭低地地緣圈都是這種情況。我們曾經在東亞部分標定了一條劃分中溫帶與暖溫帶的溫度線 —— 北緯 42 度溫度線，以作為古典農耕文明的北部極限。參照這條線來對圖蘭地緣圈進行簡單切割的話，我們會發現，不僅七河地區，包括其西北部的哈薩克丘陵、西部的錫爾河下游，都屬於這個範疇。事實上，這一地區在古代的確都屬於遊牧民族馳騁的草原地帶。當然由於地形和環境的原因，這些草原之間夾雜的大片沙漠，很多屬於草原中自然條件最差、生態最脆弱的類型 —— 荒漠草原。相比之下，七河地區那些降水較多的山地草場會更受到遊牧民族的青睞。

上述草原之上的遊牧部落，在 15 世紀中葉形成了共同的民族意識，標誌就是 1465 年建立的哈薩克汗國。基於地緣分割的原因，哈薩克內部的遊牧部落結成了三個遊牧部落聯盟，包括七河地區的「大玉茲」、哈薩克丘陵及錫爾河下游地區的「中玉茲」，以及哈薩克丘陵

以西、鹹海以北、直到裡海與烏拉爾山之間歐亞草原相接地帶的「小玉茲」。這三大部落聯盟，也是今天哈薩克斯坦的立國之本。

　　了解一個地區的基本地緣結構並劃分板塊，最大的好處在於，在基本自然條件沒有發生大變化、技術上也無大突破的情況下，那些存在於不同時期、名目繁多的族群，總是萬變不離其宗地在這個大框架裡。比如，兩千多年前，張騫初次踏上今天哈薩克斯坦的土地時，其內部的遊牧勢力的劃分依然能夠與大、中、小三玉茲的劃分對應上。只不過在當時，七河流域的主控者是烏孫，哈薩克丘陵及錫爾河中游的主控者叫康居，而覆蓋哈薩克丘陵以西，直至歐亞草原相接處的遊牧部落，則是對後來的歐洲歷史造成過重大影響、來自東歐平原的遊牧民族 —— 阿蘭人（也稱「奄蔡」）。

　　對於歷史知識儲備不夠的朋友來說，上述名稱看起來可能會感覺有些暈。不過不要緊，重點在於我們由此知道，中亞地區的農牧分割線在哪裡。需要說明的是，以今天的民族、國家劃分來看，在這條農牧分割線北還有一個主體位於天山之上的國家 —— 吉爾吉斯斯坦。在地圖上，吉爾吉斯斯坦最為明顯的地理標誌，就是位於天山之上的伊塞克湖。這個在世界高山湖泊中水深第一、集水量第二的大湖，不僅終年不凍，更調節了周邊地區的氣候環境。由於天山在這一部分有足夠的「厚度」，除了伊塞克湖之外，其周邊亦有不少河流的上游河谷存在。這些河谷、盆地也為循着水草遊牧至此的遊牧民族成就了一個世外桃源，並最終受環境影響，與低地遊牧的其他部落形成了民族認同上的差異。

　　在剛剛入主中亞的俄國人看來，這些在草原上的亞洲遊牧民族之間並沒有太大區別。一直到十月革命時，今天的哈薩克人還被稱為「吉爾吉斯人」。不過，俄國人終歸還是注意到，高地和低地遊牧民族之間已經存在一定的民族意識差異，並將那些高地遊牧部落稱為

「卡拉吉爾吉斯人」。在後來蘇聯的民族身份確認中，中亞低地遊牧民族變成了「哈薩克人」，而高地遊牧民族則壟斷了「吉爾吉斯人」這個名稱。

其實名稱只是一個代號，當我們把注意力放在地緣的本質 —— 地理環境上，就不會被這些人為的變化所迷惑。不過還是要提一句，哈薩克人之所以沒有得到他們立國時就已經確定的民族名稱，是因為這個在突厥語中代表「自由人」的名稱，已經被那些試圖脫離俄國貴族控制、逃離到南俄草原（大部在今天烏克蘭境內）的斯拉夫「自由人」所佔用了。這些橫行草原的斯拉夫遊民，在吸收了突厥人的草原基因後，順勢也使用了突厥語中的「自由人」作為自己的族群名稱。他們就是大家所熟知的哥薩克（參見本書最後一章「哥薩克」部分）。

河中地區

當我們把北緯 42 度線從東亞延伸到圖蘭低地，會發現它「恰巧」落在七河地區的南部地理分割線 —— 卡拉套山上。而越過了這條分割線，我們即將進入的就是中亞核心農業地帶 —— 河中地區。當然，影響溫度的因素有很多，北緯 42 度只是一個參考。不同歷史時期，中溫帶與暖溫帶之間的分割線也會出現位移，在實際操作中切忌機械運用。比如位於北緯 42 度線之南的河套平原，在唐代以前都是可供屯墾的暖溫帶地區。後來，隨着地球整體溫度的下降，以及屯墾對周邊植被的破壞，逐漸變成了中溫帶地區。這也是唐以後中原王朝難以控制河套地區，無法對遊牧民族取得決定性勝利的原因之一。

相比七河地區，「河中」之名在中國歷史上的知名度就要高得多了。包括漢帝國時代因「天馬」而被帝國征服的大宛國，安史之亂的始作俑者安祿山、史思明的祖籍之地粟特，引發唐帝國與阿拉伯帝國

河中地區及周邊示意圖

完成歷史性碰撞的石國，蒙古帝國西征屠滅的中亞古國花剌子模，都在這一地區。事實上，這裡所列出的四個地名，所指向的也正是河中地區的四大農業區。

　　絕大多數資料中對「中亞河中地區」的定位，都是阿姆河、錫爾河兩河之間的地區，或者說阿姆河、錫爾河流域，並且將之描述為文明昌盛之地。的確，僅從水量來看，在如此乾旱的環境裡，年徑流量達 671 億立方米的阿姆河與年徑流量為 372 億立方米的錫爾河，能夠為圖蘭低地做出的貢獻，要遠大於北方的七河之地。這兩條發源於天山與帕米爾高原西麓的大河，甚至穿越整個圖蘭低地的沙漠地帶，在低地的西端匯集成了一個排名世界第四的湖泊——鹹海。由此我們能夠推斷出，它們為圖蘭低地延伸了多麼長的綠色走廊。

　　不過，僅僅有水，並不代表就一定能夠誕生文明，如果這片土地

的氣候只能生長適應乾冷環境的草本植物，那麼就很難指望那些居無定所的遊牧民族能夠將文明固定在這片土地上。事實上，無論創造文明還是吸收外來文明，定居都是必要的基礎。一個地區在有條件聚集大量定居人口，並且有足夠的經濟基礎來滋養他們時，才有可能創造文明，或者在吸收其他文明的基礎上，創造屬於自己的文明。

對於卡拉套山以南這兩條河流流域而言，溫度已經不再是農業生產的攔路虎。也就是說，在溫度、水資源、土壤條件都具備的河中地區，只要擁有灌溉農業技術，是很有可能養活大量農業人口的。至於技術的來源，倒並不成問題。當我們在地圖上把視線從河中地區南移，翻越伊朗高原，就會看到公認的人類文明發源地，也是世界上最早規模化使用灌溉農業技術的地區 —— 兩河平原（也叫美索不達米亞平原）。

早在 6000 年前，由底格里斯河、幼發拉底河沖積而成的兩河平原，就已經開始使用灌溉農業技術了。儘管在古典時期，技術的轉移速度要比現在慢得多。但最遲在 2000 多年前，當來自漢帝國的使者張騫踏上這片土地時，河中地區的農業技術已經非常成熟。說到這裡，不知道大家有沒有發現一個有趣的現象。以伊朗高原為分割線，分屬西亞、中亞的兩個農業發達地區，都是由兩條河流孕育的。將中亞河中地區視作「中亞兩河平原」，相信會更有利於理解它在整個中亞地區的地緣地位。

實際上，南北兩個「兩河平原」的地理、地緣環境也極為類似。二者本身都處在極為乾旱的地區，依靠周邊高地補水以及灌溉農業技術的使用，而成為農業發達之地；在這兩片土地之側，又都是強大且具有攻擊性的遊牧文化區。前者要面臨的壓力來自遊牧的阿拉伯人；後者則在最近一千多年時間中，一直受到源自蒙古高原的、突厥系遊牧部落的滲透。最終，在這種巨大壓力下，儘管板塊的農業屬性沒有

河中地區和兩河平原對比示意圖

發生變化，但在民族屬性上已經與各自面對的遊牧民族融為一體了。這一結果反映在地緣結構上，就是阿拉伯半島成為阿拉伯人的半島，而圖蘭低地成為突厥人的低地。

　　與此同時，伊朗在中亞、西亞地區的雙重影響，也正是通過這兩塊核心之地擴散的。在當年波斯帝國時期，二者也都歸入了帝國領土。今天，伊朗在伊拉克政局中所能發揮的作用，以及伊拉克佔比超過 2/3 的什葉派穆斯林人口，都是受這種地緣影響力的影響。不過，就本身的地理結構而言，河中地區與西亞的兩河平原之間還是存在一些差異的。相比西亞兩河，阿姆河與錫爾河之間的距離有些遠，兩條河流的下游地區無法融為一體，這使得河中地區的農業區呈現為分散的綠洲狀態。位於錫爾河上游的費爾干納盆地，卡拉套山庇護下的錫爾河中游右岸平原，卡拉套山西南部山脈所庇護的阿姆河中游右岸平原（也就是粟特地區），阿姆河下游及三角洲地帶的花剌子模地區，就

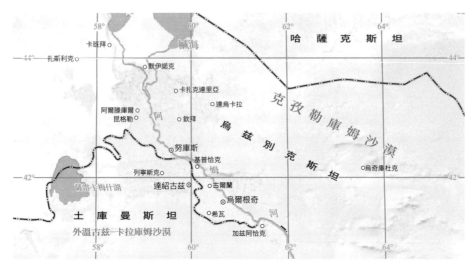

阿姆河下游及三角洲地帶示意圖

是河中地區的四大農業區，我們前面已有提及。

　　需要注意的是，在這些綠洲形態農業區的邊緣，那些自然條件雖然不足以支撐農業生產，卻能生成草場的土地，也不會被浪費，而是以畜牧生產的形式成為綠洲農業經濟的補充。而在北方存在強大遊牧壓力的情況下，這些綠洲邊緣的草場，又往往成為北方遊牧民族南下的支點，並使得中亞的農業文明始終處在遊牧文化的包圍、影響中。當然，即使是南下的遊牧民族，一般也不會去主動破壞綠洲上的農業經濟，畢竟將之變回草場在經濟上是極大的損失。另外，由於有大量定居人口存在且水資源充足，這些綠洲也是絲綢之路最好的中繼點。圖蘭低地的農業綠洲因此又能在商貿往來中獲得巨大利益。

　　不管是出於研究絲綢之路的需要，還是搭建圖蘭地緣圈核心區的需要，我們都要把這部分的重心放在解讀中亞這四大農業區上。在地圖上觀察這四大農業區的地理位置，我們會發現前三片農業區其實都位於天山山脈的邊緣。除了位於卡拉套山這條農牧分割線以南這個共

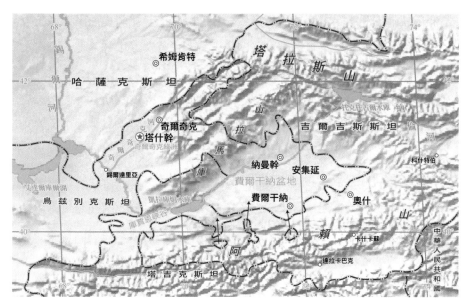

費爾干納盆地及周邊示意圖

　　同點以外，每個板塊都有一道橫亙在北部的山體。這道山體的存在，
不僅為南部的綠洲提供了安全保護，更擴大了山體南部的集水區，使
之有機會形成連片的綠洲。

　　唯一的例外是花剌子模地區，因為它是在阿姆河下游及三角洲地
區。其實在其他地區，這種情況反而是常態。河流的下游及三角洲地
區，在土壤肥力、水資源、土地平整度上的優勢，使之往往成為本流
域最大最重要的農業區。圖蘭地緣圈這種情況比較少見，一方面是因
為大多數河流水量不足，在下游無法沖積成足夠體量的三角洲，抵禦
沙漠的侵襲；另一方面則是緯度的原因。比如，同樣是下游及三角洲
地帶，錫爾河在古典時期卻默默無聞，只能為遊牧民族提供草場。

　　錫爾河、阿姆河的水量之所以巨大，原因與伊犁河是一樣的。幫
助兩條河流增加集水區的，是兩個山地圍就、開口向西的盆地：費爾
干納盆地與吐火羅盆地。前者的自然條件極為優越，盆地面朝西側的

開口狹窄，既能保證西風灌入形成充沛的降水，又能防止圖蘭低地上的沙漠侵襲。因此早在絲綢之路開通之時，佔據費爾干納盆地的大宛國，已是本地區數一數二的農業大國了。

在蘇聯解體之後，這一中亞最具農業潛力的地理單元（人口密度也最大），卻成了中亞國家之間的一個火藥桶。在原來的版圖上，費爾干納盆地的低地主體被分配給了烏茲別克斯坦，塔吉克斯坦和吉爾吉斯斯坦也在盆地內的低地邊緣擁有部分領土（包括飛地）。三個國家的邊境線犬牙交錯。其實這也不能怪俄國人亂劃界，實在是費爾干納盆地的地理條件太好，周邊的民族都希望它能夠成為自己的核心之地，在歷史進程中本身就已經形成了你中有我、我中有你的地緣結構。只是現在大家已經不再是一個國家了，地緣矛盾被激化的可能性也就大大增加。

費爾干納盆地的價值，還體現在與塔里木盆地的溝通上。當年張騫開闢的絲綢之路，主線就是沿塔里木盆地邊緣西進，翻過天山進入費爾干納盆地，再沿錫爾河西出當時的大宛國。如果張騫繼續沿着錫爾河而下的話，那麼接下來就需要跟着河流轉而向北，很快他就能夠在錫爾河右岸看到一片農業綠洲 —— 奇爾奇克綠洲。

奇爾奇克河是錫爾河右岸的一條支流，它所孕育的綠洲也是今天烏茲別克斯坦首都塔什幹的所在。烏茲別克人之所以沒有在費爾干納盆地中選擇一個城市作政治中心，是因為河中地區四大綠洲中的另兩個成員 —— 粟特和花剌子模（部分）也在烏茲別克斯坦境內。如果把政治中心放在費爾干納盆地，並不利於對外面其他三個綠洲進行管理。

實際上，西出費爾干納盆地的張騫並不會沿着錫爾河北上，因為在他的西南方向，有一條從天山山脈向西延伸的小山脈。翻越這道山嶺之後，張騫馬上就能看到他此次出使的目標 —— 大月氏國。而這片被山脈庇護的綠洲，就是前文所說的粟特地區。

粟特盆地及周邊示意圖

　　粟特是遺留在此的大月氏後裔自東漢時期起為自己取的新名字。由於粟特人在唐朝時期曾經大量前往中原經商並定居，安祿山、史思明這兩個差點終結了唐帝國的胡人就是粟特人，所以粟特人在歷史上的知名度算是最高的。粟特綠洲最主要的河流，是發源於天山山脈腹地的澤拉夫尚河和南部的卡爾希河。如果從地理位置來看，這兩條河流原本應該是阿姆河右岸的兩條支流，但由於進行大規模農業開發的緣故，最終它們都未能注入阿姆河。

　　以地緣位置來看，澤拉夫尚河谷無疑是整個河中地區的地緣中心。建在這條河谷中部的撒馬爾罕城也是中亞第一名城。如果不是阿姆河上、中、下游都有部分被劃歸了土庫曼斯坦，覆蓋整個河中地區的烏茲別克斯坦人，應該會選擇撒馬爾罕城作為自己的首都。

　　看到這裡，似乎阿姆河、錫爾河涉及的主要綠洲都出現過了。然而，當我們從粟特地區出發，沿着天山山脈繼續前行，就會赫然發

現，在天山之南，還有一個具有盆地性質的板塊，那就是孕育阿姆河巨大水量的吐火羅盆地。

　　純粹以地理名稱來命名的話，我們可以稱此地為阿姆河上游河谷。這是一個由天山、帕米爾高原、興都庫什山脈三面包圍而成，不算完整的反 C 形盆地區。其周邊山體無論在海拔還是體量上，都是大中亞地區條件最好的集水區。然而，向西面圖蘭低地腹地的開口過大，卻是一個足以影響地緣政治結構的缺憾。這使得圖蘭低地中的沙漠很容易沿着河流兩岸深入盆地內部。另一個不利的因素，是吐火羅盆地內部地形也不如費爾干納平整，尤其是北部地區，被一條條南北向的山體切割成谷地狀。

　　上述短板使得吐火羅盆地很難整體融合為一個國家，並且成為傳統意義上中亞地區與阿富汗地區的交會之處。以至在俄國人入侵中亞後，最終在此以阿姆河為界與英國勢力範圍內的阿富汗劃定了國界。不過就吐火羅盆地內居民的民族屬性來說，卻與圖蘭低地其他地區有很大不同，他們大多屬於高加索人種。

　　由於與歐洲草原的距離更近，歷史上最先滲透整個中亞、西域的，是來自歐洲的遊牧民族。自兩千多年前，大月氏人在匈奴人的壓迫下，被迫沿天山北麓向吐火羅盆地方向遷移後，亞洲遊牧民族開始掌握了中亞草原的主控權。這種滲透是自北向南，並且一直在進行的，因此也造成了一個種族現象，即越深入北部遊牧區，種族特徵就越偏向於亞洲的蒙古人種。比如哈薩克人，黃種人和白種人基因差不多各佔一半；越靠近伊朗高原，種族特徵就越偏向於歐洲的高加索人種。而中亞最邊緣的吐火羅盆地以及帕米爾高原，由於位置和地形的原因，成為歐洲遊牧民族後裔在中亞最後的保留地。具體到民族層面，就是在吐火羅盆地與帕米爾高原佔據主導地位的民族，是含有最多高加索人種基因的塔吉克人。

沙皇俄國在中亞地區的擴張

對於身處歐洲大陸腹地的俄國來說，他們在擴張方向上，很顯然與蒙古人有高度重合之處。從大歷史的角度來看，俄國也的確是蒙古帝國的替代者。因此，蒙古高原遊牧民族的傳統擴張方向 —— 中亞，也成了俄國人向亞洲進軍的首選目標。經過 19 世紀的強勢擴張，西接裡海、鹹海，東至天山、阿爾泰山，北接西西伯利亞平原，南抵伊朗高原的廣袤土地，也就是本書所圈定的「圖蘭地緣圈」，最終都成了俄國人的領地。應該說，俄國人在尊重地緣規律這點上做得還是不錯的。最起碼他們不會像其他歐洲人那樣，在擴張的領土上橫平豎直地胡亂劃界。

基本完成對圖蘭地緣圈的控制後，整個俄屬中亞地區被俄國人大致遵循農牧分割線南北向切割成了兩大塊。北部的遊牧區成立了草原總督區，而卡拉套山西南方向那些以農業為主的綠洲，則組成了所謂的土耳其斯坦總督區。等到進入蘇聯時期，俄國人又進一步對中亞地區進行了民族劃分和行政切割，並最終形成原俄屬中亞地區今天的國家格局。

自彼得大帝起，俄國人在擴張問題上從來都是非常有地緣方向的，每一次擴張都會有戰略層面的計劃。儘管在所有人看來，俄國在中亞已經得到了很多，但俄國人計劃的原本還要更多。他們甚至已經為自己理解中的「中亞」劃出了地緣邊界。

歷史上，隨着突厥汗國在公元 6–8 世紀的崛起，操突厥語的遊牧部落擴散至整個亞洲中部的乾旱地帶。為此，公元 8 世紀時在阿拉伯人撰寫的地理著作中，提出過「突厥人的土地」的概念（古波斯語中「⋯⋯之地」發音為「stan」）。不過，這個概念僅僅是一種地理指向，從未成為一個政治實體的名稱。在沙皇俄國染指中亞後，俄國人認

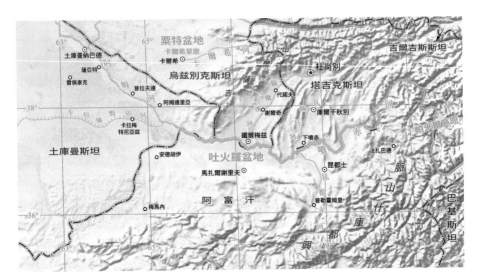

吐火羅盆地及周邊示意圖

為地理上的中亞，與之有相當的重疊度，於是這個塵封已久的歷史地理名稱一度被翻了出來，並依據當時中、俄兩國的政治分割，貼上了東、西的前綴。

實際上，在對所謂「突厥人的土地」的劃分中，除了分別對應「圖蘭地緣圈」的東部、「中亞地緣圈」的西部以外，還有一個鮮為人知的「南突厥斯坦」的地理概念（具體指向阿富汗）。單列出這個板塊，是因為俄國人對南部的政治邊界不甚滿意。儘管在圖蘭低地南部，俄國已經把所謂擴張搞到了伊朗高原北麓，甚至把大部分邊界鎖定在了高原邊緣山地的分水嶺上，但在吐火羅盆地，俄國卻沒有得到這樣的地理安全感。

我們知道，在劃分行政邊界時，山脈的分水嶺與河流的航道中線，都是最常用的劃界標準。相比後者，前者的地緣切割要更為精準。因為對於一個族群來說，沿河遷徙的難度，要遠低於跨越一道分水嶺；居住在同一流域的居民，也更容易交流，形成共同的民族意

1900 年沙皇俄國領土範圍示意圖

識。在這種背景下，整個吐火羅盆地中塔吉克人佔據了優勢。

　　俄國人希望跨過阿姆河，佔據整個吐火羅盆地，當然不是想讓所有塔吉克人生活在同一國度，他們更多是出於地緣安全的考慮來做這樣的計劃的。基於安全的考慮，俄屬中亞地區與阿富汗的分界線，應該在興都庫什山脈的分水嶺。為此包括吐火羅盆地南部在內的半個阿富汗，被俄國人打上了「南突厥斯坦」的地緣政治標籤。

　　事實上，僅從阿富汗北部和吐火羅盆地本身的地緣結構來看，將之劃為所謂的「南突厥斯坦」是很牽強的。正如前文分析過的那樣，生存在這一地區的主體民族塔吉克人，從種族到語言，並不屬於突厥體系。既然「突厥斯坦」的本意指向的是「突厥人的土地」，那麼僅從這一點來看，南突厥斯坦的出現也沒有甚麼說服力。

　　由於塔吉克人在整個明顯帶有突厥標籤的「俄屬中亞」地區屬於

異類，而俄國人繼續向南擴張至伊朗地緣圈的行動又沒有實質進展，蘇聯在為中亞各加盟共和國劃分領地時，塔吉克斯坦的領土被有意無意地壓縮了。在俄國人介入之前，儘管這些歐洲遊牧民族的後裔面臨突厥系民族的強大壓力，但吐火羅盆地還不是塔吉克人最後的保留地。在西北方向的澤拉夫尚河谷，塔吉克人仍然保有數量上的優勢。正因為如此，塔吉克人至今仍對將粟特地區整體劃入烏茲別克斯坦耿耿於懷。在阿富汗內戰中領導北方聯盟與南部塔利班政權戰鬥的塔吉克人，甚至提出了收復「聖城」撒馬爾罕的口號。

在俄國人到來之前，清帝國又一次代表華夏文明將西域納入中央之國版圖，對於華夏文明來說，這其實是一件值得慶幸的事。如果俄國開始向東方擴張時，中央之國正處在一個內斂王朝的時段，那麼很難說俄國人能夠繼續向東擴張到甚麼程度。不過，在這片乾旱的亞洲腹地，遇到一個技術層級更高的競爭對手，對於中央之國來說也不是一件好事。在此之前，清朝本來已經以伊犁河谷為地緣核心，南北連通西域兩大盆地，並且向西羈縻七河流域的哈薩克人了。這也是很多人認為清朝的版圖曾經向西劃到巴爾喀什湖的原因。

進入 19 世紀後，本來在中亞地區佔有絕對地緣優勢的中央之國，在俄國的步步緊逼之下，放棄了伊犁河谷以西的七河地區，而俄國人在做過幾次嘗試後，出於地緣政治層面的考慮，也放棄了進一步佔領西域地緣圈的想法。對於這個結果，俄國人最感到遺憾，也最想得到的就是整個伊犁河谷。不過，由於伊犁河谷的位置已經切入準噶爾盆地與塔里木盆地的中間，如果讓俄國人得寸進尺的話，與伊犁盆地地緣關係密切的準噶爾盆地就十分危險。因此，出於保證北疆地緣安全的考慮，當時的清政府最終還是竭盡所能保住了半個伊犁河谷。這也使得現在中國的西北國境線，不至於被鄰國插入一個危險的突出部。

然而，從哈薩克斯坦的角度來考慮，這種地緣格局就未必令人感

到滿意。因為，伊犁河的大部分集水區都在中國，一旦中國為了自身的發展擴大用水量，或者乾脆把伊犁河水調往他處，那麼對巴爾喀什湖流域的生態影響將是毀滅性的。當然，出於需要一條安寧陸地邊境線的想法，中國在這類國際河流的水資源利用上會非常謹慎，並充分考慮下游國家的想法。只是從彼此的地緣關係上看，這種水資源格局無疑讓中國手上又多了一個籌碼。

由於水資源對這片乾旱的土地實在太過重要，無論是最初的沙皇俄國，還是後來的繼承者蘇聯，都對沒能佔據伊犁河谷乃至北部的準噶爾盆地耿耿於懷。後者之所以成為俄國人覬覦的目標，很大程度也是因為它控制了另外幾條中下游在俄國境內的大河上游。至於是哪些河流，我們在西域部分會有詳細分析。

儘管俄國人明白，控制一條河流的上游部分有多麼重要的戰略意義，但這並不代表他們真正懂得如何利用這些水資源。由於迫切需要開發這片土地的潛能，俄國人在蘇聯時期開始大規模地在中亞各條河流上面築壩引水、澆灌農田，尤其是種植需要有充足水源、光熱條件的棉花。不僅南部傳統的農業區得到開發和擴張，北部那些原來的草原地帶，也由於農業技術的進步得到了不同程度的農業開發。

這種做法無疑為蘇聯創造了巨大的經濟效益，但對整個圖蘭低地的地理環境卻是非常致命的破壞。最突出的表現就是，在上游水資源被大量截流之後，鹹海現在的面積已經大大縮小，並被分割成了幾部分。原本由於湖水的自然調溫作用，阿姆河三角洲一帶的無霜期能達到 200 天以上，現在則只有 170 天。另外，湖底那些包含大量鹽分的沙粒被風吹起後，也惡化了周邊環境。

事實上，這類彎路也不是只有蘇聯人走過，人類在征服自然的過程中，犯錯總是難免的。應該說，目前中亞國家已經意識到鹹海的消失對整個地區環境的影響，並且試圖減少灌溉用水，讓鹹海恢復潛

力。問題是，如果蘇聯還沒有解體的話，讓一切回歸原狀，或者說在人類發展與生態保護之間找到更好的平衡點，會容易得多。而現在，當你在地圖上看到那些被國境線切割得亂七八糟的河流，對這種合作還能抱有多大希望呢？在這種紛雜的地緣政治格局下，如果有一個強大的外部勢力出面主導，也許能夠讓彼此間的合作更順暢些。這一點倒是不用擔心，在中亞從解體後的蘇聯分裂出來之後，並不缺乏急於填補這個影響力空間的國家。

誰能影響中亞

從地緣位置上看，中國無疑是填補中亞影響力空間的最直接選項。如果說 100 多年前，俄國人是在控制中亞之後覬覦西域，那麼現在形勢就完全倒轉過來了。至於中國具體應該怎麼做，等到本章最後階段再揭曉。因為只有在了解了整個大中亞地緣圈的結構、歷史之後，才能做出正確的戰略規劃。在此之前，我們還需要看看，除了中國以外，還有哪些國家有興趣參與中亞影響力的競爭。

從地緣政治的角度看，俄國當初將中亞地區納入國土，一方面是為了全面控制歐亞大陸腹地，另一方面也是為了繼續南進向印度洋方向突破。在海洋顯得越發重要的時代，後一個目標對於俄國的地緣意義要大得多。正因為如此，控制所謂「西突厥斯坦」之後，俄國人審時度勢地沒有再把主攻方向放在東方。一定要和中國死磕到底的話，俄國至多再增加幾片沙漠和邊緣綠洲。而如果能夠最終奪取印度洋的出海口，俄國就成為第一個可以面向四大洋的帝國了。

想打開印度洋通道，在自己領土裡加入一個「俄屬中亞」只能算是第一步。如果不能在大中亞三大地緣圈的最後一個成員——伊朗地緣圈中撕開一個缺口，這個戰略構想就只能是構想。然而，對於俄

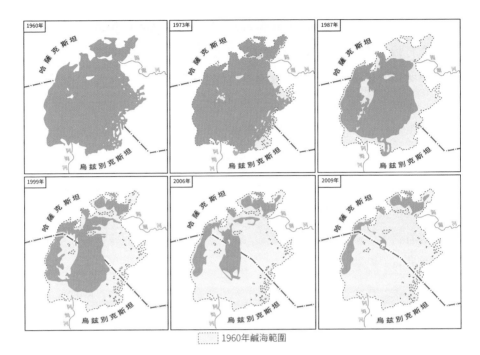

鹹海變化示意圖

國人來說，最大的問題在於，當他們在 19 世紀從歐洲大陸腹地迫近印度洋時，英國人已經把印度經營成自己最成功的殖民地了。基於印度地緣安全的考慮，這個海洋帝國也在向歐亞大陸腹地滲透。伊朗、阿富汗以及中國的西藏地區，都在這一戰略思維指導下，成為英國積極滲透的方向。

　　在解讀伊朗地緣圈時，我們會對俄、英之間的這場博弈做一個解讀。事實上，這場發生在最大陸上帝國與最大海上帝國之間滲透與反滲透的遊戲一直玩到了冷戰時期。只不過，此時沙皇俄國已經進化成更為強大的蘇聯，而美國則取代英國，成為海洋國家利益的維護者。

　　最終讓俄國人徹底放棄四洋帝國夢想的歷史節點是 1991 年蘇聯解體。在失去整個中亞之後，俄國人雖然還能憑藉之前的地緣政治遺

產，以及雙方無法切斷的近鄰關係，對中亞施加影響，但這個時候再去想打通印度洋通道的事，就非常不切實際了。然而俄國人止住了向南擴張的想法，並不代表就沒事情發生。所謂「逆水行舟，不進則退」，你分裂與戰略收縮的時期，就是對手進行反滲透的戰略窗口。

作為世界中心的美國，全球都是它的利益區，當然不願意放過這一介入中心地帶的機會，只是由於中亞五國周邊都不是它的盟友，一時很難直接介入。從地緣政治角度，美國自 2001 年開始在阿富汗進行的反恐戰爭，就帶有滲透中亞、打開缺口的意圖。當然，結果大家也都看到了，阿富汗「帝國墳場」的稱號，並不是專為蘇聯人和英國人準備的。[1]

不過，就滲透中亞這個問題來說，美國及其領導的西方陣營並不只有阿富汗這個傳統方向可供突破。脫亞入歐加入西方陣營的土耳其，是西方滲透中亞的另一個籌碼。

現代土耳其人的祖先塞爾柱突厥人，於公元 11 世紀經伊朗高原北部滲透到小亞細亞半島。他們和其他突厥語族的民族一樣生活在中亞，具體就是今天的土庫曼斯坦一帶。因此，土庫曼人也是與土耳其民族淵源最深的民族。如果大家關注過伊拉克北部的局勢，有可能就會發現，土耳其對維護當地土庫曼人的利益非常熱心。當然，在政治家看來，這層血緣關係只是土耳其介入伊拉克事務的藉口之一罷了。

相比介入中東事務，土耳其顯然更有信心憑藉自己突厥民族的身份發揮更大的影響力。就突厥民族身份認定這個問題來說，由於突厥民族的混血特點，試圖以血緣上的聯繫為主，界定出突厥民族的邊界，是不現實的。在現實生活中，明顯屬於黃種人和看上去無疑屬於白種人的人，都有可能自稱突厥人。事實上，真正成為突厥各族之

---

[1]　英國在 1839−1919 年間對阿富汗發動了三次戰爭，蘇聯在 1979 年入侵阿富汗，二者都以失敗告終。

間聯繫紐帶的是語言。有一種說法，突厥各族之間語言的區別，就好像北京話和河南話的區別一樣。目前，在歐亞大陸上，從土耳其到中亞，再到中國西北的那兩個盆地，基本都為使用這一語言的族群所覆蓋。從這個角度看，用突厥語族來形容這一群體會更為合適。

從地理位置上來說，中亞地區應該是所謂「突厥語族分佈地區」的中心，而突厥民族認定中亞是其民族誕生地的身份，也讓中亞國家看上去應該更有機會成為突厥語族國家的地緣中心。不過，在國際關係中，決定誰是老大的唯一要素就是實力。一直和歐洲打得火熱的土耳其，很顯然是它們當中的實力最強者。因此，在蘇聯分裂後，一時無所適從的中亞各國開始重新尋找自己的國際空間時，土耳其也成為一個當然的選項。

對於一個曾經有過輝煌帝國歷史的民族來說，能夠再一次站立在世界政治舞台的中心，是一個永遠無法抹去的夢。本來自從奧斯曼帝國被肢解後，土耳其已經沒甚麼機會重振雄風，不過蘇聯解體讓它重拾希望。為了重新讓世界聽到土耳其的聲音，即使沒有美國的支持，土耳其人也一定會加緊向中亞地區滲透的。

只是土耳其畢竟和中亞地區還隔着高加索地區和裡海，而同樣從蘇聯分裂出來的高加索三國中的格魯吉亞和亞美尼亞，卻又不屬於突厥語族國家，只有阿塞拜疆人和土耳其人同屬突厥語族。所以比起中亞國家的鄰居來說，土耳其如果想和中亞國家建立更加親密的關係，在技術手段上會受到很大制約。在這種情況下，以文化為主的軟實力，就成為土耳其的主要戰術武器了。

土耳其並不是唯一試圖與中亞國家建立親密關係的國家，有同樣想法的還有伊朗。與阿拉伯人和突厥人都有幾個文化上的兄弟國家可供拓展外交空間不同，波斯人實在是太孤獨了。如果僅從民族、語言考慮的話，與波斯族有着密切親緣關係的塔吉克族、普什圖族是最有

可能的盟友，因此伊朗一直希望以普什圖族為主的阿富汗能夠建立親伊朗政權（阿富汗的另一個主要民族就是塔吉克族）。不過，由於興都庫什山脈在古典時期之後一直是西方大國爭奪的對象，波斯人總是沒有機會施加地緣影響力。

如果說蘇聯的解體等於為土耳其打開了中亞地區的地緣外交窗口，那麼這扇窗對於希望擺脫孤獨的伊朗來說，也同樣重要。與土耳其人相比，伊朗人在軟實力上佔優的是塔吉克斯坦。前面我們也說了，雖然一般人很容易認為中亞各族應該都屬於突厥語族，但事實上塔吉克人是一個例外。

從人種來看，塔吉克人和伊朗的波斯人非常相近，最初都是源自歐洲草原的遊牧民族；而從語言的劃分來看，塔吉克語也與波斯語相近，同屬伊朗語族。如果一定要以波斯語為伊朗地緣圈的「普通話」，那麼塔吉克語就是波斯語的方言了。只是因為塔吉克人和伊朗的波斯人分離的時間有點久，其操持的波斯語和伊朗的現代波斯語略有區別罷了（阿富汗北部的塔吉克人使用的波斯語就和伊朗一樣）。要是再細分的話，高地上的塔吉克人與低地上的塔吉克人語言之間還有差異。總的來說，地理距離越遠，地形越複雜，這種差異就越大。這種差異在口語上的表現會突出些，但在書面用語上差別不大。

這層關係用一個歷史名詞來形容，就是「同文同種」。不管怎麼說，有了語言和種族上的共同點，塔吉克斯坦有理由成為伊朗尋找政治同盟的突破點。只是面對這樣一個千載難逢的機會，波斯人如果將目標僅僅鎖定在塔吉克斯坦身上，就顯得格局太小。面對其他四個中亞國家，波斯人同樣可以從宗教的角度，在軟實力上尋找切入點。加上與中亞國家相接的地理位置，伊朗看起來也有自己的優勢。因此，一場針對中亞五國的外交爭奪，不可避免地在伊朗高原與安納托利亞高原之間展開了。

　　在地緣滲透的手段中，宗教一類的意識形態，從來都是很重要的手段。不過，世俗化的土耳其在滲透中亞時，只是將宗教信仰作為建立親密關係的共同語言之一，並不會刻意強化；伊朗則顯然更希望在這個層面上做更多努力。然而，中亞國家在蘇聯時期已經經歷過很長時間的世俗化過程，將他們轉化為和伊朗一樣的政教合一的體系並不現實。更何況伊朗的主流教派是伊斯蘭教中的什葉派，而除了高原塔吉克人以外，中亞其他民族的信仰和大多數穆斯林民族一樣，為遜尼派。

　　既然宗教並不能成為影響中亞國家外交取向的主要手段，那麼伊朗和土耳其如果想從文化的基礎面上對中亞國家施加影響，就需要另闢蹊徑。最終，雙方同時把目標鎖定在了文字上面。大家知道，在地球上除了中國，其他國家基本都是拼音文字。拼音文字最大的好處就是簡單，用幾十個字母就能把語言記錄下來。1949 年以後，中國也用這種方法幫助一些少數民族創造了自己的文字。不過，在南方，很多地區隔座山發音就會有所不同，所以這些文字的推廣並不算成功。

　　漢語也存在數量繁多的方言，好在中國的方塊字是一種表意文字，發音不同也不影響大家理解字面上的意思。這也成為中央之國能夠一直保持地緣完整性的基礎原因。試想一下，如果中國人的祖先也同樣採用了拼音文字，那麼不同地區的居民勢必會按照自己的方言，編制出屬於自己的文字來。這個進程如果持續下去的話，今天中國的地緣政治格局，很可能就會像歐洲那樣四分五裂了。從這個角度看，秦始皇當年的「書同文」功不可沒。

　　鑒於語言和文字在人類的交流過程中都起了重要的作用，如果一個國家內部希望結合得更緊密些，在「書同文」的同時，「語同音」也是非常重要的。只是依靠古典時期的技術條件和管理結構，要求某個王朝在全國範圍內「語同音」太困難了。不過，現在技術條件的發展

已經讓「語同音」成為可能。推廣普通話，就是「語同音」在技術上的體現。

即使在一個國家裡，「語同音」的推廣也是有相當難度的。伊朗和土耳其當然也不可能要求中亞國家改變口音。他們可以做的，是編寫共同的突厥語或波斯語詞典，最大限度和中亞的親緣族群統一有異議的詞彙，最終從書面語層面建立「共同語言」。在這個層面的爭奪上，土耳其人更佔優勢，畢竟除了塔吉克人以外，其他的中亞民族都屬於突厥語族。

相比文字，還有一樣更基礎的東西，是雙方能夠平等對決，並希望藉此在文化爭奪戰中壓倒對方的，那就是字母。我們知道，用字母拼寫文字是拼音文字的共同點。基本上，一套成熟的字母略加修改後，就可以拼寫出絕大部分語言來。這也是拼音文字容易普及的根本原因。不過，這也意味着，你在字母的選擇上，有着很大的餘地和變數。

世界上用得最多的是西方的拉丁字母，除此之外還有阿拉伯人的阿拉伯字母、斯拉夫人用的西里爾字母（希臘人創造的）等。一般來說，你受誰影響，就用誰的字母，由此也會增加文化層面的認同感。像蒙古國因為長期受俄國的地緣影響，用的就是斯拉夫語族的西里爾字母；中亞地區之前也同樣使用這種俄國人改良後的字母。順便說一下，在漢語拼音的設計過程中，蘇聯也曾經試圖勸說中國使用西里爾字母。這項建議中的地緣政治意義，相信大家都已經看出來了。

土耳其人原來用的是阿拉伯字母，不過自從決定「脫亞入歐」後就改用拉丁字母了。當然，這種字母也是經過改良的，我們可以稱之為「拉丁化的土耳其字母」，簡稱「土耳其字母」。而波斯語所用的字母則是改良過的阿拉伯字母，當然也可以稱之為「波斯字母」。各國之所以熱衷對借來的字母進行些許改良，很重要的一個原因是為了顯

示自己的獨立性。因此，伊朗和土耳其雖然本身也處在阿拉伯和歐洲兩地的文化影響中，但亦有理由認為自己仍然保有文化的獨立性。

中亞五國既然在政治上脫離了俄國，文化上當然也不可能和俄羅斯保持如同蘇聯時期那麼緊密的關係。對於中亞的民族主義者來說，如果繼續沿用俄文字母，將意味着他們永遠擺脫不了俄國的陰影。對於在中亞爭奪外交空間的土耳其、伊朗兩國來說，這是一個非常好的切入點。誰都知道選擇的結果，不僅代表着中亞國家的文化傾向，最終也一定會影響他們的政治傾向。

於是，伊朗和土耳其展開了一場瘋狂的「打字機大戰」，開始製造大批以自己國家字母為標準的打字機免費贈送給中亞國家。土耳其畢竟佔有語言上的優勢，最終土耳其字母成為中亞國家轉換字母的選項，土耳其打贏了這場「書同文」的戰爭，而伊朗則遭到慘敗。除了土耳其在語言上佔據的優勢以外，拉丁字母在世界（特別是經濟發達的西方）的普及性，也是中亞國家更願意選擇拉丁化的土耳其字母的原因。另一個原因是伊朗政教合一的政治體系起了反作用。畢竟中亞五國在蘇聯時期已經變得很世俗化，如果接受伊朗的影響，就意味着國內的宗教勢力很可能會抬頭。

當然，所謂的「打字機大戰」，只是競爭中的一個技術措施罷了，你不可能指望光靠白送打字機就能完成「書同文」的進程。對於推進中亞突厥語的拉丁化進程，土耳其也制訂了長期計劃，並針對中亞國家提供了大量經費、人員上的援助。2008 年，土耳其和高加索的突厥語族國家阿塞拜疆，還共同擬定了一個時間表：十年後在所有突厥語族國家中普及統一的拉丁字母突厥語。在 2010 年舉行的第 10 屆突厥語國家峰會上，土耳其總統埃爾多安更是喊出了「一族六國」的口號，要求加強各國「基於共同歷史、語言、認同和文化基礎之上的團結」。

　　在土耳其、伊朗展開這場文化爭奪戰的同時，作為中亞地區的前宗主，俄羅斯當然不願意坐視文字陣地喪失，然而俄羅斯實際上已無力扭轉這一趨勢，畢竟拉丁化還代表着「國際化」。在這場文化爭奪中，位置離俄羅斯更遠，地緣影響力相對較弱的烏茲別克斯坦、土庫曼斯坦，已經放棄了俄文字母，轉而使用拉丁化的土耳其字母了。而俄羅斯影響力較深的哈薩克斯坦、吉爾吉斯斯坦，目前也正在積極推進這種轉換，試圖在 10–15 年間完成轉換工作。

　　至於伊朗寄予厚望的塔吉克斯坦，目前還算是守住了陣地。埃爾多安的提法是「一族六國」，這缺失的一國就是不屬於突厥語族的塔吉克斯坦。不過，塔吉克斯坦暫時也沒有採用波斯字母。鑒於自身在中亞國家中特殊的地緣位置，以及伊朗現實的國際環境不甚理想，在沒有看清方向之前，原地不動就是最好的選擇。

　　然而，由此認為俄羅斯在中亞的地緣影響力就此消失也是不正確的。事實上，目前在中亞，俄羅斯的綜合影響力仍然排在第一。除了現實的地理位置使得中亞在考慮外交取向時仍然不得不忌憚俄羅斯以外，俄羅斯在此上百年的經營，也為其打下了堅實的基礎。

　　俄羅斯在中亞的地緣基礎，可以歸結為三方面：一為民族結構，二為文化，三為經濟。在蘇聯時期，隨着中亞的開發，大量俄羅斯人被遷入了中亞。另外還有一些少數民族，例如克里米亞的韃靼人、波羅的海沿岸的德意志人、外東北地區的朝鮮人，被強行遷入了中亞。蘇聯時期也被稱為中亞的大移民時期。儘管那些少數民族的遷移，更多是因為蘇聯政府認為他們對自己融合其所在的邊緣地區不利，數量上也不足以對中亞的民族結構造成影響，但大量俄羅斯人的遷入，卻着實直接影響到了當地的地緣基礎。

　　由於遊牧區相對來說有更大的開發潛力，最終俄羅斯族在中亞的佔比也出現了北高南低的情形。20 世紀 90 年代的統計數據顯示，俄

羅斯族在各國總人口中的佔比，哈薩克斯坦為 34.1%，吉爾吉斯斯坦為 18.8%，烏茲別克斯坦為 8%，土庫曼斯坦為 10%，塔吉克斯坦為 2%。儘管在各國有意識扶持主體民族、主體文化的情況下，上述比例有下降趨勢，但由於俄羅斯仍然對中亞有現實的地緣政治影響力，這些身為中亞少數民族的俄羅斯人，依然能夠對中亞的地緣取向造成重要影響。

俄國經營中亞的另一個成功之處在於俄語的推廣。早在沙皇俄國時期，俄國人就開始實行「義務國語制」，在學校推廣俄語，而蘇聯時期也把雙語教育作為整合中亞的重心。1938 年，蘇聯頒佈了關於各民族共和國和州必須學習俄語的決議，規定俄語為蘇聯所有學校從一年級起的必修課程。表面上是俄語和民族語並存，實際上是「俄語化」的雙語化政策在中亞開始推行，俄語逐漸取代中亞民族語言，成為這些國家在政治、經濟、軍事、科技和工業等領域使用的唯一語言。

從地緣融合、民族交流角度來看，無論通用語言為哪種，彼此之間擁有共同語言都是一切的基礎。蘇聯解體之後，隨着中亞民族國家的獨立，各國原先用行政手段推廣俄語的做法已經行不通了，俄語在中亞的優勢地位也受到了挑戰。但隨着這股獨立熱情的消失，由於俄羅斯現實的地緣政治、經濟影響力，中亞各族學習俄語的熱情反而出現了上升。根據調查，每一個民族的受訪者中，認為學習俄語很重要的比例都超過九成。

事實上，在蘇聯強勢推廣以俄語為主的雙語教育過程中，行政手段也只是制度上的保障罷了。中亞各族無論在蘇聯時期，還是獨立後的現在，學習俄語的主動性都來源於俄國的經濟影響。在蘇聯時期，不僅整個中亞的農業經濟出現了質的飛躍（代價是對下游環境的破壞），中亞也開始了大規模的城市化、工業化進程。這一進程不僅讓本地區民族有了學習俄語的主觀需要，更讓今天的俄羅斯有了重新將

中亞整合進以自己為主的經濟圈的基礎。

總的來說，由於地緣位置的關係，國土面積超過其他四國總和的哈薩克斯坦成了與俄國地緣關係最為緊密的國家。在俄羅斯以自己為核心，向原蘇聯領土恢復影響力的過程中，哈薩克斯坦與白俄羅斯一起，成為俄國在東歐、中亞兩個方向的核心盟友。2011 年，俄、白、哈三國共同啟動的三國關稅同盟，就是這一地緣關係的體現。

從蘇聯對中亞多層次的地緣融合，以及蘇聯解體後各國針對中亞的這場文化爭奪戰，我們也可以看到，一個地緣板塊的文化取向，不僅取決於自己內部的地緣結構，更和外部的地緣環境分不開。經濟、文化的滲透、融合缺一不可，相輔相成。

就目前的情況來看，所謂「尺有所短，寸有所長」，每個國家都有其地緣影響力佔優的地方。相比土耳其、伊朗、俄羅斯來說，中國在對中亞主動施加文化影響力的問題上，並沒有技術優勢。比如漢字就沒有可能參與那場「打字機大戰」，漢語在中亞的推廣難度也要遠高於俄語，甚至可以說，在可以預測的將來，漢語沒有可能超出俄語、英語的影響力。

然而，這並不代表中國在對中亞施加文化影響力方面只能無所作為。只是說在這個過程中，你必須明確其中的重點在哪裡。現在中國各地在招商引資中常用的「文化搭台，經濟唱戲」，反過來就是「經濟搭台，文化唱戲」。如果能夠在地緣經濟層面，讓中亞與中國找到更多共贏的空間，那麼滲透一定的文化影響力就是很自然的事了。

在後面的內容中會談到，搭建這一經濟平台的形式我們並不陌生，那就是重獲新生的「絲綢之路」。只不過，這條將中國與中亞，甚至歐洲連通在一起的經濟、文化交流通道，會具體化為效率更高的「高鐵」罷了。

身處這樣的微妙之地，中亞國家對自己的地緣位置也很清楚。做

好了可以左右逢源，做不好就裡外不是人。正確的做法是，不要成為任何一方的棋子。做任何戰略決定之前，都要考慮清楚這樣做是否能讓自己的利益最大化。從這個角度來說，中國現在這種以經濟合作為主線的滲透方式，會有更廣闊的合作前景。

當然，所謂「樹欲靜而風不止」，你希望不談政治，並不代表就一定不會被捲入大國博弈的漩渦。為了應對可能出現的尷尬局面，身處中亞最南端、與伊朗高原緊密相連的土庫曼斯坦，就做出過一個非常明智的決定 —— 取得聯合國承認的永久中立國地位。

從位置來看，無論是美國通過阿富汗向中亞滲透，還是伊朗對中亞施壓，抑或土耳其「回歸」所謂「突厥斯坦」，土庫曼斯坦的位置都是首當其衝。另外，儘管與俄國乃至中國都不接壤，但這兩個大國的地緣影響力是現實存在的。也就是說，一旦中亞成為各方博弈的焦點，土庫曼斯坦就是焦點中的焦點。在這種情況下，土庫曼斯坦在獨立之後，就開始籌劃成為永久中立國。

1995 年 12 月 12 日，185 個國家的代表在聯合國大會會議上投票通過一項特別決議，決定賦予土庫曼斯坦永久中立國地位。應該說，土庫曼斯坦的選擇也符合俄、中兩國的利益。尤其對於俄國人來說，90 年代是他們最困難的時期，促成土庫曼斯坦獲得永久中立國地位，可以有效阻止其加入西方陣營。如果土庫曼斯坦不在政治、軍事上站在俄國的對立面，那麼它身後的其他中亞國家，做出這種選擇的可能性也同樣會很小。

土庫曼斯坦目前是永久中立國，在選擇加入國際性組織時非常慎重，不會選擇那些有政治、軍事色彩的組織加入。這也是為甚麼上合組織成員裡中亞其他國家都參加了，獨缺土庫曼斯坦。當然，如果只是純粹的經濟合作，那麼無論是哪國的投資，土庫曼斯坦應該都不會拒絕的。

第 三 節
西域地緣圈

　　在「大中亞」的三個次級板塊中，西域的情況我們應該是最為清楚的。這一在漢、唐時期就被華夏文明所觸及的板塊，歷史上也曾經多次和中央之國的核心區分分合合。

　　關於其地理結構，有一個簡單而又形象的說法 ——「三山夾兩盆」。三山是阿爾泰山、天山、崑崙山（青藏高原北邊緣），兩盆是準噶爾盆地和塔里木盆地。天山是兩大盆地的地理分割線，並以此為中線劃分為南疆和北疆。

　　然而天山對於西域兩大盆地來說，並不僅僅是一條地理分割線那麼簡單。事實上，與中亞的情況一樣，西域也存在一條取決於溫度的「農牧分割線」。這條線的位置就在天山山脈上。也就是說，在古代，天山北部是遊牧民族的天山，天山南部的塔里木盆地則是以農業綠洲為主。

　　如果我們在地圖上定位這條分割線的坐標，就會發現天山山脈本身並不是造成這種溫度差異的唯一原因。因為我們會發現，這條農牧分割線與中亞、東亞的情況一樣，也是在北緯 42 度附近。拋開現實政治結構的影響，純粹以地緣本質來劃分中亞—西域地區，東西向的

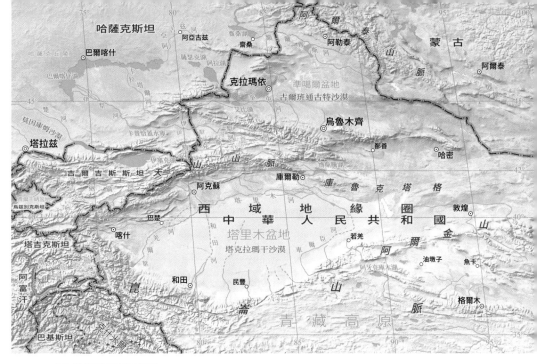

西域地緣圈及周邊示意圖

農牧分割線會更為準確。也就是說，天山以北的北疆、七河地區、哈薩克丘陵等地區，更應該被歸總在一起，以「中亞草原遊牧區」的地緣標籤出現；南疆以及河中地區，則都屬於「中亞綠洲農業區」。

我們肯定不是第一個意識到這種差異的人，最起碼在兩千多年前，張騫為漢帝國出使西域並打通絲綢之路時，就已經發現了這個問題。由此也影響到漢朝在西域的擴張方向。

塔里木盆地與絲綢之路的開拓

張騫出使西域的故事，相信大家已經是耳熟能詳了。在本書中，我們主要關注的是他這次旅行的地緣背景，以及對整個亞洲板塊地緣政治結構造成的深遠影響。

按照華夏文明的基本生產方式來說，在古典時期，西域的兩個盆地是絲毫沒有吸引力的。天山南北的這兩個盆地，整體環境較好的是

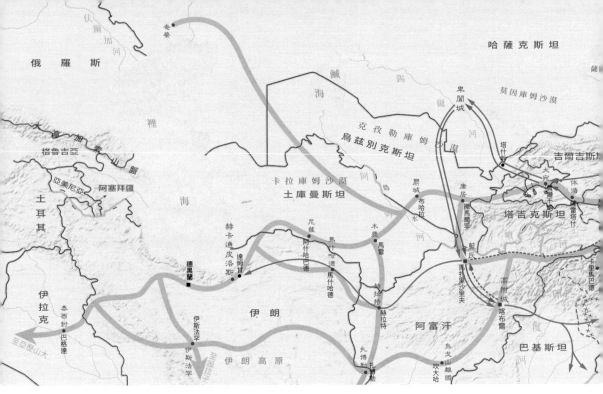

絲綢之路及張騫出使西域路線示意圖

面積更小的準噶爾盆地。這一點並不難理解，在這種乾旱少雨的環境背景下，由山地圍成的盆地面積越小，越有利於打造相對濕潤的小環境。同時，準噶爾盆地向西半開放的地理結構，也使之能吸收更多的大西洋水汽。問題在於，無論是否有相對較好的水資源環境，中溫帶的緯度都使得這一地區暫時只能成為遊牧民族的天堂。

至於南面的塔里木盆地，天山、崑崙山上流下來的雪水，在盆地的邊緣滋養出綠洲之後，並非不會繼續向腹地滲流。然而，塔里木盆地比準噶爾盆地要大上數倍的縱深，足以蒸發掉任何敢於深入其境的河流。在這種情況下，「塔里木盆地」這個地理標誌很多時候就和「塔克拉瑪干沙漠」畫上等號了。事實上，即使是塔里木盆地邊緣的綠洲也並不能連接成帶，而是呈點狀斷續存在於山腳下。雖然這些有高山雪水滋養的綠洲有足夠高的溫度來滋生農業，但如果只是這點吸引力的話，漢帝國是肯定不會向西多看一眼的，畢竟這牽扯到一個投入產

出比的問題。

　　在歷史上，遊牧民族和草原並非不能成為往來交流的橋樑。問題在於，這些遊牧民族是否能夠處於同一政權統治下。否則，在空曠的草原上，那些各自為政又視劫掠為常態的遊牧部落，會對往來者的安全造成很大的威脅。另一個必須正視的問題是，遊牧民族的居無定所，使得沿途補給會成為一個大問題。

　　在中央之國的歷史中，遊牧民族一直被描繪成兇惡的入侵者形象。但是，剖析歷史我們會發現，兩種生存體系之間，互補共生的時段還是佔了主流。一方面，農耕民族對於乾冷的草原沒有興趣；另一方面，遊牧民族不能有效利用耕地。破壞性的掠奪方式，並不能夠給自己帶來長期穩定的收益。很多時候，引發戰爭的導火索是遊牧民族遇到了損失很大的自然災害（急需快速補給），或者是出於戰略防禦的心理，農耕民族斷絕了與遊牧民族的互市交易。

在張騫的記錄中，這些生活在南疆，主要以農業為生（兼營畜牧）的綠洲小國被形象地稱為「城國」，而那些主要在天山之北遊牧的草原部落則被稱為「行國」。需要注意的是，這並不意味着塔里木盆地的綠洲邊緣或者高山草場中就沒有遊牧部落，也不意味着遊牧部落就一定不會築一座「城」來服務自己。只不過那些南疆行國的規模都很小，人數在數百至數千之間，與綠洲農業地區更多是互補性的共生關係；而行國偶爾出於政治、軍事目的所築之城，也不代表定居生活的產生。事實上，建造這類簡易城堡，只是遊牧者為了在某一個季節轉場至此時能夠讓自己的生活相對舒適、安全罷了。

農業高度發達的華夏文明，與同樣以農為本、定居於綠洲上的城國之間，天然就會比那些遊牧部落更有共同語言。這一點已經足以讓帝國建立起經營西域的信心。對於往來的商旅來說，這些在山麓綠洲生存的城國，不僅能夠沿途串起一條補給線，其本身也能提供一定容量的市場。更為重要的是所謂「有恆產者有恆心」，與定居者之間形成的合作關係更容易長久保持。

漢帝國最終在西域開通的絲綢之路，也正是沿着塔里木盆地南北兩側向西延伸的。也就是說，漢朝打通的絲綢之路，所依託的實際上是一條農業線。這樣做還有一個重要原因，就是漢朝開拓西域的直接目的，是為了應對北方的匈奴。此時匈奴已經擴張至準噶爾盆地，並將南疆那些小國納入了勢力範圍。如果漢朝能夠想辦法讓這些國家轉向的話，勢必對緩解北方壓力有極大的幫助，這也就是所謂的「斷匈奴右臂」（西域相對匈奴來說在右側）。基於同樣的理由，與塔里木盆地隔天山相望的費爾干納盆地，也成了漢朝拓展絲綢之路的節點。再往南的話，透過伊朗地緣圈，南亞、西亞，乃至歐洲，都可以對接上這條源自東方的絲綢之路。

儘管西域的農業綠洲與漢朝在經濟屬性上有共同語言，但這種共

同語言並不足以影響政治取向。如果漢朝不能給他們足夠的保護來面對現實的壓力，這些西域小國還是會選擇站在匈奴一邊。為此，中央之國需要給予這些同盟者額外的利益，才能真正做到「斷匈奴右臂」。

古今中外的政治家，其實都明白利益是一切政治聯盟的基石，無非是怎麼給予對方利益的問題。就這一點來說，我們會看到很多不能持久的案例。真正能夠持久的利益關係，一定是建立在平等交換的商業原則上的。用來交換的並不一定是物資和金錢，也可以是其他利益。儘管漢朝使者此行的目的並不是打通商路，但張騫肯定已經發現，以天山兩側的地理條件而言，試圖將之直接納入漢帝國的版圖是不可能的。因為即使有足夠的移民願意來此耕戰，西域也無法提供足夠的土地，支撐足以抵禦匈奴的人口基數。在這種情況下，如果帝國希望向西擴張勢力範圍，最好的辦法就是通過打通商路，讓這些西域小國獲得商業利益，從而願意接受漢帝國的政治領導。

在張騫歷盡千難萬險回到長安以後，這次無心插柳的通商之旅所具有的戰略價值，顯然也讓派他出使的漢武帝感到驚喜。如果按照這種利益捆綁的方式來控制西域，漢朝基本上只要採用「以夷制夷」的外交方式，就可以將帝國的勢力範圍擴張到天山兩側。同時，費爾干納盆地—塔里木盆地—河西走廊這條依託農業線設計的商路，也為漢帝國小規模的駐軍、屯田提供了可能，使得帝國對西域的滲透在政治、軍事層面顯現出來。

當帝國可以直接在河西走廊的西端設立郡縣和邊卡（敦煌和玉門關）時，塔里木南北的兩條商路，大部分時候只需要都護府這種政治派出機構對那些商路上的西域小國進行管理、協調就可以了。當然，這並不代表武力就完全沒有必要，畢竟這條商路太過漫長，如果不恩威並施的話，很難保證某一個成員沒有其他想法。在隨後的歷史中，從長安出發的帝國遠征軍，也多次向西域諸國展示了他們強大的國

力。其中最為著名的一次遠征，就是針對大宛的汗血馬之戰。

順便說一下，歸國之後的張騫並沒有就此沉寂下去。這次通過商業聯盟擴張華夏文明影響力的成功經驗，使之對於打通連接成都平原、雲貴高原和南亞次大陸的「南方絲綢之路」也充滿了興趣。而這條道路存在的信息，是他在中亞通過商人之口獲知的。雖然張騫本人已經沒有時間來完成新的探險之旅，但這次的發現無疑激發了漢帝國對西南的興趣。此後經過數十年的努力，公元前 69 年，漢帝國完成了將雲貴高原納入版圖的征程。

通過對漢朝打通絲綢之路過程、目的的地緣解讀，相信已經能夠清晰地看出華夏文明在向西擴散時的方法和路徑了。這些兩千多年前的經驗，對於今日崛起的中國也同樣有借鑒意義。回顧絲綢之路初開時的那段歷史，我們會發現，在享受過絲綢之路所帶來的利益後，西域那些綠洲國家對於將自己納入漢朝勢力範圍，所持的是一種積極態度。以至於在中央之國因兩漢交替時的動亂，暫時無暇西顧後，西域國家對於回歸後的東漢政權是多麼的歡迎。

這也讓我們看清楚，在一個國家或者民族試圖進行地緣擴張時，是完全可以通過利益捆綁、雙方得益的可能性來取得雙贏結果的。也唯有這種形式的擴張行為，才能得到持久的和平發展環境。

中亞文明的崛起與唐帝國的西擴

儘管漢朝時中央之國第一次將領土擴張到了天山腳下，但通過前面的解讀我們也能感覺到，漢朝真正能夠控制的，是包括塔里木盆地、吐魯番盆地在內的南疆地區。至於天山以北的草原遊牧區，漢帝國則是通過與以伊犁河谷為核心控制七河流域大部、準噶爾盆地南部以及伊塞克湖地區的烏孫結盟，來牽制匈奴的擴張。以地緣關係來

看，也可以說是中央之國聯合中亞遊牧政權，對抗北亞遊牧政權。烏孫除了能在這場「西域三國演義」中求得平衡，確保自己不被匈奴吞併以外，也能通過轉運絲綢之路的部分商品、向南部農業國家收取「保護費」等手段，獲取額外的利益。

在漫長的歷史過程中，努力經營東亞核心農業區的中央之國最擔憂的地緣壓力，大都來自北方蒙古高原的遊牧民族。即使將勢力範圍擴張到了西域，其原始動機也是為了緩解北方壓力。應該說，以地緣優勢而言，直接對接華夏文明的蒙古高原，在遊牧區內部的地緣潛力是最強的。這也使得蒙古高原出身的遊牧政權，長期成為歐亞大陸腹地的主導者。不過，華夏政權自漢朝起積極在中亞打通商道的努力，卻成了中亞遊牧勢力崛起的催化劑。

雖然出於地緣博弈和利益的需要，來自東亞的中原王朝，以及來自蒙古高原的遊牧民族，甚至來自青藏高原的農牧民族（如吐蕃），都曾經試圖成為天山南北商路的實際控制者，但不可否認的是，無論中亞南部的農業區，還是北部的遊牧區，都從這些日益增長的商品交易中獲得了巨大利益。能夠額外從商業交流中補給地緣實力的中亞遊牧民族，才最終有機會成為整個遊牧體系中的最強者。中亞這種因「商」而增強的地緣實力，在地緣政治上的最終體現，就是阿爾泰山成為中亞遊牧勢力對抗北亞遊牧勢力的地緣分割線。而代表中亞遊牧勢力的政權，則是公元 582 年脫離北亞遊牧勢力控制、另立門戶的西突厥。

說到這裡，我們必須解釋下突厥部落的原始族源。事實上，無論是西突厥的建立者，還是後來進入中亞的突厥語族遊牧部落，都源自蒙古高原，其種族也是典型的北亞蒙古人種。他們在滲透中亞之後，與原來的歐洲移民混合，逐步呈現出黃白混血的特徵。等到成吉思汗率領操蒙古語的遊牧部落在蒙古高原東部崛起，並統一整個草原後，以克烈、乃蠻（成吉思汗的兩大對手）為代表的突厥系遊牧部落，才

被擠出蒙古高原，遷入中亞。也就是說，自公元 13 世紀初蒙古統一蒙古高原時起，「突厥」一詞作為一個地緣板塊名稱，方被限定在了中亞。

其實，從地緣板塊的屬性而言，蒙古高原和中亞始終是兩個獨立的地緣板塊。一方面，雙方都有自己的核心遊牧區；另一方面，蒙古高原的遊牧民族，額外收益主要來自與東亞核心農業區的直接交流。這種交流，往往是以週期性的南下掠奪為表現形式（運氣好的話，也可能入主中原）；而中亞的遊牧民族，額外收益更多是從絲綢之路上收穫的商業利益。在這種地緣屬性的差異之下，無論建立遊牧帝國的民族最初來自何方，將兩個板塊長久地置於一個政權的管轄之下，技術上都是十分困難的，尤其是在遊牧政治體系的鬆散管理模式之下。

也就是說，即使這個龐大的遊牧帝國對外仍然使用共同的標籤，其內部還是會很快分割成相互獨立的政治體。在這個問題上，能夠同時治有中亞和蒙古高原的突厥帝國、蒙古帝國都沒有例外。前者在唐帝國正式建立之前，就以阿爾泰山為界，分裂為東突厥和西突厥；而疆域空前絕後的後者，則在蒙古高原以外的遊牧板塊分裂出了四大汗國。

如果從面臨的地緣壓力來看，唐朝的情況並不比漢朝更樂觀。對於中原王朝來說，統一蒙古高原的遊牧政權叫匈奴還是東突厥並不重要，重要的是他們會用同樣的方式對帝國的北方安全造成影響。漢朝未能遇到的另一個壓力是，阿爾泰山以南，包括天山兩側的地區，現在也被一個遊牧政權——西突厥整合到一起了。這樣一個新的遊牧政權，不僅可以通過壟斷絲綢之路獲取巨大利益，更可以通過河西走廊向中原王朝的核心區施加軍事壓力。

儘管唐朝所面臨的地緣壓力實際上要比漢朝大，但從最終的結果來看，唐朝在對付遊牧民族、向西北擴張勢力範圍上做得更好。之

所以會是這種結果，主要有兩方面的原因。一方面，在北方和西北方向，唐王朝要同時面臨兩個強大的遊牧政權，雖然從數量上看似乎增加了一倍難度，卻也為唐帝國施展合縱連橫的外交手段提供了空間。也就是說，從地緣政治的角度看，擁有更好防禦性的中原帝國，完全有機會坐看兩個突厥汗國在競爭中互相削弱，最終坐收漁翁之利。事實上，在唐朝與東突厥和西突厥博弈的時候，這兩個遊牧政權的內鬥也的確讓唐朝的外交家們找到了不少一言抵萬軍的機會。另一方面，從與遊牧體系對抗的地緣背景來看，文化開放的唐朝要比文化內斂的漢朝更佔優勢。唐帝國建立前的南北朝時期，是一個胡漢相雜的時代，帝國在誕生之初，就帶有更開放的基因。這在技術上表現為可以直接招攬遊牧民族加入國防軍甚至政治體系。在帝國一視同仁的政策感召下，那些在其他中原王朝被視為異類的邊緣民族，很多都從內心深處認可自己是唐帝國的一部分了。

這些遊牧基因的融入使得唐帝國在進攻戰術上絲毫不落下風。在整體地緣實力本來就佔優的情況下，這塊短板的彌補足以讓戰略對抗的天平向中原政權傾斜。而在唐帝國擊敗東突厥和西突厥，得以重新掌握天山南北的絲綢之路後，這些融入文化的遊牧基因，更使得帝國可以直接派駐國防軍進駐西域及中亞地區，以讓唐朝在控制西域時擁有更加直接的能力。

從控制力來看，這種做法當然比漢朝那種主要依靠政、商手段穩定中亞地緣政治格局的方法要更強。漢、唐在控制手段上的差異，也讓雙方在西域設立的最高行政機關 —— 都護府，在性質上有所不同。前者更像一個外交機構，主要通過政治斡旋來維繫漢朝在西域的宗主權；後者則和「軍管會」的功能類似，即以軍事管理的形式來維護政治統治（古之所謂「軍鎮」）。

到底是漢朝那種相對較「軟」的方式，還是唐朝這種相對較「硬」

的方式，對於穩定華夏文明在天山南北的影響力更為有利，是一個見仁見智的問題。有一點可以肯定，如果軍事家取代了外交家成為政治版圖擴張的主導者，利益邊界就很難控制了。更具攻擊性的軍事家們，雖然會讓政治版圖變得更大，但也有可能會打破原有的地緣平衡，讓國家反受其害。至於要怎樣平衡，那就是政治家的事了。

不管最終的戰略影響如何，唐帝國在西域強大的軍事存在，已經把它的軍事將領們推到了西北博弈的前台。唐帝國在開拓西域時需要擊敗強大的西突厥汗國，後來又受到青藏高原的吐蕃政權的攻擊，產生這種以軍領政的管理結構似乎也是不可避免的。不過，當這些強大的對手消失，西域和中亞又重新回到小國林立的地緣結構時，治下有強大軍力的都護們，就很難控制自己的利益邊界了。

按照古典時期中原政權的地緣屬性，一個板塊能夠長期為華夏政權所控制，並最終成為中央之國的一部分，必須得有一塊能夠支撐大量人口的核心農業區，以在技術上支撐「且耕且戰」這種在戰略上自給自足的防禦方式。並且，這個核心農業區不能與中央之國內部的其他核心農業區間隔太遠，否則一旦被機動性更強的遊牧民族切斷了與核心區聯繫的戰略通道，這些移民集團的生存就很成問題了。

在唐朝後期，帝國衰落到不能保有河西走廊時，那些被遊牧民族隔絕在河西走廊西段的戰略據點就遇到了這樣的問題。比如，那些大唐棄民曾經以敦煌為核心建立了「歸義軍」政權，並試圖在被吐蕃切斷河西走廊的情況下，在政治上接受唐帝國的領導。但在中原政權無力打通河西走廊的情況下，這些一直堅持到北宋時期的華夏地方政權，最終還是湮沒於歷史當中。

如果說缺少以大片農耕區為支撐的河西走廊由於離華夏核心區較近，中原政權在解決了內部問題之後，尚能將其收入版圖（比如重新統一東亞核心農業區的明朝，就恢復了對河西走廊的控制），那麼地

理距離更遠，只能憑藉小塊綠洲支撐農業人口的西域盆地，要做到這點就更困難了。儘管如此，當年張騫和漢帝國通過打通絲綢之路所開創的「商─戰」模式，還是讓華夏政權有機會把自己的文明影響力直接擴張到天山南北。

說到「商─戰」模式，漢朝和唐朝在具體的戰略路線上，還是有很大區別的。偏向於外交平衡的漢朝，主要是利用共同的商業利益，讓西域諸國和帝國捆綁在一起。所以才會出現漢朝想放棄時，西域諸國聯合請願，要求恢復都護府的事情。在這種模式下，商業利益雖然是支撐帝國對西域控制力的基礎，並且在為帝國創造新的收益的同時，間接提升了國家的戰爭能力，但這種商業利益並不是直接為戰爭能力服務的，或者說，二者之間不是一個相互支撐的關係。而唐朝的「商─戰」模式，實際上更接近「耕─戰」的原始結構關係，即以商（農）養軍、以軍護商（農），以此來穩定帝國的政治邊界。

不管商業利益在維護帝國政治邊界時戰術作用如何，在戰略上，它的確可以支撐華夏政權在天山南北的地緣影響力。純粹就戰術層面來看，唐朝的「硬」方式要顯得更為成功些。在攻滅西突厥後，整個中亞都成為唐朝的勢力範圍。這使得帝國能夠在漢朝的基礎上，打通一條完全繞過塔里木盆地，由天山北麓西行，串聯起準噶爾盆地南沿、伊犁河谷及以南的七河地區、河中地區的絲綢之路新線，史稱「新北線」。

這條「新北線」其實是一條在遊牧地區穿行的「草原絲綢之路」。如果沿此線西行的話，需要在越過卡拉套山之後，才能抵達第一個農業綠洲 —— 奇爾奇克綠洲，也就是今天烏茲別克斯坦首都塔什幹的所在地。在唐帝國統治中亞時期，以澤拉夫尚河谷為核心的粟特農業區，為當年大月氏人的後裔粟特人所控制，並以氏族為基礎在河中地區建立了超過十個小國，時稱「昭武九姓」。建立在奇爾奇克綠洲的石國，就是位置最北的粟特人國家。

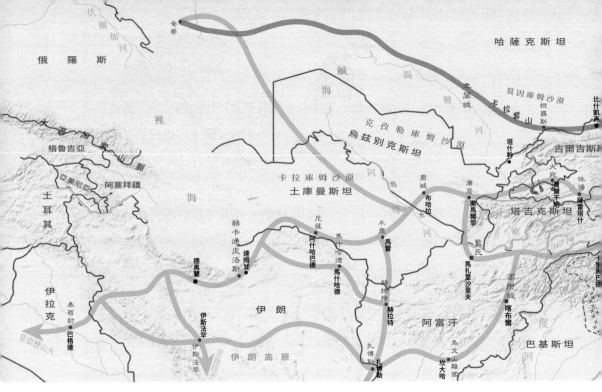

絲綢之路新北線示意圖

　　經石國再往南接入粟特地區後，才算是與原有的經塔里木盆地、費爾干納盆地而過的絲綢之路南、北兩線會合。為了經營這條草原絲綢之路，唐帝國甚至嘗試過脫離農業基礎，在天山北麓建立軍事據點。其中最為知名的，就是李白可能的出生地、建立於楚河河谷的碎葉城（今吉爾吉斯斯坦首都比什凱克東）。

　　需要說明的是，任何線路在實際延伸過程中都會有變化，尤其是抵達最終目的地的路線有幾條主線時。絲綢之路也不例外。一般情況下，絲綢之路只是簡單地被切分為三條路線，但這三條路線之間同時會有多處產生橫向聯繫。比如出於直接連通塔里木盆地腹地——中亞草原的需要，可以選擇從塔里木盆地中北部翻越天山，經由伊塞克湖地區接入楚河河谷，也就是碎葉城的所在地，再沿天山北麓向西翻越卡拉套山，接入河中地區的北方門戶石國。

　　之所以要詳細介紹這一路線，除了讓大家了解唐帝國在天山北路

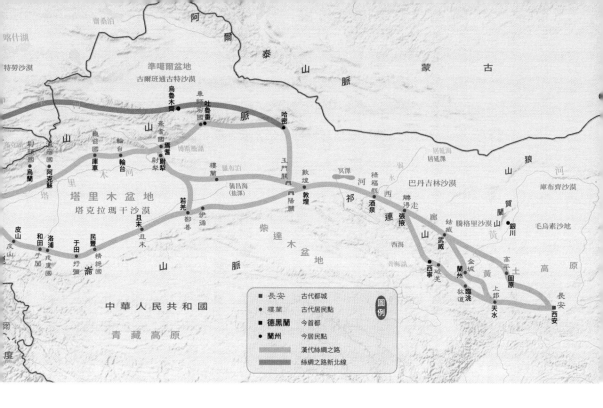

的控制主線以外，更是因為公元 751 年，唐帝國在這個區域遭遇了一個原本不可能直接發生碰撞的文明 —— 阿拉伯文明。要知道，以農為本的中原政權把勢力範圍通過河西走廊滲透到西域，已經是非常困難的事情了。而身處阿拉伯半島的阿拉伯人，要想戰勝身處高地的波斯文明，並且把勢力範圍延伸到天山之側，更是小概率事件。可事情就偏偏這麼巧，在中國歷史上最強大的王朝之一 —— 唐朝開啟西進之路時，憑藉宗教爆發力而崛起的阿拉伯人，也在征服了波斯之後，把勢力範圍延伸到了中亞。

實際上，阿拉伯人能夠滲透至中亞，並不是阿拉伯半島地緣實力的體現，更多是他們征服波斯高原的額外收穫。也就是說，就地緣影響力來說，伊朗高原天然有機會對河中地區施加影響力，並成為這一地區的宗主。而唐帝國之前能夠將勢力範圍延伸到伊朗高原邊緣，關鍵原因在於波斯人正面臨着阿拉伯人的強大壓力。現在，代表阿拉

伯文明的阿拔斯王朝，也就是中國史書中所稱的「黑衣大食」，在完成了對伊朗高原的征服後，很自然地接過了波斯高原對河中地區的影響力。

雖然我們現在看，阿拉伯人的到來並不會對唐帝國在西域的統治造成影響，但對於帝國當時在西域的最高軍政領導人高仙芝來說，卻不能容忍那些原來奉唐帝國為宗主的粟特國家，現在轉而聽從阿拉伯人的號令。公元 750 年，河中地區的北方門戶、奇爾奇克綠洲的石國首先成為犧牲品。作為唐朝的屬國，這個國家似乎有倒向新興的阿拉伯帝國的跡象，以至讓高仙芝覺得它「無蕃臣禮」。其實，石國是不是鐵了心要跟阿拉伯人走，是不是真的會對唐帝國產生威脅，都不重要。重要的是，在軍威達到頂峰之時，帝國駐守邊疆的那些將領們有些過於相信武力，並且迷失利益邊界了。這一點，在唐帝國決心以軍事家來主導邊疆事務時就埋下了隱患。

單從地緣平衡的角度來看，無論代表波斯高原滲透河中地區的政權力量是土著的波斯人，還是南來的阿拉伯人，河中地區已經是他們滲透的極限。再進一步向北滲透的話，即使能夠戰勝中亞草原的遊牧部落，也沒有收益可言；至於翻越天山進入南疆去搶佔那些小型綠洲，性價比也太低。僅僅一個費爾干納盆地的農業、人口潛力，就已經抵上整個塔里木盆地了。

從地緣位置來看，無論控制河中地區的是粟特人，還是南來的波斯人、阿拉伯人，他們最擔心的壓力源都應該是來自北方，也就是中亞草原。正常情況下，如中央之國所承受的北方壓力一樣，中亞草原的遊牧部落也會試圖南下「打擾」這些農業區。當年亞歷山大東征，從波斯帝國手中接收河中地區時，就曾經在錫爾河北岸與當時控制中亞草原的歐洲遊牧民族斯基泰人（中國史書中的「塞人」）進行了一場戰役，並就此止步。

然而，在阿拉伯人滲透河中地區時，統治中亞的遊牧政權西突厥已經被唐帝國所滅，並且直接在天山北麓建立軍事據點以延伸控制力。這也意味着，阿拉伯帝國必須直面唐帝國。事實上，如果唐帝國沒有直接控制天山北麓，那麼它與阿拉伯帝國最好的政治分割線就是天山。也就是說，唐朝控制南疆，黑衣大食領有河中地區。問題是，現在唐朝已經出現在中亞，並且在阿拉伯人滲透之前成為河中國家的宗主。在這種情況下，作為西域的最高軍政長官，高仙芝看起來沒有理由在不試探對手實力的情況下，就主動退回西域。

戰爭最終在塔拉斯河谷的怛羅斯城爆發，這座位於今天哈薩克斯坦塔拉茲市一帶的軍事據點，也是從河中地區北入中亞草原的第一站。由於唐軍中來自阿爾泰山南麓的葛邏祿人臨陣脫逃，阿拉伯人取得了戰役的勝利。

我並不認為怛羅斯之戰後唐朝就退出了中亞，不過唐朝在這之後停止了向中亞地區的滲透，而將經營重點放回西域卻是事實。因此，西方的史學家將這一戰役作為東西方文明碰撞的標誌性事件也並不為過。從地緣的角度看，這種尊重地緣分割的政治格局，才是最有可能達成平衡的。

唐朝最終退出中亞地區以後，華夏文明對中亞的地緣滲透也宣告終止。唐之後的宋、明兩個中原王朝，基本上屬於內斂的朝代，無心也無力經營西域。由於再無強勢文明在天山南北參與競爭，最初由阿拉伯人所帶入的宗教信仰開始從河中向整個中亞—西域地區擴張，並最終取代佛教，成為這一地區的主要宗教信仰。

另外，唐之後直至清朝，華夏文明在西域出現了長達 700 年的空窗期。這個真空最終還是由已經在中亞生根，並且仍在不斷從蒙古高原接受補充的突厥語遊牧民族所填補，並最終使得中亞—西域板塊在語言上突厥化。

故土新歸

作為中國古典時期的終結者，清王朝也是一個將疆土擴張到西域的王朝。清朝之所以能夠成功擴張至西域，並最終以建省的方式將西域徹底融為中央之國的一部分，很大程度上是受其原始屬性的影響。如果說，唐帝國由於之前南北朝時期的文化中不可避免地融入了不少北方民族的基因，那麼原始屬性本來就是東北漁獵民族的清朝建立者，在這一點上就更有優勢了。這種優勢，在其入關之前，就已經體現在對蒙古高原的征服上了。

在歷史上，東北地區、蒙古高原、東亞核心農耕區，一直是三個互有競爭的地緣板塊。從生產、生活方式來看，蒙古高原的遊牧民族，很明顯和東北平原的漁獵民族有着更多的共同點。如果用一個可以涵蓋雙方共同特點的名詞來統稱這兩類民族，那就是「馬上民族」。雖然大部分時候，對東亞核心區造成巨大壓力的馬上民族，是來自蒙古高原的遊牧民族，但來自東北地區的女真人也曾經入主中原，建立金政權。不過，那一次嘗試並不能算完全成功。在南宋的阻擊之下，金政權始終無法跨越長江，完成東亞核心區的統一。而隨之崛起的蒙古人，讓影響東亞核心區命運的指揮棒，又一次回到了蒙古高原。

後金（清的前身）的建立者顯然汲取了這個教訓。在入主中原之前，他們即通過戰爭和聯姻等政治手段，解除了蒙古高原的威脅，並使之為己所用。這也讓清帝國在建立統一政權之後，史無前例地將疆土擴張到了貝加爾湖。而從戰略上看，如果帝國的統治者還想進一步擴充疆土的話，西域很自然會成為下一個目標。

既然漢、唐可以劍指西域，那麼馬上出身的清帝國，沒有理由不把視線投向西北。這一時期的西域被另一支源自蒙古的部族準噶爾部所控制。在成吉思汗引發的那次征服浪潮中，蒙古各部一度成為歐亞

大陸所有遊牧地區的主導者。而準噶爾部對西域的控制，也算是那個大擴張時代的遺產了。統一的遊牧政權早已不存，從地緣結構上看，阿爾泰山又一次成為遊牧勢力的大致分割線。也就是說，準噶爾部在西域建立汗國之後，如果他們想進一步建立強大的遊牧帝國，就必須挑戰那些蒙古高原上的同宗兄弟。假如這一時期蒙古高原也統一在一個遊牧政權之下，那麼這種地緣競爭的格局，就很像當年東、西突厥的模式。

在準噶爾部興起之時，蒙古高原並非沒有機會再一次被某個部族重新統一，代表蒙古高原遊牧勢力做這項努力的是黃金家族（成吉思汗的家族）的直系子孫林丹汗。不過，前面我們也說了，在清帝國的建立者入主中原之前，他們已經成功地解決掉蒙古高原的威脅，而林丹汗就是這次地緣博弈的犧牲品。在林丹汗統一蒙古高原的努力失敗後，分裂狀態下的蒙古高原，一方面給了清帝國的建立者們以機會，將之納入中央之國的版圖；另一方面也讓已在西域坐穩的準噶爾汗國有機會不斷侵擾蒙古高原。對於雙方來說，無論誰最後控制了蒙古高原，都將給對方造成致命的威脅。

在對蒙古高原的爭奪上，有條件恩威並施，並且在原始文化上與蒙古諸部有諸多共同點的清帝國，顯然更有優勢。為了不被準噶爾部吞併，漠南、漠北的蒙古諸部，都更願意成為清帝國的一部分。而在東亞核心區與蒙古高原被史無前例地統一在一個政權之下的背景，使得西域盆地在這場競爭中沒有任何勝算。這種聯合不僅使得雙方的各項戰略優勢得以完美結合，更可以同時從河西走廊、蒙古高原對西域施加壓力，這在歷史上也是不曾出現的。在經歷過康、雍、乾三朝的數次西征後，這個歐亞大陸最後的遊牧帝國，終於成為一個歷史名詞。

說「準噶爾」是一個歷史名詞，是因為這個蒙古部落在經歷過殘酷戰爭後，已經消失在歷史之中了。而在我們的印象當中，準噶爾更

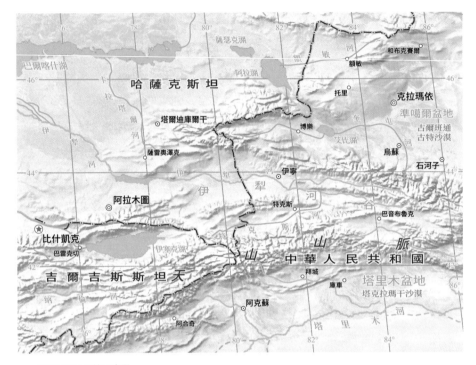

伊犁河谷及周邊示意圖

多是以一個地理名詞出現的。這也算是一個比較有趣的現象了，即很多歷史上曾經興盛一時的族群，最後留存在後人記憶中的，往往就是地名。

很顯然，準噶爾盆地是準噶爾部的活動範圍。在準噶爾部強盛的時候，巴爾喀什湖以東的七河地區、準噶爾盆地、塔里木盆地都是這個汗國的直接控制區。為了更好地控制這個板塊分割明顯的遊牧帝國，準噶爾部最終選擇了伊犁河谷作為政治中心。從地緣位置上看，位於巴爾喀什湖流域、準噶爾盆地、塔里木盆地三板塊之間的伊犁河谷，的確有資格成為地緣中心，更何況河谷之內的地理環境，可以說是天山兩側數一數二的。

在清帝國代表華夏政權重新完成對西域的控制之後，有感於這裡

是漢、唐故土重新回到中央之國的懷抱，因此以「故土新歸」之意，將之命名為「新疆」。鑒於整個西域遠離中央之國核心區的地緣位置，在清朝的大部分時期，帝國是以一種類似唐朝時軍政一體的形式來管理這塊新歸故土的，所設立的最高軍政長官叫作「伊犁將軍」。很顯然，伊犁河谷又一次成為整個巴爾喀什湖以東地區的地緣中心。

如果不是崛起於東歐平原的俄國開始向東方強勢擴張，相信伊犁河谷很有可能現在還是整個西域的政治中心。1881 年，在俄國人通過《中俄伊犁條約》謀奪了半個伊犁河谷，以及整個巴爾喀什湖到準噶爾盆地之間的土地之後，再將統領西域的政治中心放在伊犁河谷，地緣上就不夠安全了。因此，在清帝國決定於同年在新疆建省，並由此將天山南北最終轉為正常的行政建制時，天山北麓、準噶爾盆地南緣的迪化（今烏魯木齊），成為中央之國西北部新的政治中心。

當然，只擁有半個伊犁河谷的俄國，以及獨立後的哈薩克斯坦，同樣不滿意這樣的分配。1997 年，哈薩克斯坦將首都從伊犁河中游的阿拉木圖遷至哈薩克丘陵北部的阿斯塔納，除了平衡國內地緣關係的考慮外，不希望自己的首都與中國這個強鄰太近也是潛在原因之一。

事實上，以中俄雙方在巴爾喀什湖—準噶爾盆地一線的地緣分割線來看，俄國和哈薩克在地緣上的不安全感並不只限於伊犁河流域。如果按照古典時期的地緣屬性來看，準噶爾盆地西部山地本身，並不適合做一條地緣分割線。換句話說，正常情況下，山地兩側的草原都是屬於遊牧民族的領地。一定要有政治分割，也無非中亞遊牧政權與翻越阿爾泰山南下的北亞遊牧政權，在準噶爾盆地西部山地中，劃一條東西向的線來切割草原，就像漢朝時烏孫與匈奴在這一地區所做的那樣。

進入現代社會後，無論俄國人還是哈薩克人，試圖進一步滲透準

噶爾盆地的理由，當然不會再是爭奪草原。他們所耿耿於懷的，是那些跨越中俄（哈）兩國的國際河流。說得具體點，就是在整個準噶爾盆地與伊犁河谷所對應的中亞地區，絕大部分的河流都源自中國一側，尤其是北部源於阿爾泰山東南麓的額爾齊斯河和中部源自準噶爾盆地西部山地的額敏河。

在中國現在的行政版圖中，以上述三條河流以及附屬山地為中心的邊境地區被切割為兩個行政區：伊犁哈薩克自治州和博爾塔拉蒙古自治州。如果僅考慮中亞方面安全的話，這兩個自治州的絕大部分土地都應該被剝離出中國的版圖。那樣的話，也就意味着中國將失去整個伊犁河谷和大部分準噶爾盆地的控制權。

事實上，在抗日戰爭行將結束之前，俄國人也的確做過類似的嘗試，正如他們 20 年前在「外蒙古」所做的那樣。只不過，出於更高層級的地緣政治聯合，最終，中蘇雙方在尊重既成事實的基礎上，完成了歷史性的第一次和解，並開啟了一段長達十年的「蜜月期」。今天，同樣基於世界地緣政治格局的變化，中俄兩國又一次走向了戰略合作的道路，並且又一次解決了彼此之間的邊境糾紛。儘管引發這兩次和解的對手都是美國及其領導的西方陣營，但此一時，彼一時，一甲子之後，中俄在這個合作體中的江湖地位，已經發生了重大變化。

第四節
伊朗高原地緣圈

作為中亞乃至東亞地區向西擴張的橋頭堡，伊朗高原地緣圈戰略地位是世界性的。這一點大家應該有所感覺。阿富汗能讓美蘇兩個超級大國前仆後繼，伊朗被美國視為眼中釘，都是源於這個地緣圈的樞紐地位。

伊朗高原的地理環境

就地緣影響力來說，伊朗高原無疑是一個非常重要的板塊。就其地理結構來說，這片高原其實可以被視為一個群山環繞的高山盆地，就像伊塞克湖盆地、尤爾都斯盆地那樣。北線貼近裡海，有圖蘭低地的厄爾布爾士山脈、科佩特山脈；西線、南線眺望兩河平原，有印度洋的扎格羅斯山脈、莫克蘭海岸山脈；東線與南亞次大陸相鄰的興都庫什山脈、蘇萊曼山脈、基爾塔爾山脈，都是圍就這個高山盆地的邊緣山地。

以我們熟悉的東亞核心區內部諸板塊來說，並非不能理解伊朗高原能夠自成體系的原因。黃土高原之上的關中盆地，與它邊緣諸高地

伊朗高原地緣圈示意圖

板塊之間緊密的地緣關係，似乎能給我們提供有價值的參考。按照這種思維慣性來說，以伊朗高原為依託的波斯文明，地緣核心應該是在盆地腹地的低地（相對低地），並以此形成強大的農業文明區，輻射並控制邊緣山地。然而請不要忘了我們在解讀中亞時一直強調的逆轉思維慣性的問題。在歐亞大陸腹地這片乾旱的土地上，很多地緣特點是和歐亞大陸兩端的情況相反的。

　　儘管看起來，伊朗高原在南線擁有漫長的海岸線，降水情況應該好於遠離海洋的中亞地區，但實際情況是，我們就中亞所提出的「低地約等於荒漠」的定律依然成立。因為對於高原腹地的低地來說，那些從高山匯流而下的雨水，注定會為下游地區帶來礦物質。如果河流不能外流的話，那麼下游平原地區就是這些礦物質的最終歸屬地。其結局，河流要麼在盆地中心形成鹽湖，要麼在高蒸發狀態下，變成大片的鹽鹼地。而絕大多數情況下，這一過程在人類到來之前就已經定型了。

　　既然那些被寄予厚望的腹地不堪重用，那麼進入伊朗高原的雅利安部落就只能像他們滲透至天山北麓的親緣部落一樣，在山地和山地

邊緣尋找機會了。在環境沒有發生根本性改觀之前，這一規律也同樣適用於現在。以前面解讀中亞的經驗來看，山地的體量（海拔和縱深）、位置、朝向都會對它收集水汽的能力造成直接影響，並間接影響山地的人口承載量。氣候濕潤、降水較多、有高山雪水補給的山地及其邊緣低地，會更有地緣潛力。如果將興都庫什山脈視為單獨的地理單元（雖然它幫伊朗高原東北部圍邊），那麼整個伊朗高原最優質的地理單元應該存在於西部。在這個方位上，北部的厄爾布爾士山脈、科佩特山脈，南部的扎格羅斯山脈、庫赫魯德山脈，體量要遠大於高原東南部。

　　當我們把尋找伊朗高原核心區的目光鎖定在它西半部的山體上時，就會發現這片核心區呈現為一個左轉 60 度的人字形結構，或者說是不標準的三角形。到底把它看成甚麼形狀並不重要，問題的關鍵在於這片山地實際上呈現出了三個突出部狀態。如果雅利安人是從高加索方向進入伊朗高原的話，他們在向東滲透的過程中會發現，之前糾結在一起、山脈走勢並不明顯的山地，開始向南北兩個方向獨立延伸了。而這兩條分道揚鑣的山體，最終也與西部地區一起，成為伊朗高原核心區的一部分。

　　以方位來定義的話，我們可以將這三處山地分別稱為伊朗的西部山地、東北山地和西南山地。很快我們就會發現，波斯文明的產生以及伊朗高原內部的王朝轉換，都是以這三大核心地理單元為基礎的。

伊朗文明的內部結構

　　如果包夾在三大核心山地之間的腹地是一片富饒的平原灌溉區的話，那麼它一定會天然成為對周邊山地有影響力的核心區。然而前面也說了，伊朗高原的腹地基本沒有這個命。歲月早已將這片腹地曬烤

成卡維爾鹽漠。鹽殼、泥澤相間的地形使得即使要穿越它都很困難。其實，既然我們已經認定了雅利安人的希望在邊緣山地之中，那麼這些大而無用的低地，到底是鹽多還是沙多就不那麼重要了。

對於雅利安人來說，最大的問題在於，需要重新適應新的地理環境。畢竟這片高原山地，無論從形態還是環境上，都與他們在南俄草原上的老家有着本質區別。這意味着雅利安人需要在生產方式、族群屬性上做出一些改變。當然，如果伊朗高原的環境還是呈現乾冷特點，更適合草本植物生長的話，對於雅利安人來說，不過是從低地草原移牧到山地草原罷了。不過，伊朗高原較低的緯度，卻讓雅利安人的地緣屬性發生了重大變化。

在影響氣候的幾大要素中，緯度始終是最重要的。只要不是海拔高到離譜，由赤道向兩極氣候逐漸變冷的規律，並不會受到挑戰。如此說來，相比中亞地區，伊朗高原的年平均氣溫應該更高些。鑒於大家比較熟悉東亞核心區的地理結構，我們可以嘗試從東亞的秦嶺、南嶺各自往西拉兩條平行線，來更直觀地判斷伊朗高原的緯度。這樣很快就會發現，伊朗高原的絕大部分土地都在這兩條平行線之間。

這是不是意味着，伊朗高原的氣候環境與中央之國的長江流域相類似呢？情況當然沒那麼簡單。處在相同的緯度區間，只是讓雙方在氣候帶上都處於亞熱帶的區間罷了。相比受太平洋季風影響、降水充沛的東亞大陸來說，與印度洋近在咫尺的伊朗高原，卻沒有從印度洋那裡得到甚麼恩澤，大部分地區都屬於大陸性草原、沙漠氣候。這一點和中亞地區類似。只不過，伊朗高原的氣候類型前面，被冠以的是亞熱帶（如亞熱帶草原氣候），而中亞則是溫帶罷了。

通常情況下，降水較少的大陸腹地（大陸性氣候）是不受農耕民族喜歡的。能夠適應這種環境，並充分利用那些耐旱草本植物的，是逐水草而居的遊牧民族。然而，並非所有的大陸腹地都不適合農耕

生產方式。最起碼中亞的經驗告訴我們，只要有足夠的積溫和可以利
用的高山之水，那些河谷地帶完全可以通過鋪設水利設施來發展灌溉
農業。

當然，由於受到水資源供給和地勢的影響，你並不能指望這些農
耕之地有太大的規模。星星點點存在於河谷、山前沖積扇中的綠洲，
是這些在遊牧重壓之下生存的農業文化的主要載體。以伊朗高原的
緯度和所處的氣候帶來說，它應當有比那些中亞綠洲更高的年平均氣
溫。雖然海拔高度對氣溫也會有一定影響，不過對於平均海拔與黃土
高原相近的伊朗高原來說，這並不會成為它產生農業文明的障礙。

伊朗高原地理環境對於雅利安人地緣屬性的改變，體現在由遊牧
經濟向農牧混合經濟轉型。那些原本居無定所的雅利安人開始轉向定
居，即使是仍然以飼養牲畜來獲取食物的部落，也逐漸轉向採取畜牧
這種較穩定的生產方式。最初在伊朗高原西南部融合成波斯人的十個
部落中，就有六個從事農業，四個從事畜牧業。換句話說，最起碼在
被我們劃定為伊朗高原核心區、水資源情況較好的西部地區，雅利安
部落開始變成定居者了。對於文明的產生而言，定居是非常重要的一
步，這意味着你將傾注更多的精力提升技術以改變自己的生存環境。

由於缺乏像關中平原那樣能聚集最多人口的低地平原以控制周邊
山地，高地屬性的伊朗高原三大核心地理單元本身的地位是平行的，
也由此在高原內部形成了三個地緣政治集團：米底、波斯、帕提亞
（安息）。

三大板塊中最先崛起的，是位於西部山地的米底板塊。公元前 7
世紀，米底人建立了米底王朝，並第一次統一了伊朗高原；緊接其後
崛起的，是同樣與兩河平原相接的西南山地中的波斯人。公元前 550
年，波斯居魯士大帝攻滅米底，並最終建立了包括中亞、西亞兩個「兩
河流域」在內的波斯帝國（後亡於亞歷山大帝國）。

　　相比這兩個與人類文明中心相接的板塊，伊朗高原東北山地的崛起時間是最晚的。公元前 247 年，帕提亞王朝在此崛起，並將整個伊朗高原從希臘人建立的塞琉古王朝中分離出來。帕提亞也是中國人最先接觸到的伊朗王朝，因為這個王朝的興盛期也正是漢帝國崛起之時。絲綢之路的開拓，讓華夏文明第一次知道，在西方的一片高原之上，還有一個強大的文明存在。

　　上述三個王朝的崛起，正對應了伊朗的三大核心地理單元，因此我們也可以分別用米底、波斯、帕提亞三個標籤來對應這三個地緣板塊。事實上，純粹從板塊歸屬來看，伊朗高原與中亞關係最密切的就是帕提亞板塊，而米底、波斯的地緣位置使之更關注西亞。也就是說，如果我們在伊朗高原中劃一條中亞、西亞的地緣分割線，那麼帕提亞應該被歸為中亞，而米底、波斯屬於西亞。

　　不過，伊朗高原的封閉性最終讓上述三大板塊有機會融為一體，並在中亞、西亞兩大板塊中承擔連接作用。而「波斯」這個地緣標籤，也儼然成為整個伊朗高原的代名詞。之所以會出現這種情況，是因為在帕提亞王朝衰弱之後，緊接着統一伊朗的又是來自波斯板塊的薩珊王朝。

　　公元 224 年，薩珊王朝取代帕提亞王朝，建立了更為強大的帝國。由於其地緣屬性，這個帝國也被稱為「波斯第二帝國」。其存續的 400 多年時間，正是伊朗高原文明最重要的發展期，不僅將南北兩個「兩河流域」納入中央集權體系，而且抵擋住了拜占庭（東羅馬）帝國的入侵，還通過絲綢之路使其影響力遠及歐亞大陸兩端。

　　如果波斯第二帝國的建立只是伊朗高原內部三大板塊的一個輪迴，那麼接下來米底、帕提亞也同樣會輪番崛起。不過，隨着中亞、西亞地緣力量的崛起，這個封閉而又開放的高原，在隨後的歷史中卻很難再掌握自己的命運了。

終結波斯第二帝國的，是在公元 7 世紀憑藉伊斯蘭教完成內部整合的阿拉伯人。在阿拉伯帝國建立倭馬亞王朝、阿拔斯王朝之後，北方突厥遊牧民族建立的塞爾柱帝國、花剌子模國、帖木兒帝國、薩非王朝、卡扎爾王朝，乃至蒙古帝國的伊利汗國，都先後成為伊朗高原的主人。

這種外來民族主導伊朗政權的狀況，直到 1925 年伊朗巴列維王朝的建立方告終結。也就是說，自伊朗歷史上最為強大的波斯第二帝國之後，整個高原的命運就已經不掌握在自己手上了。由此大家也應該明白，為甚麼最終「波斯」這個標籤成了伊朗文明的代稱。只不過在這片高原內部，波斯一詞始終有狹義的內涵。也正因為如此，在波斯第二帝國重新統一整個高原之後，為了徹底融合三大地緣政治集團，他們就已經開始用「伊朗」來稱呼自己的國家。

「伊朗」的原意是「雅利安人的國家」，相比波斯一名，其在地緣政治意義的深度和廣度自不必言。不過 1935 年，巴列維王朝將國名從「波斯」改為「伊朗」，雖然也是為了融合，但融合的對象卻與 1000 多年前有所差異。

如果說自西亞而來的阿拉伯人為伊朗植入了宗教，那麼自中亞而來的突厥人則是實實在在地成了今天伊朗的主要民族之一。今天，在伊朗西北部，被稱為阿塞拜疆族的突厥後裔佔了伊朗人口的 1/4，僅次於佔人口比例 2/3 的波斯族。基於阿塞拜疆族在伊朗歷史及意識形態中發揮的作用，甚至可以和波斯族一樣，被定義為伊朗的核心民族之一，以至於「波斯文明」這個標籤不足以概括這片高原現在的文明屬性，相比之下，「伊朗文明」要更為適合。就像在融合了 56 個民族的中央之國，「中華文明」要比「華夏文明」更與時俱進一樣。

先來看看地緣政治意義上的阿塞拜疆在哪一塊。提到阿塞拜疆這個名字，一般人首先想到的肯定是曾經為蘇聯 15 個加盟共和國之

格魯吉亞

大
高

小

高
加

索
山
脈

第比利斯 ★

舍基

俄羅斯

加

索

山

脈

裡

海

埃里溫
亞美尼亞

★

阿塞拜疆

希爾高平原

巴庫 ★

穆甘平原

明蓋恰烏爾水庫

阿勒

土 耳 其

凡湖

阿塞拜疆
納希切萬

阿爾達比勒

大不里士

東阿塞拜疆省

烏魯米耶

烏魯米耶湖

阿 塞 拜 疆

伊 朗

拉什特

伊 拉 克

西阿塞拜疆省

加茲溫

—— 一級行政區界
/// 東、西阿塞拜疆省範圍

阿塞拜疆範圍示意圖

一，今為獨立國家的阿塞拜疆共和國。不過現在我們看到的阿塞拜
疆，實際只是 19 世紀 30 年代，沙皇俄國從波斯人手中割取的北阿塞
拜疆，南阿塞拜疆則一直留在波斯（現在的伊朗）境內，並建制有東、
西兩個阿塞拜疆省。在行政地圖上，我們會看到伊朗西北部與裡海之
西有一個突出部分，就是前述南阿塞拜疆所在。再往北，還有一塊現
在叫「納希切萬自治共和國」的阿塞拜疆共和國的飛地，橫亙在伊朗
與亞美尼亞之間。

從地理上看，南阿塞拜疆位於亞美尼亞高原（包括納希切萬），
北阿塞拜疆則完全屬於高加索板塊。前者屬於高地性質，後者的核心

區則是位於大、小高加索山脈之間的一片平原。這兩個相接但地形差異巨大的板塊，之所以能夠被貼上共同的地緣標籤，原因在於它們擁有整片高原上最好的草場。地形氣候的差異，使得遊牧者一年四季都可以在南、北阿塞拜疆境內找到適宜的草場。入主波斯的遊牧者，需要一片草原保持自己的機動優勢。這使得阿塞拜疆地區成為包括突厥人、蒙古人在內的遊牧者統治伊朗高原乃至美索不達米亞的重要基地。

自 11 世紀突厥人南下建立塞爾柱王朝起，突厥人在伊朗高原政治生活中一直發揮着重要作用。如此漫長的政治統治史，使得伊朗的地緣屬性裡不可避免地融入了突厥色彩。從分工上來說，波斯人負責文官體系，突厥人則負責保衛王朝的安全。在這個過程當中，公元 16 世紀初至 18 世紀上半葉，來自阿塞拜疆地區的薩非王朝建立者為兩大民族的相處模式以及今天伊朗的地緣結構做出了重大貢獻。

薩非王朝的貢獻是為阿塞拜疆人與波斯人確立了共同信仰 ── 什葉派。選擇什葉派的理由，是不希望被西面的奧斯曼土耳其人（遜尼派）融合，儘管二者擁有共同的族源和語言。可以說，正是有了宗教這面防火牆，阿塞拜疆族才沒有湮沒於歷史。後者則是出於與阿拉伯人的結構性矛盾，什葉派信仰的確立能夠幫助波斯人擺脫阿拉伯人的意識形態控制。從地緣政治角度來看，在什葉派的六大聖城中，除了遜尼派也認可的麥加、麥地那兩大聖城之外，還有今天位於伊拉克境內的納傑夫、卡爾巴拉和伊朗境內的馬什哈德、庫姆。在伊朗高原建立一個帶有「波斯」屬性的什葉派政權，並擴張至什葉派有優勢的美索不達米亞（伊拉克），最終覬覦阿拉伯半島西側的麥加、麥地那，並非不可完成的任務。事實上，今天重拾政教合一制度的伊朗伊斯蘭共和國，也正是沿着這樣的路徑向外擴張勢力範圍的。

數百年的融合，雖然讓阿塞拜疆突厥人在種族上高加索化，但語

言和文化上的差異，還是會讓他們與傳统的波斯人有所區別。尤其在北阿塞拜疆現在獨立成國、西邊又有民族上的近親 —— 土耳其存在的情況下，伊朗阿塞拜疆人的民族劃定、國家認同問題，也變得十分微妙。薩非帝國所打造的共同歷史記憶以及區別於伊斯蘭主流信仰的什葉派教義，是維繫伊朗內部民族團結的關鍵。你可以說居魯士大帝所開創的波斯帝國（阿契美尼德王朝）只是波斯人的，也可以說以波斯第二帝國自居的薩珊波斯只是波斯人的，但波斯歷史上的第三個輝煌時代，讓波斯就此擺脫阿拉伯人宗教主導權、以什葉派立國的薩非帝國，卻是由波斯人和阿塞拜疆突厥人所共同創造的。

如果沒有宗教、沒有什葉派這個紐帶，伊朗不僅在向外擴張地緣影響力時會缺少專屬於自己的意識形態武器，更有可能造成國家的分裂（伊朗伊斯蘭革命後第一任精神領袖霍梅尼為波斯族，第二任精神領袖哈梅內伊為阿塞拜疆族）。追根溯源的話，20 世紀 70 年代末，試圖將伊朗世俗化的巴列維王朝之所以會遭遇一場「伊斯蘭革命」，很重要的原因就是沒有看清楚這一點。

波斯文明產生的外部環境

既然談到伊朗，就不能不說這片土地的核心民族 —— 波斯人。要知道，伊朗高原的南邊是興盛於阿拉伯半島的阿拉伯人，北邊是起源於圖蘭低地的突厥人。這兩大族群都曾經建立過強大的帝國。阿拉伯人靠的是宗教擴張，而突厥人在語言上有着極強的融合能力。在這種兩面受壓的地緣格局下，波斯人要想在種族和文明上保持自己的獨立性是很困難的。

最終波斯人還是保持了自己的獨立，即使在突厥人佔據了伊朗高原西面的小亞細亞（安納托利亞高原）後，波斯人也沒有被「突厥化」，

並能夠以獨立國家的形式保有大部分的伊朗高原。目前這片高原除了東北和東南小部分為阿富汗與巴基斯坦所有外，基本為伊朗所獨佔（這兩塊地方的部族也為東伊朗人）。另外，波斯人在北邊的裡海平原和南邊的兩河平原還有一小塊突出部。

在波斯人抵禦住突厥文化的入侵之前，他們在南面已經歷過一場文明之戰。在阿拉伯文明藉助強大的意識形態武器進行擴張之時，他們那強大而又適用於遊牧民族的宗教，也並非沒有在波斯人身上留下烙印。波斯人最終選擇了成為宗教少數派，以和阿拉伯人的主流教派相區別。這和俄羅斯人選擇東正教而不是天主教的理由類似，都是為了保持文明的獨立性。

我們並不能用波斯文明比阿拉伯人和突厥人的文明先進或早熟來解釋這一切。要知道，波斯第一帝國建立於公元前 6 世紀，伊斯蘭教則是 7 世紀初創立的；突厥人登上歷史舞台只比阿拉伯人早一點，都與波斯人的輝煌差了千年。

相比那些完全處在平原地區的文明，伊朗高原邊緣環繞的山脈，無疑為其獨立性提供了基礎保障。這種封閉性很好地保護了波斯人的安全與獨立性，使他們能歷經千年而不倒。然而伊朗高原又是開放的，那些將伊朗高原保護起來的邊緣山脈，不至於高到讓人無法通行。波斯人和往來的商人們在山脈當中找到可供穿行的山口、峽谷並不困難，便於和幾大文明區交流，而南邊的海岸線又為波斯人的海上商業帝國奠定了基礎，所以說伊朗高原在海上絲綢之路的地緣優勢也很大。

從與周邊地區的海拔對比來看，伊朗高原也是屬於優勢方。我們知道，高地民族對低地民族在軍事上具有天然的地緣優勢，即你很容易從高地向低地發起攻擊，而從低地向高地發起攻擊的話，就要困難得多。所以，在很長一段時間內，伊朗高原能夠對周邊的兩河平原、

河中地區、印度河平原保有戰略性優勢。這種優勢直到上述地區在反方向獲得足夠的戰略縱深後才被打破。

當然，高地民族的這種優勢不能僅僅停留在「高」上，還需要有足夠大的自我發展空間，承載足夠基數的人口。這種高度也不能太高，否則成為極限之地後，同樣會影響人口基數。事實上，像波斯這種封閉性很強的地理單元，產生並升級文明的可能性是很低的，因為文明必須在與外部的不斷交流中才能夠自我完善。不過，當我們從整個大陸文明交流的角度來看這片高原的位置，就會發現這恰恰是伊朗高原的優勢，也是能夠產生具有獨立性的波斯文明的原因所在。

我們可以為歐亞（北非）大陸的古典文明做一個大致的分類。在古典時期，決定這片大陸命運的地區主要可以分為包括整個歐洲在內的歐洲文明區，覆蓋北非—阿拉伯板塊的北非—阿拉伯文明區，植根於南亞次大陸的南亞印度文明區，以及從圖蘭低地向北、一直到蒙古高原的中北亞遊牧文明區。這四大文明區中間，就是文明邊界與伊朗高原的地理邊界高度吻合的波斯文明區。從這個位置關係也可以看出，波斯文明和它所在的伊朗高原，有理由被定位為「文明的樞紐」。

古典文明地緣結構示意圖

　　波斯文明區的地理位置，決定了其他文明之間要開展交流的話，很大程度上要通過這個樞紐地區。唯一不與伊朗高原相鄰的就剩下處於東方的東亞文明，但這並不表示東亞文明不會與伊朗高原發生聯繫。事實上，伊朗高原在東西方交流中起着至關重要的作用。

　　我們知道，東亞文明很大程度上是一個孤立文明，因此從表面上看，波斯及其周邊地區更多體現的是針對西方的戰略優勢。但實際上，東亞文明中的很多要素仍然必須通過這一腹地傳入。如果這一通道被切斷，從短期來看，東亞文明是一個自成體系的系統，但從長期來看，東亞文明一定會因無法與其他文明溝通而衰落（就像完全封閉的美洲文明一樣）。

　　看看我們周邊有多少東西是從這一通道傳進來的（比如佛教、琵琶、葡萄、胡蘿蔔、西瓜、玻璃……），大家就會明白這並非危言聳聽。當然，交流是相互的，東方也傳播了很多實物和技術到西方。即使從純軍事角度來看，這一腹地也阻止了東亞文明向西方的擴張路線，反之亦然。無論是哪一種交流，都需要有相應的路線作為基礎，絲綢之路便是這種交流的典範。

　　雖然溝通東西方的通道並不止一條路線，但如果你把終點定位在西亞—北非或者歐洲的話，伊朗高原幾乎就是必經之路了。之所以說「幾乎」，是因為如果歐亞草原處於同一民族控制之下，那麼從烏拉爾山脈和裡海之間的缺口穿越歐亞草原也是可行的。在古典時期，能夠真正做到這一點的，就是蒙古帝國了。而今天的中國，也同樣可以通過哈薩克斯坦和俄羅斯來打通這條通道。

　　現在，這些漫長的陸地通道一般都會被打上「絲綢之路」的標籤，實際上，絲綢之路只是一個比較出名的標籤，並不代表東西方在開展以絲綢為主的貿易之前這些路線就不存在，也不代表古典時期這些通道都是以輸送絲綢為主。

　　基於東亞歷史研究中的「黃河文明中心論」，東亞其他地區存在的溝通路線曾經並不為中國的專家們所重視。不過，隨着研究的深入，中國南方地區與西方文明之間交流的通道也浮出了水面。這條從成都平原出發，經雲貴高原入緬甸，然後到達印度的路線，實際上並不見得比北方的那些路徑更加艱險。從中國出發的商旅到達印度之後，如果還想繼續西進，那麼伊朗高原仍然是必須跨越的障礙。其實，伊朗高原本身在商人眼中並不是一個障礙，它的體量以及所支撐的人口數量，足以形成一個充滿商機的市場。鑒於「絲綢之路」的名聲實在太響，這條南方的東西方大通道也被貼上了「南方絲綢之路」的標籤。

　　很顯然，除了遊牧民族走的裡海北路線之外，波斯在其他的文明交流通道上都佔據着至關重要的樞紐位置。在不考慮海上絲綢之路所起作用的情況下，將波斯稱為世界文明的中轉站並不為過。即使在海上，伊朗高原在波斯灣及印度洋的海岸線，也讓波斯人有機會發揮重要作用。所以，我們並不需要為唐代長安城與廣州城裡住着那麼多的波斯商人感到驚訝，這一切都是地緣的選擇。

　　需要注意的是，在新的技術條件下，傳統因地理位置關係而產生的地緣影響也會有新的表現形式，這足以補充一些業已淡化的地緣作用。以伊朗高原在軍事方面的地緣優勢為例，古典時期戰爭條件下高地的防禦優勢已經被空中打擊削弱了很多；但鑒於伊朗高原的地理中心位置，在這一地區建立戰略空軍或者導彈基地，它能覆蓋的半徑中可包含的重要地區肯定要比其他地方多。這種在新技術條件下獲得的戰略覆蓋範圍，又是古典時期所不具備的。

　　相信通過上述分析，我們已經清楚了伊朗高原及其周邊地區在古典時期對人類文明的影響，問題是這種古典時期的影響能否持續到現在。尤其是在海空交通如此發達、信息交換瞬間完成的今天，那些保持相對恆定的地緣因素，特別是地理環境，是否還能對人類社會的走

向造成影響？答案是肯定的。因為人類還不能完全征服自然，比如人類尚不能控制氣候的變化、空中交通仍不能取代陸地交通（更多的只是作為補充）。對於試圖憑藉大陸優勢與美國進行競爭的中國來說，理解這點尤為重要，而鐵路就是大陸國家用來對沖海洋國家優勢的利器。

歐亞非大陸的心臟

總的來說，伊朗高原在歷史上能夠始終自成一體，成為一個相對封閉的地緣板塊，與它邊緣高、中間低的類盆地地形是分不開的。這種地理結構，使其即使被外來民族所控制，也能夠保持族群和地緣文化的傳承。

不過，伊朗高原在歐亞非大陸中的戰略位置，注定了這是一個四戰之地。對於伊朗人來說，時下最大的利好是，強大的遊牧勢力已經隨着工業時代的到來而消弭了。對比兩側的突厥、阿拉伯板塊諸國，伊朗的比較優勢開始突顯。在這種情況下，伊朗甚至希望可以成為地區事務的主導者。基於伊朗在整個歐亞非大陸的地緣位置，伊朗無論有甚麼樣的想法，都勢必會引起世界的關注。當我們把視角進一步拉高，從整個歐亞非大陸的角度來審視伊朗的地緣位置，就能夠更清晰地認識到這一點。

要想準確評判伊朗高原的戰略位置，必須先對「世界島」地區的幾條重要山脈（山系）做一個了解。我們知道，在人類的遷移過程中，山脈起着重要的作用。一方面，人類必須正視山脈對人類活動的影響，另一方面，又得益於山脈所提供的保護。

先看歐洲。整個歐洲地區實際上可以大致看作一個大平原地區，只是在北、東、南方向各有一條山脈（山系）將它保護起來。這些山

世界島主要地理特徵示意圖

脈（山系）包括北面的斯堪的納維亞山脈、東面的烏拉爾山脈和南面的阿爾卑斯山系。

斯堪的納維亞山脈位於文明的邊緣，由於山的西側沒有陸地，所以它的作用更多是為歐洲大陸遮擋北冰洋的冷空氣。

烏拉爾山脈橫亙於歐亞大陸中間，與南面的裡海共同成為歐亞大陸的分界線。而二者之間的缺口，就成為歐亞遊牧民族進出的主要通道，客觀上也起着傳播文明的作用。不過，需要說明的是，烏拉爾山脈本身幾百米的平均高度，並不足以成為切割歐亞大陸的地理障礙。西西伯利亞平原北部冰水遍佈的惡劣地形，才是迫使人們從氣候條件相對較好的烏拉爾山口通行的直接原因。

阿爾卑斯山系是一條決定歐洲歷史的重要山系。它的南面就是地中海，生活在這裡的人按中國人的說法是「背山靠海」。既然有着如此優越的環境，那麼在這裡誕生歐洲最初的文明也就不足為奇了。需要注意的是，這是一條斷斷續續的山系，整個歐洲南部的山地，都屬

於這條山系。其主體從巴爾幹地區向西一直延伸到伊比利亞半島（西班牙），在延伸過程中，還向北、向南分出一些旁支，而它中間最主要的一段就被稱作阿爾卑斯山。正是由於阿爾卑斯山系的這些特點，它又被地質學家稱作阿爾卑斯褶皺帶。

再看非洲。非洲的地形可以說是南高北低。在我們目前所要討論的北部非洲，有兩處地形需要關注。一處是西北部與西班牙隔海相望的阿特拉斯山脈。這條緊貼海岸線的山脈其實是阿爾卑斯山系在非洲的延伸。另外一處是東非大裂谷，這也是非洲大陸最具特色的地形。大裂谷的北段被海水注入，現在被稱作紅海。出於航運的需要，人類把亞非兩地僅有的那一點陸地聯繫挖斷，這條地峽就是蘇伊士運河。

關注東非大裂谷，並不僅僅因為它割裂了亞非大陸，還因為這一地區是人類的發祥地，正是從這裡誕生的原始人類一次又一次走出非洲，向歐亞大陸擴散。從這條大裂谷走出的人類祖先，在走出非洲後，首先會進入阿拉伯半島。如果不是因為紅海的切割，阿拉伯半島的各項地緣指標，包括地形、環境、地緣文化都應該和北非聯繫在一起。即使只看外形，我們在地圖上也可以直觀感受到，加上了阿拉伯半島的非洲大陸，輪廓才算是完整的。因此，如果不受傳統洲際分割標準約束的話，單從地緣結構歸類的角度看，我們在這裡可以把阿拉伯半島看作非洲大陸的一部分。事實上，紅海也並不是非洲大裂谷的終點，裂谷在分割阿拉伯半島和非洲大陸母體之後，在阿拉伯半島的西側仍然延伸。這部分裂谷，我們通常稱為西亞大裂谷。

在這片被麥金德稱為「世界島」的大陸上，如果說北、西、南都各自只有一處顯著的地理特徵，那麼東面的情況就有些複雜了。在這個方向上，僅從山脈的角度我們大致就可以找到五條明顯的山脈，包括阿爾泰山脈、天山山脈、崑崙山脈、喀喇崑崙山脈和喜馬拉雅山脈。

根據這些山脈之間的關係，我們大致又可以將其分成三組主要山

系，包括天山—阿爾泰山系、崑崙—祁連山系和喜馬拉雅山系。這三組東西向的山系也將與之相鄰的地區分割成了四個部分，即南亞次大陸、青藏高原、西域盆地和蒙古高原。（其實還有一條喀喇崑崙山—唐古拉山系，不過被湮沒在青藏高原上，作用不那麼明顯罷了。）

這些山系可以找到共同的源頭，那就是伊朗高原東側的帕米爾高原。雖然同為高原，但由多個山系匯集而成的帕米爾高原可比伊朗高原要高得多。帕米爾高原的海拔有 4000－7700 米，而伊朗高原的海拔只有 1000－1500 米。這也很好地解釋了為甚麼伊朗高原能夠誕生足夠燦爛的文明，而帕米爾高原和青藏高原更多是作為一個極限之地留在人們的印象中。事實上，東亞文明在與西亞文明進行溝通時，其陸上的線路也正是沿着這三條山系展開的。

分析完歐亞非大陸四個方向的山脈走勢後，我們會發現，當人類沿着非洲大裂谷穿越了包括阿拉伯板塊在內的「非洲」之後，馬上會看見一條橫亙在歐亞非大陸相交之處的巨大高原帶。這條自西向東，包括土耳其高原（安納托利亞高原）、亞美尼亞高原、伊朗高原、興都庫什山脈、帕米爾高原在內的高原帶，被統稱為「世界島中央高原帶」。在人類古典文明的交流史中，各主要文明的陸地交流路線，絕大多數都必須經由這條高原帶。追根溯源，最初走出非洲的人類祖先，如果想繼續向歐洲、亞洲擴散，同樣必須跨越這條高原帶。

在整條「世界島中央高原帶」中，位置居中的伊朗高原無疑是樞紐中的樞紐。這種得天獨厚的地理位置，顯然可以讓它佔據「歐亞非大陸的心臟」的地位。確認這個「心臟」位置後，我們再來看看周邊都有哪些邊緣板塊能夠對其（或被其）施加直接影響。

伊朗高原的北側是歐亞遊牧民族的必經之地 —— 中亞，南側是人類文明的發源地 —— 兩河平原（延伸為整個阿拉伯半島），西面是歐亞古典文明的交匯地 —— 安納托利亞高原（包括大高加索山脈），

歐亞非大陸腹地地緣結構示意圖

東面則是東方各大山系的發源地 —— 帕米爾高原（包括興都庫什山脈）。我們可以將伊朗高原與上述四個地區合在一起，定義為「歐亞非大陸的腹地」。

　　如果用現在的行政區劃為這塊腹地貼上政治標籤的話，那麼伊朗就是這塊腹地的「中心地帶」，也就是歐亞非大陸的心臟國家。其他四個地區包含的國家則是這塊腹地的「邊緣地帶」，這四個邊緣地帶分別對自身所在方位的地區具有樞紐作用。各地帶國家的大體情況是，歐亞非大陸腹地「中心地帶」—— 伊朗；歐亞非大陸腹地「北邊緣地帶」—— 烏茲別克斯坦、土庫曼斯坦、吉爾吉斯斯坦、哈薩克斯坦（從地理上來講，其北部及西部有部分不屬於這一地區）；歐亞非大陸腹地「西邊緣地帶」—— 土耳其、格魯吉亞、亞美尼亞、阿塞拜疆；歐亞非大陸腹地「南邊緣地帶」—— 伊拉克及阿拉伯半島諸國；歐亞非大陸腹地「東邊緣地帶」—— 阿富汗、塔吉克斯坦、巴基斯坦（主要

是它的東部和北部山地）。

可以這樣說，在有實力掌控世界話語權的五個重要的地緣政治區中，誰控制了這塊腹地，誰就控制了整個大陸的中心，也就掌握了這片大陸的戰略優勢。作為當今世界的超級大國，美國已經認識到這塊腹地的重要性。在西面，土耳其已經不是一個問題，北約成員國的身份，已經表明了它願意接受美國領導的意願；而能夠脫亞入歐，成為歐盟的一分子，正是土耳其目前竭力追求的目標。

南面的伊拉克是美國決定用武力收服的第一個地區（1991 年、2003 年兩次海灣戰爭），在阿拉伯半島的其他國家都已唯美國馬首是瞻的情況下，這個地區當然不能例外。石油是造成它在四個「邊緣地區」（腹地）中成為出頭鳥的重要原因。所謂「匹夫無罪，懷璧其罪」，能一箭雙雕，誰都會優先考慮。

既然西面和南面都已經不是問題，那麼就要考慮東面和北面了。中亞五國雖然從俄國分離出來，但俄國人的餘威還在。中亞地區還能夠從俄國獲得足夠的利益和保護，因此美國還不能對這塊腹地的「北邊緣地區」有太多想法。同樣的道理，「東邊緣地區」的帕米爾高原也只能先放在一邊。

地處興都庫什山脈的阿富汗就沒那麼幸運了。事實上，這一地區由於縱深夠長，無法繞過，戰略地位比帕米爾高原要高很多（而且它有一條瓦罕走廊可以直通中國）。因此在伊拉克問題尚未完全解決時，美國便決定動手了。當然，拉登對美國的那次非對稱戰爭是美國急於動手的直接動因，但即使沒有「9 · 11」事件，美國在解決完伊拉克後也會找機會控制阿富汗。

並非只有美國人認識到了這塊腹地的重要性，俄國人出於地緣上的考慮，早就動手了。在將整個中亞地區和西邊緣地區的大高加索地區納入國土後，阿富汗是俄國最急於控制的地區。如果得手，俄國人

將基本控制整個東邊緣地區。事實上它已經接近成功，在 1973 年至 1979 年 9 月間，蘇聯在阿富汗先後發動了三次政變，扶植傀儡政權。美國也不甘於放棄這一戰略要地，塔利班和「基地」組織就是那時被扶植起來對抗蘇聯的。1979 年 12 月末，蘇聯決定親自動手，直接進入這一地區，阿富汗戰爭爆發。

控制阿富汗也是俄國（蘇聯）在地緣擴張上最後的輝煌時期。同一時期，蘇聯還試圖拉攏過「中心地帶」的伊朗作為盟友。伊朗與美國支持的伊拉克進行了一場長達 8 年的戰爭（1980—1988 年）。不過，這一切都在 1991 年結束了。隨着蘇聯的解體，俄國不再是一個地緣擴張者了。即使還在試圖對「歐亞非大陸腹地」國家（比如中亞五國、烏克蘭、白俄羅斯、伊朗、格魯吉亞）進行地緣影響，也只是出於戰略防禦的需要。

「歐亞非大陸腹地」在地緣政治上的重要性，我們還可以從最近這些年戰爭的熱點地區中看出端倪。海灣戰爭、伊拉克戰爭、阿富汗戰爭，當然都有發動戰爭的理由（很容易找，比如所謂的「伊拉克擁有大規模殺傷性武器」）。我們只需關注美國對這兩個地區戰爭的主動性和所投入的力量，就知道美國對它們的關注絕非表面理由那麼簡單。

事實上，在伊拉克戰爭結束後，國際上就已經在猜測下一個目標是伊朗了。如果伊朗最終沒有從內部變得對美國有利，也許這一切是不可避免的。其實如果有得選，伊朗高原的優先級會高於興都庫什山脈，只是「9·11」事件讓阿富汗的問題提前爆發了。

當然，這些中心的角色是可以轉變的。當世界的權力越來越有重新回到歐亞大陸的跡象時，我們必須重新重視對這片大陸的研究。由於在新的千年中，歐亞大陸的三個邊緣地區和一個中心地帶經過長時間的磨合，已經在地緣上達成了基本平衡，那麼大家拓展空間的目標自然會指向這一腹地。這一腹地作為聯繫上述四個地區的紐帶，誰掌

握了都會打破業已存在的平衡，更何況這一腹地還是連接另一處潛力地區 —— 非洲的橋樑。

最後有一點需要再明確一下，以免大家在概念上有所混淆。伊朗高原為中心的地區是歐亞非大陸的腹地，並不一定是全世界的腹地。這就好比麥金德定義的「中心地帶」實際上是歐亞大陸的「中心地帶」。從「新世界島論」的角度來說，當下的美國才是包含海洋在內的世界中心。

「帝國墳場」

「帝國墳場」是幾大帝國在阿富汗遭遇失敗後，觀察家們為其取的綽號。這個國家幾乎與興都庫什山脈這個地理單元重合。由於與伊朗高原、帕米爾高原的緊密接合，興都庫什山脈有時也會被當作帕米爾高原或者伊朗高原的一部分，不過更多的時候它是作為一個獨立單元存在的。現在我們將其放在同一個地緣圈的定位是比較準確的。波斯語、塔吉克語、普什圖語同屬伊朗語族，也能顯示出三者之間的地緣關係。

如果說伊朗高原是「歐亞非大陸腹地中心地帶」的話，那麼它的東邊緣地帶 —— 興都庫什山脈，與帕米爾高原，或者說阿富汗、塔吉克斯坦兩國，就是這個樞紐東部的橋頭堡，在很長一段時間裡，東亞、中亞地區與南亞之間的交通必須通過這兩個地區。即使在技術高度發展的現在，這種地緣優勢仍然存在 —— 看看美國在阿富汗的困境就知道了。

關於帕米爾高原與興都庫什山脈的關係，我們有必要說一下。一般我們認為青藏高原是「世界屋脊」，但最起碼在當地人心目中，帕米爾高原才是真正的「世界屋脊」（帕米爾就是塔吉克語「世界屋脊」之

意）。作為東方幾大山脈的發源地，帕米爾高原的確擔得起這一稱號。

　　帕米爾高原除了向東延伸出天山、崑崙山、喜馬拉雅山等幾條重要山脈外，向西也延伸出了一條山脈，即興都庫什山脈，正是這條橫亙在阿富汗境內的山脈將帕米爾高原、克什米爾地區、伊朗高原連接在一起，使得這三個地區最終能夠形成相對獨立的區域。

　　在了解了這些情況後，我們可以說說興都庫什山脈在地緣上的重要性了。它正處在中亞地區與南亞地區的交通要道上，中亞以及試圖與南亞地區交流的北亞、東亞地區，很多時候都不得不通過這片複雜的山地。

　　這種承上啟下的位置，也讓阿富汗遇到了和伊朗一樣的區域定位困惑，那就是它到底應該屬於南亞還是中亞。在本章開篇定位「伊朗地緣圈」時，也提到過印度希望把阿富汗拉入南亞板塊。實際上，拋開政治上的劃分，純粹從地緣屬性上看，阿富汗的情況和伊朗也是類似的，即可以分為南、北兩部分，北部屬於中亞，南部可視為南亞的邊緣板塊。

　　興都庫什山脈的分水嶺就是這樣一條中亞、南亞的地緣分割線。簡單點說，分水嶺之北那些水往圖蘭低地方向流的河流及其流域，歷史上與中亞的關係極為緊密。這一地區是我們在中亞部分定位過的吐火羅盆地南部，也是俄國人根據地緣政治原則劃出的所謂「南突厥斯坦」地區。

　　分水嶺之南，最為核心的區域就是今天阿富汗首都喀布爾所在的喀布爾河流域。作為印度河中游最重要的一條支流，喀布爾河谷也是中亞遊牧民族最終進入印度的主通道。需要注意的是，處於高、低地相接的開伯爾山口並不在喀布爾河谷上，道路被定位在了河谷以南的另一條山谷中。在河谷本身地形過於險峻時，人類通常會做出類似選擇。

阿富汗及周邊示意圖

　　在歷史上，喀布爾河在地緣政治上的影響基本上是單向的。即無論入侵者是從興都庫什山脈西、南邊緣繞到喀布爾河谷，還是直接從吐火羅盆地翻越分水嶺，踏上印度河流域的土地，開伯爾山口的作用都是為印度半島導入一批又一批的外來民族。在這種情況下，印度本身並沒有對阿富汗的獨立性造成過影響。

　　事實上，將一條大型山脈兩側統一在一個國家之內，本身是一件很困難的事。這與伊朗高原邊緣高、中間低的封閉、內向型地形還有所不同。由於山脈的阻礙，山脈兩側低地之間的交流通常會遇到很大障礙，或者說沒有足夠的動力統一在一個政治體之中。

　　阿富汗之所以能夠南北統一，與印度的存在有着直接關係。無論是出於和平交流還是入侵的目的，來自中亞的族群都對翻越興都庫什山脈有着濃厚的興趣。而興都庫什山脈在吐火羅盆地與喀布爾河谷之間的這段山體，恰好也是整條山脈中最薄弱的部分，無形間降低了溝通的難度。因此，我們會看到，自公元 2 世紀大月氏人從中亞擴張至印度河流域，建立跨興都庫什山脈的貴霜帝國起，興都庫什山脈就不再是建立統一國家的障礙了。

　　當然，印度文明也並非沒有對這片「腹地」產生影響，只不過這種影響力還是採用傳統的「非暴力」方法。歷史上，佛教在興都庫什山脈昌盛一時，那個被塔利班炸毀的巴米揚大佛就是佐證。受益於絲綢之路，這一地區曾經非常繁榮。

　　儘管興都庫什山脈及其邊緣山地本身並沒有成為板塊交流的障礙，但這一地區複雜的地形，仍然使得任何想要通過或征服它的人都面臨嚴峻的考驗。造成這一狀況的根本原因是東西向的興都庫什山脈與伊朗高原東部邊緣的基爾塔爾山脈和蘇萊曼山脈呈丁字形排列。這使得從興都庫什山脈通過印度河平原的天然通道十分有限（連續的山脈很難有合適的道路）。在這種地理格局下，不受蘇萊曼山脈阻隔的喀布爾河谷，幾乎就成了唯一的天然通道。

　　今天的開伯爾山口也成了阿富汗與巴基斯坦的分割點，在它的兩端有兩個在新聞中出鏡率頗高的城市名，分別是阿富汗的賈拉拉巴德和巴基斯坦的白沙瓦（如果你聽到執行反恐任務的美軍遇襲了，八成就在這兩個地方）。而在這兩個熱點城市旁邊，就是阿富汗首都喀布爾和巴基斯坦首都伊斯蘭堡。由此可以看出開伯爾山口在地緣上的重要性。

　　這一山口的重要性還可以從美國在阿富汗戰爭的困境裡看出。儘管擁有強大的空中力量，美國還是必須通過這一山口從巴基斯坦向駐阿美軍運送補給。而這一片山地的部族並不在意國際社會把他們劃為阿富汗人還是巴基斯坦人，他們是同屬於一個地區的部族（阿富汗的主體民族「普什圖族」）。所以，你經常會在新聞裡一會聽到阿富汗「基地」組織和塔利班，一會又會看到在它們前面冠以「巴基斯坦」。有了這層地緣關係，美軍在開伯爾山口一帶的困境可想而知，以至美軍曾經希望中國能從瓦罕走廊向其提供補給。

俾路支斯坦

很多了解伊朗高原情況的人可能會奇怪，既然伊朗盆地是一個相對封閉的環境，那為甚麼波斯人並沒有佔據全部，而是將東部地區分了一部分給阿富汗和巴基斯坦？

答案其實也不複雜，因為在古典時期行將結束時，歐洲人開啟的大航海時代已經使得他們可以通過海路對伊朗高原施加影響了。這打破了以伊朗高原為中心的歐亞非大陸腹地舊有的地緣平衡。而歐洲在憑藉技術優勢佔據這個世界的主導權後，首先做的就是按照自己的意志瓜分世界，這片戰略位置顯著的樞紐地區當然也不會例外。也就是說，伊朗高原形成現在的行政格局，擺脫不了那幾個殖民帝國的影子。

前面說過，伊朗高原中間是盆地，由於中間山脈的阻隔，又可以分成東西兩大區域。現在伊朗的範圍主要集中在西邊，那裡也是波斯人的核心區。東部區域主要居住的民族被稱為俾路支人。從人種和語言上來說，俾路支人和波斯人有很深的親緣關係。

俾路支人之所以沒有融入波斯，是因為這一區域是整個伊朗地緣圈中最為乾旱的板塊。這種氣候條件導致俾路支地區在古典時期無法產生大規模的農業區，也就是說，這是伊朗高原內部的一片遊牧區。

任何一個以定居為基礎的王朝，對於遊牧地區的控制都是較弱的。伊朗高原核心區對高原遊牧區的控制力也有限。基於地緣位置的關係，俾路支地區應該天然是波斯帝國的屬地範圍。不過在 7 世紀阿拉伯人強盛後，俾路支地區也在三百多年時間裡成了阿拉伯帝國的一部分。當然，阿拉伯人統治俾路支地區的前提，是已經控制了整個伊朗高原。

在阿拉伯人離開這片高原以後（7–11 世紀），波斯人繼續保有對這片高原的影響力。只是隨着北亞的蒙古人在歐亞大陸史無前例的擴

俾路支斯坦範圍示意圖

張，伊朗高原也不可避免地成為蒙古帝國的一部分。按說，蒙古帝國的勢力消退後，波斯人應該還會重新掌管這一地區，但伊朗高原那樞紐般的位置，注定了波斯人的崛起之路沒有那麼順利。很快，在 16 世紀中亞的突厥人借着蒙古人的餘威向南擴張時，情況又發生了些許變化。

這些自稱成吉思汗子孫的突厥人第一次將勢力伸向了南亞次大陸。這一次，他們建立了印度歷史上最強大的王朝 —— 莫臥兒王朝。有人曾經把莫臥兒王朝和清帝國做過對比，發現這兩個由馬上民族征服農耕文明而建立的王朝有着諸多相似之處。比如，都建立了一套獨立於原有民族文化的貴族體系，但又不過分干涉原有文化的發展；都在版圖上有着突破性的擴張（即將原有的邊緣地區和農耕文明融合在一起）；在西方殖民者面前，都有着相似的下場。

如果深入對比，還能找出很多有趣的相同點。不過，我們關注的是，突厥人將伊朗高原東部的這片山地帶入了莫臥兒王朝，或者說帶入了印度，「嫁妝」就是俾路支地區。開伯爾山口附近的那些山地也

成了莫臥兒王朝的緩衝地。然而隨着大英帝國對印度的強勢滲入，莫臥兒王朝逐漸喪失了對邊緣地區的控制權。波斯人在 18 世紀又重新奪回了俾路支地區，並將其劃為行省。

之所以列強都對俾路支地區這麼感興趣，有一個很重要的原因是它處在中亞和南亞的交通要道上。可憐的俾路支就這樣隨着不同勢力的興盛不斷地變換主人。每一個停留的帝國都會留下自己種族的血脈，以至人類學家已經分辨不出俾路支人的基因到底是偏波斯人多一點，還是偏阿拉伯人或突厥人多一點。厭倦了這種任人擺佈地位的俾路支人終於決定自己建立一個結構鬆散的民族國家 —— 俾路支斯坦（18 世紀至 19 世紀 30 年代）。

處在周邊強大勢力包圍下的位置，俾路支斯坦注定有一個悲劇性的結局。就算它能夠對抗波斯人、突厥人，也絕對無法對抗如日中天的大英帝國。收拾完印度核心地區的英國人終於把目光投向了這片戰略要地。而這時，北方的俄國也已經完成了對中亞地區的征服，兩個勢力直接在這片高原上展開了交鋒。

1839 年，英國在完成對阿富汗的征服後，順手佔領了俾路支斯坦，並於 1891 年將這一地區劃歸英屬印度。但是，阿富汗這片複雜的山地注定是歐洲人的噩夢。到了 1893 年，在進行了兩次對阿富汗的戰爭後，英國人也對應付阿富汗的那些遊擊隊開始感到力不從心了。因此，英國人暫時放棄了直接佔有阿富汗的想法，而是將阿富汗定位成一個抵擋俄國人南下的緩衝國。

巴基斯坦西部那片在地理結構上應該算是伊朗高原東邊緣的 W 形山地，被分割為基爾塔爾山、蘇萊曼山兩條山脈。南部屬於俾路支地區；北部那片弧形地區，在地緣的角度上，與興都庫什山脈更為接近，所以有些地理學家認為將其劃入興都庫什山脈地區比劃入伊朗高原更為合適。不管怎麼劃，北部這片山地傳統上屬於阿富汗人（主

體為普什圖人）的勢力範圍。開伯爾山口就在這一地區的邊緣。由於
它對印度河平原的安危至關重要，英國人決定將這塊地區完全劃歸
英屬印度所有（之前莫臥兒王朝也曾花費上百年的時間征服這些山地
民族）。

　　既然英國人出於安全考慮把這片山地劃走，又將阿富汗設定為
「獨立」的緩衝國，那就不得不考慮在其他地區給予阿富汗人一定補
償，於是俾路支地區成了最佳選項。出於拉攏伊朗對抗俄國的目的，
英國人也將伊朗人列入了參與分配的名單。這種時候沒有人會去考
慮俾路支人的感受。於是，在 1893 年，俾路支斯坦被肢解了。這片
50 多萬平方公里的土地，英國人佔了 31 萬平方公里（後來歸巴基斯
坦），伊朗佔了 19 萬平方公里，阿富汗人象徵性地得了點零頭。在做
出這種分割之後，英國人也無意再花費時間在這種地區上了，對於他
們來說，能夠控制中亞到南亞的通道，並為英屬印度獲得足夠的緩衝
區才是最重要的。

　　為了抵擋俄國人向印度洋擴張，英國人構築了三層防線。第一層
是緩衝國伊朗和阿富汗，第二層是俾路支地區，第三層就是從阿富
汗人手中搶來的那片山地。就成為英國緩衝國這點來說，波斯人和阿富
汗人有着不同的態度。對波斯人來說，俄國人才是最主要的敵人（在
領土問題上，大家都這樣認為）。如果說英國人在吃肉的同時還會給
你點湯喝，那麼帝俄時代的俄國人連骨頭渣子都不會剩下。正是認識
到了這一點，在很長一段時間內，伊朗都是英國的盟友。

　　相比之下，阿富汗人就沒那麼容易相處了，英國人不得不在 1919
年進行了第三次阿富汗戰爭，結果仍然是慘敗而歸，不得不承認阿富
汗的獨立。興都庫什山脈自成體系的地理環境，練就了阿富汗人獨
立的性格，在趕跑英國人之後，阿富汗人同樣不願意給俄國人好臉色
看，無論沙皇俄國還是蘇聯，都沒有在阿富汗討到便宜。以至俄國人

決定另闢蹊徑扶植俾路支人，讓這個一直試圖獨立的民族，成為自己在伊朗高原地緣圈中的一顆棋子。

　　蘇聯重視俾路支斯坦並不是出於簡單的戰略牽制目的，或者說只是為了讓桀驁不馴的阿富汗人感到不舒服；繼承最多俾路支斯坦份額的巴基斯坦才是最讓蘇聯不舒服的。事實上，在蘇聯還能控制阿富汗政局的 70 年代，針對巴基斯坦的俾路支獨立運動就已經在蘇聯的幕後操作下運行了。而那時，作為蘇聯的盟友，巴基斯坦還是積極的協助者。

　　從地緣關係上來看，蘇聯與並不接壤的巴基斯坦似乎沒有直接衝突。不過，巴基斯坦的俾路支地區卻有着俄國人夢想了百年的出海口。在巴基斯坦內部的行政區劃中，俾路支地區大部分被歸入了俾路支省（也是巴基斯坦最大的省）。說起這個省，大部分朋友也許會感到陌生，不過提起其境內的瓜達爾港，相信很多關心時政的朋友就有印象了。2001 年，應巴基斯坦政府的請求，中國方面提供資金和技術，參與開發了這個西望波斯灣、南臨印度洋的巴基斯坦第二大深水港。

　　按照俄國人一貫的風格，如果有機會直接控制一塊土地，他們很少會考慮採用合作的方式來實現自己的利益。在解讀「彼得大帝的遺願」時，我們能夠清楚地感覺到，出海口可以說是俄國領土擴張的終極目標。在北冰洋、大西洋、太平洋分別得到出海口後，戰略意義最大的印度洋出海口，就成為俄國人最夢寐以求的戰利品。為了實現這個目標，僅僅從巴基斯坦分裂出一個俾路支斯坦來是遠遠不夠的，還需要阿富汗方面的「密切」配合。

　　俄國在擴張的過程中，曾經無數次玩弄過類似的手段。第一步當然是以與阿富汗、俾路支緊密結盟的方式來打通蘇聯南下印度洋的戰略通道。不過，後來阿富汗試圖擺脫蘇聯控制的舉動，讓俄國人決心「幫助」俾路支人實現擴大領土的要求。在蘇聯秘密繪製的

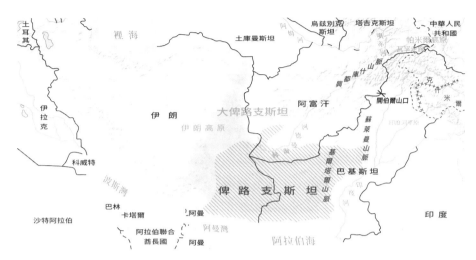

大俾路支斯坦範圍示意圖

「大俾路支斯坦」地圖上，範圍包括巴基斯坦俾路支省全部、信德省部分地區、伊朗的錫斯坦—俾路支斯坦省，以及阿富汗西南的部分地區。這樣一個加強版的「大俾路支斯坦」，總面積近百萬平方公里，差不多要比俾路支人自己要求的面積大上一倍。

俄國人如此「熱心」地「幫助」俾路支人「地圖開疆」，當然不是因為他們的價值觀更普世。其實「大俾路支斯坦」計劃的重點，並不在於這個國家有多大，而是在於它必須在陸地上和蘇聯的中亞地區相連（具體位置就是土庫曼斯坦）。也就是說，為了完成俄國在四大洋都擁有出海口的夢想，除了巴基斯坦必須「讓」出大半海岸線以外，阿富汗西南部的領土也是必須犧牲的。

如果俾路支獨立的計劃能夠實現，並且如蘇聯所願，疆土上接蘇聯、下臨印度洋，按照俄國人領土擴張的一貫套路，通過各種手段促使俾路支斯坦成為自己的加盟共和國，就是下一步的工作重點。當然，隨着蘇聯的分裂，喪失了中亞地區的俄國人已經不可能再開啟這個計劃了。

俄國人計劃中的「印度洋通道」成了泡影，英屬印度又早在 20
世紀中葉就獨立成幾個國家，在現實的中亞和南亞的地緣關係中，
阿富汗與巴基斯坦不可避免地被推向前台。巴基斯坦靠着繼承大英
帝國的遺產佔據了伊朗高原的東部邊緣。雖然這塊山地為它建立了
足夠的緩衝區，但其複雜性卻使得它並沒有那麼容易被消化，那些
強悍的山地民族並不習慣於被外部勢力管理。

在南部的伊朗高原上，主要是謀求獨立的俾路支人，而在北部
靠近興都庫什山脈的這片山地上，則活躍着以普什圖人為主的興都
庫什山脈系山地民族。阿富汗人至今為這片山地被劃走而耿耿於
懷；當地的部落武裝也根本不服巴基斯坦政府的管轄，在他們看來，
山那邊的阿富汗人才是兄弟。雖然巴基斯坦把這片西北山地的一部
分劃入其核心區旁遮普省，試圖通過行政影響來加強中央政府對這
一區域的影響力，但依舊無法改變那些部落的政治取向。

有鑒於此，在阿富汗成為反美主戰場之後，巴基斯坦西北部山
區也很自然地成為「基地」組織和塔利班勢力的一部分。在阿富汗作
戰的美國，在希望巴基斯坦提供補給通道的同時，還必須額外付出
代價，說服巴基斯坦主動打擊巴基斯坦境內的「基地」組織和塔利班
支持者。儘管美巴雙方在這一問題上一度達成了共識，並有過積極
配合，但雙方對於這些強悍的山地民族仍是頭疼不已。也許問題終
有解決的一天，不過美國付出的代價也會是高昂的。

第五節
高鐵視角下的新絲綢之路

我們花了那麼多篇幅來解釋大中亞地區的地緣結構，當然不是為了幫大家了解異域風情。很顯然，這一地區在中國進一步擴張大陸影響力的地緣戰略中將發揮重要作用。如果說古典時期，華夏文明向西傳播是依靠絲綢之路，那麼今天的中國在陸地影響力的擴張上，路徑也同樣是「舊瓶裝新酒」。所謂舊瓶就是「絲綢之路」的概念，新酒指的是「鐵路」。

事實上，對於目前歐亞高鐵網的設計有很多版本，也可以說，中國和每一個歐亞大陸國家都存在合作的可能性。如果最終歐亞大陸所有國家都在中國所主導的標準下組網，那當然是最為理想的狀態。從大歷史角度看，當年正是由於奧斯曼帝國阻斷了陸地絲綢之路，才使得阿拉伯人有機會提升海上絲綢之路的地位，並間接催生了歐洲的大航海時代。今天，如果在高鐵的連接下，效率更高、覆蓋面更大、經濟合作前景更廣闊的絲綢之路經濟帶能夠建立，那麼海洋主導這個世界的格局也會出現一定程度的逆轉。

然而問題是，相比更看重實力的海洋，打通陸地通道的掣肘之處要多得多。在一張幾乎能把歐亞大陸畫滿的「歐亞鐵路網」上，我們

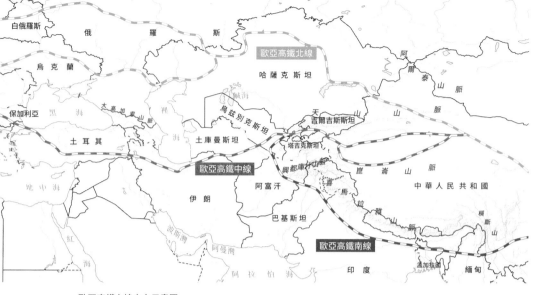

歐亞高鐵主線走向示意圖

需要知道，哪一段線路對於中國來說是地緣意義最為重大的，也應該是整條線路的核心所在。

歐亞高鐵北線

儘管我們在中南半島部分也提到過鐵路的作用，但對於身處歐亞大陸腹地的大中亞地區來說，鐵路能夠發揮的作用會更大。即使不考慮對外施加地緣影響力，僅從盤活中國西北經濟的角度看，啟動以中國西北為起點的絲綢之路經濟帶，也能對縮短中國東、西部經濟差，穩定西部有着積極作用。

從地緣戰略的角度來看，確定一條通道或者一個經濟帶走向時，最重要的部分不在於路徑本身的選擇，而在於終端的確定。就這個標準來看，橫跨兩千年的絲綢之路，在終端的選擇上並沒有出現偏差。中國、印度、歐洲，這三個亞歐大陸人口最多、最具經濟影響力的板塊，仍然是絲綢之路的三個終端。確定了這三個終端之後，通路的選擇就可以有多種組合了。

以歐洲為終點打通新絲綢之路的話，理論上可以只經由俄羅斯一

國。畢竟在中國的西北角，與俄羅斯還保留着那麼一小段國境線。然而從地緣政治角度看，這條相當於古典時期「遊牧線」的絲綢之路，並沒有必要繞過哈薩克斯坦。事實上，將哈薩克斯坦串聯進來，有助於中國在中亞地區滲透影響力。這條經中、哈、俄連通歐洲的新絲綢之路，我們可以稱之為「北線」。

　　從地形上考慮，這條從歐亞草原腹地通過的線路修建難度是最低的，中俄之間目前結成的戰略協作夥伴關係，看起來也能夠減少政治層面的掣肘。不過對於中國來說，修建高鐵或者在其沿線打造絲綢之路經濟帶的目的，並非僅僅為了連通歐洲。向沿線那些體量較小而又位置重要的國家輸出影響力，並使之在歐亞大陸橋的連通中獲益，才是這一經濟帶連通的終極目的。很顯然，僅僅通過哈、俄兩國的線路所能帶動的國家過少。

　　另一個必須考慮的因素是，俄國在這條看似最簡單的線路上擁有太大的發言權。雖然俄、中兩國目前處在戰略協作階段，但讓俄國人在中國連接歐洲的事情上擁有太大發言權並不是件好事。俄羅斯與烏克蘭的天然氣之爭就是一個明例。對於俄國人來說，不管他們的定位是「終端」還是「中端」，都不會放棄藉機發揮地緣影響力的想法。尤其是俄國人在施加這種影響力時，往往會不介意發揮「戰鬥民族」的本性，這種破壞力更會讓他們的合作者感到不安。

歐亞高鐵中線

　　相比之下，通過中亞、伊朗，經土耳其連通歐洲的方案會更符合中國的利益。這條古典絲綢之路的主線，也將會是新絲綢之路經濟帶未來的主線。從地緣政治層面來看，這條線路上兩個最重要的節點——伊朗、土耳其，與中國都不存在競爭關係。對於期待在歐洲

擁有更多話語權的土耳其以及希望在阿拉伯國家擴大影響力的伊朗來說，新絲綢之路的開通將有助於完成它們的戰略夢想。對於土耳其，可以預期的是，小亞細亞半島將成為整個歐洲面對中國的橋頭堡；而伊朗則認為，自己可以藉此成為西亞乃至非洲與東方世界連通的橋樑。

正是在這種雙贏的願景下，連通土耳其首都安卡拉與其歐洲領土伊斯坦布爾之間的伊安高鐵，成為中國企業在海外組織承攬實施的第一個電氣化高速鐵路項目（2014 年 1 月 17 日，伊安高鐵二期主體工程宣告完工）。對於土耳其來說，在這個連通歐亞的高鐵工程上與中國進行合作，更多是出於與經過俄、哈兩國的北線競爭的目的。

中國與歐洲（包括土耳其）的鐵路都是採用標準軌距，而冷戰時與西方兩分世界的蘇聯採用的是特立獨行的寬軌。純粹從技術上考慮，這條理論上還需經過伊朗、土庫曼斯坦、烏茲別克斯坦、塔吉克斯坦、吉爾吉斯斯坦、哈薩克斯坦的歐亞高鐵線也具有一定優勢。如果最終中亞國家出於直接連通中歐的目的，都採取與中國一致的技術，那麼對於提升中國在中亞國家的影響力自然是有幫助的。

很顯然，在這條路線中，土耳其、伊朗、土庫曼斯坦三國是必經之國。為了擺脫俄國的地緣影響，高加索三國最終也有可能成為路線的一部分。對於土耳其來說，一定會期待有機會把高加索地區，尤其是阿塞拜疆與自己的地緣影響力連接起來。至於中國，既然最終目的是為了在歐亞大陸擴大影響力，那麼通過支線延伸，把這張交通網織得更複雜點也沒有壞處。

同樣遇到雙線選擇的路段，還有西域與中亞的連接線。漢朝開拓的由塔里木盆地跨越天山接入河中地區的絲綢之路，與唐朝打通的沿天山北麓串聯起準噶爾盆地、伊犁河谷、七河地區，最終接入河中地區的「新北線」，都是選項。儘管從經營整個中亞的角度看，上述兩條

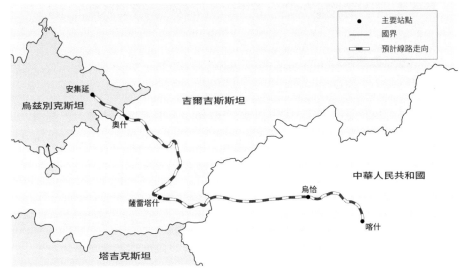

中吉烏鐵路走向示意圖

線路最終都會開通並且組網，不過從西域的地緣結構來看，漢代絲綢之路路線的開拓對中國的地緣價值會更大。

由於塔里木盆地的封閉性，這一地區在漢代絲綢之路開拓之前，從東西方交流中獲益十分有限，正是由於後來能夠從絲綢之路中獲益，才願意主動歸於漢帝國的管轄。如果這一地區在今後能夠再次成為中國對外輻射影響力的窗口，那麼不僅對於提升整個南疆地區的經濟有直接作用，更能讓其加強與中國中東部地區的地緣聯繫。一旦彼此都能夠從合作中受益，分離主義者也就沒有市場了。

這一戰略方向落實到具體的路線上，就是連通喀什與費爾干納盆地的中吉烏鐵路。這條線路的修通，意味着南疆對外開放的窗口被打開。即使伊朗、阿富汗兩國受國際、國內環境的影響，暫時不能作為連通歐洲、南亞的節點，僅僅憑藉與中亞人口容量最大的河中地區相勾連，也能讓南疆地區擺脫地緣上的封閉性。如果將其與連通哈薩克斯坦、伊犁河谷、準噶爾盆地的支線相連，亦能夠在天山南北形成一

個連通所有地緣板塊的閉環，將中亞與西域的經濟緊密聯繫在一起。

歐亞高鐵南線

在可以預見的未來，連通中國、緬甸、孟加拉國、印度、巴基斯坦，直至中亞、歐洲的歐亞高鐵南線，也一定會提上議事日程。這條路線的走向，基本也就是我們在中南半島部分分析過的「南方絲綢之路」。不過，這條路線在地緣政治上的障礙也是最大的。

印度本身也想成為世界一極，並且將中國視為直接競爭對手。基於地緣政治層面的考慮，如果成本相差不大，印度甚至會考慮和日本進行技術合作，並期待單獨與中亞、歐洲聯網。

對於日本來說，身為島國的局限使其試圖以日本為起點組網的可能性為零。除非它接受中國的主導作用，最終成為歐亞大陸橋的一部分。在這種情況下，日本把高鐵技術及擴張影響力的希望放在越南同樣是不現實的。無論從外部還是內部，越南這個大陸支撐點都不大可能形成規模效應。

相比之下，印度會是日本最好的落點，如果日本得到了這個在規模和潛力上與中國平級的「歐亞大陸南邊緣地區」的市場，那麼不僅日本的高鐵技術有了攤低成本的可能，更為其向歐亞大陸腹地滲透影響力找到了繞過中國的橋頭堡。

不過，印度在國內基礎建設以及鐵路技術的累積上顯然與中國有巨大差距。即使出於所謂地緣安全的考慮，不計成本和日本合作（就像越南那樣），想與中國競爭也幾乎是不可能的。最有可能出現的情況是，中國已經打通了一條歐亞高鐵，而印度的國內計劃尚未啟動。另一個可以確定的是，無論最終選擇與日本還是中國合作，印度都會堅持技術上的分享，以免在技術上受制於人。

　　事實上，就像古老的絲綢之路能夠串聯起中印兩大文明一樣，中印之間完全有機會互通有無。尤其對於在經濟上後發的印度來說，在戰略上採取與中國合作的態度，對縮小其與中國的經濟差更有幫助。這一點與中國改革開放時的情況是一樣的。試想一下，中國如果一直拒絕與主導全球市場的美國合作，最終有沒有可能取得今天的經濟成就？

　　如果最終這條連通東亞、南亞的「南方絲綢之路」能夠成為現實，那麼橫穿印度半島的交通線最終就可以穿越阿富汗，與絲綢之路中線對接，並最終幫助印度連通中亞和歐洲。儘管在歷史上，這一傳統線路總是為印度帶來災難，但在邊緣力量崛起的今天，印度仍然可以搭上中國的順風車，向歐亞大陸腹地乃至歐洲延伸自己的利益線。

　　很顯然，基於承上啟下的作用，以及避開俄羅斯、印度兩個潛在同級競爭者影響的考慮，連接塔里木盆地、河中地區、伊朗高原、小亞細亞半島的中線方案將是絲綢之路經濟帶以及高鐵修建的核心線。同時，由於陸地通道在地緣政治上有極大的不穩定性，選擇本來就應該是具有多樣性的，而不能押寶在一個方向。現實的情況是，哪一條線路的條件更為成熟、相關國家更為配合，就會先啟動哪一部分。地緣政治層面的分析在於讓大家清楚，在資源配置時，哪個方向應該是優先級。

第三章

青藏高原

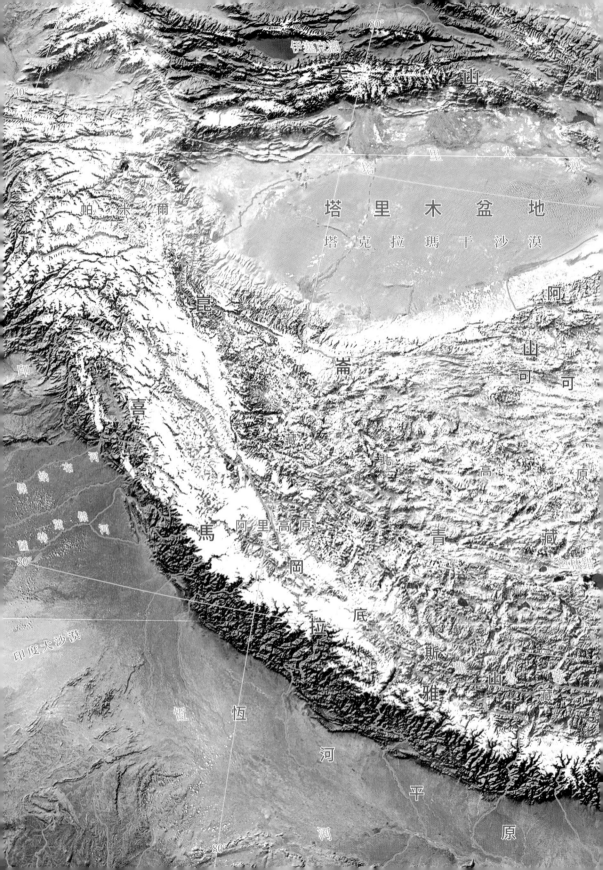

天　　山

伊塞克爾

塔　　　里　　　木　　　河

塔　里　木　盆　地

帕　米　爾

塔　克　拉　瑪　干　沙　漠

阿

崑

山

脈

印

崙

喜

山

脈

雅　魯　藏　布　江

馬

阿里高原

高

青

原

藏

傑赫勒姆河

薩特萊傑河

岡

底

拉

斯

山

脈

藏

南

印度大沙漠

雅

恆

恆

河

河

平

原

青藏高原示意圖

對於中國人來說，青藏高原是一個既熟悉又陌生的板塊。儘管我們隨口都能說出很多關於青藏高原的地緣標籤，儘管青藏高原獨特的地理、人文、宗教特點使之成為國內外的關注焦點，但真正了解這片土地及其歷史的人並不多。

青藏高原最為世人所矚目的，自然是它那平均超過 4000 米的海拔，以及世界最高山脈喜馬拉雅山脈和世界最高山峰珠穆朗瑪峰。基於此，青藏高原被認為是能夠與南極、北極等量齊觀的地球「第三極」。在很多末日論者或認定海水上升終會淹沒大部分陸地的人看來，這片世界屋脊將是人類最後的方舟。

細細揣摩的話，你甚至會覺得青藏高原的整體形態很像組成太極圖的兩條陰陽魚中的一條。如果一定要說是哪一條的話，鑒於其凸起的地形，自然應該是「陽魚」了。雖然沒有辦法在青藏高原的北邊找到形態完全對應的「陰魚」部分，不過如果將塔里木盆地與河西走廊連接起來看，倒是可以組成一個體量相對較小的「陰魚」。

好了，玄學的事情就先聊到這裡。由於海拔實在太高，在很多彩色地圖上，青藏高原的大部分甚至整體被描繪成一片白色之地，使其看起來像是一整片起伏不大、頂面平坦的土地。事實上，這片高原之上同樣是山脈縱橫。幾條東西縱橫的巨大山脈對整個高原進行了橫向切割，這些山脈主要包括如下幾條：北線的崑崙山脈、阿爾金山脈、祁連山脈，中線的唐古拉山脈，中南線的岡底斯山脈、念青唐古拉山

脈，東線的橫斷山脈，以及南線的喜馬拉雅山脈。其中比較特別的是崑崙山脈，它的西段承擔着為青藏高原西北部圍邊的任務，東段卻又延伸入高原腹地，橫穿整個青海省，與四川盆地相接。

高海拔與大體量還為青藏高原帶來了「亞洲水塔」的稱號。依照最終的歸宿，這些高原之水總體可以分為三種類型：太平洋水系、印度洋水系，以及內流區。在哺育了完全在中國境內的長江、黃河、塔里木河等河流之外，中南半島國家的母親河湄公河（中國境內稱瀾滄江）、緬甸兩大主要河流之一的薩爾溫江（中國境內稱怒江），以及經由印度東北地區和孟加拉國注入印度洋的雅魯藏布江（印度稱布拉馬普特拉河，孟加拉國稱賈木納河），同樣從青藏高原得到了大量補水。

僅僅了解這些淺顯的地理知識，是遠遠不夠的。只有將人的因素與地理環境結合起來，才能揭開雪域高原的神秘面紗。一個比較容易讓人忽視的問題是，青藏高原並非完全屬於中國。拋開喜馬拉雅山脈南坡的尼泊爾、不丹等國不談，身處中國、印度、巴基斯坦、阿富汗四國相接之地的克什米爾在地理上實際也是青藏高原板塊的一部分，更與絲綢之路有着密不可分的聯繫。有鑒於此，除了解讀青藏高原在中國的主體部分以外，克什米爾將是本章內容的另一個重點。

第 一 節
青海與西康

除了將地理上的青藏高原全部視為中國領土以外,另一個認知誤區在於將青藏高原與文化意義上的「藏區」對等。實際情況並非如此。在西藏以外,從南、北兩個方向面向中央之國核心區的高原部分,情況要複雜得多。一定要用行政概念來覆蓋區域的話,今天能看到的「青海(省)」與已經消失於行政建制的「西康(省)」,將是最為貼切的標籤。前者的地緣結構揭示了雪域高原與中國北方地區的交融歷史,後者則與長江及其以南地區地緣關係緊密。

河湟谷地

與青藏高原將近 300 萬平方公里土地形成鮮明反差的是,世界屋脊僅僅養活了 1000 多萬人口。其中以「藏」為族名者不過 600 萬,僅僅相當於香港這個彈丸之地的人口數。這意味着,這片比世界上絕大多數國家面積還要大的高原,真正能夠被人類利用的土地是非常稀少的。找到那些人口聚集的核心區,將會擁有解開藏地密碼的鑰匙。

以地理位置來說,青藏高原有機會與周邊的東亞、中亞、南亞,

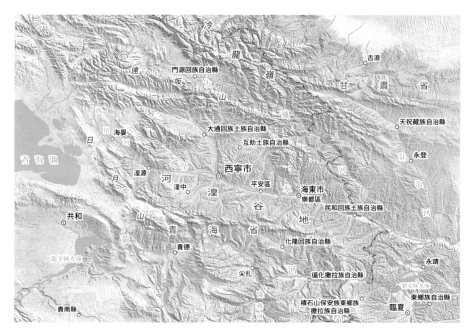

河湟谷地及周邊示意圖

乃至中南半島板塊發生地緣聯繫。就東亞方向來說，高原東北部直面黃土高原的河湟谷地起着重要的連接作用。毫不誇張地說，在華夏文明的歷史中，河湟谷地之於中央之國核心區與青藏高原間的作用，相當於河套平原之於蒙古高原、河西走廊之於西域、下遼河平原之於東北地區的作用。上述四大連接板塊的得失，直接影響着中原王朝與相對應邊緣板塊之間的戰略平衡。

　　所謂「河」，指的是黃河；「湟」則是指黃河左岸支流「湟水」。河湟谷地這一概念，指向的是黃河上游的一段河谷，以及湟水河谷。以今天的行政劃分來說，「河湟」位於青海省境內，建制有海東市（下轄樂都區、平安區、民和縣、互助縣、化隆縣、循化縣）、西寧市（包括大通、湟中、湟源三縣），以及海南藏族自治州的貴德縣、甘南藏族自治州北部的尖扎縣、海北藏族自治州駐地海晏縣。除循化、化

隆、尖扎、貴德四縣以外，包括青海省會西寧在內的其他行政區，皆
位於湟水河谷之中。

　　一提到青藏高原，略有地理知識的人都會想到青海和西藏。問題
是，當你把兩個省份（自治區）的行政邊界疊加到地形圖上，就會發
現，新疆、甘肅、四川實際上都從青藏高原的邊緣切去了一部分。河
湟谷地是為數不多的行政邊界與地理邊界貼合的區域。在這個位置
上，青海與甘肅的省界同時承擔着地理分割青藏高原與黃土高原的作
用。從地理結構來看，河湟谷地應該屬於青藏高原的一部分。然而，
相較於高原其他地區，河湟谷地的海拔要低得多。以較為上游的西寧
市區為例，其海拔僅為 2261 米。湟水下游的民和縣，最低海拔只有
1650 米，甚至比有「春城」美譽的昆明還要低（海拔 1891 米）。同時，
谷地東面開口的結構使其成為青藏高原中最有機會接收太平洋水汽
的板塊。東低西高的地勢，有利於攔截來自東南方向的太平洋濕潤氣
流。氣流上升的過程中容易形成降水，這也使得河湟谷地的整體自然
環境更接近黃土高原。

　　黃仁宇先生曾經為中央之國設定過一條「15 英寸等雨線」。也就
是說，年降雨量在 15 英寸以上的區域，是華夏農業文明自然擴張的
區域。低於這個降雨量，就很難形成大規模農業區（除非像中亞—西
域那樣，有高山雪水補給）。能夠適應這種乾旱條件的，是那些自然
生長的草本植物。在這一背景下，農牧分界線也就與這條 15 英寸等
雨線基本重合了。

　　15 英寸折合成我們常用的毫米單位，相當於 381 毫米。這恰好也
是河湟谷地的年均降水量。也就是說，這片本有機會成為高原原住民
風水寶地的土地，同樣有條件成為中央之國核心區的西部邊緣板塊。
至於結果，相信大家都已經看到了。在一場對耕地的爭奪戰中，佔盡
優勢的農耕民族沒有理由不取得勝利。至於試圖在黃河上游谷地立

足的遊牧民族，能夠覆蓋的就只有那些降雨量小於 15 英寸的邊緣地區了。

上述特點使得河湟谷地成為青海境內最為溫暖濕潤的地區。輔以水利灌溉工程，河湟谷地便有機會成為青藏高原的農業、人口匯聚之地。其中，湟水河谷所擁有的耕地面積更是佔到了青海省耕地總面積的 55%。青海省 600 餘萬人口（截至 2018 年底數據）中，生活在河湟谷地所在市縣的，超過了總數的 2/3，而它的行政面積卻不到 3 萬平方公里，僅為青海省總面積的 4%。

大板塊相接的地理、地緣位置，使得河湟谷地長期成為各方爭奪的焦點。漢武帝時期，中原王朝的力量第一次進入湟水河谷。不過，最先發現河湟谷地小環境適合農業生產的，並不是來自漢帝國的探險家或者移民。在中原王朝開始關注這一區域之前，這個由一連串小型河谷、盆地串聯組成的低地帶，是被一個叫作「羌」的族群所佔據的。

在華夷五方的命名及先秦的文獻記載中，「羌」這一與華夏民族有着很深親緣關係的族群，一般被歸類於「西戎」陣營。所謂「西戎牧羊人」就是這一族群地緣特點的最好詮釋。[1] 生存在黃土高原的牧羊人中，最先進入農業社會並向東尋找耕地的部落，成為華夏民族最初的來源。當然，藉此認定現在的羌族是華夏民族的祖先也是錯誤的，就好像說人類的祖先是猴子一樣。準確定義是，大家擁有共同的祖先，只是由於在某一歷史時期地緣選擇不同而出現差異，變成不同的民族罷了。

與那些因開發關中平原農業潛力而在實力上發生質的飛躍的部族相比，仍然留在高原之上的戎族，在人口和技術上的差距就越拉越大了。整個周、秦兩代，在黃土高原西部，包括陝北、隴東、隴西高原

---

[1]　《說文解字》：「羌，西戎牧羊人也，從人從羊，羊亦聲。」

的經營，實際上就是融合這些表親的過程。在西周，曾經有無數被標
註為「戎」的部落，主動或被動地遷往東部，並最終成為華夏民族的
一部分。

　　像我們所熟悉的建立齊國的姜子牙，就出身於一支與周王室所屬
部族關係密切的戎族 —— 姜戎。與周人相比，因強大的中央集權機器
而得天下的秦國人，對於黃土高原剩餘戎部的融合要顯得更徹底。秦
帝國建立以後，那些戎狄部落在黃土高原留下的更多只是一些地名。
而那些暫時不願意融入華夏文明的戎、羌部落，能夠選擇的就是在青
藏高原與黃土高原相接之處，尋找一片條件相對較好的土地，以繼續
自己半農半牧的生活方式。

　　基於河湟谷地的重要地緣價值和宜農宜牧的地理特點，歷史上任
何試圖在崑崙山脈以北的青海地區立足的民族政權能否成功，都取決
於是否染指河湟谷地。同時，青藏高原邊緣板塊的地理屬性，又使得
那些在各個歷史時期進入河湟谷地的民族，有機會依託群山環繞的一
個個小型河谷盆地，保留自己獨立的民族特徵。今天，河湟谷地也是
中國境內民族結構最為豐富的板塊之一，其中不乏為藏族、回族、土
族、撒拉族等民族建立的州縣一級的行政區。

　　河湟谷地成為各方爭奪焦點，尤其是吐蕃王朝代表高原南部勢力
崛起之後，羌系民族逐漸退出河湟谷地。「羌」這一標籤，最後出現
在中央之國地緣政治舞台上，是以「党項羌」之名建立西夏王朝。只
不過，党項羌屬於兩漢時期內遷至黃土高原、河西走廊的羌人之後，
本身已經脫離了河湟谷地乃至青藏高原。

　　事實上，古羌民族曾經以河湟谷地為中心，廣泛分佈於青藏高原
東邊緣地帶，在淡出黃河流域及中國西北地區的地緣政治舞台後，
地形更為複雜、具有長江上游屬性的川西北高原（與成都平原相接的
青藏高原部分）成為羌文化最後的保留地。因地震而為世人所知的汶

川、北川等地，聚集了 30 餘萬以「羌」為族名的古羌人後裔。

　　人種學與語言學已經證明，羌族並非唯一與漢族有着極深親緣關係的民族。另一個生活在青藏高原腹地的民族 —— 藏族，也與現在我們所說的漢、羌兩族有着千絲萬縷的聯繫。在語言學上，三個民族都歸屬於「漢藏語系」。結合藏、羌、漢三民族的形成歷史以及地緣位置，我們不難認識到，在人類可以用文字記錄歷史之前，青藏高原與黃土高原就已經存在密切的地緣關係了。

　　鑒於河湟谷地長久以來是中原王朝將控制力延伸入青藏高原的象徵，自漢朝以後的歷代王朝，對這一板塊的重視程度並不亞於河西走廊。這使得河湟谷地的地理結構雖然較適合保留豐富多彩的民族特色，但在今天的常住人口中，漢民族的比例仍然高達 2/3（算上流動人口就更高了）。這一特點在地緣政治上的體現，便是青海在中國的行政劃分中是以「省」而不是「自治區」的形象示人。

安多的馬

　　河湟谷地的歷史以及民族結構，使其雖然在地理上是青藏高原的組成部分，卻不能被歸入民族、文化層面的「藏區」。那麼，這是不是意味着青海地區就沒有鮮明的「藏」特色呢？當然不是。這一點從青海省的行政建制便可以看出。除了位於河湟谷地核心的西寧、海東兩市以外，青海境內的其他六個二級行政區都帶有鮮明的「藏」烙印，它們分別為海北藏族自治州、海西蒙古族藏族自治州、海南藏族自治州、黃南藏族自治州、果洛藏族自治州和玉樹藏族自治州。此外，與之連接成片的，還有位於河湟谷地東南向，同樣屬於青藏高原板塊，但被劃入甘肅境內的甘南藏族自治州。

　　人文概念下的「藏區」，內部一直有三大板塊之說，即衛藏、安

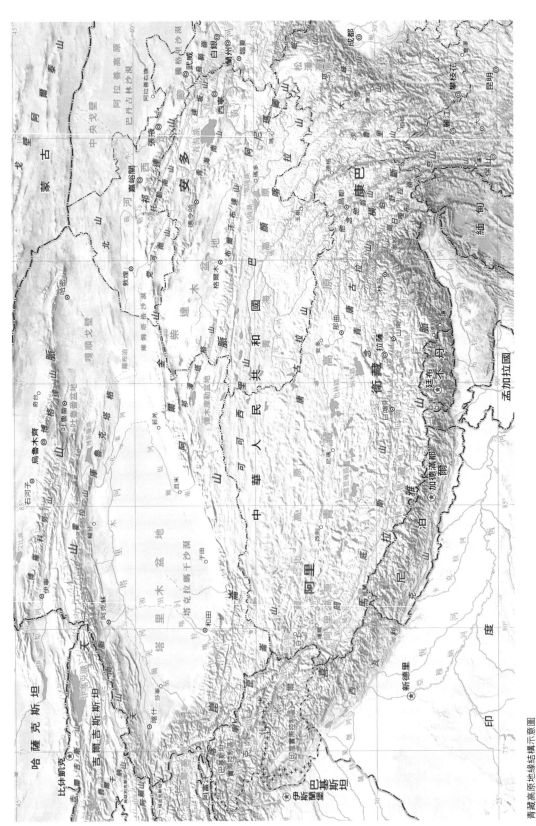

青藏高原地緣結構示意圖

多、康巴。「法域衛藏、馬域安多、人域康巴」是對這三大板塊人文
特點的精妙總結。用更為通俗易懂的語言解讀，則是「衛藏的菩薩、
安多的馬、康巴的漢子」。青海境內的藏文化主要屬於「安多」。

在藏區三大板塊的劃分中，水系這一基本地緣要素仍然起了決定
性作用。簡單點說，在青藏高原上，安多藏區的覆蓋範圍為黃河上游
地區及其所影響的內流區；康巴藏區為長江、瀾滄江、怒江水系；至
於衛藏地區，則是以雅魯藏布江水系為核心。

安多在藏語中是尾部、下部的意思。這一定義原本指向的是其地
勢，似乎意味着整個青藏高原呈現西高東低、南高北低的走勢，位於
東北部的安多地區海拔相對最低。不過，今天大家看到的藏文化起源
於衛藏所在的雅魯藏布江河谷，具體說，是在吐蕃王朝時期擴張至整
個青藏高原的，以至今天藏民族對自己的稱謂依然是「蕃」。從地緣
政治角度說，安多地區也算是藏區的尾部與下部了。

就地理環境來說，青海東北部的黃河上游谷地並不比西藏的雅魯
藏布江河谷差，甚至更好。以二者的中心城市西寧和拉薩的人口對比
來說，前者的常住人口已經達到了 231.08 萬，後者僅為 90.25 萬（以
上均為截至 2015 年底數據）。然而，河湟谷地與黃土高原正面對接，
且海拔、氣候環境相近的特點，使得在歷史的變遷中，黃河上游河谷
地帶適於農耕的土地幾乎都被來自東亞的農業民族所覆蓋。

在剝離掉最有利於聚落人口的農耕之地後，高原民族在黃河上游
能夠覆蓋的，便是那些海拔過高、不具備農耕條件，但可以提供一定
數量山地草場的土地，具體來說，包括河湟谷地以西、以南的青藏高
原部分。在地形圖上結合青海、甘肅境內這一位置上的幾個藏族自治
州的範圍來看，你將會明顯發現這一地緣特點。由此對安多藏文化造
成的影響，是馬這個帶有強烈遊牧氣息的物種成了安多藏區有別於其
他藏區最為明顯的標籤。

　　然而，從藏文化區內部穩定的角度來說，安多藏區被剝離農耕區，並不一定是件壞事。遊牧文化與農耕文化相比，最大的弱點在於無法定居下來發展文明所需要的諸多因子。這導致了在文明層面，遊牧於青海地區的藏人願意在精神乃至政治層面接受衛藏地區的影響。反之，如果歷史上不是中原王朝強勢插入河湟谷地，這片高原精華之地有機會整合周邊遊牧區形成獨立勢力的話，青海地區勢必會成為有實力與西藏地區分庭抗禮的地緣政治板塊。由此反映在地緣上的後果，很可能就是青海、西藏被兩個不同民族所覆蓋。

　　在漫長的歷史當中，當中原王朝不能穩定控制河湟地區時，這種情況曾經多次出現。羌、吐谷渾這些民族都曾經試圖佔據青海地區，對抗來自青藏高原南部、黃土高原，甚至蒙古高原的地緣壓力。在青海高原北部的西域地區，也有類似的情況。以綠洲農業區為主的塔里木盆地，與更適應遊牧經濟的準噶爾盆地，在民族結構上就出現了明顯的不同。後者長期為突厥、蒙古等草原民族所覆蓋，這一地緣特點從今天新疆內部二級行政區的劃分亦可看出。

　　黃河上游谷地並非青海的全部，亦非安多藏區所有。我們很容易在地圖上發現，青海西部的大片土地鑲嵌兩個高原盆地：柴達木盆地、青海湖區。其中，柴達木盆地面積為 25.78 萬平方公里，曾經一度享有「西海」定位的青海湖，流域面積也有近 3 萬平方公里。二者相加，約佔青海省總面積的 40%。

　　如果柴達木盆地和青海湖區都為草原所覆蓋，那麼即使沒有農耕之地，僅僅憑藉遊牧經濟，安多藏區也有可能對黃土高原及中原王朝構成巨大的壓力。只是對於高原遊牧者來說，影響其人口潛力的因素，並不僅僅在於遊牧這種粗放的經濟模式，更在於並不是每一片土地都長有牧草。就青海湖區和柴達木盆地的情況來說，其遊牧條件並不理想，歷史上能夠蓄養的人口總量不超過十萬。

　　每一個地理單元都有自己顯著的地理特徵，比如青藏高原給人的第一印象就是「高」，以及因高海拔而帶來的高原反應。至於柴達木盆地和青海湖，如果要說它們有甚麼共同特點，那就是「鹹」。鹽在這兩個盆地型的地理單元中，都成為最明顯的地理特徵。只不過體量相對較小的青海湖裡面還有水，並因此成為中國最大的鹹水湖。那些為青海湖補水的內流河，在維繫這個聖湖存在的同時，也為對生存條件要求不高的遊牧部落提供了小規模遊牧的機會。而 4 億多年前為淺海地形的柴達木盆地內部，現在除了星星點點分佈的鹽湖以外，絕大部分的盆底都已經因為億萬年前的地質運動變成了陸地。在這片陸地上，白茫茫的鹽層成為最顯著的特徵。

　　當然，這裡所說的「鹽」，並不僅僅指我們日常所食用的鈉鹽，還包括數百億噸其他類型可以進入工業系統的礦物質。僅僅是可食用的鈉鹽部分，也足以供給地球上的人類食用上千年。所以我個人絕對相信，曾經生活在柴達木一帶，或者到過這裡旅遊看到用鹽鋪路的人，應該不會去參與早先因日本核泄漏事故而引發的食鹽搶購潮。

　　「鹽」對於人類的重要性自不必說，廣義概念下的「礦物鹽」在工業時代亦有很大的經濟價值。今天柴達木盆地的常住人口，很大比例便是依託於這些資源的開發。然而，就自然經濟來說，過量的鹽卻並不是一件好事。人畜無法飲用的鹹水、鹽鹼化的土地，都將大大壓縮人類的生存空間。歷史上，這兩個板塊能夠為遊牧民族所用的，主要是柴達木盆地的邊緣山地，以及青海湖周邊的河谷地區。

　　儘管生存條件不盡如人意，但柴達木盆地—青海湖區的地緣位置卻相當重要。一旦祁連山北的河西走廊因地緣政治原因遭到阻隔，無法完成連通黃土高原和西域的任務的話，由祁連山南起，經河湟谷地、青海湖區、柴達木盆地的「青海道」，便將承擔起絲綢之路主線的任務。東漢帝國崩潰後的南北朝時期，是青海道躋身絲綢之路的起

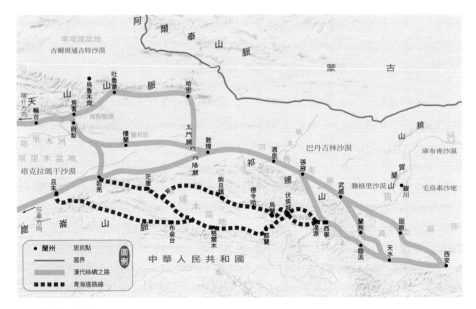

青海道示意圖

始期。在這一歷史時期，一向為各方勢力覬覦的河西走廊，形成了幾個民族屬性不盡相同的割據政權，並導致絲綢之路主線受阻。在吐蕃政權擴張至高原北部之前，稱霸青海地區的吐谷渾便是受益於青海道帶來的貿易利益，得以在此立國達 300 餘年（公元 313–663 年）。

在近年流行的盜墓小說中，「九層妖塔」是一個很熱的標籤。這一標籤的原型，便是吐谷渾王朝遺留在青海柴達木盆地東端的「血渭一號」大墓（當地藏民稱之為「九層妖樓」）。剝離小說與傳說為這座大墓披上的神秘面紗，將它的地理位置與那段歷史連接起來，我們會很容易發現它與青海道之間的地緣聯繫。

當然，青海道始於吐谷渾時期的認定更多是從政治層面而言。在此之前，經由青海境內的人員、物資流動早已形成。在更早的時候，由於這一地區基本為羌人所控制，所以也被稱為「羌中道」，源自河湟的羌人甚至經由青海道進入塔里木盆地邊緣定居。在張騫出使西域歸

來的過程中，為避開匈奴的阻擊，這條羌中道一度成為他的選擇。但是，他途中為匈奴所獲，被迫中斷了歸途。

唐王朝重新控制河西走廊以及西域之後，青海道一度淡出歷史舞台。不過，在西夏控制河西走廊後，北宋王朝曾經不得不再次將目光投向青海道。總的來說，青海道雖然可以成為河西走廊之外另一條連通西域與黃土高原的線路，但大多數歷史時期，它還是以輔路的形式，存在於東西方交流線路上。

河西走廊擁有一路延伸至西域的綠洲走廊，是它能夠壟斷絲綢之路所帶來的利益的根本原因。這使得河西走廊的知名度遠較河湟谷地及青海道要高。不過，作為河西走廊的相鄰板塊，即使青海道本身不承擔主線作用，青海地區的歸屬同樣會對絲綢之路是否暢通造成重大影響。最為典型的事例，便是唐王朝在經歷安史之亂而衰弱後，吐蕃王朝逐漸取得了河西走廊的控制權。同時也要看到，滲透、影響這種事是相互的。高原政權在強大之時，可以深入周邊地區，那麼周邊地區的政權和民族同樣可以邁入青藏高原，尤其是源自青藏高原本土的政權，在大部分歷史時期並沒有那麼強勢。對試圖進入青藏高原的民族和政權來說，就算難以深入海拔更高、中間間隔大片高寒無人區的西藏地區，進入青海道相關板塊還是有機會的。

如果說中原王朝對河湟谷地，尤其是湟水河谷長達兩千年的經略源於自身的農業屬性與河湟谷地相合，那麼有沒有哪支外來遊牧勢力能夠在安多藏區留下自己的印記呢？答案是肯定的。比如當年經略青海道的吐谷渾，便是源於東胡遊牧體系的鮮卑部。今天生活在青海地區的 30 萬土族人，很有可能就是吐谷渾之後。

北亞草原最後一支強大勢力 —— 蒙古人，同樣在青海地區留下了自己的足跡。我們甚至能夠在今天的行政建制中看到這一地緣烙印。在青海省，管轄面積最大的二級行政區，是覆蓋柴達木盆地的海西地

區，而這一自治州性質的行政區，全名為「海西蒙古族藏族自治州」。
與中原王朝由黃土高原方向經略河湟農耕之地不同的是，今天居住於
青海地區的蒙古遊牧部落，主要是 17 世紀從青海道的西端 —— 塔里
木盆地方向遷入安多藏區的。柴達木盆地東北邊緣的德令哈市是其地
緣中心，生活在青海境內的蒙古族又被稱為「德都蒙古」。

如果你再把視線向西延伸至塔里木盆地東端的話，會發現在這個
位置上建制有一個面積達 48.27 萬平方公里的新疆巴音郭楞蒙古自治
州。這個腹地同樣為大片荒漠的行政板塊，與相接的準噶爾盆地、蒙
古戈壁、安多藏區，共同連成了一個在古代以遊牧經濟為主，荒漠、
草原相間的大遊牧板塊。

德都蒙古在安多藏區的存在，再次見證了青海地緣結構的複雜
性，以及青海地區與中央之國其他板塊之間的歷史聯繫。這一地緣關
係，甚至還體現在柴達木盆地的野生動物身上。從區系分類來說，柴
達木盆地的野生動物物種兼具蒙古、新疆以及青藏高原的特色，屬於
蒙新區向青藏區過渡地帶。在感知、適應地理環境這個問題上，人與
動物其實並沒有本質區別。這些經過時間和環境驗證的客觀事實，同
時也告訴我們：地理層面的青藏高原，並不能與民族、文化意義上的
「藏」簡單重疊。

康巴的漢子

作為中國三級階梯地形的第一級，青藏高原在正東方向主要與第二
階梯中的黃土高原、四川盆地相對接。從這個角度來說，安多藏區對
應的是黃土高原，如果將秦嶺—淮河這條中國南方和北方的地理分界
線向青藏高原延伸的話，那麼安多藏區及河湟谷地無疑應該被歸入「北
方」。歷史上參與這一地區地緣博弈的政權、民族，亦都屬於北方範疇。

　　如果說青藏高原在黃土高原方向只哺育了黃河這一條外流河，那麼它對四川盆地的康巴藏區就大方多了。按前面的南北設定，康巴藏區很顯然應該被歸入南方板塊。迴異的氣候環境，使得這一地區的氣質的確有很多中國人印象中的南方特點。

　　「南方」與「北方」一樣，是一個相對概念。對於生活在東北地區的人來說，出了山海關都是「南方」；而對於嶺南之地的人來說，長江流域又都是「北方」。以康巴藏區所對應的緯度來說，「南方」應當是溫潤多雨、物產豐富的長江流域。除了自然環境可圈可點以外，幾乎每個被我們歸入「南方」（長江流域）範疇的區塊，秀麗可人的女子都是一道靚麗的風景線。與那些緯度相仿的「南方」區塊一樣，「人」也是康巴地緣特徵中最引人關注的一項。有所不同的是，在這種高原之地，承擔這一職能的是「康巴漢子」。實際上，「康」才是一個地理名稱，「巴」在藏語中意指為「人」。康、巴連用，代指這一板塊，「人域」的特徵一目了然。

　　先來看看到底是甚麼樣的環境造就了康巴獨有的人文氣質。康巴地區的地理特徵，可以用「川藏高山峽谷地帶」這樣一個地理標籤來概括。提到典型的高山峽谷地貌，很多人首先想到的會是橫斷山脈。其實，所謂「川藏高山峽谷地帶」，指向的就是橫斷山脈的北部。之所以用這樣一個名稱，是因為今天這片土地的絕大部分被劃給了四川和西藏。而在 20 世紀上半葉，這一康巴文化覆蓋區曾經一度單獨建制有西康省。

　　「西康」的「西」，顯然是相對於四川盆地或者早期中原王朝所統治的中央之國核心區來說的；「康」，則指向藏區三大板塊中的「康巴」。如果這一建制能夠延續下來的話，將之命名為「西康高山峽谷地帶」，應該能夠包含更多的地緣信息。不過，名字只是一個標籤，用甚麼不是最重要的，重要的是釐清這些標籤背後隱藏的地緣特徵。

「四水六崗」是在概括康巴地區地理範圍的文獻中經常會見到的一個詞。「四水」為金沙江、雅礱江、瀾滄江和怒江。其中，雅礱江、金沙江為長江上游的組成部分，瀾滄江、怒江則經由雲南注入中南半島。「六崗」指察哇崗、瑪爾康崗、瑪爾扎崗、木雅崗、撒茂崗和包柏爾崗。地理上，撒茂崗在金沙江和雅礱江上游的中間地帶，察哇崗在怒江和瀾滄江中間地帶，瑪爾康崗在瀾滄江上游和金沙江上游中間，包柏爾崗在金沙江和雅礱江中下游地帶，瑪爾扎崗在黃河青海段以南至雅礱江上游東部地帶，木雅崗在雅礱江中游東部地帶。

無論是「川藏高山峽谷地帶」這個地理概念，還是「四水六崗」這個地緣概念，都包含在橫斷山脈的範圍內。在中國的地理版圖上，橫斷山脈這種河谷深切、排列整齊的結構，會讓人印象非常深刻。若將山、水特徵都包含在這個板塊標籤中，我們可以稱之為「橫斷山脈河谷地帶」。從海陸關係來定義，中國無疑是個「太平洋國家」。然而，橫斷山脈之所以用「橫斷」命名，是因為這組海拔超過 4000 米的高大山脈，不僅對東西向交通造成了巨大障礙，更在一定程度上阻隔了太平洋水汽輸入其西部的河谷。

所謂「失之東隅，收之桑榆」，雖然地形導致太平洋水汽輸入橫斷山脈的路徑不是那麼通暢，但印度洋颳來的西南季風卻幫助橫斷山脈的西部補足了降水。水汽來源的雙向性，使得橫斷山脈內部的降水情況略有差異。在受太平洋水汽影響的東北部地區，山脈東坡降水要更多；在受印度洋水汽影響的區域，情況則正好相反。不過總的來說，在這些暖濕氣流的共同作用下，整個橫斷山脈的降水情況要遠好於青海地區。部分地區的年平均降水量甚至能達到 4000 毫米。

在中國的自然基因庫中，橫斷山脈佔有非常重要的地位。我們在這裡可以找到大量熱帶、亞熱帶、溫帶甚至寒帶的物種。大落差的峽谷地貌以及印度洋、太平洋水汽在各區位所施加的影響不同，是橫斷

山脈地區物種繁多的環境背景。而這種環境的多樣性，也影響到當地的地緣結構。以植物類型分區來說，在這個橫跨了 10 個緯度（22°N–32°5′N）的地理區間中，27°40′N 大體可以成為一條分割線，這條分割線以南的地帶性植被類型為亞熱帶常綠闊葉林，以北則類型複雜，垂直分帶明顯。

27°40′N 這條植物類型分割線，在人類身上同樣有所反映。能夠被歸入康巴藏區的六個地區——四川的甘孜藏族自治州、阿壩藏族羌族自治州、木里藏族自治縣，西藏的昌都市，雲南的迪慶藏族自治州，青海的玉樹藏族自治州，均處於這條植物類型分割線之北。換句話說，這條分割線其實也是「川藏高山峽谷地帶」與雲南境內橫斷山脈南部地區的一條地理分割線。

高海拔以及由此帶來的高原氣候，顯然是康巴地區成為藏文化板塊的主要原因。中國法定的 56 個民族中，有一半能夠在橫斷山脈中找到。在藏民族因更適應高海拔生活而逐漸覆蓋北部地區的同時，在河谷海拔更低的橫斷山脈南部，高山阻隔則使之保存了許多少數民族獨特的文化。可以說，雲南成為中國少數民族文化最為豐富的地區之一，其境內的橫斷山脈起到了最大的作用。

複雜的氣候環境使得康巴藏區在經濟上也呈現出多樣性。與安多藏區幾乎被視為純牧區不同的是，農耕、遊牧兩種生產生活方式，在康巴人身上都有體現。至於到底選擇哪種方式，則要依所處的海拔及農業基礎而定。這種有別於東亞農耕民族以及北亞遊牧民族的農牧混合方式，其實也是整個青藏高原原住民族的特色。而這片高原之所以能夠讓農、牧兩種生活方式如此穩定地融為一體，根本原因還在於這片高原實在是太高了，高到外來民族無法深入它的腹地，高到能夠不受外來干擾、獨立形成農牧混合的高原民族。

基於農業文明在人口、技術上的優勢，在高原農牧混合體中佔據

核心位置的，自然還是那些選擇了定居生活方式的部族。這就像漁獵部落聯盟上升為國家形態時，佔據核心統治地位的，必然會是那些率先在邊緣低地進入農業文明的部落。而在高原內部尋找降水、地形、溫度條件相對優異的土地發展屬於自己的農業文化，也有利於青藏高原形成自己的民族、文化體系，並最終通過軍事、政治、外交手段對周邊地區施加影響。當然，基於那些環境相對較為乾旱的草原保存下來的遊牧基因，無疑也在軍事上保證了高原民族的戰鬥力。

所謂「尺有所短，寸有所長」，每一種生產方式、文化體系都會有自己的優點和劣勢。能夠在一個體系中兼容各種文化，其實是一件好事。藏民族基於環境而形成的這種混合文化體系，也使其有機會屹立於世界民族之林。至於康巴藏區中的這種遊牧基因，有甚麼讓我們看得見的優勢，也許大家從康巴漢子那彪悍的身形中能夠感受到。

在康巴藏區中，處在最北端的玉樹地區是一個特別的存在。玉樹市位於青海省的西南端，與四川、西藏相接。同時，玉樹也是一個自治州的名稱，玉樹藏族自治州管轄着從崑崙山脈到唐古拉山脈之間26.7萬平方公里的土地。在青海境內的二級行政區中，玉樹州的面積僅次於海西蒙古族藏族自治州。地廣人稀是這兩個板塊共同的特點，兩地的人口密度都為1人／平方公里。

作為長江、黃河、瀾滄江三江的源頭之地，玉樹中部、西部的大部分土地都屬於三江源國家級自然保護區的覆蓋範圍。其中，黃河及其支流在境內總長度為559公里，長江為3380.2公里，瀾滄江為1792公里。很顯然，漫流於橫斷山脈北端的長江、瀾滄江源頭水系佔據了絕對優勢，使之更容易受到下游康巴文化的影響。

在明朝羈縻青藏高原東部和北部時，康巴藏區被稱為「朵甘思」，玉樹地區是朵甘思的一部分。然而，在明以後，包括當下的行政建制中，玉樹並沒有和康巴藏區的其他地區劃分在一起，而是歸入了以安

多為主的青海。遊牧的生產生活方式是原因之一。與下游康巴地區農牧相雜的情況有所不同，平均海拔超過 4200 米的玉樹，屬於典型的高原高寒氣候，全年甚至無四季之分，只有冷暖兩季之別。由於它過於深入青藏高原腹地，年降水量還不足 500 毫米。

高寒、低降水的環境，使得遊牧這一粗放的生產方式成為古代生活在玉樹地區的高原民族的經濟基礎。就這一點來說，其與旁邊的安多地區趨同。不過讓玉樹歸於青海的根本原因並不在此，而是在於它的區位。儘管玉樹地區地廣人稀，本身並沒有特別讓人覬覦的經濟價值，但從地理結構上看，從青海地區進入西藏這片崑崙山脈與唐古拉山脈之間的高寒之地，這裡卻是必經之地。

這條經由玉樹，連接青海、西藏兩大核心區（湟水河谷與雅魯藏布江河谷）的古道，正式開通於唐王朝與吐蕃王朝交好的公元 7 世紀，並因此被世人稱為「唐蕃古道」。今天由青海直接入藏的線路，是穿越柴達木盆地、玉樹地區腹地，被稱為「青藏線」的 109 國道。這條線路並非當年溝通青藏的唐蕃古道，最起碼不是主線。

沿途過於荒涼，是青藏線在古代沒有成為主要通道的主要原因。這一點，通過今天青藏線沿線特殊的行政建制也可看出。在青海省境內，有一個非常特別的行政區 —— 格爾木市。這座位於柴達木盆地南部、崑崙山脈北麓的城市，是目前青海第二大城市。與擁有悠久歷史的省會西寧不同，這是一座在 20 世紀 50 年代才建立的新興城市。柴達木盆地豐富的礦藏資源以及穿境而過的青藏公路，是格爾木出現在行政板塊上的兩大原因。換句話說，格爾木是一座因鹽和路而興的城市。

以鹽來說，今天有着中國鹽湖城之稱的格爾木，在柴達木盆地並不具有唯一性。這個點之所以受到垂青，一是因為崑崙山脈為它提供了相對豐富的水資源（格爾木的蒙古語意即為「河流密集的地方」），

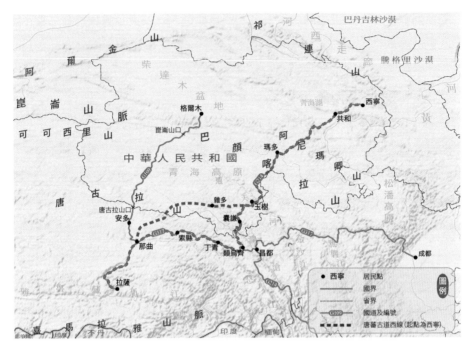

唐蕃古道示意圖

其境內核心河流便是格爾木河；二是青藏公路選擇從格爾木河源頭處的山口翻越崑崙山脈進入玉樹地區。這一山口也因此得以獨享崑崙之名，被世人稱為「崑崙山口」。

海拔 4771 米的崑崙山口並非青藏公路要翻越的唯一障礙，在縱穿玉樹地區之後，這條高原之路還要翻越海拔 5231 米的唐古拉山口，才能進入西藏地區。問題在於，這條線路並非自然形成，沿途缺乏定居點或者說經濟支撐，是其維護的最大問題。如果說格爾木市還能藉助鹽來立足，那麼唐古拉山口北麓就只能勉強建制一個以畜牧經濟為基礎的唐古拉山鄉了（2005 年變更為鎮）。鑒於玉樹地區本身的人口、經濟基礎太弱，加上為了更加有效地統籌管理青藏線沿線的基礎設施，自 1964 年起，唐古拉山鄉改由格爾木市管轄，由此造成了格爾木市在地圖上被分割成兩塊的景象。

　　既然青藏線不是唐蕃古道的主線，那麼當年文成公主走過的唐蕃古道現在還存在嗎？答案是肯定的。路是人走出來的，雖然基於技術進步，人類可以裁彎取直，在一些原先通行條件不太好的地區築路，但絕大多數遵循自然選擇原則而產生的古道，同樣有機會煥發新的生命力。唐蕃古道亦不例外。

　　唐蕃古道的主線，今天主要由兩條國道所覆蓋：一條是由西寧出發，經玉樹、昌都等康巴地區，沿橫斷山脈南下，縱穿整個雲南西部的 214 國道；另一條是 317 國道昌都—那曲段。二者在今昌都市類烏齊縣交會，共同完成了連接青海、西藏的戰略任務。另一條支線則是從玉樹經其治下的雜多縣（目前有 309 省道相連），直連那曲進藏。這兩條線路的好處在於，能從東端繞過海拔超過 6000 米的唐古拉山脈，從相對海拔更低的橫斷山脈西端尋路而下。無論哪條線路，康巴地區都是連接衛藏、安多兩大板塊的必經之道。這也可以解釋，為甚麼康巴地區沒有被建制為一個一級行政區後，玉樹要歸於青海，昌都要歸於西藏。

　　事實上，在後面解讀衛藏時，我們會發現在四川盆地與西藏的溝通中，康巴地區同樣在發揮無可替代的樞紐作用。對地理環境及高原氣候的適應性、沿途農耕定居點的散佈，以及康巴文化中的遊牧基因，使得康巴漢子在很長一段歷史時期中，通過商業活動承擔了藏、漢兩地經濟、文化交流的作用。除了彪悍、剛毅的體貌特徵以外，康巴漢子極盡奢華之感的穿戴，也是「人域康巴」的重要加分項。可以說，農業及商業帶來的經濟利益，是造就這一特徵的經濟基礎。

　　無論從河湟谷地還是四川盆地進入西藏，康巴地區都屬必經之地，因此，在地緣政治上有「治藏必先安康」之說。就康巴地區內部諸地的名氣來說，應該沒有比因一首情歌而天下皆知的康定城更高的了。作為四川甘孜藏族自治州的首府，康定城位於青藏高原東邊緣大

渡河上游，沿河谷而下，很快便能進入主要由岷江滋養的成都平原南部（大渡河為岷江上源之一）。與湟水河谷的西寧（漢稱「西平」，宋更名「西寧」）一樣，得自清光緒時期的「康定」之名，背後都透露出中原王朝希望相應板塊長治久安的願景。

在中國內部結構穩定的今天，這一願景則更多是透過一條條跨越兩大階梯甚至三大階梯的高速公路、鐵路來實現。不過，如果想更深入地了解這一切，包括先人們曾經開闢過哪些道路連接西藏與中國其他板塊，就必須先了解西藏的地理、地緣結構。

第二節
衛藏

羌塘與那曲

　　拉薩、日喀則所在的雅魯藏布江中游河谷地區，是青藏高原另一個重要的農業集中區，狹義的「衛藏」指向的便是這一地區。只是就其位置來說，已是靠近南亞的喜馬拉雅山脈北麓了，與青海、四川乃至新疆之間，存在大片人煙稀少，甚至「無人」的地區。鑒於道路的艱險，著名的玄奘法師並沒有選擇縱穿青藏高原前往印度的線路，而是向西經天山南北線至印度。事實上，即使在西藏已然完全納入中央政府管控的清朝和民國時期，駐藏官員前往西藏，仍有不少是繞道印度的。那麼，到底是甚麼樣的地理單元造成了通行上的障礙呢？

　　將衛藏核心區保護起來的地理單元被泛稱為「羌塘」。在藏語中，羌塘的意思是「北方曠野」；依照地勢，可分為「一高一低」兩部分。高的被稱為藏北高原，或者羌塘高原。這片位於崑崙山脈與唐古拉山脈之間、平均海拔超過 5000 米的高原，東西長約 2400 公里，南北寬約 700 公里，大部分位於西藏境內，東部邊緣則歸入青海境內。就海拔來說，可謂是高原中的高原、屋脊中的屋脊。低的部分則被命名為

大湖盆地帶。這條密佈鹽湖的低地帶，北起藏北高原、唐古拉山脈南麓，南接岡底斯山脈、念青唐古拉山脈，西連喀喇崑崙山脈，東接橫斷山脈。

事實上，藏北高原之上也同樣是鹽湖密佈。形成羌塘地區這一地理特點的原因在於這一曠野之地降水稀少，周邊高大山脈的阻隔、身處青藏高原腹地的位置，使得羌塘地區難以形成降水。身為亞洲水塔的青藏高原，素以水資源豐富而著稱，但在看起來最有資格做「塔」的藏北高原，年均降水量卻只有 50-300 毫米，且因為地勢過高、氣候寒冷，多為雪、霰、雹等固態降水形式。這些有限的降水使得藏北高原收集到的淡水無法形成合力流入高原之外的低地，只能在高原內部的一個個凹陷處蓄積成一個個難以為人畜所飲用的鹹水湖（無法排鹽）。

惡劣的生存條件，使得藏北高原經常以「藏北無人區」的面目示人。這片無人區的存在，不僅大大縮減了青藏高原的人類生存空間，更影響到一些看似偉大的構想。將青藏高原豐富的水資源調入乾旱的中國西北地區，尤其是位於高原北部的塔里木盆地，一直是網絡上熱炒的萬年大計。問題是藏北高原空有水塔的高度，卻沒有水塔之實。更何況它自身的降水呈現出由東南向西北方向遞減的走勢。也就是說，越靠近塔里木盆地的部分，降水越少。即使考慮從水資源豐富的雅魯藏布江流域調水，如何跨越藏北高原，工程上也將面臨巨大的挑戰。

然而，凡事有弊有利。儘管藏北高原目前對人類生存做出的貢獻甚少，但缺少了人類的干預，這裡卻成為野生動物的天堂。那些青藏高原所特有的動物種群，例如藏羚羊、藏野驢等，成為這片乾旱之地的守護者。今天，整個羌塘高原因行政區域的分割，被劃為兩個自然保護區，包括歸屬於西藏的羌塘國家級自然保護區和歸屬於青海的可

可西里國家級自然保護區。二者當中，知名度最高的當屬因一部電影
《可可西里》而聞名天下的可可西里了。而它之所以被大家知曉，正
是因為人類試圖以一種最原始的方式榨取這片高原的經濟價值。

　　既然羌塘高原看起來沒有辦法為人類生息提供土地，那麼位於其
南部的縱貫青藏高原東西的低地帶 ── 大湖盆地帶，情況會不會好
些呢？最起碼就海拔來說，這一地區看起來應該沒有那麼高冷。事實
也的確如此，這個今天在行政上，中部、東部歸屬於那曲地區，西部
歸屬於阿里地區的凹陷帶，還有一個帶有生氣的地理標籤 ── 羌塘
草原。

　　說到羌塘草原的概念，就不得不提之前內容中多次出現過的那
曲。狹義的那曲，指的是位於拉薩東北部的那曲縣；廣義的那曲，則
指向包含十一個縣級行政區的那曲地區[1]。位於東部的那曲縣，是整個
地區的行政中心。事實上，那曲縣及其以東地區也是整個大湖盆地帶
自然環境最好的區域。遊人眼中的羌塘草原，很大程度指向的便是那
曲。就像世人一提到長城，腦海中最先浮現的總是八達嶺那段明長城
一樣。

　　那曲之所以成為羌塘草原的代言人，在於它獨特的位置。整個羌
塘地區幾乎都是封閉的內流區，位於最東端的那曲卻是一個例外。在
這個位置上，沿橫斷山脈而上的怒江，突破了唐古拉山脈與念青唐古
拉山脈之間的接合部，延伸入大湖盆地區。來自印度洋的少量暖濕氣
流，得以順着怒江河谷而上，為那曲地區東部提供一些降水。這使得
本地區最東端的部分，也就是地理範圍位於橫斷山脈西端的區域（具
體為索縣、比如縣、嘉黎縣），有機會將自己的年降水量提升到600–
700毫米。

---

[1]　2017年10月，國務院撤銷那曲地區和那曲縣，設立地級那曲市。那曲市設立色尼區，以原那曲縣的
　　行政區域為色尼區的行政區域。

　　高山峽谷的存在，拉高了降水量和溫度，使得那曲地區最東部有機會生成少量林地，並被開拓成耕地。即使如此，這些受益於橫斷山脈的「半農半牧縣」，第一產業中仍然是以牧業為主。及至完全脫離橫斷山脈的那曲縣，年降水量就只有 400 毫米了。由於念青唐古拉山的阻隔，大湖盆地帶的其他地區並沒有機會從雅魯藏布大峽谷這個直面印度洋的開口沾光。同樣，唐古拉山脈也斷絕了它們從太平洋得到水汽的念想。平均 4500 米以上的海拔，使得整個地區的熱量嚴重不足，甚至沒有絕對的無霜期。換句話說，以草原條件來說，能夠從橫斷山脈沾點光的那曲草原，已是整個羌塘草原中條件最好的部分（越往西降水越少）。

　　從地緣分區角度來說，如果我們把雅魯藏布江河谷地帶視為高原上的農業板塊，那麼大湖盆地帶就是一個純粹的牧業板塊。高寒草原成為那曲縣及其以西大湖盆地帶的唯一植被類型，導致分佈於此的縣級行政區在經濟上都被定位為純牧縣。這種環境差異，意味着念青唐古拉山脈成為今天西藏板塊的一條地緣分割線，或者說農牧分割線。漫長的歷史中，山脈南部的雅魯藏布江河谷，由於可以通過雅魯藏布大峽谷這個缺口享受到印度洋的水熱資源，加之相對較低的海拔，而逐步進入了農業經濟時代。當然，你永遠不能指望與海洋之間障礙重重的這些內陸板塊能夠像東亞半島那樣成為純粹的農耕文明覆蓋區。高原之上的農業板塊，大部分會在自己的邊緣山地補充部分牧業經濟進來。

　　相信在歷史上，生活在羌塘草原上的那些遊牧部落也曾經與源自雅魯藏布江河谷地帶的吐蕃王朝進行過博弈。只不過，基於雅魯藏布江河谷在經濟、人口、文化等方面的綜合優勢，最終這一遊牧板塊也成為農牧混合的藏文化體系的一部分。對於當年的吐蕃人來說，征服現在被那曲所代表的羌塘草原，是非常重要的。這片草原的存在可以

保證吐蕃王朝有足夠的馬保持機動性，並以農牧混合的優勢向安多、康巴地區滲透。

在那曲縣西北部、與青海交界的唐古拉山口之南，有一個縣也是以「安多」為名的。安多的藏語意思，前面已經解釋過，是下部、尾部的意思。從地緣層面來理解的話，也可以解讀為邊緣地帶。對於衛藏板塊來說，安多縣所在的遊牧屬性的大湖盆地帶是邊緣地帶。而當吐蕃人整合好唐古拉山脈以南地區，繼續向北滲透並控制整個青藏高原時，今天青海省境內的藏區，又成為新的「安多」了。

值得注意的是，那曲的地緣特點並不僅僅體現在草原遊牧文化上，與橫斷山脈相接的位置，還使之成為衛藏地區溝通康巴、安多兩大板塊的樞紐點。這一點，在前面已經分析過了。由此在地緣文化上還帶來一個後果 —— 從方言的角度來說，那曲其實屬於康巴方言區。考慮到怒江的源頭位於那曲，以及康巴人的商業活動能力，那曲在方言層面康巴化並不讓人意外。然而從地緣政治角度來說，那曲卻又必須為拉薩所控制，就像玉樹需要歸於青海一樣。

單純從西藏內部的結構來看，地處雅魯藏布江河谷的衛藏核心區，與遊牧色彩的羌塘草原、無人區環境的羌塘高原，形成了一個由南至北、特點鮮明的三級分區，使之即使在沒有向康巴、安多兩地區擴張之時，亦能形成一個完整且安全的地緣政治區。這也是為甚麼西藏能夠在今天成為中國行政架構中的一個一級行政區。

念青唐古拉山脈與林芝

很多時候，「衛藏」和「西藏」會被視為同一概念。不過具體來說，還是有些區別的。在西藏的東部，因「西康」未能成為一級行政區而被劃入西藏行政範圍的昌都地區，在地緣文化上屬於康巴板塊。同

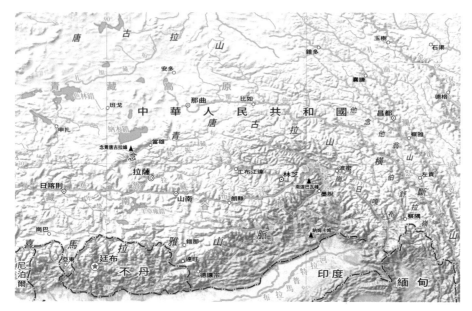

念青唐古拉與林芝及周邊示意圖

時，西藏西部的阿里是一個甚至比雅魯藏布江河谷還要更早進入文明
階段的獨立板塊，只是在其衰弱之後，成了雅魯藏布江河谷的附屬板
塊。基於阿里的位置及歷史，將之與神秘的克什米爾放在一起解讀，
會更容易讓我們了解它的前世今生。

　　如果以西藏現有的二級行政區劃來明晰隸屬衛藏的範疇，這個地
緣概念由西至東包括日喀則、那曲、拉薩、山南、林芝五個地區。其
中前四個地區，早在吐蕃王朝初期便已成為王朝的直接統治區，並稱
「衛藏四茹」。在吐蕃王朝擴張至阿里、昌都後，一度還有「衛藏六茹」
之說。至於林芝，在吐蕃王朝時期被稱為「工布」。由於它的氣候環
境與整個高原迥異，並沒有被視作重點開拓的區域。

　　山是最為重要的地理特徵，幾乎所有民族的原始信仰中，都有
對山的崇拜。在地緣分區中，神山所在的山脈往往是重要的地緣分
割線。篤信宗教的藏地，有很多雪山被賦予宗教色彩，並被稱為「神

山」。高度並不是一座雪山是否能被選定為神山以及決定座次的主要依據。相比之下，區位更加重要。由岡底斯山、念青唐古拉山、阿尼瑪卿山組成的「三大神山」，是藏地諸神山中的核心層級。剝離宗教色彩我們會發現，這分別位於阿里、衛藏、安多的三座神山，所標註的恰是「藏區」概念中依地勢而劃分的上、中、下三部（上部神山岡底斯山、中部神山念青唐古拉山和下部神山阿尼瑪卿山）。這種選擇並非巧合，就像古代中原王朝會在境內依照方位，以「五嶽」的形式標註出核心區的範圍一樣。如果進一步研究的話，還會發現，隨着中原王朝控制區域的變化，五嶽具體指向的山峰也發生過變化。

很顯然，藏地諸多神山的地位，同樣不是同一時期定位的。最起碼，身處黃河上游的阿尼瑪卿山應該是在吐蕃王朝擴張至青海境內後方被納入的。需要特別注意的是，無論岡底斯、念青唐古拉，還是阿尼瑪卿，本意都是一座冰雪覆蓋的山峰，而今天在地理層面上，它們又都已經成為各自所在山脈的標籤。為示區位，現在具體指向這些神聖山峰時，往往會以「峰」而不是「山」作為後綴。如果以地緣政治地位來看，三大神山中念青唐古拉山無疑是最為重要的，因為這座山峰正位於拉薩的西北部。

在念青唐古拉的概念擴張為一條山脈後，我們會發現它在地緣層面發揮的作用要更為強大。高大山脈並不僅僅會成為天然邊界，更會對周邊低地的氣候環境造成重要影響。作為「世界屋脊」，青藏高原上的每一條山脈無疑都是很出彩的。僅就衛藏、西藏的概念來說，對其內部板塊劃分影響最大的，並不是名氣最大的喜馬拉雅山脈，而是念青唐古拉山脈。以念青唐古拉山脈為分割線，衛藏板塊可以被分割為環境迥異的三部分。除了前面我們解讀過的以那曲為代表的羌塘以外，念青唐古拉山脈之南的雅魯藏布江河谷，上、下游間的環境也不盡相同。

　　如果說羌塘草原的惡劣氣候環境使之只能發展畜牧經濟，那麼雅魯藏布江流域的農業條件則要好得多。青藏高原的農業潛力，很大程度體現在是否能夠種植青稞上。作為大麥的一種，青稞的耐寒性和耐旱性極強，是高原民族歷經千百年選育出來的適應高原氣候的農作物。雖然水、熱是影響農作物生長的兩大氣候因素，但讓念青唐古拉山脈成為一條農牧分割線的，可不是兩地的降水量。從降水量來看，以拉薩、日喀則為中心的雅魯藏布江中游地區，與相對應的羌塘草原部分屬於同一量級（拉薩年均降水量 500 毫米左右，只比那曲多 50 毫米）。

　　按照 15 英寸等雨線理論，拉薩也好，那曲也罷，都是有機會種植農作物的。決定兩大區塊命運的核心因素在於「熱」，也就是溫度。在幾乎沒有無霜期的羌塘草原，青稞乃至樹木都難以生長，而雅魯藏布江中游地區每年都擁有 100–120 天無霜期。這樣的無霜期，對於中央之國核心區的糧食作物來說實在有些短，不過對於青稞這種只需要四個月就能成熟且適應高原環境的作物來說剛好也夠了。這種各方面剛好夠上農業開發門檻的條件，放在東亞半島是根本沒機會出頭的，而處在一片無人區或者僅能提供牧草的板塊中間，優勢就十分明顯了。能夠養活上百萬人口的雅魯藏布江中游河谷地帶，也因其農業優勢而具備了競爭青藏高原核心板塊的資格。

　　從行政角度說，這一核心板塊包括拉薩、日喀則、山南三市的轄區（不包括日喀則延伸到羌塘草原的部分）。讓前一核心板塊擁有較好積溫的主要原因在於海拔。相比海拔在 4500 米左右的羌塘草原，雅魯藏布江流域的河谷低地海拔則不到 4000 米（拉薩海拔為 3658 米）。一般情況下，海拔每上升 100 米，氣溫下降 0.6 攝氏度。更高的溫度在帶來較好農業環境的同時，也讓雅魯藏布江更容易從周邊消融的冰雪中獲益。由此可引發另一個思考，作為世界上擁有高原

冰川數量最多、面積最大的羌塘高原不是那麼「高寒」，如果全球氣候進一步變暖，它們應該也有機會變成外流區，包括讓乾旱的塔里木盆地受益，只是由此所引發的一系列連鎖反應，未必都是人類所能預測的。

不過，各方面都剛好能夠得上農耕門檻的拉薩—山南—日喀則地區，並不是雅魯藏布江流域乃至整個西藏農業條件最好的區塊。在拉薩和山南的東面，還有一個甚至能夠種植水稻，被稱為「西藏江南」的林芝存在。這片為雅魯藏布江下游所覆蓋的土地，整體屬於溫帶濕潤季風氣候，雨量充沛，日照充足。其中心區年平均降水量能達到650毫米以上，無霜區更長達180天。

造就林芝特殊氣候的根本原因，仍然在於地形。喜馬拉雅山脈的主脈與念青唐古拉山脈，並不是平行排列的。喜馬拉雅山脈主脈的東端，與弧狀延伸的念青唐古拉山脈的內凹面，呈緊密相連狀態。作為兩大山脈分割線的雅魯藏布江河谷，正是通過這個接觸面由山南進入林芝，並因此而劃分中游、下游的。整個林芝地區，西、北兩面實際是由喜馬拉雅山脈主脈以及念青唐古拉山脈東段這兩段人字形關係的山體所圍就，將整個板塊與衛藏地區隔離。一旦跨越這個海拔超過6000米的人字形屏障進入林芝，河谷地區平均海拔就只有2900米左右了。

儘管沒有我們這樣的「上帝視角」來觀察山南與林芝的差異，但經行於此的高原原住民還是會很容易感受到二者之間地形、環境的差異。按照經驗來說，人字形山體相接處，很可能會有一座神聖的山峰，來標註先民的感知。事實也的確如此，在雅魯藏布江即將注入林芝之時，江畔的雜日山（今屬林芝市朗縣，又稱扎日莎巴山）便被戴上了神聖的光環。

雜日山並非喜馬拉雅山脈的終點，這座世界最高山脈的東部終點

還要再沿着雅魯藏布江河谷向東北方向延伸 280 公里。在即將撞上念青唐古拉山脈時，一座被稱為「西藏眾山之父」的海拔 7782 米的高大山峰 —— 南迦巴瓦峰，成為喜馬拉雅山脈的東部起點。準確地說，南迦巴瓦峰同時也是喜馬拉雅山脈、念青唐古拉山脈與橫斷山脈的接合點。在三大山脈的共同作用下，雅魯藏布江在此不得不以一個超過 90 度的轉角，硬生生地折向南，成為一條注入印度洋的河流。不過，這個驚天大逆轉對於喜馬拉雅山脈北麓的雅魯藏布江河谷來說，並不是一件壞事。

這個拐角的角度和海拔落差都只能用「驚悚」二字來形容，加之雅魯藏布江的集水區級別又足夠高端（因此水量大），相信大家很快就會意識到這個被我們稱為「雅魯藏布大峽谷」的轉角中所蘊含的巨大水電資源。然而，對於中國來說，開發雅魯藏布大峽谷目前還只能是一個遠景。因為無論是跨越喜馬拉雅山分水嶺去修建水壩，還是將來把電送回內地，看起來都幾乎是不可能完成的任務（2013 年才通公路）。有鑒於此，雅魯藏布大峽谷暫時還是以「世界第一大峽谷」的稱號（河谷最深處達到令人恐怖的 6000 米）為我們增加一些民族自豪感吧。

雅魯藏布江開口向南的走勢，以及背靠高大山體的位置，是造就林芝地區暖濕氣候的根本原因。來自印度洋的暖濕氣流可以順着峽谷而上，潤澤雜日山以東地區。這使得林芝地區的整個環境實際更接近其東面位於橫斷山脈北部的康巴地區，以至在民國時期設立西康省時，依據這一特點將其劃入了西康範疇。不過，地緣政治劃分的依據並非僅僅考慮地理、環境、經濟特點。如果一定要從環境和經濟考慮，那曲看起來和安多藏區更有共同語言。

以影響力來說，拉薩、日喀則所代表的衛藏地區，無疑是整個藏文化區的地緣中心。林芝地區基於與之緊密相接的地理位置，無論在

政治還是文化上，勢必受拉薩影響更深。這點從林芝地區通行的藏語屬於衛藏方言而不是康巴方言亦可看出。問題在於，為甚麼衛藏地區能夠成為整個藏文化區的地緣中心呢？

「衛藏的菩薩」

「衛藏的菩薩」一說，已經指明了衛藏地區在藏區意識形態上的優勢，而這一優勢實際是其地緣核心身位的映射。農業優勢並不是成為地緣核心的唯一要素，地緣位置的作用往往會更為重要。與很多城市的選址一樣，拉薩並不是在河谷幹流雅魯藏布江之側，而是在它的左岸支流拉薩河畔。如果拉薩不是因為自治區首府的特殊地位單獨成就一個二級行政區，它與剝離拉薩而獨立建制的山南市應該同屬於地緣意義上的山南地區。

在地形圖上對照拉薩以及山南市的行政範圍，我們會發現這裡的「山」指的就是念青唐古拉山。那麼，與念青唐古拉山相接的岡底斯山脈與喜馬拉雅山之間的河谷地帶，又會被貼上甚麼樣的地緣標籤呢？就現在的行政標籤來說，被岡底斯山脈所庇護的這段雅魯藏布江河谷，被稱為日喀則地區。其地緣政治中心日喀則，定位於年楚河河口三角洲地帶（雅魯藏布江右岸支流）。

狹義地理解「衛藏」概念，其中「衛」指向的是拉薩、山南和林芝的一部分，「藏」則指向日喀則。在清朝的設計中，衛、藏兩個分立的地緣標籤，被前藏、後藏所替代。正因為如此，之前為日喀則地區所獨享的「藏」字，得以上升為整個族群、地理單元的名稱。不過，就地緣關係來說，它們並不是兩個對立板塊，就像一般人並不會觀察到岡底斯山脈與念青唐古拉山脈的分割線一樣。

前藏、後藏到底是應該以分立的面目出現在藏區的地緣結構中，

還是應該以「衛藏」之名被看成一個整體，主要看政治方面的需要了。對於我們來說，更為關注的應該是兩大地緣政治中心 —— 拉薩和日喀則的位置。仔細觀察它們在各自板塊中的位置，就會發現兩座城市並不在各自板塊的地理中心，而是一個在西端、一個在東端，二者之間的交通距離僅 260 公里。這種格局讓人感覺到，控制兩大板塊的政治家在選擇自己的政治中心時，都在盡力向板塊分割線靠攏，似乎這條分割線本身才是雅魯藏布江河谷的地緣軸心。

既然日喀則和拉薩看起來似乎在爭奪一條地緣軸心的控制權，那麼最簡單的做法，就是在二者的連線當中找一個中點，看看這個中點一帶到底有甚麼樣的地理背景。暫時無視這些人類設計，單從地理結構入手，會更有利於我們得出客觀結論。前文也說了，日喀則與山南分割的地理背景是岡底斯山脈與念青唐古拉山脈的分立。很明顯，這兩條相接的山脈之間，應當會有機會出現一條接縫，一條能夠被人類開拓為通道的谷地，而日喀則、拉薩所爭奪的，就是這條通往青藏高原中部、北部地區的戰略通道。

事實上，在這兩大山脈相接處，最顯眼的地理單元並不是一條谷地，而是一條呈東南—西北走向的細長山地，以及山地西北麓的一個面積在中國境內僅次於青海湖的鹽水湖。這條山地就是狹義的念青唐古拉山的所在地，而那個依山而生的湖泊則是位列西藏三大聖湖的納木錯。從位置上看，念青唐古拉峰正好位於東、西兩大山脈之間，被認定為誰的一部分似乎都可以。不過從海拔和走向上來看，它顯然與東邊那道弧形山脈更加一致。因此，它的名字也擴展為東段雅魯藏布江河谷北部山脈的標籤。

雖然念青唐古拉峰在地理上被歸入了東部陣營，但就這段山體來說，它與山脈主體之間的連接並不緊密，二者之間存在一條明顯的斷裂帶。這條平均寬度 10 公里、總長約 300 公里，北接大湖盆地帶、

南抵雅魯藏布江北岸的斷裂帶，成為衛藏與羌塘之間溝通的天然通道。只是由於日喀則和拉薩分別在它西南側的年楚河口和東側的拉薩河谷，這條唐蕃古道故址在斷裂帶中心當雄縣的羊八井鎮開始分叉，人字形分別指向前藏、後藏地區的這兩個地緣核心（連通拉薩的公路為 109 國道）。

這兩座城市的地緣位置優勢還不僅僅體現在此，或者說，僅僅依靠控制一條北上通道的出口，還不足以凸顯這兩座城市的地緣價值，更無法讓它們當中的一個成為整個藏文化區的地緣中心。最明顯的問題在於，如果拉薩或者日喀則的價值僅僅在於更容易代表雅魯藏布江河谷通向北方，那麼它們與安多或者康巴相比又有甚麼優勢呢？如果說安多因為缺少農業核心區而無法成為核心地，那麼農牧條件兼備，看起來更有機會從中央之國核心區吸收先進技術和文化的康巴地區呢？

雖然康巴地區所覆蓋的橫斷山脈北部在水、熱資源上優勢頗大，河谷低地加起來面積也不小，但這個板塊最大的問題就是切割得太厲害。任何一個想直接統治所有河谷的想法，在古代幾乎都是不可能完成的。即使在每一條河谷內部，上下游之間的巨大高差亦使之難以做到政治統一。正因為此，從青藏高原到雲貴高原的整個橫斷山脈地帶，一直到 20 世紀 40 年代，都延續着各自獨立的土司制度。這些土司雖然會基於民族、宗教、政治原因，接受板塊外政治力量的領導，但任何想從他們手中奪取領地控制權的企圖，都會遇到最為激烈的反抗。相比之下，雅魯藏布江河谷中游地帶，地理、環境要趨同得多，在形成政治合力方面更有優勢。

一個板塊是否能夠成為地緣中心，很大程度上還是一個文化問題。在這個問題上，「衛藏的菩薩」就是一個很好的例子。衛、藏兩地意識形態方面的優勢，才是其成為藏文化區地緣中心的根本所在。

基於雅魯藏布江河谷的地理位置和印度作為佛教起源地的背景，你很容易聯想到這一切應該與印度有關。這樣的聯想對，也不對。說它對，是因為衛藏地區的確在地緣關係上與印度有剪不斷、理還亂的關係；說它不對，是因為這種關係很大程度上不是直接發生，而是通過生活在喜馬拉雅山南坡的民族和國家進行中轉。

印度文明很大程度上是一個低地文明，即使中南部以德干高原為核心的高原地區，海拔亦不過 500–600 米。身為印度核心板塊的恆河平原，平均海拔更是低至百米。「低原反應」是本人在《誰在世界中心》一書中解讀藏、印關係時提到的一個概念。人的身體為了適應高原低氧的環境，紅細胞的攜氧能力會增強，以滿足身體的需要。當人從高海拔地區回到平原後，空氣的氧含量提高，而機體還沒有適應這個高氧環境，紅細胞仍然在高效率高質量地運送氧，就會出現「醉氧」症狀。症狀表現為渾身無力想睡覺，就像喝醉了酒一樣。避免這一症狀出現的方法是採取「台階式療法」，在離開高原後，每降低一定的海拔高度，就休整一段時間，最終抵達低地。

巨大的環境差異，為印度和西藏之間的交流設置了非常大的障礙，哪怕二者看起來是如此的接近。從政治的角度來說，歷史上能夠統一印度的政權，哪怕是強大的英帝國都未能把喜馬拉雅山南坡地帶整體納入自己的政治版圖。即使是現在，在這個板塊上，依然存有尼泊爾和不丹兩個國家。如果不是印度於 1975 年吞併了尼泊爾、不丹之間的錫金邦（中國於 2003 年正式承認），這條介於青藏高原與印度半島之間的政治緩衝帶還要更完整些。

環境差異並非僅僅體現在藏、印雙方對彼此海拔的不適應上。18世紀後期，印度在控制恆河三角洲的孟加拉國後，開始嘗試向西藏開拓貿易之路時遇到的困難就很能說明問題。從位置上看，孟加拉國位於衛藏地區的正南方。今天，孟加拉國北部邊境與日喀則之間的直線

距離不過 300 公里，與拉薩之間的距離亦不過 400 公里。可以說，孟加拉國是印度核心板塊中與西藏地緣距離最近者。然而，當英國東印度公司的使者經由今不丹首都廷布前往距離最近的日喀則，向當地的政教領袖表達開展直接貿易的意願時，並沒有受到歡迎。

除了政治上的警惕，西藏官員們的冷淡，更多是因為對印度高溫及其所帶來的疫病的恐懼。參考歷史上中原王朝在開發嶺南、雲貴這些一度被視為「煙瘴之地」的地區時曾經反覆遭遇的失敗，你就不會認為這種憂慮是一種膽小的表現了。有鑒於此，衛藏的統治者更願意通過尼泊爾、不丹等喜馬拉雅山南坡國家，與印度進行貿易和文化交流。

這些國家在種族、文化上與西藏擁有更多的共同語言，是其成為西藏通往印度橋樑的另一個重要原因。位置更偏一些的不丹，甚至在種族特徵、文化信仰上都屬於藏文化的輻射區（蒙古人種和藏傳佛教）。相比之下，更接近印度核心區的尼泊爾，在地緣結構上表現得則更為複雜。生活在喜馬拉雅山南坡的原住民，在種族特徵上體現為蒙古人種；生活在南部歸屬於恆河平原部分的民族，則顯現出更多印度雅利安人的特徵。在印度的影響下，今天 90% 的尼泊爾人為印度教徒（其餘為佛教徒）。

如果河湟谷地具備雅魯藏布江中游谷地這樣的封閉性，它將是衛藏地區在整個青藏高原最有力的競爭者，最起碼河湟谷地在從強勢文明借力這一點上，與衛藏地區具有同等的機會。不幸的是，河湟谷地與黃土高原之間並不存在衛藏與恆河平原之間那樣巨大的落差，不可避免地被更為強勢的黃土文明所覆蓋。反觀衛藏地區，則可憑藉喜馬拉雅山脈的保護，形成獨特的藏文化，並使之向整個海拔相近的青藏高原地區擴散。

藏印之路

在衛藏地區通過喜馬拉雅山南坡國家與印度進行地緣交流的過程中，如何跨越喜馬拉雅山脈分水嶺，成為一個地理上必須面對的問題。理論上，喜馬拉雅山脈分水嶺兩側應該有很多條位置相近的河流能夠承擔通道職責。但由於跨越山口的路程過於艱險，真正會被採用並長期維護的通道往往不會太多。遵循地理規律並經由歲月洗禮而形成的城市，是確認這些通道線路的重要坐標。尋找到拉薩、日喀則，與加德滿都（尼泊爾首都）、廷布（不丹首都），乃至舊錫金王國的首都甘托克之間的連線，是找到「藏印之路」的關鍵。

循着上述思路，我們將很容易在衛藏與喜馬拉雅山南坡國家之間找到若干山口和通道，並將之歸納為兩部分：亞東走廊與蕃尼古道。

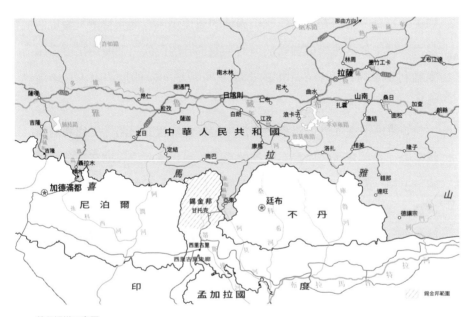

藏印通道示意圖

從名字來看，後者要更具歷史。事實的確如此，這是一條最遲在吐蕃
王朝時期便已在政治層面被連通的通道，所謂「蕃」指的便是吐蕃。
吐蕃的政治中心在拉薩。從向康巴、安多等其他青藏高原板塊擴張的
角度來說，拉薩具備很明顯的地理優勢。它不僅身處雅魯藏布江流域
位置最北的肥沃河谷，更控制了通往羌塘草原的通道。在確定拉薩為
政治中心並興建城市（約 633 年）之前，吐蕃部族的興起之地原本是
位於山南地區的。這一決定，不僅為吐蕃的擴張方向奠定了基調，更
確立了拉薩在整個藏文化區長達 1400 多年的中心地位。

　　至於「尼」，很顯然指代的是尼泊爾。吐蕃的興盛期與尼泊爾歷
史上第一個有文字記錄的王朝李查維王朝（公元 400–750 年）時間
重疊。後者的核心區正處於加德滿都一帶（加德滿都於公元 723 年建
城）。如果單從位置來說，與尼泊爾隔喜馬拉雅山脈相望的，是以年
楚河為核心向雅魯藏布江河谷上游延伸的日喀則地區。從與尼泊爾
交流的角度來說，身處雅魯藏布江之南、位置偏西的日喀則要更佔優
勢。儘管日喀則市的建城史僅有 600 年，但擁有肥沃土地的年楚河流
域，早在吐蕃時期便已成為其核心領地之一（日喀則一詞的藏語意思
為「土地肥美的莊園」）。換句話說，所謂「蕃尼古道」，將是一條以拉
薩為起點，經由日喀則地區，連通加德滿都的古道。

　　今天，連通拉薩、日喀則兩市，最終抵達中尼邊境聶拉木縣樟木
口岸 [1] 的 318 國道（再通過尼泊爾境內公路與加德滿都相通），為我們
指明了古道的大致路線。在這個位置上，源自中國境內，向南經尼
泊爾注入恆河的河流波曲河，幫助連接了雅魯藏布江—恆河流域。
不過，具體到唐朝時，蕃尼古道的主線卻更有可能利用的是東距樟
木口岸 66 公里的吉隆溝，它的旁邊是一條同樣發源於中國境內、隸

---

[1]　2015 年，因尼泊爾地震，樟木口岸被迫關閉，2019 年 5 月重新開放。

屬於恆河水系的河流 —— 吉隆藏布（藏布、曲，分別對應漢語中的江、河）。

經由吉隆溝進入尼泊爾境內的口岸，被稱為吉隆口岸。相比樟木口岸，吉隆口岸的通行難度要更低些。雖然 1965 年通車的中尼公路選址樟木口岸穿越，使得吉隆口岸在最近幾十年來有些衰弱，但這個古老的口岸，當下已經被確立為「新藏公路二線」（216 國道）的南部終點。更大的利好在於，正在推進中的中尼鐵路已經選址吉隆口岸，相信在不久的將來，古老的蕃尼古道必將重新煥發青春，成為絲綢之路經濟帶的重要組成部分。將日吉鐵路與日喀則—拉薩段的 318 國道、拉薩—那曲段的 109 國道、那曲—昌都段的 317 國道、西寧—昌都段的 214 國道，以及縱穿加德滿都、連接吉隆口岸與印度的道路貫通後，一條覆蓋 1400 多年前由唐王朝出發，縱穿整個青藏高原的唐竺古道（包括唐蕃古道和蕃尼古道）的戰略路線，將躍然於地圖之上。

唐蕃古道的使用者中，最具知名度的可能是吐蕃王朝開創者松贊干布從唐王朝所娶的文成公主；在藏文化傳說中，松贊干布從泥婆羅（今尼泊爾）迎娶的尺尊公主則是蕃尼古道的見證者。很顯然，這兩場幾乎同時進行的政治聯姻背後，透露出的是吐蕃乃至整個藏地在地緣位置上的微妙之處。那微小的差異表明藏地與中央之國的地緣關係要緊密得多。相比之下，尼泊爾這類喜馬拉雅山南坡國家，已是高原民族在地緣政治、經濟上向南發生聯繫的極限之地。這也是歷史上來自印度的政權幾乎沒有在西藏留下過政治印記的原因。反之，看起來地理距離更遠的中央之國卻與這片高原之地融為了一體。

雖然文成公主與尺尊公主在藏文化中擁有很高的地位，並且有很強的地緣政治背景，但若是以穿行整個唐竺古道並青史留名為標準，那麼這個歷史地位應該留給曾三次出使北印度的唐朝外交官王玄策。在第二次出使恆河流域覆蓋的北印度時，被迫捲入當地邦國之爭的王

玄策，曾經藉助唐蕃聯盟的關係，向泥婆羅借兵七千，完成了為後人所津津樂道的「一人滅一國」。公元 658 年，王玄策最後一次出使印度時，在吉隆溝留下的摩崖石刻 —— 大唐天竺使出銘（當地稱「阿瓦呷英摩崖題銘」），則是那段歷史和唐竺古道的重要見證。

今天，尼泊爾作為中國與印度兩個大國之間最重要的緩衝國，蕃尼古道的復興也牽動着印度的神經。基於歷史和地緣關係，印度在尼泊爾的影響力要深得多，這點從尼泊爾人的主要信仰為印度教便可感知。問題在於，以尼泊爾的位置來說，無論南向還是北顧，其實都是正常的選擇。從尼泊爾的角度來說，當下中尼關係的推進，更多是讓地緣政治的天平恢復到平衡狀態。畢竟對於一個客觀上的緩衝國來說，無論完全依賴哪一方，都不是明智的表現。

事實上，從中印正面交鋒、交流的角度來看，亞東走廊的存在與變化要更為敏感。雖然總體來說，喜馬拉雅山脈分水嶺是中國和印度以及喜馬拉雅山南坡國家的地理分割線，但基於西藏天然具有的高原優勢，在跨越分水嶺的通道上，中國的領土線往往要更偏分水嶺南側一些。波曲河、吉隆藏布兩條隸屬於恆河流域的河流，上游位於中國境內便是證明。如果說這兩個在地圖上不甚明顯的標記還不足以突顯這一問題，那麼亞東走廊這個突出部，肯定能讓你直觀感受到這種走向的存在。

亞東走廊的形成，同樣與一條河流有關。喜馬拉雅山脈在亞東位置上向南形成了一個明顯的凹陷帶，並造就了一條向南注入印度的河流 —— 亞東河。在藏語裡，亞東河被命名為「康布麻曲」，在中國境內蜿蜒近 100 公里後，經由不丹西部注入印度境內的托爾薩河。後者縱穿印度東北地區後，在孟加拉國北部注入賈木納河（雅魯藏布江在孟加拉國境內的部分）。沿着亞東河一路向南，一條溝通西藏、不丹、印度、孟加拉國的通道便呈現在眼前。

　　從行政角度說，亞東是隸屬於日喀則市的一個縣級行政區，它之前與日喀則、拉薩兩個戰略重點的連接，是通過雅魯藏布江河谷南側的江孜（今亦為日喀則下屬縣級行政區）完成的。四點之間形成的 Y 字形通道，成為衛藏地區通往印度的又一條戰略通道。在西藏與南亞的交流史中，這條通道被重視的時間要晚於蕃尼古道。這很大程度上是因為印度文明本身存在一個由西向東擴張的過程。亞東河所直面的印度東北地區，直到英屬印度時期才被正式納入印度版圖。歷史上，英國在控制印度後，向西藏滲透之舉大多與亞東走廊和這個 Y 字形通道有關。1902–1904 年，英軍曾經以西藏不履行《藏印條約》、侵犯印度邊境為藉口，兩次經由亞東北上，軍事入侵西藏。100 多年前的這兩次入侵，尤其是後一次發生的「江孜保衛戰」，成為電影《紅河谷》的歷史背景。

　　亞東河與亞東走廊並不僅僅是將西藏與印度東北地區聯繫起來，通過亞東走廊西側的錫金邦，還能夠打通一條連接衛藏—恆河平原的通道。遠離印度核心區，加上亞東走廊的存在，使得錫金、不丹兩地長期作為藏區的輻射區存在。無論在民族、語言還是宗教層面，錫金、不丹都與西藏有着很深的聯繫。今天尚能保持獨立的不丹，和已經被印度吞併的錫金，歷史上都曾長期是西藏的屬地，直到 17 世紀時，兩地才開始建立獨立王國，正式脫離西藏的政治控制。與更多受印度文化影響、緊鄰印度核心區的尼泊爾放在一起比較，地理位置的影響是顯而易見的。

　　地理位置還決定了不丹與錫金兩地的命運。對於被迫將孟加拉國剝離出自己板塊的印度來說，只能通過一條脆弱的「西里古里走廊」與統治基礎薄弱的東北地區相連，始終是其內部地緣格局的一個短板。亞東走廊這個突出部的存在，無疑加劇了這種安全上的擔憂，尤其在視中國為最大威脅的情況下。印度基於維護自身安全的考慮，策

動更容易受印度核心區輻射（比如移民）的錫金失去了獨立地位，而相對偏遠的不丹則在印度的「保護」下維持獨立。

　　問題在於，如果僅僅是考慮中國的影響，消滅一個緩衝國的做法其實未必是最明智的。要知道，緩衝國的獨立問題總能引來更多的國際介入。這意味着無論哪一個大國有想法，除考慮軍事問題外，還必須考慮到外交上的掣肘。一個善於左右逢源的緩衝國，不僅能夠讓自己的利益最大化，更能增加兩邊大國的安全感。

第 三 節

從西藏到克什米爾

　　如果讓地緣政治研究者們評選出地球上最複雜的一個板塊，我想克什米爾應該是可以入圍決賽的。無論從地理還是地緣角度看，能夠與它競爭第一寶座的，只有「歐洲火藥桶」巴爾幹半島。今天，巴爾幹半島雖然還存在波黑、科索沃這樣的潛在不穩定地區，但局面已趨向緩和。這很大程度上是因為巴爾幹半島在 20 世紀 90 年代的亂局本質上屬於「冷戰後遺症」，或者說是俄國被迫退回東歐平原後，巴爾幹半島諸民族在重塑地緣政治格局時所付出的代價。

　　在可以預見的將來，巴爾幹半島的火藥桶屬性將暫時褪去。這是因為在冷戰後遺症漸漸癒合的今天，已經退回東歐平原的俄國無力再干預巴爾幹半島局勢；同時，巴爾幹半島極力融入的歐洲，目前又有歐盟這樣一個強勢的主導者。當然，如果有一天歐盟影響力下降，甚至趨向解體，巴爾幹半島隱藏的地緣矛盾仍將成為世人矚目的焦點。

　　相比正處在間歇性穩定期的「巴爾幹火藥桶」，已經延續了 70 年混亂局面的克什米爾地區，還遠沒有看到和平的曙光。與巴爾幹半島有歐盟來調解、穩定局面不同，印度、巴基斯坦兩國在克什米爾的結構性矛盾，並沒有一個國家或者組織來調解。作為相關第三方的中

克什米爾及周邊示意圖

國，也許有機會發揮一定作用，但最大的問題在於，印度並不認為中國是克什米爾問題的相關第三方，印度認為中國是直接的參與者，甚至是與巴基斯坦結盟並與之對抗的參與者。結合印度一直視中國為大國政治舞台追趕對象的心理，以及中國向來不干涉別國內政的外交取向，克什米爾問題的解決，最終還是要靠印、巴兩國自身。

　　歷史上，中國對克什米爾的影響力，更多是通過西藏地區實現的。二者之間的地理、地緣聯繫，將是本節解讀的方向。

誰是真正的克什米爾

　　如果要給克什米爾地區貼一個地理標籤，那應該是「山地」。山脈在確定地理、政治邊界時，發揮着異常重要的作用。然而，作為一個數條高大山脈相會之地，克什米爾山地的密度實在是太大了，以至

常令試圖在地形圖上探尋其結構的人產生困惑：這樣一塊看起來並沒有甚麼價值的土地，為甚麼會令印、巴兩國趨之若鶩。

先來看看到底是哪幾條山脈包夾而形成了這片山地。簡單來說，克什米爾山地是由喀喇崑崙山脈主體及喜馬拉雅山脈西端組成的。其西部邊界止於興都庫什山脈，南部則面向富庶的印度河平原。進一步說，克什米爾山地就是青藏高原的最西端。

在地球上，喜馬拉雅山脈和喀喇崑崙山脈是分列平均海拔榜第一和第二的山脈。全世界海拔超過 8000 米的山峰中，有 10 座在喜馬拉雅山脈，其餘 4 座則全部位於喀喇崑崙山脈。兩條如此高大的山脈緊密貼合在一起，也難怪大家在地形圖上幾乎無法分辨出克什米爾的地理結構。幸運的是，除了肉眼難辨的山脈以外，我們還有水系這個法寶。既然這片看起來幾乎連成一片的高大山地實際是兩條山脈，那麼依照正常的地理邏輯，山脈之間必定會有縫隙，並在承接降水後形成河流。

這條河流大家並不陌生，它就是哺育了印度文明的印度河。概括地說，克什米爾山地其實就是印度河上游山地。也就是說，今天為印、巴兩國所分享的印度河平原（主體在巴基斯坦境內），生命之源皆來自這片複雜的山地。絕大多數情況下，水系結構都是呈樹狀的，即越往上游就存在越多的支流，複雜的克什米爾山地也不例外。總的來說，克什米爾地區的水系可以分為兩大部分：吉爾吉特水系和森格藏布水系。

事實也的確如此，身為印度河正源的森格藏布，發源於西藏的阿里地區，它還有一個漢語譯名 —— 獅泉河。在藏文化的語境下，獅泉河不僅包括中國境內部分，還一路向西延伸進了克什米爾地區，在今巴控克什米爾境內與吉爾吉特河交匯後，再南流的部分才被稱為印度河。當然，由於政治分割的原因，今天在地圖上，克什米爾部分的獅泉河就已經被標為印度河了。不過，這並不妨礙我們在本書中從地緣文化的角度還原獅泉河概念的本來面目。

　　有兩座著名的山峰可以幫助我們大致確定獅泉河流域的東西起始點。一座是位於中國境內的「聖山」——岡仁波齊峰，另一座則是位於巴控克什米爾境內，海拔超過 8000 米的南伽峰（世界第九高峰）。後者是喜馬拉雅山脈西端的最高點，通常也被認定為喜馬拉雅山脈主脈的起點。在歷史的自然磨合中，整個獅泉河流域形成了三個地緣板塊，包括中國境內的阿里、印控克什米爾境內的拉達克，以及巴控克什米爾境內的巴爾蒂斯坦。而與獅泉河交匯的吉爾吉特河流域則形成了巴控克什米爾境內的另一大板塊——吉爾吉特板塊。

　　吉爾吉特河流域與獅泉河中下游地區並不是克什米爾地區的全部。在巴控克什米爾範圍內，吉爾吉特—巴爾蒂斯坦地區此前又被稱為「北部地區」。然而，無論是吉爾吉特—巴爾蒂斯坦，還是拉達克，都不是真正意義上的克什米爾，而是「克什米爾北部山地」。「克什米爾」這個標籤來自印度河的另一支流傑赫姆河的上游谷地——克什米爾谷地。只是「克什米爾谷地」這個名字並不準確，以至很多資料在介紹這片土地時，會望文生義地將之形容為「峽谷」。事實上，這是一個位於喜馬拉雅山脈西端、由古老高山湖盆淤積而成的橢圓形盆地，將之命名為「克什米爾盆地」會更為精準。

　　即使在山地之中，決定每一板塊命運的也是那些更容易進行農業開發的河谷低地。相比克什米爾山地中真正的峽谷狀低地帶，位於盆地底部、海拔只有 1600 米（甚至比昆明還要低一些）、低地面積能夠達到 4000 平方公里的克什米爾盆地，優勢是那麼明顯，很容易就能從衛星圖或者地形圖上找到它的位置。

　　正是在控制了這個富庶盆地後，來自印度的克什米爾王公，才能將這個政治標籤覆蓋至北部的印度河—吉爾吉特河流域，並造成今日印、巴兩國的爭端。不過，克什米爾盆地仍然不是政治意義上的克什米爾的起點，它在地緣政治上的定位，更多是印度通往印度河上游山

地的一個跳板。「克什米爾」本身並不是一個完整的政治標籤，而是一個省略了重要前綴的簡稱。

在英屬印度時代，統治整個地區的土邦被稱為「查謨─克什米爾」。需要注意的是，在現在的印度政治版圖中，印控克什米爾部分同樣被命名為「查謨─克什米爾邦」。鑒於這個標籤已經有了新的含義，即使印度有一天真能奪取巴控克什米爾（雖然幾乎沒有可能），「查謨─克什米爾」這個標籤應該也不會在行政範圍上再擴大了。

從地理屬性上看，查謨並不屬於克什米爾山地，而是位於克什米爾盆地正南方。由傑納布河及其右岸支流拉維河在喜馬拉雅山脈南麓滋養而成的一片海拔 300 多米的台地，即查謨台地。這片台地之南，就是由傑納布河、拉維河、傑赫姆河，以及西端的印度河幹流，和東端的薩特萊傑河，共同沖刷而成的古印度文明的發源地 ──「上印度河平原」，即通常所說的旁遮普地區（旁遮普即為「五河之地」之意）。

查謨台地是整個「克什米爾」政治概念的起點，也是旁遮普地區向克什米爾盆地滲透的跳板。今天，克什米爾盆地的政治中心斯利那加，是印度查謨─克什米爾邦的首府所在。而在土邦時代，控制克什米爾盆地的查謨王公，同樣會將自己的夏宮定於斯利那加，在避暑的同時強化對這片土地的控制。正是通過上印度河平原、查謨台地、克什米爾盆地、克什米爾北部山地這樣的擴張路徑，查謨的印度教君主代表印度完成了從印度河平原向喀喇崑崙山脈的三級跳。

從 19 世紀查謨土邦的君主擴張出「查謨─克什米爾」的政治概念起，到印巴分治時止，今天通常意義下的「克什米爾」前後共經歷了百年的融合。然而，在大歷史的視角下，這些時間顯然不足以彌合整個地區內部巨大的地緣差。在印巴分治的影響下，整個地區的局勢出現了更加複雜化的傾向。最起碼在以宗教為分治標準的大前提下，印控克什米爾境內佔據多數的穆斯林並不會滿意這種歸屬。

　　印度同樣不會對現狀表示滿意。從地理結構完整的角度說，即使失去了吉爾吉特—巴爾蒂斯坦這部分北部山地，印度認為自己最起碼也應該完整控制包含克什米爾盆地、查謨台地這兩大核心之地的傑赫姆河流域。然而，仔細觀察印、巴兩國在克什米爾的停火線與水系之間的關係，你應該能夠注意到，印度並沒做到這一點。

　　在克什米爾盆地的西側，巴控克什米爾向南延伸了一條深入至查謨台地西端的小尾巴。這條地理上歸為克什米爾盆地附屬山地的小尾巴，在巴基斯坦被稱為「自由克什米爾」，也是除吉爾吉特、巴爾蒂斯坦以外，巴控克什米爾的第三個分區。這條位於克什米爾盆地西側高地上的小尾巴，不僅覆蓋了傑赫姆河及其北部支流尼蘭河的部分區域，同時也控制了克什米爾盆地通往北部山地及南部平原地區的主通道。

　　基於流域關係，自由克什米爾與克什米爾盆地一樣，被視為克什米爾概念的起源地。這也是印巴兩國在自己控制區內分區時，只有這兩個板塊能夠使用「克什米爾」這個標籤的原因。人口數量能夠從另一個方面反映這兩個「真正」克什米爾板塊的核心地位。在巴控克什米爾範圍內，儘管自由克什米爾面積是最小的，只有吉爾吉特—巴爾蒂斯坦面積的 18.4%，但 460 萬的人口數量卻是後者的 2.5 倍；而在印度控制下的克什米爾盆地，人口數量更是達到了 689 萬（2011 年數據），這一數字甚至比查謨的 538 萬還要多。對比佔印控克什米爾面積近半的拉達克的區區 30 萬人，大家應該更能感受到數字背後所蘊含的地緣潛力了。

　　單從水系分區的角度來看，克什米爾盆地與整個北部山地帶的連接並不穩固。雖然克什米爾盆地所依附的傑赫姆河同屬印度河流域，卻屬於印度河中游支流。如果某個印度人從克什米爾盆地出發，沿着河岸不間斷前行去考察克什米爾北部山地，那他就必須先西出這個古老湖盆，然後沿傑赫姆河南下進入印度河平原，並在上、下印度河平

原交接之處轉而北行，再沿印度河幹流上行進入克什米爾北部地區。顯然，現實中並不會有人這樣做，無論是旅行者還是當年進行軍事擴張的印度人，都能夠在傑赫姆河上游尋找到直接與印度河上游對接的山口，完成他們的探險行動。

只從這點就可以看出，克什米爾盆地與北部地區的聯繫並非十分緊密，否則，與之直接對應的獅泉河谷也不會成為藏文化的覆蓋區。基於同樣的原因，巴基斯坦和伊斯蘭教沿印度河幹流或吉爾吉特河谷向北部山地施加影響力，也要比印度強行從查謨向北完成三級跳容易得多。事實上，在伊斯蘭教幾乎覆蓋整個上印度河平原，並能夠沿傑赫姆河向上游地區傳播的背景下，即使是印度控制下的克什米爾盆地，穆斯林的數量也佔據了絕對優勢。在印控克什米爾三大板塊中，印度教教徒唯一能夠數量佔優的地區，只有一切問題的起點 —— 查謨（印度教教徒數量佔當地總人口數的將近 2/3）。

然而，就此認定印度在這場與巴基斯坦的地緣博弈中落了下風，也是失之偏頗的。畢竟作為印度境內唯一的穆斯林大規模聚落，查謨—克什米爾板塊（印控）那不到 800 萬的人口，對比全印度超過 10 億的印度教教徒來說，數量還是非常少的。這意味着，除非有比印度實力更高一級的域外政治力量加以干涉（比如當年的大英帝國），才有可能改變目前的地緣政治格局。在印度已經躋身世界一類地緣政治體，並且處於上升期的當下，這種可能性基本為零。

更為重要的是，以現在印巴雙方在印度河流域的國境線（或實控線）來看，印度在水資源方面佔據了明顯的優勢。由於身處熱帶沙漠氣候區，最初的印度河文明及現在的巴基斯坦都極度依賴上游高地補水。這點與中東的尼羅河流域、兩河流域情況類似。問題在於，為印度河平原提供補水的五條河流，每一條都是經由印度控制區注入巴基斯坦境內的。儘管印巴兩國在多方調解之下，於 1960 年簽訂了《印

度河河水條約》，但無論在此之前還是之後，兩國在水資源方面的摩擦都從未停息過。

根據 1960 年的協議，印度得到了自己境內的拉維河、薩特萊傑河（包括其支流比亞斯河）的全部水資源，這些原本應該繼續南下滋養巴基斯坦土地的珍貴河水，現在被水壩留在了印度境內，用以灌溉印度境內的旁遮普、拉賈斯坦等地區。很顯然，這一改變水資源自然結構的做法，已經從戰略上極大損害了巴基斯坦的利益，以至巴基斯坦方面不得不實施「西水東調」工程，用印度河（幹流）、傑赫姆河、傑納布河這「西三河」之水，補給水資源受損的拉維河、薩特萊傑河下游平原。

然而，即使是被巴基斯坦寄予厚望的「西三河」，也仍然要受到印度方面的掣肘。在巴基斯坦方面看來，印度通過在印控克什米爾超規模興修水電項目，仍然在傑赫姆河、傑納布河等河流的上游佔用了 15%–20% 本該屬於巴方的水資源。無論印、巴兩國的水資源之爭在法律層面誰更佔理，有一點是可以肯定的，印度在這場博弈中佔據了地理優勢。

同樣的情況也發生在南亞次大陸東部的孟加拉國。從地理角度看，孟加拉國處在恆河—布拉馬普特拉河三角洲。這兩條分別流行於印度北部、東北部地區的大河，客觀上成為印度向孟加拉國施壓的重要武器。不過，印度在水資源安全上也談不上完美。最起碼在它試圖以水為兵向鄰國施加影響的時候，還需要想起一件事，那就是布拉馬普特拉河上游在中國還有一個名字 —— 雅魯藏布江。

雖然基於和平發展的初衷，中國並不會真正利用雅魯藏布江的水資源來刻意打壓下游地區，但中、印、巴三國複雜的地緣政治關係卻使得印度每每對中國在雅魯藏布江流域修建正常的水電項目過於敏感。在這一複雜的地緣政治關係中，關於克什米爾範圍的認定，亦是

一個關鍵。在印度看來，克什米爾的範圍並不僅僅包括今天分別為印、巴兩國所控制的 17.3 萬平方公里土地，還包含喀喇崑崙山脈分水嶺之北、歸屬於中國的兩個地理單元：喀喇崑崙走廊以及阿克賽欽。在本節的最後部分，這兩個板塊的前世今生也將浮出水面。

好了，通過上述解讀，相信大家已經對「克什米爾」這個神秘標籤在不同語境下所涵蓋的範圍有了初步的了解。在國際關係中，這種不同的理解往往就是爭端的起源。接下來的內容，我們仍將以地理為經、歷史為緯，解析與中國地緣關係密切的幾個板塊，以釐清克什米爾在中國正在推進的「一帶一路」國際合作中將處於甚麼樣的地位。

阿里高原與「小西藏」

關於克什米爾的爭奪，焦點並不在於那些海拔動輒七八千米的山峰，而在於能夠支撐人類聚落生存的河谷地帶。問題在於，在現代國家概念形成之前，這些河谷地帶已經在數千年的人類文明史中經過自然博弈，沉澱出了屬於自己的原住民。如果不考慮這些原住民的屬性和想法，單純追求將國界線推進到高大山脈的分水嶺上，並試圖通過扼守那些人跡罕至的山口來捍衛一國領土，在地緣戰略層面是存在很大風險的。

一個為大家所熟知的歷史事實，是 1947 年依宗教信仰原則切割原英屬印度時，統治克什米爾地區的王公本身是印度教教徒，而克什米爾的大部分居民則為穆斯林。前者希望加入印度，後者則更願意生活在巴基斯坦。由此也造成了印、巴兩國長達 70 年的軍事對抗，以及現在克什米爾地區只有停火線的地緣政治格局。然而，無論從政治、民族、宗教還是歷史的角度來說，對這片土地的地緣結構造成過影響的，遠不止印、巴兩國及它們的前身，在克什米爾北部山地，來

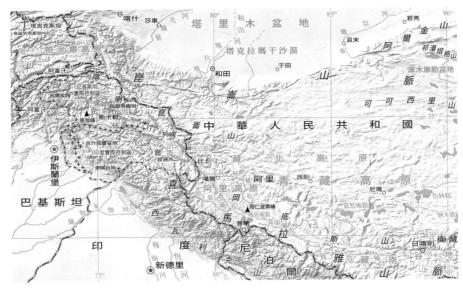

阿里地區及周邊示意圖

自中國方向的影響力要深遠得多。

　　提到來自中國的影響，就必須先解讀一下「阿里」這個地緣標籤。前面在解讀青藏高原的基本地理結構時曾經說過，自吐蕃崛起之後，岡底斯山脈與喜馬拉雅山脈之間，以雅魯藏布江中游河谷為核心的衛藏地區，一直被定位為西藏及藏文化的核心區。單純從這片高原來看，衛藏地區的核心地位並沒有問題。不過，如果以喜馬拉雅山脈為軸線，將由雅魯藏布江、印度河、恆河所組成的「環喜馬拉雅山脈地區」視為一個關聯區塊，我們會發現整個區塊的中心將是阿里。

　　在中國的行政區劃中，「阿里」是西藏自治區下轄的一個地區名。剝離掉阿里地區行政範圍內北部大片近似無人區的「藏北高原」，地緣意義上的阿里指向的是雅魯藏布江河谷以西、喜馬拉雅山脈以北、藏北高原以南、拉達克以東的河谷地帶，其地理標籤為「阿里高原」。有一種說法，如果青藏高原是「世界屋脊」，那麼阿里高原就是「世界屋脊的屋脊」。不管阿里高原是否有資格成為世界第三極的高點，有

一點是可以肯定的，那就是無論從地理還是地緣角度，阿里高原的確是整個環喜馬拉雅山脈地區的焦點。更準確地說，充當這一角色的是阿里高原東端兩處擁有神聖光環的地標：岡仁波齊峰和瑪旁雍錯。

岡仁波齊峰和瑪旁雍錯被印度教、藏傳佛教、西藏原生宗教本教以及古耆那教同時視為聖地。虔誠的宗教徒在岡仁波齊峰、瑪旁雍錯周圍「轉山」「轉湖」。視西藏為淨化心靈首選之地的文藝青年，相信這種儀式也能夠讓自己的心靈得到淨化。不過，我們更關注的是甚麼樣的地緣因素促成了這種四方來朝的現象。藏文化對這一地區地理特徵的標註，以及從地理結構入手的解構，有助於我們揭開這一謎團。與這一山一湖綁在一起的，是四條沿不同路徑向環喜馬拉雅山脈地區延伸影響力的河流：森格藏布、當卻藏布、馬甲藏布（尼泊爾境內改稱格爾納利河）和朗欽藏布。

森格藏布即印度河主源獅泉河。另外三條河流也是以動物來命名的。其中，當卻藏布翻譯成漢語為「馬泉河」，是雅魯藏布江的源頭部分；馬甲藏布為「孔雀河」，從阿里地區南部的普蘭縣境內穿越喜馬拉雅山分水嶺，由尼泊爾境內南下注入恆河；發源於阿里地區札達縣的朗欽藏布為「象泉河」，則是印度河平原「五河」概念中最東邊的薩特萊傑河的源頭。在印度幾乎截斷薩特萊傑河之水的情況下，薩特萊傑河實際上已經成為一條獨立的河流。

作為全世界平均海拔最高的山脈，喜馬拉雅山脈並沒有提供太多的缺口，讓山脈北部之水有機會注入南亞次大陸。印度河與雅魯藏布江本質上是從喜馬拉雅山脈兩端分別與喀喇崑崙山脈和橫斷山脈的相接處尋得突破口南下的。區別在於，後者與橫斷山脈結合得實在太緊密了，不僅在跨越分水嶺南流之時形成了一個世界級地理奇觀 —— 雅魯藏布大峽谷，更讓當年劃定「麥克馬洪線」的英國人，沒能在這一地區把設想的政治分割線劃到山脈的分水嶺上。另一方面，中國在雅

魯藏布大峽谷設置的行政區墨脫縣，也不得不成為中國最後一個通公路的縣（2013 年）。

　　相比之下，平行走向的喀喇崑崙山脈和喜馬拉雅山脈，對人類就要寬容多了。兩大山脈之間留下的縫隙，不僅為下游的印度河平原平添了更大範圍的集水區（克什米爾），還為人類在這一地區的生存及周邊區域的交流提供了基礎。這也是克什米爾會成為絲綢之路上的重要節點，而雅魯藏布大峽谷更多只是一個地理奇觀的原因所在。

　　單純身為東、西兩條繞至喜馬拉雅山脈南部的江河的源頭交匯處，已經足以讓阿里高原成為喜馬拉雅山脈北麓的焦點所在；能夠在一山一湖周邊再覓得兩個突破喜馬拉雅山脈阻隔的缺口，成為恆河、薩特萊傑河的源頭，這樣的地理屬性，使之也能夠受到山脈以南地區的矚目。然而，透過表面看本質，宗教層面的四方朝聖行為只是文明交匯的映射。上述四條河流只有在客觀上承擔了文明交流通道的作用，才有可能讓居於喜馬拉雅周邊地區的那些種族、信仰差異極大的民族，共同視這一交匯之地為聖地。而在地緣層面，能夠被映射出來的不僅有宗教方面的碰撞，更有政治、民族方面的博弈。

　　作為世界文明的先發地區，南亞印度文明對青藏高原的影響是毋庸置疑的。公元 7–9 世紀的吐蕃是西藏歷史上第一個有明確記載的政權，佛教正是在這一時期從印度和漢地兩個方向傳入衛藏地區的。後來被歸為密宗的藏傳佛教，更是直接傳自南亞次大陸。孟加拉地區在開啟伊斯蘭化進程之前，曾經也將密宗定為主要信仰，並與藏地進行過交流。

　　然而，吐蕃並非西藏地區政權的起點，佛教也不是高原民族的最初信仰。在佛教傳入的吐蕃時期，它一直遭遇着西藏本土宗教 —— 本教的抵抗，以至吐蕃末期還出現過滅佛歸本事件。在人類的發展過程中，宗教為了適應傳入地的地緣文化，多多少少都會做些吸收本土元

素的改變，由此才會有諸如漢傳佛教、藏傳佛教這樣的分類。佛教在傳入喜馬拉雅山脈北麓之後，同樣經歷了與本教博弈、融合的過程。今天藏傳佛教信仰中的一些獨特元素便是吸收自本教，其中以對岡仁波齊峰、瑪旁雍錯兩大聖地的崇拜最為典型。

事實上，吐蕃並非這片屋脊之地強大的開端，以拉薩—日喀則為核心的雅魯藏布江中游谷地，也不是高原文明的起點。在此之前，喜馬拉雅山脈之北曾經有一個以本教為國教的強大政權——象雄王國。儘管關於象雄王國還有很多未解之謎，但阿里高原是其興盛之地這點是可以肯定的。

從環喜馬拉雅山脈地區的文明傳播、交流入手，也許能夠解釋為甚麼環境並不那麼優越的阿里高原能夠率先成為高原文明的起點。首先，整體環境的差異，使得喜馬拉雅山脈之南的熱帶氣候區有機會比北部的高原地區更先開啟文明進程。這意味着，高原文明在形成自己獨特氣質的過程中，勢必會受到相鄰印度文明的影響。其次，南亞文明存在一個自西向東傳播的過程。最初的古印度文明產生於印度河平原，在雅利安人入侵之後，文明中心逐漸東移。恆河平原及南部的高原地帶開始為帶有種姓、婆羅門教（印度教）等印度—雅利安特徵的「新印度文明」所覆蓋。

當我們把南亞文明自西向東推進的過程與象雄—吐蕃的世代更迭聯繫在一起，一切就好理解了。在印度河平原還是南亞文明的優勢區時，與之有數條直接交流通道的阿里地區，一定比東部的雅魯藏布江河谷更容易在文化、貿易、技術等方面確立優勢。而隨着時間的推移，尤其在恆河平原成長為南亞文明中心後，與之相對應並且環境更好、能承載更多人口的雅魯藏布江中游谷地，也就順勢成為高原的地緣中心了。

雖然高原文化在發展時，會一定程度上從更發達的南亞地區吸收

文明因子，但二者之間巨大且缺乏地理緩衝的海拔差，使得青藏高原不僅能夠避免被南亞文明所同化，更能夠形成自己的地緣優勢。在高原的西端，阿里高原雖然失去了中心地位，但仍然承擔着幫助藏民族文化向西傳播的重任，以至我們今天在印巴相爭的克什米爾地區仍然能夠看到「藏」元素。

很多人知道，獅泉河中游以列城為首府的拉達克有「小西藏」之稱，但少有人知的是，獅泉河下游以斯卡都為首府的巴爾蒂斯坦，在巴基斯坦也有「小西藏」之稱。以至最早到此考察的英國人曾將從南伽峰到岡仁波齊峰之間的整個獅泉河谷都視為藏區的一部分，並將巴爾蒂斯坦、拉達克、阿里分別稱為第一西藏、第二西藏和第三西藏。

如果將喀喇崑崙山脈視為岡底斯山脈的延續，獅泉河與雅魯藏布江可以被視為處於同一谷地。在這條海拔、氣候類似的谷地，民族和文化的趨同並不讓人感到意外。以拉薩為核心的衛藏地區，如果要對拉達克、巴爾蒂斯坦保持政治控制力，阿里高原將是最重要的節點。然而，從地理環境層面看，要想以阿里地區為核心，向下游延伸控制力，還是有一定難度的。這是因為，正常情況下，河谷下游地區在農業、人口方面的潛力要大於上游地區。衛藏地區承載人口的能力其實是完全比不上下游的印度東北地區以及孟加拉地區的，只不過巨大的海拔差使得彼此之間幾乎完全隔離罷了。

作為「世界屋脊的屋脊」的阿里地區，其資源潛力不如身處下游的另外兩個「小西藏」。這一點從三個區域的人口總量也可以看出。今天，中國阿里地區的總人口約為 10 萬；歸屬於印控克什米爾的拉達克，總人口在 30 萬左右；至於最下游歸屬於巴控克什米爾的巴爾蒂斯坦，人口則超過 40 萬。這一數據反映出來的客觀現實是，如果歷史上衛藏政權足夠強大的話，那麼無論是拉達克還是巴爾蒂斯坦，甚至更遠的區域都有可能為其所控制。反之，如果衛藏地區的控制力

不夠，或者說有更強勢的外部勢力插入獅泉河流域，那麼阿里高原這個在整條河谷地帶中處於資源、人口弱勢的板塊，將很難承擔起制約中下游地區的地緣政治任務。

以獅泉河谷的歷史來說，也的確如此。公元 9 世紀中葉，強大的吐蕃開始走向崩潰，部分吐蕃王室成員在混亂中逃往拉達克、阿里，並分別建立脫離雅魯藏布江政權控制的拉達克王國、古格王國，開啟了獅泉河中下游地區的全面藏化進程。此後，為了爭奪對整個獅泉河流域的控制權，拉達克王國、古格王國一直爭端不斷。在這場博弈中，人口潛力更大的拉達克王國取得了最後的勝利，一度於 17 世紀上半葉控制了阿里全境。

然而，阿里高原的地緣地位是如此重要，衛藏的西藏地方政府即使能夠容忍獅泉河中下游地區脫離自己的控制，也不可能放棄這個環喜馬拉雅山脈地區聚集點。18 世紀末，在中央政府（清）的支持下，阿里地區回歸西藏地方政府的管轄範圍，拉達克則以藩屬的身份，被置於西藏地方政府及中央之國的政治結構中。19 世紀 30−40 年代，隨着查謨的入侵，拉達克在政治上被迫切斷與衛藏及中國的聯繫，成為克什米爾的一部分。

印度之所以能夠得到拉達克，與當時這片大陸的英屬印度背景是分不開的。一如我們之前分析的那樣，從查謨平原到克什米爾盆地，再到拉達克，這種三級跳式的政治擴張並非地緣擴張的常態。如果沒有當時稱霸世界的大英帝國主導，僅靠印度內部自發的力量，短時間內是很難做到的。由此導致的地緣後果之一，便是在印控克什米爾範圍內出現了印度教教徒主導的查謨、穆斯林覆蓋的克什米爾盆地，以及被世人稱為「小西藏」的拉達克三者並存的地緣奇觀。在可以預見的將來，即使能夠按照現在的印巴停火線解決劃界問題，這一地緣分割造成的負面效果，也將對印度的內政乃至外交造成長遠影響。

第四節
天塹與通途

　　對中國來說，克什米爾是一個敏感又無法繞過的區域。這不僅是因為中國與印控克什米爾交界處還存在多處領土爭端，更是因為無論在古絲綢之路，還是中國的「一帶一路」倡議中，克什米爾地區都是一個重要的節點。從這兩個角度來說，地緣政治考量與領土爭端才是人為設置的「天塹」；那些經由克什米爾連通世界的艱險通道，反而很容易在技術上變為「通途」。

　　在和平與發展成為人類共識，中國亦希望古老的絲綢之路煥發新的活力、重新成為中國與世界共贏平台的今天，即便政治「天塹」暫時無法逾越，也不妨礙我們從地理、地緣角度來解析一下這片神秘的土地。

古絲綢之路在克什米爾地區的走向

　　以包括拉達克、巴爾蒂斯坦、吉爾吉特三大板塊的克什米爾北部山地的自然地緣進程來說，來自恆河平原的影響力其實是可以忽略不計的。真正在這一區域與西進的高原影響力發生碰撞的，是沿吉爾吉

特河東進、來自中亞方向的影響力。

從位置上看，克什米爾整體處在西藏、中亞—西域、南亞三大板塊的包夾之中。這意味着，克什米爾地區應該在溝通歐亞大陸諸板塊的絲綢之路上成為一個重要的節點。不過，上一部分我們也說了，在不同的立場下，克什米爾的範圍其實是有很大分歧的。同時，每個可能被歸入這個概念下的亞板塊，具體所能聯結的大區也不盡相同。

絲綢之路很明顯是一個從中國視角出發的通路概念。在這個概念中，包括青藏高原在內的歐亞大陸中心地帶，所承擔的更多是中繼節

天塹與通途示意圖

點的任務。真正的貿易終端，是圍繞這片舊大陸腹地生成的幾個邊緣地區，包括東亞、西歐、南亞，乃至伊朗高原以南的阿拉伯世界。

　　從上述定義看，被喀喇崑崙山脈與喜馬拉雅山脈主脈合圍的拉達克地區，技術上雖然可以成為西藏地區與中亞、南亞文明交流的門戶，卻無力成為任意兩個邊緣地區交流的必經之路。真正在克什米爾概念中承擔絲綢之路任務的，是今天被巴基斯坦完整控制的吉爾吉特板塊。在這條絲綢古路上曾經發生過無數故事，其中與中國關聯最密切、最有代表性的，是唐代的「小勃律之戰」。透過這場發生在 1000

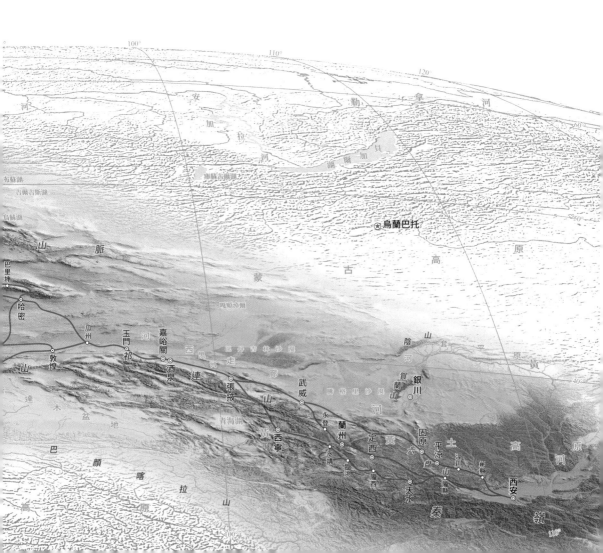

多年前的戰爭，我們可以清晰地了解到克什米爾北部高地有些怎樣的地緣價值。

公元 7 世紀初至 8 世紀中，也就是從唐太宗李世民主政的貞觀時期到安史之亂之前，是中國歷史上著名的盛世。以中央之國的普遍歷史觀來說，評價一個朝代是否有作為，通常是看其是否有能力將防線戰略性地延伸至長城以北。簡單點說，即是否能在東北地區、蒙古高原，乃至西域展現控制力。從這點來說，在上述板塊分別擊敗了東、西突厥和高句麗的唐王朝，應該是表現得很完美了。這使得唐朝與漢朝一樣，成為華夏文明在境內外最喜歡用來標註身份的代名詞。

然而，強大的唐王朝在外部地緣環境上也呈現出與其他朝代不同的特點，那就是來自青藏高原的力量成為中原王朝的主壓力源之一。從衛藏地區崛起，向北統一青藏高原諸板塊的吐蕃，甚至曾經攻陷過帝國首都長安。在其他歷史時期，能夠對黃土高原構成威脅的高原力量，只有位於河湟谷地—祁連山一帶的青海地區。無論是漢時的羌人，還是此前被吐蕃征服的吐谷渾，都沒有形成過如蒙古高原遊牧政權那樣的影響力。

除了通過青海地區、河西走廊向唐王朝在黃土高原的核心區施加壓力，吐蕃同樣參與了對塔里木盆地的爭奪。而在歷史常態下，參與爭奪這一地區的綠洲小國並施加影響力的，只有來自草原的遊牧勢力和中原王朝。絲綢之路帶來的巨大貿易利益是吐蕃西進的主要動力。阿里高原在這次地緣政治擴張中再一次充當了重要角色。

如果不考慮實際通行難度，從雅魯藏布江河谷通往塔里木盆地的最短線路，應該是自阿里高原中轉，然後穿越藏北高原西端進入南疆的和田地區。然而，任何在行政地圖上畫出的直線穿越方案，都只是理論上的計劃。在實際操作中，下一個補給點的位置才是路線的決定性因素。不要忘了，藏北高原還有一個讓人望而卻步的名稱 —— 藏北

無人區。類似這種高海拔、大面積的無人區，技術上並非無法穿越。後面我們會用具體的案例告訴大家，要完成這樣一次穿越，將付出多麼大的代價。

對於志在西域的吐蕃來說，即使能夠憑藉自己在高海拔地區的優勢穿越藏北無人區，對駐紮在西域的唐軍進行一兩次奇襲，在戰略上的意義也不大。要想真正從絲綢之路獲益，吐蕃需要的是一條戰略線路，一條沿途有人類聚落的線路。從這個角度說，沿着獅泉河谷而下，通過控制吉爾吉特河流域，對接絲綢之路的方案是最為可行的。

在這條戰略通道上，一個叫勃律的小國是橫亙在吐蕃王朝西進線路上的首要障礙。「勃律」在地理範圍內所指的，正是今天巴控克什米爾北部的吉爾吉特—巴爾蒂斯坦地區，更準確點說是吉爾吉特河谷與獅泉河下游河谷地帶。事實上，這一遵循自然地理結構所形成的地緣政治分區，在唐蕃爭霸的時代已然形成。勃律人原本的統治中心是在東側的巴爾蒂斯坦境內，在吐蕃強大的壓力下，這一中心遂西遷至吉爾吉特河下游河谷，並就此分裂為大勃律、小勃律兩個小國（東為大勃律，西為小勃律）。

當吐蕃軍隊通過征服大、小勃律站立在吉爾吉特河下游河谷時，他們的西域之旅還將面臨兩個方向性的選擇。與絕大多數河流一樣，吉爾吉特河也擁有兩個主源：一路向西指向帕米爾高原南沿的是它的幹流，另一條被稱為罕薩河的河流上源則向北指向喀喇崑崙山脈的西端。如果從路程來看，沿罕薩河谷北行的線路無疑是最經濟的。問題是，在現實世界中，你永遠不能只用幾何原則來規劃線路，尤其是在這樣一片複雜山地中。

罕薩河谷最終並沒有成為吐蕃進軍西域的通道，因為千百年來穿行於克什米爾山地的商旅們早已探明，直接翻越高大的喀喇崑崙山脈並不是最好的選擇。今天，生活在罕薩河谷的數萬罕薩人被稱為「世

界上最健康的人」，總人口中百歲老人的比例遠超世界平均水平。常識告訴我們，能夠獲得類似稱號的地區，往往在地理上屬於半封閉的世外桃源之地，罕薩河谷便是這種情況。如果把視線進一步抬高，我們會發現整個罕薩河谷其實是處在喀喇崑崙山脈主脈之中。很顯然，複雜的地理環境在幫助罕薩人維持健康、規律生活的同時，也減少了罕薩人從古絲綢之路獲益的概率。

最終充當古絲綢之路主線的是吉爾吉特河谷。從地理結構上看，吉爾吉特河谷與獅泉河谷一起分割了喀喇崑崙山脈和喜馬拉雅山脈。這也意味着這兩條河谷將一起承接打通克什米爾北部山地東西戰略通道的重任。只是沿吉爾吉特河上溯至源頭處後會發現，這條戰略通道所對接的將是平均海拔甚至高過青藏高原的帕米爾高原。作為亞洲大陸最著名的幾大山脈的匯集之地，這片高原會比喀喇崑崙山脈更適合充當絲綢之路的節點嗎？答案是肯定的。事實上，一片土地之所以被稱為高原，只是因為它的平均海拔夠高。能否承擔交通任務，包括有沒有人類大規模生存的條件，還是要看高原之上那些相對低地的情況。相對喀喇崑崙山脈這種單純的地表隆起之地，一片「高原」能夠為人類提供的想像空間要大得多。就像最初孕育華夏文明的黃土地，在地理定位上也同樣是片高原。

吉爾吉特河谷上源在帕米爾高原南沿將要對接的是著名的瓦罕走廊。這一走廊地帶橫亙於帕米爾高原和克什米爾山地之間，在今天的國家版圖上，主體在興都庫什山脈的阿富汗能夠有這樣一條狹長的國土與中國對接，很難不讓人產生地緣政治上的聯想。潛意識會告訴我們，它的存在應該與絲綢之路有關。

瓦罕走廊之名得自一條位於阿富汗境內的河流 —— 瓦罕河，河谷之北為之收集降水的山地，則被稱為瓦罕山。發源於帕米爾高原東南部的瓦罕河在西行至今阿富汗與塔吉克斯坦的交界處後，匯入一條充

瓦罕走廊及周邊示意圖

當阿富汗、塔吉克斯坦分界線的河流 —— 噴赤河。後者同時又是中亞名河阿姆河的上游部分。這意味着，順瓦罕河一路下行的商旅，無論是固執地一定要沿河谷前行，還是沿帕米爾高原西坡尋機進入吐火羅盆地，瓦罕河都將發揮連接中亞板塊的戰略作用。

現在的問題在於瓦罕河谷的另一端能夠連接哪裡。一個好消息是，作為幾大著名山脈的「山結」之地，帕米爾高原的東沿與崑崙山脈夾合成一條裂隙 ——「塔什庫爾干裂谷帶」。與瓦罕走廊及塔吉克高原主體一樣，生活在這片土地上的原住民是有着高原雄鷹之稱的「高山塔吉克人」。行政上則建制有中國境內唯一的塔吉克族自治縣 —— 塔什庫爾干塔吉克自治縣。

「塔什庫爾干」一詞在維吾爾語中的原意為「石頭城」，得名於一座位於塔什庫爾干縣城之北的唐代古城堡。這處遺址同時也見證了中央之國及古絲綢之路在這一地區的歷史。比照瓦罕走廊的命名原則，我們可將地理意義上的「塔什庫爾干裂谷帶」變身為地緣意義上的「塔

什庫爾干走廊」。需要注意的是，板塊意義上的瓦罕走廊、塔什庫爾
干走廊，都不僅僅指向兩條河流所覆蓋的河谷地區，而是整個帕米爾
高原南側、東側的谷地帶。

　　基於方位和地勢的原因，塔什庫爾干走廊所匯集的水（塔什庫爾
干河）並沒有如瓦罕河那樣向西流淌，而是向東穿越崑崙山脈成為塔
里木河上游之一 —— 葉爾羌河的一條源流。這意味着，只要尋路將
瓦罕走廊與塔什庫爾干走廊連接起來，一條翻越帕米爾高原、連接中
亞—西域的交通線路便宣告打通。相比無人區性質的藏北高原，河流
交錯的帕米爾高原生存條件反而要好些。無論是在絲綢之路進入政
治家視線的 2000 年前，還是今天，塔吉克人和他們的祖先一直都在
這片土地上遊牧。清朝時，包括東、南兩條走廊地帶的帕米爾高原又
被稱為「八帕」，意指其內部分為八個板塊（每個板塊都有相對應的部
落）。瓦罕和塔什庫爾干（時稱塔格敦巴什）都是其中一「帕」。

　　上述兩條走廊的存在，不僅左右了古絲綢之路的走向，更對今天
這一地區的地緣政治結構造成深遠影響。在塔吉克斯坦佔據帕米爾高
原主體的同時，得到了瓦罕走廊的阿富汗與留住了塔什庫爾干走廊的
中國，得以沿着古老的絲綢之路保有一條直接對話的戰略通道。追根
溯源的話，這種極富地緣政治感的設計，源自 19 世紀末英、俄、中
三國的博弈。[1]

　　在連接中亞、西域兩大板塊的問題上，瓦罕走廊與塔什庫爾干走
廊具有同樣的地緣政治價值。如果我們再把視野放寬到南亞乃至青
藏高原，瓦罕河谷在古絲綢之路上所能發揮的作用就更大了。除了北
沿的瓦罕山以外，瓦罕河的南沿還同時從興都庫什山脈東段與喀喇崑
崙山脈西端接受補水。結合吉爾吉特河谷實際為喜馬拉雅山脈和喀喇

---

[1]　　1895 年 3 月 11 日，英俄簽訂《關於帕米爾地區勢力範圍的協議》，劃定兩國在帕米爾的勢力分界線，
將興都庫什山北麓與帕米爾南緣之間的狹長地帶劃作兩國間的「隔離帶」，這就是瓦罕走廊。

崑崙山脈分割線的情況，這意味着只要沿着吉爾吉特河的某個源頭上溯，就有機會尋找到三大山脈相接的最薄弱處進入瓦罕走廊，打開通往中亞、西域兩大板塊的大門。

如果有興趣，可以按照上述推導，在純地形圖上沿着吉爾吉特河的上源尋找這個接合點。要是手邊只有行政地圖也沒關係，因為那些當年幫助政治家們劃定這一地區國界線的技術人員，已經在地圖上標定了這個地理分割線，那就是今天巴基斯坦、阿富汗以及巴控克什米爾三方的交界點。鑒於這個點只有一個，相信你很快能夠找到。

很顯然，這樣一個點應該天然存在於山口。這個被認定為興都庫什山脈和喀喇崑崙山脈分割點的山口，被稱為卡蘭巴山口。純粹從地理角度來說，卡蘭巴山口是最有資格充當吉爾吉特河（印度河支流）和瓦罕河（噴赤河支流）分割點的地標的，甚至可以被認定為青藏高原的西部起點。但在承擔古絲綢之路主通道這一問題上，其西部與之相距約 30 公里的兩個山口 —— 巴羅吉勒山口和坦駒嶺山口，起的作用要更大些。

以跨越山脈分水嶺連接兩條河谷這一情況來說，其實天然會存在很多山口。這是因為，每條河谷在它的左右山坡都會存在很多支流。這些支流河谷之間，就會存在很多配對成功的可能性。就像被視為天塹的秦嶺，內部一樣可以按照這一原則開拓出諸如子午道、陳倉道等多條通道來。具體選擇哪條道路作為主通道，除了考慮通行難度以外，還要考慮對接板塊的內部情況。

巴羅吉勒山口和坦駒嶺山口並非處在同一條分水嶺上，二者之間的距離只有 15 公里。之所以會有這樣看起來更複雜的選擇，是因為在興都庫什山脈東端、喜馬拉雅山脈西端，或者說瓦罕河谷與吉爾吉特河谷之間，還插入了一個新的地理單元 —— 吉德拉爾河谷。你很容易能在地圖上發現這個位於巴控克什米爾與阿富汗之間、地理上屬於

巴基斯坦北部山地範疇、行政上則歸屬於巴基斯坦吉德拉爾縣的突出部。其中，巴羅吉勒山口位於瓦罕河谷、吉德拉爾河谷的分水嶺上，坦駒嶺則是吉德拉爾河谷、吉爾吉特河谷分水嶺的一部分。

吉德拉爾河谷之所以沒有被納入克什米爾範圍，是因為沿着吉德拉爾河谷而下，從瓦罕走廊而來的商旅可以直接抵達阿富汗境內的賈拉拉巴德。在抵達這個絲路古城之後，可以選擇溯喀布爾河而上進入阿富汗腹地，也可以選擇沿着這條印度河右岸支流而下，在穿越開伯爾山口後，進入巴基斯坦境內的上印度河平原。

從地理基本面上來看，吉德拉爾河谷屬於印度河中游支流。它不像吉爾吉特河、獅泉河那樣，屬於印度河上游。包括吉德拉爾河谷以東那部分巴基斯坦北部山地，之所以未成為克什米爾的一部分，也都是因為其「中游」屬性。不過，同樣的原則並不適合從印度方向進行定義。基於以克什米爾盆地為跳板強行擴張的原因，這個本身與北部山地聯繫不深的印度河中游板塊，甚至得以將自己的名字擴展至喀喇崑崙山脈。

吉德拉爾河谷的重要性，在於為西域與南亞的交流提供了一條無須經過克什米爾北部山地的通道，能夠更快進入南亞低地區。基於這一通路的價值，我們同樣可以將之命名為「吉德拉爾走廊」。將上述地理關係釐清之後，瓦罕走廊的重要性逐漸顯現出來。經由這個樞紐點，西域、中亞、南亞，乃至青藏高原之間，都能夠打通交流通道。只不過，來自青藏高原的地緣力量除了控制獅泉河谷之外，還必須得到吉爾吉特河谷，才有可能直面這個四方力量匯集之地。具體到高原力量最為強大的吐蕃，其在地緣政治上的體現就是控制大、小勃律及帕米爾高原上的小國。唐代征小勃律之戰的目的，便是試圖將吐蕃勢力逼回阿里高原（此戰中最為關鍵的連雲堡之戰發生於瓦罕河畔）。

公元 7-9 世紀，唐王朝與吐蕃為爭奪絲綢之路的控制權，曾經在

天山至克什米爾的廣袤土地上進行過很多次戰爭，征小勃律之戰只是其中最具代表性的一次。釐清上述路線，相信對了解這段歷史會有很大的幫助。然而相比 1300 年前，這一地區的地理環境雖然並沒有太大改變，但具體到地緣層面卻出現了兩個重要的變化。

變化之一在於種族和宗教結構。歷史上，在歐亞大陸腹地的爭奪上，草原條件更好的歐洲遊牧民族擁有先發優勢。很有可能在公元前 4000 年，原始印歐人便已馴化並使用馬作為工具。這使得以雅利安人為代表的印歐語系民族很早就開始了向東擴張的進程。這一先發優勢使得今天從伊朗高原到南亞次大陸北部的主體民族（包括塔吉克人），無論在體質特徵還是語言上，都與歐洲諸民族呈現出密切關係，並共同擁有「印歐人」這個稱呼。

在克什米爾北部山地，印歐人也一度完成了全覆蓋，勃律國的建立者很有可能仍然屬於印歐人。不過，這一局面最晚至公元 9 世紀藏族在獅泉河中下游建立拉達克王國後便已改變，包括巴爾蒂斯坦在內的整個獅泉河流域開始為歸屬於藏緬語族的黃種人所主導，以至今天我們會在克什米爾範圍內看到巴爾蒂斯坦、拉達克兩個「小西藏」。單純從種族博弈的角度看，這種情況頗有點黃、白對決的意思。

然而，具體到族群劃分來說，種族只是其中一項參考特徵罷了。宗教、語言、政治，甚至地理距離等諸多要素，都會對族群彼此間的認同產生重要影響。儘管從客觀環境、種族以及歷史層面來說，巴爾蒂斯坦與拉達克似乎應該歸類在一起，但這兩個「小西藏」客觀上已經分化為兩個不同的族群。這種分化，並非印、巴兩國分治之功。事實上，印、巴兩國能夠在二者之間各取一塊，更多是基於現狀的順勢而為。

如果說以雅利安人為代表的白種人向東遷徙影響了歐亞大陸種族分佈結構，那麼源起於阿拉伯半島的伊斯蘭教的對外傳播影響的就是

宗教結構。在吉爾吉特等地的印歐語系部族皈依伊斯蘭教之後，處在「藏」文化前沿的巴爾蒂斯坦也在 15−16 世紀伊斯蘭化。也就是說，儘管從種族、語言、歷史等幾方面來看，今天 90% 的巴爾蒂斯坦人似乎都應該還是「藏」人，但他們在宗教層面已經與巴基斯坦境內那些印歐民族無異了。這使得巴基斯坦能夠在與印度爭奪克什米爾的控制權時順利得到巴爾蒂斯坦。

同屬一條河谷地帶的拉達克與巴爾蒂斯坦之間，本身並沒有明顯的地理分割，今天的印巴停火線，可以被認定為兩大板塊的分割線。歷史上，巴爾蒂斯坦曾長期為拉達克王國所轄。按巴爾蒂斯坦人自己的說法，造成巴爾蒂斯坦與拉達克地區分裂的直接原因，是發生在獅泉河谷的一次地質災害。這次災害雖然沒有在印度河谷中形成堰塞湖，卻阻斷了河道兩旁的道路。不過，這客觀上也為拉達克的藏傳佛教文化增加了一層保護。

事實上，在巴爾蒂斯坦伊斯蘭化之後，拉達克同樣在地緣結構上發生了重大變化。17 世紀後半葉，為了擺脫衛藏地區的控制，拉達克王國曾經與克什米爾地區的穆斯林部落結成同盟。而拉達克為此付出的代價，就是允許那些具有高加索人種特徵的部落以及他們的宗教進駐拉達克。今天如果你去拉達克旅遊，就會發現有「小西藏」之稱的拉達克其實並不只有藏族和藏傳佛教，拉達克的穆斯林比例甚至還要略高於佛教徒。當然，在拉達克實際已為印度所控制的背景下，出於地緣政治安全考慮，印度主觀上勢必會減緩拉達克的伊斯蘭化進程，只是基於同樣的理由，用來攤薄這一比例的將會是印度教人口。[1]

---

[1] 拉達克伊斯蘭教、佛教、印度教教徒人口佔比分別為 46.4%、39.7%、12.1%（2010 年數據）。

中巴公路與新藏公路

　　隨着工業化進程的推進以及現代國家制度的重塑，即使中國沒有提出「一帶一路」倡議，地區與地區之間、國與國之間的公路乃至鐵路的修建工作，也是非常有戰略意義的。在這個過程中，歷史上那些穿行於歐亞大陸腹地的商旅探索出來的絲綢之路，仍然具有重要的參考價值。以古絲綢之路的自然選擇來看，從中國的南疆地區（塔里木盆地）向南亞次大陸修築公路或鐵路的 A 方案，應該是由塔什庫爾干走廊、瓦罕走廊、吉德拉爾走廊、喀布爾河谷組成的。這一方案除了能夠儘量少地穿行於複雜山地，更因其在次大陸的中轉點 —— 開伯爾山口西側的賈拉拉巴德，處在連通阿富汗與巴基斯坦核心區的喀布爾河谷之側，西距阿富汗首都喀布爾、東距與之隔開伯爾山口相望的巴基斯坦西部重鎮白沙瓦，交通距離都只有 150 公里左右（距巴基斯坦首都伊斯蘭堡也不到 300 公里）。

　　無論從經濟還是從政治合作角度考慮，這樣一條能夠同時勾連兩國的線路，性價比都是非常高的。然而，基於現實的地緣政治原因，這條古老的絲綢之路暫時沒有重獲新生。從技術上看，這樣一條兩次橫穿阿富汗境內的線路，顯然要比中巴兩國直接合作更複雜些。更大的問題在於，身為「帝國墳場」的阿富汗自獨立以來，內部一直處於動盪之中。在這種情況下，復活一條能夠促進中、巴、阿三國經貿關係的古絲綢之路，將存在很大的不確定因素。

　　單純從通行的複雜程度來說，從瓦罕走廊對接吉爾吉特河谷，然後沿印度河而下的線路，是僅次於 A 方案的 B 方案。目前，吉爾吉特河口以南部分已經是中巴公路的重要組成部分，並在為中巴兩國架設友誼橋樑的同時，發揮着上述作用。只不過，同樣由於阿富汗內部政局不穩，瓦罕走廊與吉爾吉特河谷之間的天然通道並沒有變身

為國際公路。

在可以預見的將來，如果阿富汗的局勢能夠趨向穩定，那麼在中國大力推進「一帶一路」多邊經濟合作的大背景下，上述 A、B 方案應該都是很有可能成為「新絲綢之路」的重要組成部分的。在此之前，中國如果想擁有一條穩定抵達印度洋的陸地交通線，暫時只能選擇最為艱難的線路 —— 翻越擁有四座海拔超過 8000 米山峰的喀喇崑崙山脈，通過世外桃源般的罕薩河谷來打通中巴之間的交通線。

歷史上，喀喇崑崙山脈並非不存在能夠供人類通行的山口。位於中、巴邊境的明鐵蓋達坂、紅其拉甫達坂等山口（「達坂」即為山口之意），都曾經為喀喇崑崙山脈兩側居民的溝通發揮過作用。20 世紀 60 年代，中國和巴基斯坦基於共同的利益，決定建立夥伴關係後，相對通行條件更好的紅其拉甫山口成為打通中巴陸地通道的節點。前後共花費 13 年時間（1966–1979 年），中巴友誼公路宣告通車。

鑒於喀喇崑崙山脈在整條公路中的重要性，這條公路又被稱為「喀喇崑崙公路」。然而，紅其拉甫條件較好只是相對而言，這裡也素有「死亡山谷」之稱。在整個施工過程中，共有超過 700 名中、巴施工人員付出生命的代價。在吉爾吉特中國烈士陵園中，長眠着 88 名在施工中遇難的中方工程人員。更為嚴峻的是，紅其拉甫南北的地質情況非常複雜，常年面臨着雪崩、塌方等自然災難的威脅。相較於經由瓦罕走廊的 A、B 方案，當下的喀喇崑崙公路在通行難度上只能算是 C 方案。

儘管如此，從地緣政治角度考慮，這樣一條在通行條件上不是最優的公路，卻對中、巴兩國意義非凡。即使有一天，繞過喀喇崑崙山脈及克什米爾的 A 線路能夠打通，也無損喀喇崑崙公路的戰略價值。於中國而言，這是一條能最大限度避開政治不確定因素（只需考慮和巴方的關係），直達印度洋的戰略通道；而對巴基斯坦來說，除了與

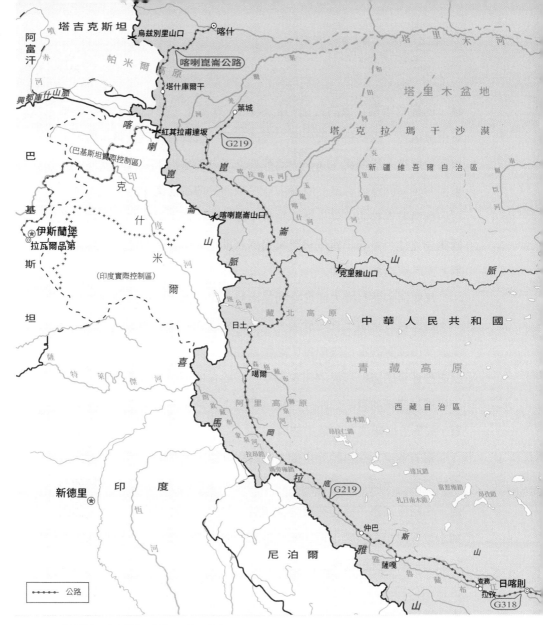

喀喇崑崙公路和新藏公路［G219］示意圖

互為「全天候戰略合作夥伴關係」的中國建立緊密聯繫以外，打通從喀喇崑崙山巔延伸到印度洋的縱向交通線，更對其坐實巴控克什米爾有着重要的戰略意義。

為了穩定內部結構，中國同樣也需要一條橫向公路，以連通新

疆、西藏這兩個在國防最前沿的板塊 。理論上，如果整個環喀喇崑崙山脈地區，也就是今天分屬三國的瓦罕、吉爾吉特—巴爾蒂斯坦，以及拉達克，能夠處在同一政治框架之下，那麼沿吉爾吉特河谷、獅泉河谷，橫向連通青藏高原與中亞、南亞的傳統絲綢之路主線還是可以繼續煥發青春的。只是鑒於這條主線已經位於中國境外，且印、巴兩國在克什米爾的矛盾解決起來遙遙無期，這條絲路古道暫時連做備選方案的資格都不具備。

每個國家都有權力從自身利益出發，想像出一條理想的安全線，只不過就現實來說，立足於當下領土、維護戰略安全才是正途。在喀喇崑崙山脈客觀上已經成為中國和南亞國家政治分割線的情況下，被歷史推進至國防線前沿的阿里高原，需要在中國控制的範圍內，打通一條連接南疆的戰略公路。在這個問題上，阿里高原再次因其地理位置，成為連通新疆和西藏的窗口。

總的來說，在自然降水稀少的阿里高原，大多數土地只適合開展畜牧經濟。然而，擁有更大人口潛力的，又往往是那些適合農耕的土地。在阿里高原，適合開展種植業的少量土地，存在於能夠承接高山補水並形成相對溫暖小環境的盆地狀河谷地帶。自公元 9 世紀的古格王朝起，藏區對這些核心河谷的描述，便有「阿里三圍」之說（相傳，古格初代國王將三個兒子分封到這三個地方），包括「雪山環繞的地方」——象泉河谷（普蘭）、「岩石環繞的地方」——孔雀河谷（札達）和「湖泊環繞的地方」。

第三圍「湖泊環繞的地方」的位置，並不是特別確定。一般認為，這一圍應該在拉達克。不過，通過前面的分析我們已經知道，拉達克其實是一個與阿里板塊同級的地緣政治板塊。在吐蕃衰弱之後，這兩個地區很快建立了拉達克王國和古格王國，摩擦不斷，更何況以列城為中心的拉達克並沒有呈現出「湖泊環繞」的地理特徵。因此，阿里

三圍的最後一圍並不是拉達克。

在阿里高原星羅棋佈的湖泊當中，除了戴着「聖湖」光環的瑪旁雍錯之外，最引人注目的應該是日土縣境內的班公錯。這片湖泊環繞的地區，才最有可能是阿里三圍中的最後一圍。注意到班公錯的人，更多是被這個湖區的另外兩個特質所吸引：一是這個狹長的內流湖實際上分為「西鹹東淡」兩部分，二者之間靠一條狹窄的水道相連；二是它是中、印兩國之間的界湖，其全部淡水部分及部分鹹水部分位於中國境內。由於位置特殊，班公錯湖面上駐紮的邊防水上巡邏隊，經常被非正式地稱為「西海艦隊」。

班公錯這種特殊的水質結構我們並不陌生，應該說在每個內流淡水湖的旁邊，都必定有一個湖底海拔更低的鹹水湖，以幫助其沉澱河流帶來的礦物質。比如在「聖湖」瑪旁雍錯旁邊，就連着一個起這樣作用的拉昂錯。在瑪旁雍錯被奉為「聖湖」之後，與之水質迥異的拉昂錯不僅沒有沾光，甚至還成為黑暗的對立面，被稱為「鬼湖」（藏語原意為「有毒的黑湖」）。

嚴格來說，班公錯並不屬於印度河流域。它與獅泉河流域最重要的一條支流、主體位於拉達克境內的什約克河之間，相隔一道 6 米高的分水嶺；與獅泉河谷之間，也有一條 60 公里長的天然峽谷相通。從外形來看，班公錯並不是一個標準的盆地型湖泊，而是一個東西長約 155 公里，南北寬約 15 公里的峽谷型湖泊。根據經驗來看，這種形態的湖泊更多出現在築壩而成的高山水庫中。如果不是人工建築的，那最大可能就是由於某一次地質運動而形成的堰塞湖。

班公錯是不是堰塞湖，目前還沒有相關研究成果，但如果班公錯在某個歷史時期曾經與獅泉河谷或者什約克河相通，並不會讓人感到意外。儘管沒有正式歸屬於印度河流域，但二者之間如此緊密的地理關係，以及東班公錯所蓄積的珍貴淡水，已經足以讓它成為阿里高原

最北端的核心地理單元，並因為與拉達克相鄰的位置，成為印度所覬覦的對象。鑒於塔里木盆地位於阿里高原的北部，如果在二者之間尋找一條距離最短的通道，那麼最有可能充當南部起點的當屬日土縣境內的東班公錯地區。

歷史上的確存在這樣一條古道。沿着班公錯東北部支流多瑪曲（日土縣多瑪鄉境內），古道一直向藏北高原腹地延伸。而在塔里木盆地方向，承擔這一任務的是于田縣境內的克里雅河，這條勾連新疆和西藏的古道也因此被命名為「克里雅古道」。

克里雅河在藏北高原的源點被稱為「克里雅山口」，今天如果在地形圖上觀察新疆地區行政邊界，會發現這個自治區的南部其實延伸到了青藏高原北部。將那些注入塔里木盆地的河流置於同一行政大區範圍內，是造就這一行政格局的地理依據。處在新疆和田地區與西藏阿里地區分界線上的克里雅山口就是其中一個分割坐標。

就這條線路來說，翻越山口已經不是最大的障礙。因為有了藏北高原這個底座，那些在高原上凸起的山地，相對高度反而並不算太高。身處其中，你甚至很難準確定位包括克里雅山口在內的各流域之間的分水嶺。事實上，由北向南試圖向班公錯進發的旅行者，在穿越克里雅山口之後，無法直接轉入班公錯流域。二者之間還隔着大片人類無法生存的高原鹽湖（流域間的直接距離就超過 200 公里）。即使帶夠給養，或者通過捕殺野生動物來補充給養，並在這種缺乏河谷通道的地形中找準前行的方向，你還要面對高原反應和變化無常的天氣挑戰。

由於通行條件過於惡劣，克里雅古道並沒有成為新疆和西藏之間商業、人員溝通的橋樑，它的定位更像是大道之外的「小路」。然而，一如三國時期鄧艾借陰平古道奇襲蜀地，這種容易被人忽視的「小路」一旦被軍事行動所突破，政治上的收穫通常也是巨大的。1717 年，

一度控制新疆、與清王朝對抗的蒙古準噶爾部，曾經以 6000 兵力沿克里雅古道進入阿里，奇襲衛藏地區並取得成功，建立了政治統治。

　　沒有準確數字告訴我們，300 年前的蒙古騎兵在穿越克里雅古道時遭遇過甚麼樣的困難。另一個 60 多年前的案例，卻能讓我們真切感受到藏北高原的艱險之處。1950 年，一支由 136 人組成的隊伍，經由這條線路進行過一次史詩般的穿越行動。在整個穿越過程中，共有 40 人付出了生命代價。這支隊伍後來被授予「進藏英雄先遣連」榮譽稱號。後期同樣通過克里雅古道所運送的補給，最終只有不到十分之一安全送達。

　　以克里雅古道的原始狀態，自然是無法承擔溝通新疆、西藏的戰略任務的。在完成那次史詩般穿越後不久，沿克里雅古道修建的新藏公路進入施工階段，不過這條路線很快就被放棄了。複雜的地質條件是重要原因之一。一個可信的說法是，當時的施工大軍甚至親眼目睹了火山噴發的場景。

　　沿河谷穿行，是人類自史前時代起就已經掌握的基本技能。從這個角度說，穿越藏北高原腹地的克里雅古道並不是最好的選擇。塔里木河在青藏高原西部的兩條上游河流 —— 葉爾羌河與和田河（主源喀拉喀什河），源頭部分看起來要與班公錯更為接近。歷史上，來自新疆的商旅也的確沿着這兩條河流打通了連通新疆和西藏的商道。儘管這些古道經常依起點不同被打上各種標籤（例如桑株古道、克里陽古道等），但萬變不離其宗的是，葉爾羌河及喀拉喀什河的上游河谷，都在其中發揮了核心作用。因此，我們可以將這兩條核心線路統稱為葉爾羌古道與喀拉喀什古道。

　　無論是從哪一條古道修建新藏公路，在工程上遇到的挑戰都將是巨大的。當然，在人類掌握了工業技術之後，這些挑戰並不是無法克服的。一個前面我們提到的案例是，儘管由罕薩河谷進入南亞的通道

並非 A 方案，但在地緣政治的需要下它還是被打通了。在新藏公路的選址問題上，地緣政治方面的考慮同樣重要。一個顯而易見的理由是，在喀喇崑崙山脈主脈大部已成為中國與鄰國國境線的背景下，如果新藏公路的選址能更加靠近喀喇崑崙山脈北麓，那麼這條公路所具備的，就不僅僅是連通中國兩大邊疆板塊的作用，其將在國防層面擁有更高的價值。就這點來說，沿克里雅古道修建公路的方案，並不如選葉爾羌河或者喀拉喀什河沿岸更有價值。

從溝通新疆、西藏，以及承擔國防公路的任務來看，初建於 20 世紀 50 年代末的新藏公路無疑是合格的。然而，今天我們看到的新藏公路實際上並不是一條古道，更準確地說，它是一條串聯了三大古道的新生命線。葉爾羌河谷、喀拉喀什河谷，以及東班公錯上游的多瑪曲河谷，都為這條新藏生命線貢獻了力量。換句話說，在溝通西域、南亞、西藏三大板塊的問題上，今天的中巴公路、新藏公路所選擇的路線，其實都不是歷史上的 A 方案。不過，造成這一切的根源倒是一致的，那就是英屬印度在青藏高原的擴張。

阿克賽欽與喀喇崑崙走廊

對於印度或者說整個南亞次大陸在地理結構上的短板，大英帝國可以說是了然於心的。為此，在英國的推進下，英屬印度的東、西邊界都站上了相對應的高地。儘管這一設計為今天巴基斯坦西部山地以及印度東北地區的動盪埋下了伏筆，不過將邊界推向天然邊界的做法，可以預期的收益是戰略性的，今天的印、巴兩國應該不會為這種設計而責怪英國。

當然，英國人當年的做法，並不是為了後來印、巴兩國的利益，而完全是出於維護自己利益的考慮。控制克什米爾及包括尼泊爾、

不丹等國的喜馬拉雅山南坡地區，還不足以讓英國人對英屬印度感到足夠安全。理論上，整個環喜馬拉雅山脈地區都處於英國的勢力範圍內，這一安全閉環才算完整。正是基於這一考慮，19世紀後期的英國戰略家們，明確將西藏定位為印度的北部緩衝區。除了多次派出探路隊以外，更分別在1888年、1903年兩次發動侵藏戰爭。藏族在這片高原之地獨特的地緣優勢以及中央政府的支持，是英國最終未能在喜馬拉雅山脈北麓滲透成功的關鍵。與之形成對比的，是不具備這兩項地緣背景的緬甸，兩次英緬戰爭後被迫成為英屬印度的一個省（1886年）。

儘管擴張者往往會基於現狀制定一個目標，但在實際操作中，何時停止擴張的腳步，取決於是否遇到了難以逾越的障礙。比如，英國如果未能把緬甸變為「緬甸省」，那麼它所追求的就會是將緬甸定位為緩衝國，而做到這點後，泰國就會被定位為英屬印度與法屬印度支那之間的緩衝國。這種情況在如何定位「環喀喇崑崙山脈地區」的問題上，同樣有所體現。

單純從為英屬印度謀求一條強力天然邊界的角度說，通過查讚─克什米爾土邦將控制線延伸到喀喇崑崙山脈其實已經足夠了。不過做到這點的英國人，並沒有認為自己在南亞的利益得到了絕對保障。這種擔心很大程度上並非來自當時處在混亂中的中國，而是強勢在中亞擴張的沙皇俄國。英國人擔心，已經站上了天山山脈的俄國人接下來勢必會向西域擴張。事實上，俄國人也的確這樣做了。如果不是清政府採納了左宗棠的「塞防」主張，並最終收復新疆的話，那麼無論是通過保護國還是直接控制，俄國人的勢力都將抵達崑崙山脈。

為了應對這種可能的地緣政治風險，英國人希望自己能夠搶先一步將「克什米爾」或者說英屬印度的概念推進到喀喇崑崙山脈以北，乃至站上崑崙山脈主脈。正是基於這一設想，崑崙山脈分水嶺、喀喇

崑崙山脈、藏北高原三大高地之間，一條被稱為「約翰遜線」的利益分割線隔出了一塊土地 —— 阿克賽欽。

從地形結構上看，阿克賽欽是一個由崑崙山脈、喀喇崑崙山脈和藏北高原三方合圍而成的盆地，因此我們也可將之稱為阿克賽欽盆地。通過盆地的西北部，喀拉喀什河得以迫近喀喇崑崙山脈，並與印度河最北部的源頭 —— 什約克河相望。同時，後者的源頭及左岸支流也覆蓋了這個高原盆地的南部邊緣區。這使得阿克賽欽成為這一南一北兩大水系的交匯地，並有可能因此而具備通路作用。除此以外，阿克賽欽盆地的大部是以阿克賽欽湖為核心的內流區。

無論哪個歷史時期，在「環喀喇崑崙山脈地區」承擔政治分割任務的都是喀喇崑崙山脈，英國人的做法顯然不可能得到中國的認同。如果真如英國人所擔心的那樣，俄國將勢力線壓到了崑崙山脈分水嶺，那麼阿克賽欽問題很可能在 19 世紀末就浮出水面了。而事實上，俄國人最終沒有能夠出現在崑崙山脈北麓。在 20 世紀中葉，中、印兩國先後迎來自己的新生命，並開始自主審視邊境線的走向，這個由大英帝國埋下的地緣政治炸彈，卻在 20 世紀 60 年代爆炸，並深刻地影響了兩國的政治關係。

對於一切都遵從英國安排的印度來說，從未發揮過法律效力的「約翰遜線」是英國人為其留下的一筆政治遺產。一如前面對於「擴張者」的描述那樣，如果沒有遇到不可逾越的障礙，印度似乎沒有理由放棄這個迫近崑崙山脈的突出部。然而，對於中國來說，這種情況是完全不可接受的。因為這樣一條無論從地理、歷史還是法理上來看，都明顯不具備合理性的分割線，將從戰略上影響中國在這個方向的安全。一個顯而易見的事實是，鑒於阿克賽欽的南、北兩端分別壓在了喀喇崑崙山脈、崑崙山脈兩大山脈之間，中國如果想修建一條從南疆地緣政治中心喀什通往西藏首府拉薩的新藏公路，最合理的路線將無

法實現。最終如我們現在所看到的那樣，喀拉喀什的部分河谷及阿克賽欽盆地都成了新藏公路選址的組成部分，阿克賽欽並沒有成為印度所認為的克什米爾的一部分。

在一定要認定阿克賽欽屬於克什米爾的問題上，英國人和印度人都無法面對的一個邏輯悖論是，英國人是根據殖民時代所確立的「誰發現，誰佔有」原則，單方面將阿克賽欽地區劃入克什米爾範圍的。這一劃分的前提則是認定阿克賽欽為一片無人涉足的「無人區」。然而，作為新疆、西藏商貿的主通道，喀拉喀什古道在「藏區」的終點實際就在拉達克境內。也就是說，沿着這條古道向崑崙山麓探險的英國人，其實正是因為阿克賽欽有路通行（包括有嚮導），才得以畫出那條臆想中的紅線的。

在以拉達克為起止點，連通南疆地區的通路中，喀喇崑崙山脈主脈並沒有成為障礙。前文提到的印度河源頭──什約克河谷，可以承擔這一任務。這是一條發源於阿克賽欽境內，沿喀喇崑崙山脈北麓南行，繞過喀喇崑崙山脈後，再沿南麓折向巴爾蒂斯坦境內，與獅泉河相匯的河流，分割二者的這段山地被稱為拉達克山脈。

環境相對較好的什約克河谷下游，同樣是巴爾蒂斯坦的組成部分。在這個問題上，佔據獅泉河下游的巴爾蒂斯坦人會更具優勢。不過，對於拉達克人來說，什約克河中上游河谷同樣具有重要意義。在巴爾蒂斯坦與拉達克因為地質和政治原因被切割為兩個獨立地緣板塊後，拉達克人需要借由什約克河谷打通一條獨立通往西域的商道，即使這條商道在通行難度上要高於當年吐蕃和高仙芝所走過的路線。

西班公錯與什約克河、獅泉河之間的特殊地理關係，為拉達克向什約克河中上游地區滲透影響力提供了戰略上的可能。這個為東班公錯排鹽的湖泊，地理上的特別之處在於，它與什約克河谷及獅泉河谷之間的距離都非常近，並且存在天然谷地通道。這也是為甚麼前面說

它很有可能在某個地質時期與兩條河流相通。如果以拉達克山脈為核心，將什約克河谷、西班公錯與獅泉河谷（中下游）視為「環拉達克山脈地區」，那麼因為西班公錯這個支點的存在，列城的拉達克人更有機會將勢力範圍延伸至什約克河谷中上游地帶。

歷史上，拉達克王國不僅通過西班公錯向北打通了通往喀喇崑崙山北側的商路，更向古格王國控制下的東班公錯（在今西藏自治區阿里地區日土縣境內）成功擴張過。看清了這層地理關係，也就能夠理解為甚麼得到了拉達克的印度能夠在班公錯與中國形成對峙狀態，更能夠明白，為甚麼印巴停火線能夠縱向切割整個「環拉達克山脈地區」。

在居於下游河谷地帶的巴爾蒂斯坦人眼中，獅泉河是一條「雄性」的河，什約克河則是一條「雌性」的河。然而，在印度向喀喇崑崙山北滲透影響力的問題上，什約克河中上游河谷卻充當了更為「雄性」的角色。由於翻越拉達克山脈的難度要遠低於周邊幾大山脈，從列城出發的拉達克人、印度人、英國人，如果想進入什約克河谷，一般會直接翻越拉達克山進入西班公錯與什約克河谷相接地帶。在此之後，試圖向塔里木盆地進發的旅行者，有兩個方向可以選擇。一是經由西班公錯之北的什約克河左岸支流羌臣摩河谷東行，然後在中印邊境一帶轉而向北，由阿克賽欽盆地西南角進入中國境內，最終沿喀拉喀什古道進入塔里木盆地。如果不想選擇上述路線，那沿着什約克河谷繼續向阿克賽欽西北角的源頭北行，也是可選方案。這一路線並不進入阿克賽欽。在阿克賽欽盆地西北角與喀喇崑崙山脈之間，一個著名的山口 —— 喀喇崑崙山口，承擔了葉爾羌河與什約克河分水嶺的職責。也就是說，只要穿越喀喇崑崙山口，沿什約克河谷北上的旅行者就能夠進入葉爾羌古道，並最終抵達塔里木盆地。這也是為甚麼今天是喀喇崑崙山口而不是喀喇崑崙山主脈分水嶺成為分割中國和印度的天然地標。

　　然而，在這片人跡罕至的高海拔地區，整條路線的海拔及通行難度完全沒有因為繞過喀喇崑崙山脈主脈而降低（喀喇崑崙山口海拔 5575 米）。什約克河的走向，更多只是在技術上給了印度一個在喀喇崑崙山脈主分水嶺以北立足的依據。真正能夠造成實際影響的，還是那些能充當天然通道，並為旅行者甚至定居者提供補給的河流的歸屬。

　　從水系分割的角度來說，如果當年阿克賽欽如英國人所謀劃的那樣，成為克什米爾的一部分，印度從而得以控制部分塔里木河水系（喀拉喀什南亞河），無疑將在這個方向上更具地緣優勢。即使不考慮政治家、軍事家們執拗追求「天然疆界」的合理性，在南亞三大河流——印度河、恆河、布拉馬普特拉河都有源流在中國境內的情況下，單單能夠控制部分塔里木河的源頭，也足以提升一點印度的民族自尊心。

　　在向塔里木河水系滲透的問題上，阿克賽欽並不是英屬印度或者說印度唯一的訴求點。除了最東段對應印控克什米爾什約克河部分，喀喇崑崙山北坡之水，也就是大體對應巴控克什米爾的部分，都匯入了塔里木河水系的另一個源頭——葉爾羌河。其中，尤以位於喀喇崑崙山脈中段，沿山脈北麓西行的源頭河流克勒青河，與喀喇崑崙山脈的地理關係最為緊密。

　　克勒青河谷也有一個打上「喀喇崑崙」標記，並帶有通路屬性的地緣名稱——喀喇崑崙走廊。沿着這條河谷，往來的商旅既可向西轉入塔什庫爾干走廊，也可直接沿河而下接入葉爾羌古道。事實上，從水系劃分來說，塔什庫爾干走廊同樣屬於葉爾羌河水系。這意味着，控制了喀喇崑崙走廊就擁有了通過葉爾羌河水系向塔里木盆地滲透的跳板。印度向喀喇崑崙山脈以北滲透的政治主張中，喀喇崑崙走廊也是計劃的一部分。然而，落實這一想法的大前提是「統一」整個克什米爾。因為在克什米爾範圍內，真正能夠在這個方位跨越喀喇崑

崙山脈向克勒青河谷滲透影響力的，是巴控克什米爾範圍內的巴爾蒂斯坦。

在吉爾吉特與巴爾蒂斯坦分屬兩個地緣政治單元的情況下，無論是一千多年前的大勃律，還是後來的巴爾蒂斯坦，如果想打通與西域乃至中亞的通道，最好的辦法還是如拉達克那樣，在人跡罕至的喀喇崑崙山以北地區尋找機會。喀喇崑崙走廊及其所對應的山口，便成了巴爾蒂斯坦通往西域的窗口，這也是來自克什米爾方向的力量染指克勒青河谷的大背景。不過，中國與巴基斯坦兩國已經在 20 世紀 60 年代和平解決了這一問題，兩國在這一地區的國境線也基本鎖定在喀喇崑崙山脈的分水嶺之上。

儘管喀喇崑崙走廊歷史上是巴爾蒂斯坦直通南疆的主通道，但並不代表拉達克控制下的什約克河谷沒有機會接入這條走廊。很多人應該已經注意到，雖然印、巴兩國在數十年前就已經在克什米爾劃定了停火線，但這條停火線北部並沒有延伸到對應的喀喇崑崙山口，而是留下了一個缺口。很顯然，印巴兩國對這一地區的歸屬仍然存有爭議。

這個印巴角力的焦點就是錫亞琴冰川，這片冰雪覆蓋的土地被世人稱為「世界上海拔最高的戰場」。在國際新聞中，這個地方的出現往往伴隨着死亡。絕大部分為之付出生命的印巴軍人並不是死於戰場，而是死於自然災害。僅僅是在 2012 年 4 月 7 日的一次雪崩中，巴基斯坦方面就有 140 人葬身於此，其中絕大部分人甚至無法找到屍體。追根溯源，這樣一條看似毫無價值的冰川之所以成為印巴角逐的主戰場，是因為它還有一個看起來不那麼冰冷的標籤 —— 努布拉河谷。

準確地說，錫亞琴冰川並非完全與努布拉河谷重疊，它實際所指向的是河谷的上游部分。而努布拉河則為什約克河中游右岸的一條支流，兩河相接的位置與列城隔拉達克山脈相望。這意味着，除了喀

喇崑崙山口及阿克賽欽，列城還可以通過努布拉河谷翻越對應的山口（因地拉科里山口），直通喀喇崑崙走廊。問題在於，如果想通過這條河谷翻過喀喇崑崙山，上游河谷的通行情況是最重要的。很難想像，這樣一段被我們視為死亡之谷的冰川，能夠幫助打通拉達克地區與西域之間的通道。

如果努布拉上游河谷的情況一向如此，相信在古代是沒有人願意嘗試在此開闢道路的。實際情況是，這段山谷並非自古以來就是冰川。它真正由一條普通河谷成為一座冰雪覆蓋的冰川的歷史不過兩百年時間。也就是說，在 18 世紀之前，努布拉河谷都是可以打通連接西域的道路的。而在此之後，由於氣候變化，冰川開始向下生長，道路被完全封閉了。

這樣看起來，在英國殖民者能夠控制克什米爾時，他們便已經完全沒有機會使用努布拉河谷─克勒青河谷這條通道了。相應的，印巴雙方在用停火線初步切割克什米爾地區時，似乎也很難對無人區性質的錫亞琴冰川的歸屬做出決斷。因為按照雙方在南部人口聚落劃定的停火線，結合與喀喇崑崙山口這個重要分割點的連線來看，錫亞琴冰川更應該歸屬於巴基斯坦方面。然而，以努布拉河中下游河谷歸屬於印度這一點來看，印度人也有理由順着河谷上溯到喀喇崑崙山之巔。這種模糊的定位，使之成為印、巴兩國走向最終和平的攔路虎。

從地緣控制力角度來看，印度方面在爭奪冰川控制權時會顯得更有優勢。控制努布拉河谷（錫亞琴冰川）入口的印度人，在兵力投送、後勤補給方面明顯會更有效率。相比之下，巴基斯坦人要想進入這條谷地，所面臨的困難要更多（雖然這種平均氣溫零下 30 攝氏度的環境對任何一方都是一種折磨）。目前，印度控制了冰川兩側的大部分山口。

印巴兩國今天對於錫亞琴冰川的爭奪，更多是基於地緣政治上的

一種避險需要。對於巴基斯坦方面來說，印度如果擁有了這個突出部，插到自己和中國之間，本身就意味着一種地緣威脅；而對印度來說，不能完全控制一條河谷的上游部分，讓自己的敵人有機會俯視自己，同樣也是一種威脅。更何況努布拉古道之所以封閉，是因為氣候惡劣，但在現在這個全球氣候變暖的趨勢下，誰又能保證有朝一日努布拉河谷不會成為插入拉達克的一把尖刀呢？

對於印度來說，另一個不足為外人道的考慮是，如果依然不願意正視中國對於喀喇崑崙走廊的主權，那麼維持這個幻想的它，最起碼要有一塊領土能夠直面這條走廊，而錫亞琴冰川是唯一的機會。

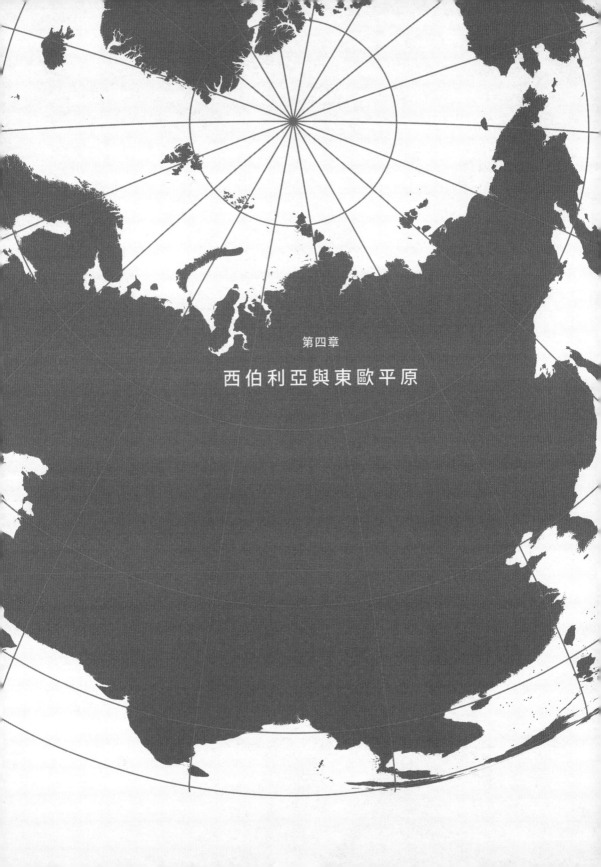

第四章

西伯利亞與東歐平原

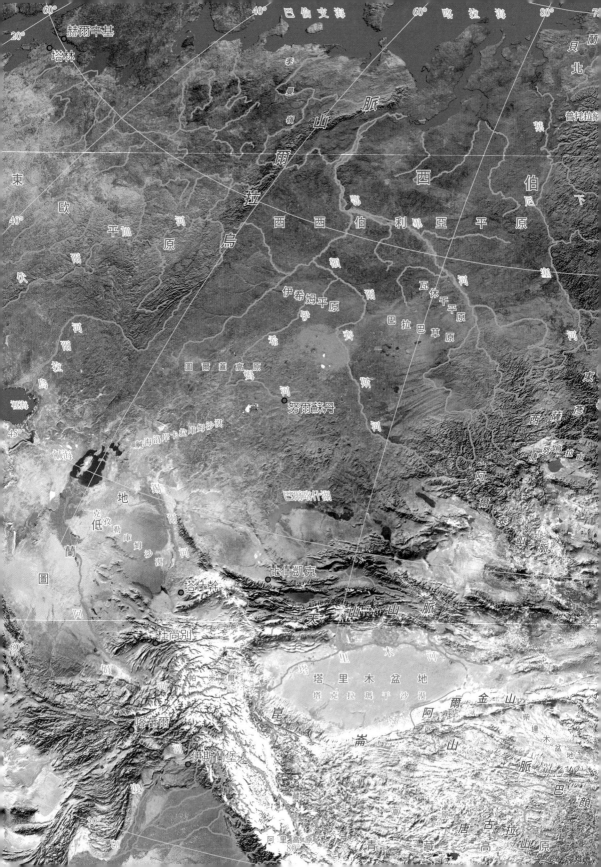

巴倫支海 喀拉海

60° 80° 法蘭

赫爾辛基 季曼嶺 北地

塔林 烏拉山脈 普托拉納

東歐平原 西伯利亞 下

鄂 西

伏爾加河 烏拉河 畢 至 平 原

40° 河 西 伯 利 亞 平 原

伊希姆平原 塔

伊 額 葉尼塞河 東

烏拉爾河 希 瓦休干平原 薩

姆 齊 巴拉巴草原 彥

圖爾蓋高原 斯 努爾拉山

45° 努爾蘇丹 河 河

咸海沿岸卡拉庫姆沙漠 阿爾泰山脈

裏海 巴爾喀什湖

地 低 錫爾河 克孜勒庫姆沙漠

蘭 阿 比什凱克

圖 塔什干 天 山 山 脈 金山山脈

杜尚別 里 木 河 柴達木盆地

帕米爾 塔 里 木 盆 地 阿

塔克拉瑪干沙漠 爾

塔雷爾 崑 金 巴

伊斯蘭堡 崙 顏 唐 古 拉 山

阿里高原 青 藏 高 原

30° 80°

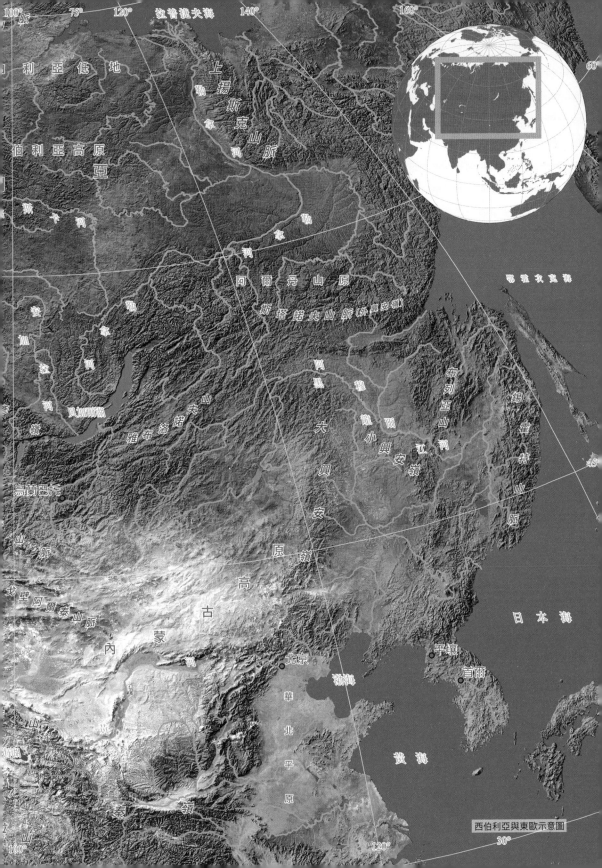

拉普獵夫海

西伯利亞低地

上揚斯克山脈

伯利亞高原亞

勒

那

阿爾丹山原

斯塔諾夫山脈(外興安嶺)

鄂霍次克海

雅布洛諾夫山

布

小興安嶺

列

阿

亞

大

山脈

興

安

銅霍特

嶺

山

脈

烏蘭巴托

高

山脈

古

日本海

戈壁阿爾泰山脈

蒙

內

河

渤海

北京

平壤

華北平原

首爾

黃海

嶺

120°

30°

西伯利亞與東歐示意圖

100°

75°

120°

140°

160°

60°

45°

將西伯利亞和東歐平原放在一起解讀的理由只有一個,那就是這兩大板塊的絕大部分都位於今天的俄羅斯境內。如果不是 1991 年的那次變故,我們甚至可以把「絕大部分」改成「全部」。即便如此,從地緣政治角度看,俄國作為中國北方的新壓力源這一點,依然沒有變化。

　　之所以說「新壓力源」,是因為在絕大部分歷史時期,中央之國的北方壓力都是來自蒙古高原和東北平原。在俄國東擴後,來自東歐平原的力量取代了西伯利亞的遊牧民族。很顯然,要想了解這一地緣政治變遷是怎麼造成的,將隔烏拉爾山脈相望的兩大板塊放在一起解讀,是最合理的選擇。

第 一 節
西伯利亞的環境

西伯利亞這塊地方讓很多中國人魂牽夢縈，只恨它在那裡空置了數千年，中國人卻未能在俄國人之前把那塊 1300 多萬平方公里的土地收入囊中。究竟是甚麼原因，讓古典時期的中央之國，包括那些遊牧民族所建立的中央政權，一直沒有真正控制這片土地呢？答案是氣候。

氣候與西伯利亞的命運

如果按照緯度進行大致劃分，整個西伯利亞地區都處在亞寒帶和寒帶。這一地帶從氣候的角度看，屬於極端大陸性氣候。通俗點說，這是塊得不到海洋滋潤的大陸。以至在人們的一般印象中，西伯利亞就是極端寒冷的大陸性氣候的代名詞。

影響一個地區氣候的因素有很多，緯度是其中最重要的。基本上，緯度越高，氣溫越低（放在北半球就是越往北越冷，南半球則反之）。不過，同一緯度也並非氣候都一樣，海拔越低，溫度相對越高，反之溫度則會變低。除了這兩點之外，海洋和風的影響也很重要。同一緯度，如果是處在海洋中的島（包括半島），能接受海洋暖濕氣流影

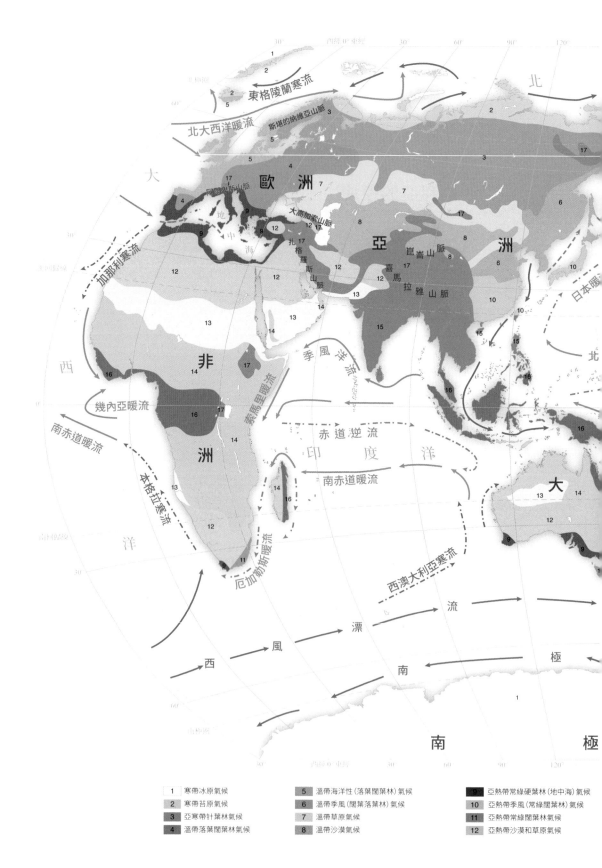

1 寒帶冰原氣候	5 溫帶海洋性(落葉闊葉林)氣候	9 亞熱帶常綠硬葉林(地中海)氣候
2 寒帶苔原氣候	6 溫帶季風(闊葉落葉林)氣候	10 亞熱帶季風(常綠闊葉林)氣候
3 亞寒帶針葉林氣候	7 溫帶草原氣候	11 亞熱帶常綠闊葉林氣候
4 溫帶落葉闊葉林氣候	8 溫帶沙漠氣候	12 亞熱帶沙漠和草原氣候

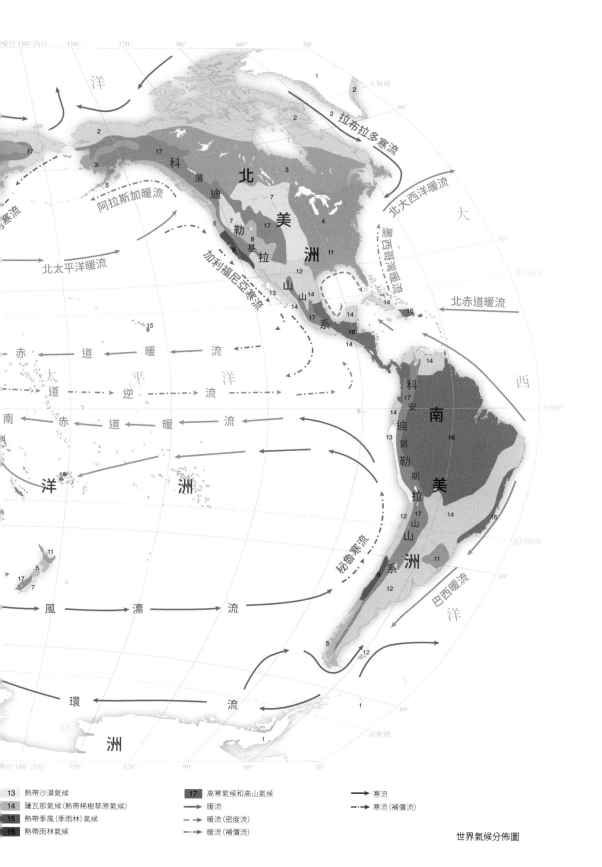

13 熱帶沙漠氣候
14 薩瓦那氣候 (熱帶稀樹草原氣候)
15 熱帶季風 (季雨林) 氣候
16 熱帶雨林氣候

17 高寒氣候和高山氣候
→ 暖流
--→ 暖流 (密度流)
-·-·→ 暖流 (補償流)

→ 寒流
--·-→ 寒流 (補償流)

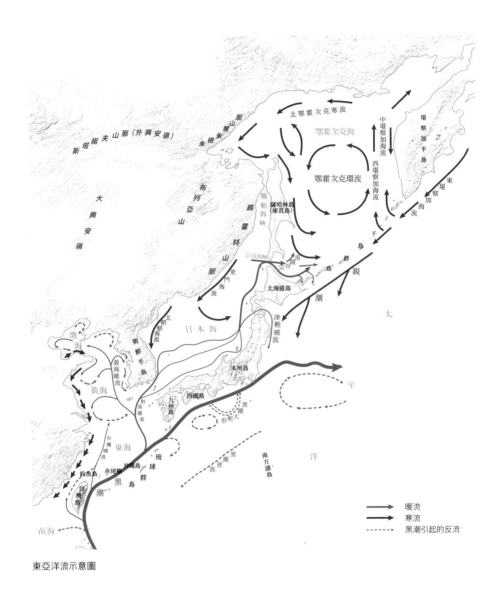

東亞洋流示意圖

響，濕度會比較大，溫度也會比較高，整體氣候會比處在內陸的地區
舒適許多。

　　總結一下，影響氣候的主要因素就是緯度、高度、濕度。其中，
緯度是最基本的要素，不過受其他兩個因素的影響，同一緯度的氣候
有時候差別還是很大的。

　　如果大家把視線投向歐亞大陸的另一端，就會發現，中歐國家和北歐國家與西伯利亞地區基本處於同一緯度。這一地區大致包括德國、波蘭、挪威、瑞典、芬蘭、波羅的海三國，以及俄國歐洲部分的上半部（東歐平原的北部，大致以莫斯科為分界線）。

　　這些地區所產生的文明可以佔據半部歐洲史。如果說氣候也如西伯利亞那麼嚴酷，就只能用白種人的體質比黃種人強來解釋了。事實當然不是這樣，雖然他們吃肉比我們多些，但我們的食譜也並不缺乏熱量，而且應該說營養還更加均衡。

　　歐洲之所以能夠比西伯利亞更適合人類居住，歸根結底還是因為它能接受大西洋暖濕氣流的潤澤。如果我們把視野放大點，觀察整個歐洲的外緣，就會發現歐洲整體上其實可以看作歐亞大陸伸入海洋中的一個半島，三面都是海，而且中部地區地勢平緩，只在南北兩端各有一座山脈（南部為阿爾卑斯山脈，北部為斯堪的納維亞山脈）。整個歐洲的平均海拔只有 340 米，因此也被稱為海拔最低的大洲。雖然在南北有兩座山脈，但歐洲的西面正對着大西洋，使得大西洋暖濕氣流可以無障礙地濕潤西歐的大部分地區。

　　海拔夠低，濕度夠大，緯度尚可（絕大部分屬於中溫帶、寒溫帶），使得這部分歐洲大陸雖然和西伯利亞地區處在同一緯度，氣候卻適合人類居住。當然，比起平均海拔同樣不高，也能受到海洋氣候影響的東亞大陸來說，歐洲相對較高的緯度，還是讓它的整體氣候比東亞更冷些。白種人的一些生理指標也相對更適應寒冷的氣候。

　　事實上，如果不是歐洲大陸北部（北緯 50 度以北）的氣候尚屬溫暖濕潤，專家大概都不會將這一地帶劃歸溫帶，並命名為寒溫帶。因為在同一緯度的亞洲和美洲大陸，溫度看起來更適合那些有厚厚毛皮保護的動物生存。因此，儘管處在同一緯度，用「亞寒帶」為北緯 50 度以北的亞洲地區（基本就是西伯利亞）命名會更為寫實。之所以還

能勉強擠入溫帶的行列，主要是因為與北極的氣候相比，西伯利亞地區還算有四季的分別，儘管漫長的冬季使得這一地區的四季並不像暖溫帶地區那樣相對平均地各自佔據一年中四分之一的時間。

至於西伯利亞為甚麼會這麼冷，氣象學家一般會告訴我們那裡有一個寒流中心。這個寒流中心所產生的寒流，不僅影響西伯利亞的氣候，還會週期性地入侵東亞核心區，我們每年從廣播電視中聽到西伯利亞寒流時，就知道要加衣服了。但問題是，為甚麼這個寒流中心沒有生在非洲，也沒有生在同緯度的歐洲？相信專家會有更為精準的解釋，只是副熱帶高壓一類的名詞並不是我們要討論的重點。本書只是希望用儘量淺顯的道理，解釋看似高深的理論。

接下來我們可以從地理結構上研究一下，西伯利亞為甚麼會在那麼長的時間內都是個極限之地。先來看看為太平洋地區帶來溫潤海洋氣候的暖流是怎麼影響大陸氣候的。在海洋當中，海水會因為風、密度等原因，沿一定路徑流動，這就是洋流。專家根據這些洋流的地理位置、溫度取不同的名字，比如北赤道暖流、加利福尼亞寒流之類。從洋流的溫度屬性來看，暖流就是從赤道地區循環出來的海水，寒流則是在兩個極地降過溫的。

影響東亞地區氣候的暖流有一個特別的名字叫「黑潮」，之所以會取這個名字，主要是因為它的顏色呈深藍色，較一般洋流顯黑。不過，它對於東亞大陸的貢獻當然與顏色無關。「黑潮」即使在冬天也能達到 20 攝氏度以上的水溫，是人類所喜好的。當黑潮沿着東亞外島鏈的東沿，經由菲律賓群島東側、台灣島北上時，島鏈中體量最小的琉球群島為之提供了靠近東亞大陸的缺口。暖流從西北方向沿琉球群島進入東海地區，在濕潤了中國的核心區後，繼續向北到達日本列島的南部。在這裡，洋流被一分為二，一部分經朝鮮半島與日本本州島之間的對馬海峽進入日本海，另一部分則沿着本州島的西側北上，

在受阻於沿千島群島南下的北冰洋寒流（千島寒流）後，轉而拐向東北方向去支援北美大陸了。

　　源自赤道地區的暖流沿太平洋西岸北上之時，發源於北冰洋的寒流也同樣在南下。至於兩者相遇之後誰更佔優，取決於該地區的緯度。這一南一北兩股洋流對決的主戰場，就在日本海。在這裡，經由對馬海峽北上的黑潮與經千島群島南下的北冰洋寒流相遇，展開了一場遭遇戰。其結果是，太平洋暖流沿着日本的西側向北順時針循環，北冰洋寒流則沿着外東北的海岸線南下逆時針循環。其對周邊陸地造成的影響就是，日本西海岸的氣候要好於外東北地區。而俄國人在千辛萬苦地擴張到太平洋之後，沿海岸線一直南下到朝鮮半島附近才算找到一個溫度適合的深水港 —— 海參崴。

　　如果說在日本海，太平洋暖流和北冰洋寒流還算是勉強打成了平手，那麼到了位置更北的鄂霍次克海，已經在日本海被纏鬥得筋疲力盡的太平洋暖流，就一點機會都沒有了。與黑潮可以很容易經由琉球群島進入東海一樣，南下的北冰洋寒流主力很容易突破千島群島這道防線，進入鄂霍次克海。在寒流佔據絕對優勢的情況下，無論是鄂霍次克海西側的西伯利亞，還是東側的千島群島，氣候都變得讓人難以忍受（雖然和日本海一樣，東部海域溫度會相對較高）。

　　既然與西伯利亞地區相鄰的海區鄂霍次克海是以寒流為主，那麼西伯利亞東部沿海地區的氣候當然好不到哪兒去。造物主可能還覺得北亞地區不夠慘，於是在為歐亞大陸設計地形時，還在朝鮮半島以北的整個海岸線設置了連續的高海拔山地帶。在這種地理結構影響下，即使有氣流能夠從太平洋上帶來些熱量，也沒有機會深入北亞腹地。也就是說，包括西伯利亞、蒙古高原在內的北亞大陸腹地，在氣候上幾乎得不到太平洋的潤澤。

　　說起來，造物主其實挺偏心歐洲地區的。不僅沒有設計出島鏈來

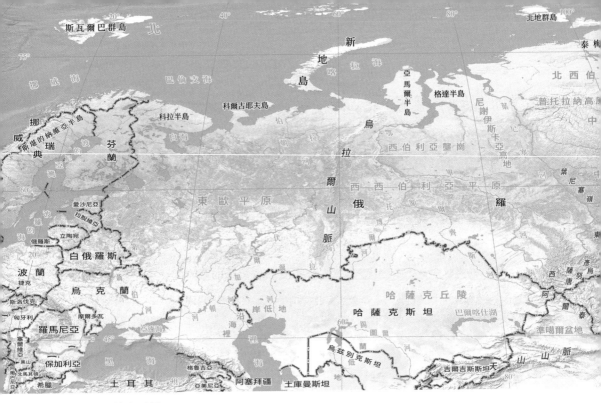

西伯利亞地形示意圖

影響大西洋暖流靠近歐洲大陸，更是把歐洲鋪設成北高西低的地勢。
這樣既可以減少北冰洋寒流帶來的冷空氣影響，又有利於接收大西洋
暖流帶來的溫潤氣流，使之盡可能地深入大陸腹地。相比之下，西伯
利亞的地勢正好倒過來，東面的山地阻擋了太平洋暖流帶來的暖濕氣
流，而北部又缺少東西向的山脈阻斷北冰洋冷氣團的入侵。

　　理解這一現象並不需要很強的想像力。假使在冬天，你的右邊有
一塊冰讓你體會寒冷，左邊則有一個火爐幫助禦寒。如果你足夠幸運
的話，會有一堵牆擋在冰塊和你之間；要是不幸的話，那堵牆就生在
你和火爐之間了。

　　西伯利亞地區東高西低的地形，不僅擋住了有可能吹過來的暖氣
流，更重要的是，它使得這一地區的風向更多是從西向東吹，加劇了
洋流的東流，進而減少了太平洋暖流進入鄂霍次克海的水量。整個西
伯利亞以東、堪察加半島和千島群島與大陸之間的這片海域中，只有

庫頁島和千島群島的南部能接受到一點太平洋暖流的影響。除此之外
的大部分地區，氣溫都低得令人難以忍受，以至沿岸地區至今都沒有
被大規模開發。

　　順帶說一下，鄂霍次克海是俄國人取的名字，它最早的中文名
字，叫作北海。北海之名始於唐朝。在唐王朝征服高句麗之後，中央
帝國的學者們有機會把視線投向更北的方向。他們發現這片海比漢朝
人在匈奴故地發現的那個大湖（貝加爾湖）更適合作為中央之國北部
海洋的代言人（首先它夠冷夠大，其次它是鹹的），因此讓它接過了
「北海」這個榮譽稱號。

　　不過，世事總有不如意處。近代以後，中國人發現歐洲也有一個
「北海」。為了不造成地理名稱上的混亂，更因為現在的中國已經與那
片海沒有關係了，所以便「大方」地使用了它的俄文名字，以示對俄
國在東亞地區存在的認可。

西伯利亞的地理結構

既然已經初步了解了北亞大陸的基本氣候特點及其形成原因，那就讓我們回到西伯利亞這塊土地上，開始分析它的地理特點。前面已經說了，這是一片東高西低的土地。按照地理結構來劃分，可以分為西西伯利亞平原、中西伯利亞高原、東西伯利亞山地三個板塊。如果想在地圖上為這三個板塊找尋地理邊界，發源於蒙古高原北部的兩條河流 —— 葉尼塞河、勒拿河，將是三大板塊的天然分割線。其中，葉尼塞河谷承擔了切割西西伯利亞和中西伯利亞的使命，勒拿河谷則分割了東西伯利亞和中西伯利亞。

首先進入我們視線的是西西伯利亞平原，這塊平原讓很多在地圖上初看到它的人感覺這裡一定很適合遊牧民族生存。260 萬平方公里的面積，地勢開闊平坦，2000 多公里的長度，高度差竟然不超過 200 米，以至被稱為「世界上最平坦的平原」。儘管在緯度上要高於蒙古高原，但它的高度卻足以彌補這一缺憾。在烏拉爾山脈另一側與之相對應的東歐平原就是遊牧民族的天堂。

可惜的是，大自然和這塊平原開了一個大玩笑。大家都知道「水往低處流」的道理。河流都是在高海拔地區發源，然後流向低海拔地區的。除了部分身處大陸腹地的內流河，大多數河流最終的歸宿都是大海。以歐亞大陸的情況來看，歐洲的河流入海口，基本都在大西洋海域；東亞則是注入太平洋海域；南亞注入印度洋海域。

按照上述三個邊緣地區的規律來看，地處北亞的西西伯利亞平原上的河流很可能是自南向北流入北冰洋。一般情況下，越靠近海洋的地方海拔越低，受海洋暖濕氣流的影響就越大，因此即使冬季河流結冰，也是上游地區先結冰。這一方面是受海洋的影響，另一方面則是因為上游所處的高海拔地區溫度更低。如果整條河流都結冰，那解凍

的順序也是自下而上，最終上游鬆動的冰塊會順流而下融為河水。

　　但這並不適用於西西伯利亞平原。從地勢上來看，西西伯利亞平原非常平坦，所以這裡河流的南北兩端並不會因海拔的變化而形成溫度差。影響溫度的主要因素就是緯度，也就是說，從緯度的角度看，西西伯利亞平原下游地區會比上游地區更冷、更容易結冰。到了這個時候，還有一根救命稻草，那就是海洋暖濕氣流，不過西西伯利亞平原上的河流實在是太不走運了，它們的最終歸宿恰恰是最為寒冷的北冰洋，不僅沒辦法指望暖濕氣流，還會因為北極寒冷的氣候，延緩下游地區的解凍時間。

　　於是，每年春季，一個西伯利亞獨有的現象出現了：由南向北流的河流在上游解凍時，身處北方的下游地區還處於冰封狀態。由此造成的結果就是，上游來水無法通過下游河道泄洪，只能向兩岸低地漫流，造成冰水氾濫。短暫的夏季，還來不及將這些積水蒸發掉，就不得不再一次迎來冬季。年復一年的這種情況，使得西西伯利亞地區形成了大片的沼澤濕地。大家可以想像一下，在長征時期，僅僅是沼澤地（草地）就讓當年生存能力極強的紅軍陷入了困境，這裡還要加上冰水，簡直就是老天存心想為地球保存一個濕地公園。

　　當然，西西伯利亞平原也並非完全沒有機會進行農業開發。最起碼這片平原的南部、河流上游部分，在溫度上還是有機會的。只不過20世紀之前，這片土地充其量也就是為遊牧民族提供一定數量的草場。後面我們會解讀，這片西伯利亞板塊中條件最好的土地，曾發揮了甚麼樣的作用。

　　既然最有條件作為人類發展地的西西伯利亞平原在絕大多數歷史時期都很難進行農業開發，那麼中西伯利亞高原和海拔更高的東西伯利亞高地的條件就更指望不上了。在分析完西伯利亞的氣候及地理環境之後，大家可能已經要把它與北極畫等號了，認為西伯利亞只有漫

長的冬季。其實情況還沒有糟到那個程度，西伯利亞大部分地區還是有其他三個季節的，否則氣象學家也不會將之劃入溫帶氣候區（溫帶的一大特點就是四季分明）。只是它的冬季過於漫長，有六個月之久，而且溫度低到讓人難以忍受（最低曾創造過零下 71 攝氏度的紀錄）。

對於生活在溫帶及亞熱帶地區的我們來說，在這種環境下生存是難以想像的，但千萬不要低估了人類的生存能力。廣袤的森林、相間的草場和苔原，以及動物資源，仍然能夠為漁獵民族和從蒙古高原逐步滲透過來的小股遊牧民族提供生存的基礎。今天生活在中西伯利亞高原的原住民主要是突厥語族的雅庫特人。這些活動在貝加爾湖周邊地區的遊牧民族，在與蒙古語族遊牧民族（主要是布里亞特人）的競爭中落敗後，被迫沿着勒拿河北遷至中西伯利亞高原腹地。在成為俄羅斯的一部分後，中西伯利亞的大部分土地也因此被建制為薩哈（雅庫特）共和國。

然而，很顯然，中西伯利亞高原並不是一片適合大規模開發的土地。這一點，從它的人口密度便能看出。薩哈（雅庫特）共和國的總面積為 310.32 萬平方公里，甚至比印度還要大一點（印度為 298 萬平方公里），不僅是俄羅斯境內最大的一級行政區，也是世界同級別行政區中最大的。然而，如此廣袤的土地上，生存的人口卻只有 100 萬。如果不是因為地下豐富的礦產資源有機會得到開發，這一地區的人口潛力顯然還要大打折扣。

在中西伯利亞、東西伯利亞和西西伯利亞，河水甚至都很難有機會在它們當中打造出濕地。在高海拔和強烈切割的多山地形中，土地更多是以深厚廣泛的永久凍土形式存在。儘管雅庫特人在溫度相對較高的河谷地帶努力尋找草場維持他們的遊牧特色（事實上，大部分時間牲畜處於圈養狀態），但仍然不得不像更早在此求生的通古斯部落一樣，在經濟生活中加入大量的漁獵比例。

相比中西伯利亞高原，勒拿河以東的東西伯利亞山地生存環境要

更惡劣些。有一種說法是，在中俄商討《尼布楚條約》的內容時，以勒拿河為界曾經是清政府提出的第一方案。如果那樣的話，等於將東西伯利亞山地正式劃入了中央之國的版圖。不過，考慮到東西伯利亞山地的極端環境，即使是漁獵民族出身的清王朝，其實也不會真的有興趣。退一步說，即使當時真的將東西伯利亞山地納入了中央之國的版圖，在俄國一定要拿到外東北，並打通太平洋出海口的大背景下，東西伯利亞當下的政治歸屬還是不會發生變化。

儘管東西伯利亞山地本身的生存條件比中西伯利亞高原還要差，但東臨太平洋的優勢，卻是只與北冰洋相接的中西伯利亞高原無法比擬的。在太平洋季風的影響下，東西伯利亞沿海地區的氣候呈現出複雜多變的狀態，為居於其間的人類提供了更多選擇。同時，海洋還為生存於當地的部落提供了新的漁獵平台。

永遠不要低估人類在惡劣環境中的生存能力，即使在氣候環境最惡劣的東西伯利亞山地東北部，至今也還生存着一萬多保持傳統漁獵生活狀態的楚科奇人。俄羅斯聯邦甚至為他們建制有楚科奇自治專區。另一個更廣為人知的證明人類極限生存能力的例子就是通常被中國人稱為「愛斯基摩人」的因紐特人。「愛斯基摩」在印第安語中的原意為「吃生肉的人」，儘管這看起來是一種寫實的描述，但多少帶有貶義，因此 2004 年以後，用來描述客觀環境的「因紐特」（意為「極寒之地」）成為這個北極民族的官方名稱。一般情況下，因紐特人並不被歸入美洲土著屬性的印第安人範疇中。不過從人種劃分的角度看，因紐特人以及印第安人都屬於黃種人。由於美洲並沒有人類進化的證據存在，這些「美洲黃種人」的祖先很顯然是從相鄰的東西伯利亞地區遷入的。

位於亞洲、美洲兩塊大陸之間的白令海峽，幾乎是原始黃種人擴散入美洲的唯一可行路線，除非你真的相信殷商後裔渡海成為印第安人祖先的文學創作。20000 至 10000 年前地球史上最近一次大冰川期

的末期，由於大量海水結冰，海平面較現在要更低。這使得目前平均深度只有 30–50 米的白令海峽有可能顯露為一片冰雪覆蓋的陸地。這片陸地被稱為「白令海峽大陸橋」。

自亞洲北部遷入美洲北部的人類，並不止一批。最早這樣做的移民，到底有沒有藉助白令海峽大陸橋，目前科學家們還有不同的看法。可以肯定的是，不管時間和路線怎樣，西伯利亞都是這場遷徙的起點。在人類進入文明時代之後，探尋一片新土地的原因會有很多。不過，在「冰河世紀」，能夠驅動人類遷徙的，只可能是狩獵對象。也就是說，生活在西伯利亞的原始狩獵者，是在追逐獵物的「遊獵」過程中，登陸美洲並向南擴散的。

儘管在西伯利亞，人類仍然會竭力通過畜養牛羊（南部）、馴鹿（北部）等，擴充自己的食物來源，但向大自然直接索取的漁獵方式，始終佔據着主導地位。在周邊地區進入文明狀態之後，傳統的漁獵經濟並非沒有在結構上受到影響。一個最突出的變化是，漁獵民族的生產活動有機會不再以滿足自身需要為目的。換句話說，那些豐富的物產將有機會通過貿易行為被交換到世界其他地區。被交換回來的商品、技術，則可能促進漁獵地區的開發，包括承載更多的人口。

在今天俄羅斯對西伯利亞的開發中，資源，尤其是礦產資源經濟，佔據了核心地位。然而，就直接向大自然索取資源這點來說，它與傳統的漁獵方式並沒有區別。即使是在開採這些礦藏資源時採用了工業技術，甚至進行了一定程度的初加工，也無法改變其脆弱的漁獵經濟的本質（至多算是加入了一點「畜牧」成分），比之傳統漁獵經濟，礦藏資源對貿易鏈的依賴性更強。如果沒有市場消化這些產出，這筆地下財富並不能對當地的人口和經濟做出貢獻。今天我們會看到，很多在全球經濟高速增長時賺得盆滿缽滿的資源型國家，在全球經濟衰退的過程中變得舉步維艱，根源便在於此。

第二節
俄國的擴張

俄國對西伯利亞的征服與開發

人類開始大規模利用地下礦藏，是在工業化之後的 20 世紀，而
俄國對西伯利亞的征服，則在 16 世紀末（明朝後期）就已經開始了。
這意味着西伯利亞的地下礦藏並非吸引俄國東進的原動力。獲取一
個太平洋出海口，當然可以成為戰略目的之一，只是在如此苦寒之地
擴張數千公里，西伯利亞需要為當時的俄國人提供一個直接的經濟
動力。

打通與中國的貿易路線將是俄國人東擴的收益之一。鑒於中國出
產的絲綢、茶葉、瓷器在歐洲很受歡迎，如果能夠擁有直接與中國人
進行貿易的機會，勢必獲得不錯的收益。這條線路的主線必須橫穿遊
牧民族控制的草原地帶，因此也被後世研究者稱為「草原絲綢之路」。

儘管成吉思汗的帝國在 14 世紀已經分裂，但這並不影響他和他
的家族（黃金家族）在隨後數百年間繼續在歐亞草原上發揮影響力。
最突出的一點就是，無論你的語言和信仰與最初的蒙古帝國統治者
有多大差異，想在草原上建立自己的政權，都必須表明自己黃金家族

西伯利亞汗國控制範圍示意圖

的血統，並以成吉思汗繼承者的面目示人。在歷史上，我們甚至會看到，莫臥兒王朝的建立者在征服印度時也這樣操作過。

最初讓「西伯利亞」這個標籤出現在地緣政治舞台上的，是從金帳汗國分裂出來的一個小汗國 ── 西伯利亞汗國。在蒙古帝國衍生出的眾多汗國中，西伯利亞汗國並不起眼，不過它卻是南俄草原直通蒙古草原的主通道。在俄國跨越烏拉爾山向亞洲擴張的過程中，西伯利亞汗國也是最先被征服的。

以地理位置來說，西伯利亞汗國的控制範圍，是西西伯利亞平原南部，鄂畢河上游的托博爾河、額爾齊斯河，以及二者主源之間的土地。其行政範圍大體包括俄羅斯境內的斯維爾德洛夫斯克州、秋明州、鄂木斯克州、新西伯利亞州、庫爾干州，以及哈薩克斯坦境內的北哈薩克斯坦州、巴甫洛達爾州。

當然，也可以把整個鄂畢河流域乃至西西伯利亞都劃入西伯利亞汗國的領土範圍，就像很多歷史地圖會把元朝的北部疆界劃到北冰洋一樣。然而前文已經分析過了，由於河流解凍順序的原因，西西伯利

亞平原的大部分土地長年處於冰水氾濫的沼澤狀態。對於一個遊牧汗國來說，它沒有可能向北延伸太遠。哈薩克丘陵與沼澤之間的草場，才是西伯利亞汗國存在的基礎。

西伯利亞汗國又稱「失必兒汗國」。這個名稱得自其位於額爾齊斯河、托博爾河交匯處的統治中心「西伯爾」，俄國在征服後將之改名為「托博爾斯克」（今屬俄羅斯秋明州）。至於「利亞」，相信大家都已經注意到了，很多源自西方的地名都會有一個類似的後綴。這個詞尾最初的來源是拉丁語或古希臘語中的「-ia」，意譯的話，就是「之國」（之地）。順便說下，根據「-ia」前一個字母的不同，這個後綴經常有 -lia、-ria、-sia 等組合，音譯過來就是利亞、里亞、西亞一類的稱謂。比如阿爾及利亞、利比里亞、印度尼西亞等國的國名，都是西方人按照這一模式設計出來的。

西伯利亞汗國覆蓋了從烏拉爾山以東到太平洋之間，包括西、中、東三個西伯利亞的地理區間。這個概念之所以能夠擴展，也是因為西伯利亞汗國的統治區域不僅是進入整個西伯利亞地區的門戶，更是俄國在吞併西伯利亞時所能夠遇到的最大障礙。

儘管打開通往中國的貿易通道很有誘惑力，但俄國人對西伯利亞汗國的征服動機卻並非如此。在蒙古語中，「西伯爾」的意思為「泥濘」，事實上也的確如此，托博爾斯克的位置不是在草原之上，而是已經進入沼澤地帶。雖說人類很早就掌握了將沼澤改造為乾燥居住之地的技能。不過，一個遊牧屬性的政權，沒有將政治中心定位於更靠近歐亞草原的南部，多少有些不尋常。

以西伯利亞汗國在歐亞草原過於邊緣的位置來說，原本是沒有辦法獨立建國的。最起碼以遊牧標準來看，西西伯利亞平原的地緣潛力並不如人意，它更多是作為附屬於草原遊牧政權的邊緣之地。與之情況類似的還有唐努烏梁海和外貝加爾地區。真正讓西伯利亞汗國得以

出現在地緣政治舞台上的，是一種珍貴的亞寒帶特產 —— 毛皮。

為了抵禦嚴寒，生活在西伯利亞針葉林帶的哺乳動物們，身上都披着厚厚的毛皮。人類之所以自認為比其他動物高級，在於他們有能力將其他動物的「特長」移植到自己身上。將動物毛皮製作成衣服，就是這一技能的體現。

對於中國人來說，「毛皮消費」是一個比較陌生的概念。依靠更為輕便的棉衣，足以讓大部分中國人對抗冬季的寒冷。不過，生活在長城以外地區的中國人應該對這個判定有異議。最起碼今天在東北地區，「貂」幾乎是最具吸引力的商品和最能彰顯身份的符號，以至坊間流傳着各種傾家蕩產也要買貂的段子。

這裡所說的「貂」，是指由貂皮製成的大衣。很顯然，這一文化產生的背景，在於東北地區寒冷的氣候。在整體緯度高於長城以南地區，與東北地區、蒙古高原乃至西伯利亞持平的歐洲，毛皮製品一直有着旺盛的市場需求。只不過經由上千年的開發，歐洲本土所蘊藏的毛皮資源已近枯竭，最起碼不能夠成為一種廣泛供應的商品。處女地一般存在的西伯利亞，恰恰為歐洲的毛皮需求提供了一個資源寶庫。這片針葉林帶盛產的紫貂、狐狸、海狸乃至松鼠等動物毛皮，不僅量大，而且質高。

無論是統治西伯利亞汗國的遊牧民族，還是後來代表俄國開拓整個西伯利亞的哥薩克，實際上並不是毛皮動物的主要捕獵者。大部分獵物仍然是由生存於森林深處的小型漁獵部落收穫的。這些與世隔絕的漁獵民族本身並不具備掌控貿易通道的能力。在絕大部分歷史時期，與之相鄰的遊牧民族或者靠近農業區的漁獵民族，是毛皮及其他物產的收購者。由此帶來的收益，也為後者進入地緣政治舞台提供了支撐。

與草原地帶不同的是，在森林地帶穿行及運輸這些珍貴物產，河

流是唯一可以依靠的通道。西伯利亞汗國的政治中心之所以定位於托博爾河與額爾齊斯河的交匯處，是因為這個樞紐點不僅是整個鄂畢河下游地區（包括主源部分）漁獵產品的匯集點，更可以通過托博爾河和額爾齊斯河將之輸往歐洲及亞洲兩個方向。

隨着金帳汗國的分裂以及俄國在東歐的崛起，烏拉爾山脈以西的很多遊牧政權紛紛成為俄國人的附庸。西伯利亞汗國也一度以每年向對方交付 1000 張毛皮為代價，接受過這一定位。不過，很顯然，這筆象徵性的貢賦完全沒有辦法滿足俄國人的慾望。一面是歐洲巨大的市場需求，一面是四分五裂的草原遊牧集團，很容易可以猜到俄國人會做甚麼樣的選擇。

1582 年，哥薩克為當時的沙皇俄國奪取了西伯爾的控制權。不過，西伯利亞汗國殘餘力量的抵抗，仍然延續至 1598 年。這意味着從 17 世紀起，俄國終於可以放手在西伯利亞進行開發了。當然，從地緣位置上看，控制鄂畢河上游的哥薩克還可以同時向南部的哈薩克丘陵，也就是中亞草原方向擴張。只不過在這個方向，真正的哥薩克（哈薩克）的抵抗要更加激烈，也更加有實力。直到 18 世紀末、19 世紀初，俄國才逐漸完成對哈薩克的征服。

在西伯利亞方向，俄國人遇到的障礙要小得多。至 1610 年，沿鄂畢河探險的哥薩克便已經進入了中西伯利亞和西西伯利亞的分割線 —— 葉尼塞河，並建立據點。1632 年，今天薩哈（雅庫特）共和國的首都，位於中西伯利亞腹地、勒拿河畔的雅庫茨克城便已出現。又過了十幾年，俄國人發現了西伯利亞的東部是太平洋。

在整個探索和征服過程中，除卻惡劣的氣候以外，能夠給哥薩克們製造些許麻煩的，只有那些生活在森林深處的小型部落。儘管出於自我保護的原因，部分森林原住民襲擊了這些陌生人，同時哥薩克們在探索過程中也洗劫了一些村落，但總的來說，俄國在整合西伯利亞

的過程中，與原住民之間的關係並不如外界想像的那麼緊張。這很大程度上是因為，俄國人的到來及其在西伯利亞構築的交通體系，使得西伯利亞資源的開發力度有了質的提升。

有記錄表明，在控制西伯爾的第五年（1586），俄國政府就通過各種收購手段，從西伯利亞得到了包括 20 張紫貂皮在內的近百萬張毛皮。在西伯利亞毛皮貿易的鼎盛時期，從毛皮貿易中獲得的直接收益，甚至有可能達到俄國國庫總收入的 30%。儘管俄國人是最大的獲益者，但那些出售毛皮的原住民同樣有機會提高自己的收入。

西伯利亞的河流打造的物流系統，是西伯利亞資源潛力得以開發的基礎。鄂畢河、葉尼塞河、勒拿河這三大水系，在夏季所具備的航行條件，為哥薩克將收購毛皮的觸角延伸進西伯利亞腹地提供了有力的支撐。通常情況下，為了連接相鄰水系，人類會採取挖通運河的方式。精於此道的中國人，曾經修築了打通長江、珠江水系的靈渠，以及連通長江、淮河和黃河水系的大運河。這些運河為中央之國的內部融合做出了重要貢獻。

在寒冷的西伯利亞，挖通運河幾乎是不可能完成的任務。俄國人採取的是「河—陸—河」聯運的方式，即在水系相接之處，砍伐森林，修築道路，然後在冬季結冰之時，通過這些河間通道，將船隻和貨物從一條河流轉運到另一條河流。技術上看，從烏拉爾山東麓起程的船隻，只需要經過兩次轉進，就可以橫穿西西伯利亞和中西伯利亞，抵達東西伯利亞山麓。

由於可供對接的河流眾多，俄國人在西伯利亞實際修建的河間通道並不止於理論上的兩處，而是多達二十餘處。這些連接處很自然地也成了貿易據點，並且大部分發展成了移民的定居點。利用這些河間通道，俄國人不僅收穫了更多的毛皮，還實實在在地完成了在西伯利亞的地緣擴張。

　　西伯利亞三大河流雖然能夠為哥薩克征服這片土地提供有力幫助，但三大河流北出北冰洋的走向，無法讓俄國迫近太平洋。如果想在西伯利亞構築完整的統治網，並且打通前往太平洋的通路，俄國還需要一條能夠東出太平洋的河流，以對接葉尼塞河。這條河流便是俄國人口中的「阿穆爾河」，中國人稱之為「黑龍江」。

　　除了在蒙古高原東部的上游部分，黑龍江河谷的主體位於外興安嶺與小興安嶺兩大山脈之間，地理上的外東北即指此地。17 世紀 40 年代，溯葉尼塞河而上的哥薩克開始進入黑龍江流域，並於 1650 年在黑龍江左岸構築雅克薩城。對於視東北地區為祖地的清政權來說，這顯然是不能容忍的。只不過此時清王朝的注意力集中在長城以南與明王朝的決戰中，無暇北顧。在解決了三藩之亂（1673－1681），完成長城以南核心區的統一工作後，將俄國勢力逐出外東北的戰爭很快便打響了。

　　最終，通過雅克薩之戰（1685－1688）的勝利以及《尼布楚條約》的簽訂，俄國人的擴張被遏制在了外興安嶺以北。只是在 19 世紀中葉，中國的大門被列強從東南沿海突破後，俄國人終於還是通過《璦琿條約》（1858）得到了大部分的外東北。之所以沒有說是全部的外東北，是因為從地理結構上看，外興安嶺和小興安嶺之間的整個黑龍江河谷地區，是一個完整的板塊。中、俄兩國以黑龍江主航道劃界的結果，使得俄國實際上並沒有獲取整個外東北。這一劃定帶來的一個地緣政治後果，就是中國的行政版圖上能夠出現一個以「黑龍江」為名的省份。當然，這一地理結構上的解讀，並不妨礙我們繼續將「外東北」的概念指向外興安嶺以南的俄國領土。

　　從技術上看，以河流為天然地理標誌劃界的難度，要低於山脈分水嶺。不過，這並不是執着追求「天然疆界」的俄國人在控制整個黑龍江河谷問題上「妥協」的原因所在。溯黑龍江而下，俄國人就會發

現，這條朝東北方向注入太平洋的河流，河口位置的緯度實在太高了，即使完整得到黑龍江兩岸地區，實際上依然沒有辦法得到一個能使用的港口。

一個沿海地區是否能夠成為優良港口，影響因素很多，在這一地區的問題主要是溫度。因此俄國人的選擇是沿黑龍江出海口繼續南下尋找「不凍港」。這一兼顧海、陸需求的擴張方向所導致的地緣政治後果，就是黑龍江以及它的右岸支流——烏蘇里江，成為中俄兩國在這一地區的分割線。俄國人在暫時放棄控制黑龍江全流域慾望的情況下，得到了包括海參崴（今符拉迪沃斯托克）在內從黑龍江口到朝鮮半島的沿太平洋地區。

出於將地緣政治影響力延伸至朝鮮半島的需要，「外東北」這一概念的南線並沒有止於海參崴，而是繼續向南延伸至中、俄、朝交界處的圖們江口。由此造成的一個重大地緣政治後果，是中國從此喪失了在日本海的出海口。[1]

在烏蘇里江以東地區的成功擴張，使得俄國在遠東的版圖上多了個濱海邊疆區。至於外興安嶺與阿穆爾河之間的部分，則被建制為阿穆爾州。同時，在兩地之間的阿穆爾河下游地區，還建制有哈巴羅夫斯克邊疆區。換句話說，與中國東北地區包含三個一級行政區一樣，俄國控制下的外東北同樣被劃分成了三部分。

順便說下，一條被充當國境線的河流（阿穆爾河—黑龍江），其名稱分別成為中、俄兩國相關行政區命名的共同選擇，其間所暗含的地緣政治意味是不言而喻的。最起碼在中、俄兩國都擔心對方會覬覦自己治下的東北、外東北板塊的情況下，這樣的命名能夠增加自己在法理上的依據。

---

[1]　1858 年的《璦琿條約》規定，烏蘇里江以東的中國領土劃為中俄共管；1860 年的《中俄北京條約》則將烏蘇里江以東劃歸俄羅斯。

　　尋找新的耕地是俄國希望得到外東北，及整個黑龍江流域的另一個動機。對於一片土地的控制來說，獲取資源和出海口固然是一個理由，但可供耕種的土地才是支撐人類大規模生存的可再生資源。換句話說，如果沒有可供人類依附的土地，那些因為毛皮貿易和政治原因遷徙至西伯利亞的俄國人，很難成為這一地區的永久居民。

　　在沙皇俄國開始向亞洲擴張的 17 世紀，一個具有吸引力的政策是在俄國核心區實行的「農奴制」還沒有在西伯利亞及整個遠東地區推行。類似鼓勵開發的政策，在世界各國的擴張史中都很常見，比如美國在西部大開發中的土地政策。換句話說，失地或者不願意被農奴制束縛的俄國人，可以在西伯利亞找到新希望。然而，就農業條件來說，俄國亞洲部分的整體吸引力是不足的。西西伯利亞平原南部以及外東北算是整個西伯利亞板塊中最有可能被連片開發的區域了，畢竟它們在地勢、土壤肥力的累積以及水資源的供給上，有造就規模性農業基地的條件。上述兩大板塊長期沒有得到農業開發的原因，在於全年平均溫度過低，無法積累出適合一般農作物生長所需的「有效積溫」。

　　每一種植物都有一個開始發育和生長的最低溫度，達不到這個溫度，種子甚至都不會發芽。但僅僅在某一時間達到這一溫度，還不足以完成植物的發育和生長。這個溫度還需要保持一定的時間，即需要累積到一定的總熱量，才能保證農作物最終成熟。這個農作物生長過程中所需要的總熱量，就是「有效積溫」。

　　儘管西西伯利亞平原南部、外東北地區的溫度條件不盡如人意，人類也無法改變它們的大氣候，但可以通過選育需要較少積溫就能成熟的農作物品種來開發它的農業潛力。土豆、耐寒小麥等作物的選育，使得上述兩地區有機會成為俄國在亞洲部分的耕地集中地，並為帝國的安全提供支撐。

然而，俄國本身人力資源的不足以及上述地區脆弱的農業環境（易遭遇自然災害影響），使得俄國在南西伯利亞和外東北地區的農業開發顯得力不從心。遭遇政治動盪或者自然災害後，那些被勉強開墾的土地很容易被放棄。比如 20 世紀 50-60 年代，蘇聯就曾經運動式地在哈薩克斯坦北部及西西伯利亞平原南部復耕過大量被拋棄的土地。

類似困境在古代中原王朝爭奪河套平原、下遼河平原時同樣週期性地出現。龐大的人口基數以及今天更為先進的農業技術，能夠很大程度上彌補環境的劣勢。從地緣政治角度來看，人口尤為重要，畢竟影響一個地區政治走向的，最終還是人。由此我們也會看到，俄國在遠東開發問題上存在患得患失的心理。一方面，從人口資源豐富、土地經營理念先進的中國引進人口，有助於開發俄國亞洲部分的資源；另一方面，俄國又擔心這種做法會最終影響到自己在東方的控制力。

西伯利亞鐵路

既然西伯利亞本身無法支撐大規模的人類生活，那些寄希望於憑藉西伯利亞自身的力量來控制如此廣袤的區域的想法就不現實了。對於俄國人來說，最好的方式是，通過擁有足夠的機動性，將西伯利亞與東歐平原的政治中心連接在一起。這樣的話，他們就可以把東歐平原的地緣實力隨時傳遞到西伯利亞腹地，直至歐亞大陸的東端。維持這種機動性，蒙古馬當然是一種選擇，不過相比於蒙古高原上的那些遊牧民族，俄羅斯人顯然不可能在馬上獲得戰略優勢。

儘管在最初的征服中，哥薩克的馬隊發揮了極為重要的作用，但俄國人需要新的機動力量來控制這一龐大的帝國，特別是它的亞洲部分。好在工業革命使這種願望變成了現實，相比於蒙古馬來說，鐵路

西伯利亞大鐵路示意圖

無疑是更好的選擇。

假如俄國人能夠完全控制蒙古高原，或者說漠北地區，那麼他們將可能更願意按照遊牧民族的傳統路線，將鐵路修上蒙古高原。畢竟這裡與富庶的東亞核心區更為接近，也更具有地緣優勢。不過，考慮到打通太平洋出海口的需求，即使將鐵路深入江北，最終還是要繞到阿穆爾河（黑龍江）以北，因此不管怎麼說，俄國都需要一條橫貫西伯利亞的生命線。

既然已經決定接受西伯利亞嚴酷自然環境的挑戰，那麼無論讓誰選擇，穿越西西伯利亞平原南部，然後沿着蒙古高原的北部邊緣向東前行，最終經由外東北板塊通往太平洋的海岸線，都將是俄國人所能想到的最佳路線。在工業技術面前，那個被很多人視為丘陵的烏拉爾山脈並不會成為障礙（烏拉爾山脈平均海拔只有 500-1200 米）。

儘管這條路線是能找到的最合理的路線，但實施起來面臨的困難仍然是難以想像的。最終，俄國人花了 13 年時間，才在 1904 年 7 月勉強實現通車，花費的資金甚至比當時的軍費還要高。不過，所有的努力都是值得的。從戰術層面看，俄國人之所以要趕在 1904 年通車，是因為日俄戰爭迫在眉睫。由於海上實力佔優，日本在這次戰爭中可以很容易地向東北前線集結資源。如果不是西伯利亞鐵路通車，使俄國得以將大批駐紮在歐洲的軍隊調往中國的東北地區，那俄國根本無法抵擋日本的進攻。

日本之所以要在 1904 年 2 月發動戰爭，同樣是因為西伯利亞鐵路，此時這條鐵路僅剩下環貝加爾湖 100 多公里長的一段就可以全線貫通了。對於日本來說，當然希望在俄國人有能力將歐洲的兵力調至遠東之前徹底將其趕出東北。不過，日本還是低估了俄國人的創造力，為了扭轉戰爭形勢，俄國人在尚未完工的貝加爾湖段臨時採用擺渡的方式將東西兩段連接起來；而到了冬天，俄國人甚至直接在冰上鋪設鐵軌。

只是鐵路可以將陸軍運抵遠東，卻無法將軍艦運到太平洋。相比日本傾力經營太平洋，俄國則需要在太平洋、大西洋，甚至北冰洋方向部署艦隊。為了支援亞洲戰場，俄國人做出了一個頗具想像力的決定：將駐紮在歐亞大陸之西的波羅的海艦隊調至大陸的東端，以支援在此的太平洋艦隊。只是當波羅的海艦隊從大西洋繞過好望角（部分噸位較小的船隻走蘇伊士運河），穿越印度洋、南海，最終到達東北地區時，還能有多少戰力就可想而知了。最終波羅的海艦隊和太平洋艦隊被日本海軍全殲，俄國陸軍的抵抗也因此被瓦解。

不過，西伯利亞鐵路的修建還是讓俄國擁有了參與遠東角逐的實力。日本仍然不得不繼續面對俄國的壓力，無法獨佔中國東北。就當時的俄國來說，西伯利亞並不是他們的終極目標。畢竟無論是歐洲人還是遊牧民族，富庶的東亞大陸才是他們的夢想所在。對於俄國人來說，中國東北地區是一個不錯的選擇，特別是在已經謀得外東北主權的情況下。

作為橫貫俄國全境的鐵路幹線，西伯利亞鐵路的概念通常會涵蓋從波羅的海沿岸的聖彼得堡（蘇聯時期的列寧格勒）至太平洋沿岸的符拉迪沃斯托克（海參崴），總計 9937.7 公里的線路。從地理分區的角度來說，這同時也是一條橫貫整個歐亞大陸中心地帶的大動脈。鑒於西伯利亞在整條線路中的核心位置，以及在這片嚴寒之地的施工難

度，它也被稱作「西伯利亞大鐵路」。

　　對於西伯利亞廣袤的土地來說，僅有一條鐵路肯定是不夠的。為了開發西伯利亞腹地的資源，也為了不把雞蛋放在一個籃子裡，後來的蘇聯決定再修建一條西伯利亞鐵路。上次沙皇選擇的路線是在貝加爾湖南側，蘇聯人則把目光投向了貝加爾湖北側。由於俄國人在這段鐵路所涉及的另一個重要地理標誌是「阿穆爾河」，所以這條新線也被稱為「貝阿鐵路」。

　　其實就對接貝加爾湖與外東北的線路來說，貝阿鐵路西段，也就是從貝加爾湖北沿穿行的線路，才是西伯利亞鐵路最初所設想的方案。事實證明，當年沙皇俄國選擇從貝加爾湖南岸繞行的做法是正確的。儘管北線還遠談不上深入西伯利亞的腹地，但蘇聯人遇到的難度已經是前所未有的了。中西伯利亞高原和東西伯利亞山地的永久凍土地帶，成為施工人員的噩夢。

　　如果說上一條西伯利亞鐵路所創造的紀錄是長度上的，那麼這次蘇聯人則在時間跨度上創造了一個新的紀錄。當斯大林決定修建新的線路時，還是二戰前的 1930 年；而 1991 年宣稱完工時，蘇聯已行將解體。施工難度並非貝阿鐵路創造時間紀錄的唯一原因。這一計劃之所以在 20 世紀 30 年代啟動，直接原因在於日本對蘇聯遠東地區的威脅。一旦日本在戰略上決定「北上」而不是「南下」，那麼原先沿蒙古高原邊緣及阿穆爾河北岸修築的鐵路將極易受到攻擊而被切斷。

　　判斷日本不會從東線入侵，以及受歐洲戰場影響沒有足夠的勞動力，是貝阿鐵路工程在二戰時停工的主要原因。二戰結束後，軍隊成為工程施工的主力，其中既包括蘇軍的鐵道兵部隊，也包括大量二戰結束後被俘的德國、日本戰俘。對「第三次世界大戰」爆發的擔憂，是蘇聯希望加緊完成這一戰略支線的重要原因。只不過在《朝鮮停戰協定》簽訂後（1953），蘇聯在外東北方向的戰略緊張局勢得到了緩

和，貝阿鐵路再次停工（1953–1974）。此後直至 1991 年，整條鐵路才在這個強大帝國即將解體時宣告全線貫通。

西伯利亞的這兩條鐵路儘管並不能夠覆蓋西伯利亞的所有地區，但它們無疑成功地將俄國的兩端連接了起來。在中國歷史上，來自北方的威脅一直是中央之國的主壓力方向。在大多數歷史時期，蒙古高原和東北平原是兩大壓力源，尤其是擁有更廣闊縱深的蒙古高原。在工業時代開啟、北亞遊牧勢力不可逆轉地衰退後，西伯利亞和外東北看似成了新的北方壓力。然而，一個地區能否成為相鄰地區的壓力，本質並不取決於它的方位。

以西伯利亞及外東北本身的人口潛力來說，無法在工業時代獨立對東亞地區構成任何實質性威脅。這一點，可以參考已經處在這種地緣政治定位的美國和加拿大之間的關係。後者雖然得以位列西方七個主要工業國家（七國集團）之列，但相信所有人都能看出，加拿大無論在政治上還是經濟上，都依附於美國。

從地緣政治角度，與其說是西伯利亞和外東北取代蒙古高原和東北平原成為東亞地區的北方威脅，倒不如說這一壓力是從東歐平原傳導過來的。正是從波羅的海到太平洋的廣袤土地處於同一政治體的現實，使得西伯利亞（包括外東北）得以藉助東歐平原的力量發揮它的地理優勢。而在技術上，這一力量的傳導正有賴於西伯利亞大鐵路的修建。試想一下，如果某一天烏拉爾山脈成為一條國界線，那麼獨立狀態的西伯利亞和外東北，也沒有可能成為周邊國家的噩夢；成為亞洲的「加拿大」，將是它在地緣政治上唯一的選擇。

俄國人並非沒有意識到它在烏拉爾山以東領土的薄弱之處。即使不考慮以西伯利亞和外東北為進一步擴張的跳板，單就保有這片領土本身來說，僅僅依靠一條數千公里長的鐵路也是極其危險的。最好的辦法，是在遙遠的東方再獲得一個人口潛力足夠大的板塊，以使俄國

在內部結構上擺脫西強東弱的格局。很顯然，這一地緣重任將落在中國的東北地區身上。

另外讓當年的沙皇俄國覬覦東北的原因，是獲得一個溫暖的出海口，以及保留陸地上直接進入朝鮮的可能。東北地區在烏蘇里江與太平洋之間，形成了一個危險的突出部。西伯利亞鐵路必須繞行阿穆爾河、烏蘇里江的外圍，才能夠接入它在遠東最重要的港口——符拉迪沃斯托克（海參崴）。如果能夠從小興安嶺以南的中國境內穿行，那麼一切問題將迎刃而解。

實現這一地緣政治上的構想，並不一定要吞併整個中國東北地區，但最起碼應該包括中國境內的「阿穆爾河流域」。簡單點說，就是中國的黑龍江省，以及呼倫貝爾草原及其以北的內蒙古地區（今內蒙古呼倫貝爾市所轄地區）。並非只有俄國人注意到呼倫貝爾與黑龍江省緊密的地緣關係。在清朝時期，呼倫貝爾就屬於黑龍江將軍的管轄地。而在偽滿洲國時期，這個傀儡政權同樣控制了呼倫貝爾地區。這也是日本挑起的「諾門罕戰役」發生在今天中蒙邊境的呼倫貝爾草原，而不是東北地區邊緣的原因所在。

在整個東北地區已經被中國內地移民填滿的 19 世紀末、20 世紀初，無論是沙皇俄國還是日本，都很難馬上實現政治吞併東北的企圖。事實上，曾經主政東北的奉系軍閥已經意識到，人口將是自己控制這片土地（包括將之留在中國）的最大籌碼，因此他們曾經不遺餘力地招攬內地移民，甚至出現過用火車大量往關外運輸人口的現象。

在利用鐵路達到地緣政治目標這個問題上，俄國人無疑是先行者。早在西伯利亞鐵路計劃制訂之時，穿越呼倫貝爾、黑龍江地區的鐵路便已成為計劃的一部分。這條西起中俄邊境的滿洲里（呼倫貝爾市境內），東至綏芬河（黑龍江省牡丹江市境內），以哈爾濱為中心的鐵路幹線被稱為「中東鐵路」。

由於施工條件遠好於西伯利亞，中東鐵路在 1903 年便宣告通車，並在後來的日俄戰爭中發揮了重要作用。換句話說，在俄國方面看來，中東鐵路本身就是「西伯利亞大鐵路」的一部分。哈爾濱之所以能夠成為中東鐵路的樞紐，在於中東鐵路修建計劃中還有一條連接哈爾濱與大連的「哈大線」。

相比在冬季需要藉助破冰船通航的符拉迪沃斯托克（海參崴），能夠直面渤海、黃海兩大海區的大連，無論在地緣位置還是港口條件上都更具吸引力。以至在 1949 年之後，以社會主義陣營盟主自居的蘇聯，仍然非常想以租借的方式得到這一港口。除此之外，一個縱橫東三省的 T 字形鐵路幹線格局，完整地將東北地區連接在一起。即使在今天，我們依然可以在東北的鐵路網中看到這個 T 字形結構的存在。

日俄戰爭與鐵路的標準之爭

俄國並不是唯一想到利用鐵路建設權向東北地區滲透的國家。在那個列強視中國為魚肉的年代，東北地區同樣被日本視為盤中餐。雙方在日俄戰爭之前，就東北亞鐵路建設權達成的協議，是俄國人得到中東鐵路的修建權，日本人獲得朝鮮鐵路的修建權。很顯然，這本身也是一個勢力範圍的劃分協議。問題是，無論日本還是俄國都知道這並不是最終的結果，尤其是日本。

如果說俄國謀求中國東北的領土只是為了錦上添花，補充它在東亞的戰略縱深，那日本則將東北地區上升到民族生存的高度了。對於身處島國的日本人來說，能夠進入東亞大陸始終是他們的夢想，朝鮮半島只是完成這一夢想的跳板罷了。1904-1905 年，日俄戰爭在旅順口爆發。至於這片土地的主人中國，卻只能淪為看客。

日俄戰爭給我們的啟示，並不止於對「弱國無外交」定律的證明。

在這場東北爭奪戰中，鐵路不僅成為爭奪的標的物，更在戰爭中發揮了重要作用。在戰爭中，雙方都採用了一些非常規的手段來完成自己的交通線。比如前文所說的，俄國人在貝加爾湖的冰面上鋪設臨時鐵軌以縮短工期，日本人則在修築朝鮮半島的鐵路時改用了窄軌，以減少工程量。這兩條鐵路最終都在戰爭開始後不久便投入了使用。

在這裡，我們需要先交代一下軌距的標準之爭。說起來，古老的中央之國應該是最早意識到軌距標準對交通，乃至地緣整合、擴張具有重大意義的國度了。在秦始皇統一六國之後頒發的諸多政令中，有一條與「書同文」並列的「車同軌」。「書同文」對於中華民族的形成，以及中國統一觀念的形成具有多麼重要的意義，相信大家都能感覺到。就這一層面來說，今天以推廣普通話為標誌的「語同音」政策，應是唯一與之有相似地位的戰略性政策。

「車同軌」政策與「書同文」政策並立，意味着它同樣能夠在地緣層面發揮重要影響力。當然，2200 年前的中國並沒有鐵路。這裡所說的「軌」指的是車轍。道路被車輪長期滾壓後會形成深深的印痕（哪怕是石質道路），在這種被反覆壓實的印痕中行駛，能大大提升車輛的運行效率，並減少自身磨損。其道理與火車軌道相同，只不過鐵軌是凸出地面鋪設，車轍是凹陷於地面之下罷了。

毫無疑問，在所有的區域內統一軌距，將大大提升各地區之間的交通效率。不過，這裡又面臨着一個標準之爭，即每一個國家都會希望推廣自己的標準。秦朝之所以能夠推行「車同軌」政策，在於它已經完成了政治統一。而在世界範圍內，這一目標從未實現過。

事實上，鐵軌並不是蒸汽機車發明的副產品。早在 16 世紀下半葉，歐洲人便已經在礦山使用硬木製作軌道，以使人力或者畜力驅動的礦車能夠更高效地運輸那些沉重的礦石。18 世紀下半葉，隨着鋼鐵產能的飛躍，更為耐用的「鐵軌」出現，只不過最初奔馳在鐵軌之上

的是馬車罷了。隨着蒸汽機車在 19 世紀的出現，鐵路的應用場景日
益擴大。世界各主要工業國開始將鐵路的鋪設上升到了國家戰略層面。

　　對於鐵路的重要性，處在世紀之交（19 世紀末、20 世紀初）的
中國人並非沒有意識到，除了大家耳熟能詳的詹天佑的故事，很多人
不知道的是，孫中山先生曾經有過「於十年之內築二十萬里之線」的
鐵路網修築設想。在他看來，「凡立國，鐵路愈多，其國必強而富」。
如果不用再為政事煩惱，「專心致志於鐵路之建築」，就是他最大的理
想。然而，在那個混亂的年代，這一願景顯然只能是空中樓閣；很多
時候，只能看着日、俄之類的列強以鐵路為「兵」滲透中國。

　　由於各自為政且沒有統一的標準，在鐵路的發展歷史中，曾經出
現過不下 20 種軌距，兩根鐵軌之間的距離從 600 毫米到 1829 毫米
不等。究竟誰有資格充當「標準軌距」，更多倚仗於自身的實力和影
響力。換句話說，誰能讓自己力推的軌距有更多的應用場景，誰就有
資格聲稱自己所主推的軌距為「標準軌距」。最終在這場標準之爭中
勝出的，是英國人推出的 1435 毫米軌距，相當於英制的 4 英尺 8 $\frac{1}{2}$
英寸（1937 年由國際鐵路協會確認）。由此，這一軌距也被稱為「普
軌」或者「標準軌」。比這個軌距寬的被稱為「寬軌」，反之則被稱為
「窄軌」。

　　關於標準軌為甚麼是「4 英尺 8 $\frac{1}{2}$ 英寸」，有一種說法，這是古羅
馬戰車的寬度。由於戰車是由兩匹馬拉動，所以也有人戲稱，今天各
國普遍使用的軌距，是由兩匹馬的屁股決定的。當然，這一說法並沒
有實際依據，到底是如何產生的也並不重要。更值得關注的，是這一
標準之爭背後的地緣政治博弈。很顯然，英國標準的勝出，與其「日
不落帝國」的背景有關（比如印度、美國都是標準軌的採用者）。

　　在 20 世紀這場關於軌距的博弈中，並不是所有國家都願意遵從
英國人推出的標準。俄國和日本就是最典型的案例。相對來說，軌距

越大，動力越強，但對動力和成本的要求也更高。在線路漫長、運力要求更大的俄國，俄國人更願意選擇寬軌。在反覆對比之後，19 世紀末的沙皇俄國選擇了對它來說性價比最高的 1524 毫米軌距。在歐洲國家後來普遍採用標準軌的情況下，蘇聯仍然堅持這一標準，很大程度上也是出於地緣政治的考慮。最起碼其他國家想入侵蘇聯，不同的軌距將為之提供一層安全保障。

俄國人對於寬軌的堅持，對今天新絲綢之路背景下的互聯互通也造成了很大影響。今天採用標準軌的中國，如果想利用前蘇聯國家的軌道打通中歐班列，需要在邊境口岸進行換軌操作（將車廂或者貨櫃吊裝到相鄰軌道上的列車底盤上）。當然，以標準軌在歐亞大陸的普及程度，以及中國今時今日在鐵路建設上的底氣來說，如果最終出現一條橫貫前蘇聯國家、連通歐亞大陸兩端的標準軌鐵路，並不會讓人感到驚訝。

與「財大氣粗」的俄國相比，資源緊缺、地域狹小的日本，在進入鐵路時代後走向的就是另一個極端了。窄軌鋪設速度快、成本低的特點，使得日本成為窄軌國家的代表。在日俄戰爭期間，為了趕進度，同時也為了適應日本機車的需要，日軍在沿鐵道線由旅順口向北推進時，甚至曾經將俄國人的中東鐵路（寬軌）改為窄軌。

然而，就此認為日本頑固地堅持窄軌標準，同樣是不客觀的。日本最初做出這一選擇，是因為其島國的背景，一旦其有能力（或者自認為有能力）向更寬廣的大陸擴張，也不會排斥其他標準。在日俄戰爭之後，遼東半島及其以北的半個東北地區，與朝鮮半島一起正式歸於日本的勢力範圍。俄國則保留了對他們至關重要的東北北部。在日、俄瓜分東北地區的協議中，鐵路再次成為重要的劃分標誌。今天的吉林省會長春，成為雙方的勢力分割點。長春以南的那部分中東鐵路支線，變身為日本控制下的「南滿鐵路」。

　　弔詭的是，曾經在戰爭期間將「南滿鐵路」改成窄軌的日本，很快又費時費力地將「南滿鐵路」，甚至朝鮮半島窄軌改為標準軌。這樣做當然不是單純為了增加運力，否則可以像俄國人那樣鋪設寬軌，還能利用俄國人丟棄的機車和車皮。做出這一決定的根本原因，在於中國政府在山海關內外鋪設的鐵軌是標準軌，特別是 1912 年修通的，由英國人承包的從北京至瀋陽的「京奉鐵路」（又稱「關內外鐵路」）。從當時中國政府的角度來說，請英國人來修築鐵路，並選擇不同於俄、日的軌距，顯然有提防這兩個危險鄰國的考慮。至於已經獲得長春以南東北地區的日本，為甚麼反過來適應中國的軌距，其背後的野心不言自明。

　　在中國希望依託高鐵技術構建「新絲綢之路」的今天，100 多年前日、俄兩國在中國東北地區以及西伯利亞、朝鮮半島所進行的這場鐵路競爭，仍然有着許多重要的啟示作用。就高鐵這項技術而言，日本無疑是先發國家。1964 年就已投入使用的「新幹線」，是世界上第一個實現時速 200 公里的高速鐵路系統。與日本舊有的窄軌鐵路系統不同的是，新幹線採用了國際通行的標準軌。很顯然，這種選擇很大程度上是未雨綢繆，考慮到海外市場的擴張。

　　如果當年日本「大東亞共榮圈」的幻想得以實現，那麼日本將很有可能在高鐵時代成為標準主導者，就像英國人把自己的軌距標準變為標準軌一樣。然而，在日本被迫正視自己的島國身份之後，想要通過外交、經濟手段在其他國家建設、推行「新幹線」系統，並不比當年軍事爭奪東北鐵路的建設權容易。在同時期研發出高速鐵路技術的法、德等國，類似的制約現象同樣存在。曾被視為未來技術、由德國研發的高速磁懸浮技術，在看到落地希望後，被迫轉讓給了中國。[1]

---

[1]　2002 年，上海建成世界第一條商業運營的高架磁懸浮專線。

　　儘管高速磁懸浮技術並沒有如很多人預想的那樣引發一場鐵路革命，上海那條不到 30 公里的磁懸浮專線也更像是一次試錯，但作為全球最大的單一市場，中國仍然憑藉自己的縱深及需求，成為最合適的高速鐵路技術應用國，並藉此引進、消化、再創新，成就了自己的高鐵技術。截至 2017 年底，中國已完成 25000 公里高鐵里程，約佔世界高鐵總量的 2/3。伴隨這一規模效應而來的，便是技術的成熟和成本的縮減。

　　對於試圖建設高鐵的歐亞大陸國家來說，除去成本和技術考慮以外，一個潛在的誘惑在於，在中國提出「一帶一路」倡議及力推高鐵出海的背景下，本國所建設的鐵路線路將有希望接入中國的鐵路網，並從中國市場受益。儘管這一願景在外交層面上需要克服很多困難，但重要的是這種可能性是現實存在的。反之，當下應該沒有人會認為本國的鐵路系統有機會與日本本土對接，並從中獲取額外的利益。

　　當然，認為中國即將壟斷海外高鐵項目的想法，同樣是不切實際的。基於現實的地緣政治矛盾，一定會有不認為中國的強大能讓自己受益的國家（比如印度、越南）存在，希望避免與中國的高鐵，乃至「一帶一路」倡議做過多捆綁。只不過就博弈而言，絕對壟斷從來不是最終的追求，也很難實現。能夠將博弈的天平向自己一方傾斜，就足以取得戰略性優勢了。

　　由鐵路所反映的交通革命，並不僅僅擔負着政治擴張的使命。更多的時候，鐵路承載的是沿線地區、民眾提高生活水平、發展經濟的夢想。今天中國在國內、海外推進高鐵項目，意義正在於此。以中國國內的情況為例，100 年前的鐵路修建，曾經深遠地影響了很多城市的命運。

　　在地理條件相近的情況下，每一個板塊的中心點並不是一成不變的。在鐵路時代，可以說鐵路修到哪裡，哪裡就能成為經濟重心。黑

龍江省會哈爾濱、吉林省會長春，無不是因為處於鐵路相交的樞紐點而成長為中心城市，甚至可以說是當年日、俄鐵路大博弈的受益者。在中國政府可以主導鐵路建設的華北平原，類似的一幕也在同一時期上演。鄭州、石家莊兩個因鐵路而興的城市，藉此超越了與之相鄰的開封、正定，最終晉升為所在省份的省會。

理解了這一點，今天我們就不應該嘲笑那些地理位置相近的縣市傾盡各種資源爭奪高鐵站的努力，因為這種偏差真的有可能影響一座城市的命運。最起碼，這種努力，比力保「貧困縣」資格的做法，要有價值得多。

第 三 節
東歐與草原

　　同樣一個地理名稱，在不同的語境下會有不同的含義，「東歐」
也不例外。在冷戰期間，「東歐」被打上了濃濃的意識形態烙印，成
為以蘇聯為核心的歐洲社會主義陣營的代名詞。儘管冷戰背景下「東
歐國家」的位置並不是完全處於東歐的範圍內，但鑒於這一陣營整體
位於歐洲的東部，如此表述也不能算不準確。只不過我們需要從地理
的本質來界定一下，地理上的東歐到底指的是哪裡。有了這一基礎之
後，再回過頭去梳理歐洲東部的地緣政治變遷，相信一定會有不一樣
的認識。

歐洲的地緣政治板塊劃分

　　地質學家在 20 世紀提出了「板塊構造說」，將全球地殼劃分為六
大板塊，包括太平洋板塊、歐亞板塊、非洲板塊、美洲板塊、印度洋
板塊與南極洲板塊。有趣的是，這一以大洋中脊（中央海嶺）、深海
溝、轉換斷層和地縫合線等構造帶為切割線所進行的地質板塊劃分，
與人類在地表進行的地理劃分並不完全吻合。歐、亞兩洲雖然不出意

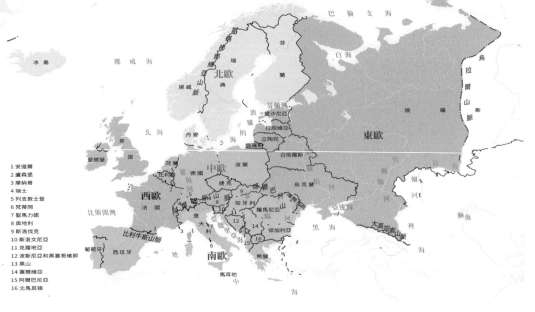

歐洲地緣政治板塊劃分示意圖

料地被歸入了同一地質板塊，但其中的阿拉伯半島、印度卻被歸入了印度洋板塊，東西伯利亞山地則被歸入了美洲板塊。

當然，地質學家的劃分，與人類日常生活，包括政治的關聯並不大。即便印度試圖將印度洋經營為自己的後花園，但將阿拉伯半島、澳大利亞列入印度洋板塊，應該也無益於這一目標的達成。真正能夠對人類政治生活有參考意義的，依然是以地理為基礎，結合了人的因素的地緣板塊劃分。從這個角度說，阿拉伯半島更應該與北非被視為同一個地緣板塊，而澳大利亞的核心地緣政治屬性，則歸屬於美國所主導的，帶有鮮明「盎格魯—撒克遜」特徵的海洋國家聯盟中。

回到解析東歐地理邊界的話題上來。就其東部邊界來說，烏拉爾山脈很好地承擔了這一職責。如果沒有這條從北冰洋向南、延綿兩千多公里的山脈存在，共享一片大陸的歐、亞兩洲，倒是不太容易找到一條主切割線。不過，僅僅依靠這條南北向的山脈，歐亞大陸仍然無法做到完整切割。在烏拉爾山脈之南，裡海及烏拉爾河（發源於烏拉爾山脈南部，注入裡海）合力完成了剩餘的縱向切割任務。橫亙於黑海和裡海之間的大高加索山脈，則補上了歐、亞兩洲地理分割線的最

後一塊拼圖。

這條由烏拉爾山脈、烏拉爾河、黑海、大高加索山脈組成的歐亞地理分割線，同時也是東歐東部、東南部的地理邊界。然而，回顧這一在義務教育階段就應掌握的知識點，並無助於我們撥開籠罩在「東歐」身上的地緣迷霧。因為無論從地理還是地緣角度，對這個處在歐洲大陸中心地帶西端的板塊來說，最重要的關係都是其在歐洲的定位。研究東歐與歐洲其他板塊地理分割依據的現實意義在於，藉此可以了解俄國在地緣政治上的企圖心。

總的來說，歐洲是一片被海洋三面包圍的低平大陸。除了與亞洲共享的烏拉爾山脈以外，整個歐洲的山脈可以被分為兩部分：北部的斯堪的納維亞山脈和南部的阿爾卑斯山脈。後者對於歐洲的地理、地緣影響尤為重要。除了位於亞平寧半島北部、居於核心地位的阿爾卑斯山脈以外，分隔伊比利亞半島與法國的比利牛斯山脈、本質為阿爾卑斯山脈東部延伸的喀爾巴阡山脈，以及覆蓋巴爾幹半島的迪納拉山脈（及其支脈）等歐洲南部山脈，都可以歸屬於阿爾卑斯山脈的概念中。

如果把視野擴張至整個歐亞大陸，阿爾卑斯山脈還可以與亞洲南部以喜馬拉雅山脈為核心的山系（喜馬拉雅山系）共同組成一個「阿爾卑斯—喜馬拉雅山系帶」的概念。這條西起太平洋、東至南海西北部的山系帶，在亞洲將阿拉伯半島、印度半島、中南半島三個熱帶屬性邊緣板塊與歐亞大陸中心地帶分隔開來。在歐洲，阿爾卑斯山脈同樣成為板塊及諸多國家劃分的依據。

當「東歐」成為冷戰背景下的地緣政治標籤時，除此之外的歐洲國家都可以被統稱為「西歐」國家。回歸地理本質的話，我們可以將歐洲大陸按照方位切割為西歐、北歐、南歐、東歐和中歐五個部分。其中，阿爾卑斯山脈主脈以南部分為南歐的範疇，包括西班牙和葡萄

牙所在的伊比利亞半島、意大利所在的亞平寧半島，以及巴爾幹國家所在的巴爾幹半島（及其延伸的希臘半島）。相對歐洲其他地區更為舒適、溫暖的地中海氣候，使得南歐成為歐洲文明的起源之地。

然而，在必須面對其他高緯度板塊競爭的情況下，南歐板塊過於舒適的氣候環境卻也成了一塊地緣短板。以至在希臘—羅馬時代之後，歐洲的地緣重心轉移至阿爾卑斯山脈以北地區。在弱化內部競爭，以「統一」為終極目標的歐盟時代，南歐板塊在地緣上的共性依然有所體現。從 20 世紀 90 年代以來，西班牙、葡萄牙、意大利、希臘這四個南歐國家，就被一些經濟觀察家稱為「笨豬四國」（PIGS，也被轉譯為「歐豬四國」）。

大西洋及萊茵河則成為確定西歐範圍的主要標誌。這一板塊包括萊茵河以西，西臨太平洋的法國、盧森堡、比利時，以及萊茵河三角洲地帶的荷蘭。其核心低地被稱為「西歐平原」。當然，絕大多數時候，「西歐」的概念不會只限於歐洲大陸，而是會把海峽對面的英國、愛爾蘭包括進來，只不過這些外島顯然不在當下的討論範圍內。英國的外島性質，也使其更願意成為歐洲的獨立一極。英國積極推動「脫歐」，[1] 及其與美國的密切地緣政治關係，便是這一特質的表現。

以斯堪的納維亞半島為重要地理特徵的波羅的海北部地區屬於北歐的地理範疇。這一地區包括挪威、瑞典、丹麥、芬蘭四國。與英國、愛爾蘭的情況一樣，在範圍不局限於歐洲大陸時，冰島這個外島國家也會被歸入北歐概念中。「維京」海盜應該是這個板塊在歷史上給歐洲留下的最深刻烙印了。在 8–11 世紀，這些來自北歐的海上劫掠者對歐洲其他地區造成的壓力，堪比北亞遊牧民族對長城以南地區造成的壓力。自身環境過於惡劣，是北歐、北亞板塊居民熱衷向南滲透的

---

[1]　2020 年 1 月 30 日，歐盟正式批准英國「脫歐」。次日，英國正式「脫歐」。

根本原因。

「斯堪的納維亞」的原意為「黑暗的地方」，寒冷而漫長的冬夜，是這一板塊留給人們最深刻的印象。如果不是斯堪的納維亞山脈阻擋了從北冰洋方向南下的冷空氣，大西洋、波羅的海所帶來的暖濕氣流又在一定程度上衝抵了寒冷，這一緯度與東西伯利亞山地及阿拉斯加相當的板塊，大概很難在歐洲歷史中發揮顯著的作用。

德國、波蘭、捷克、斯洛伐克、匈牙利、奧地利、列支敦士登和瑞士八國，屬於中歐國家範疇。阿爾卑斯山脈及其向東延伸的喀爾巴阡山脈，是中歐板塊劃分的重要地理標誌。這一板塊的核心部分，是位於阿爾卑斯—喀爾巴阡山脈以北的「中歐平原」，由於分屬德國、波蘭兩國，也被稱為波德平原。阿爾卑斯山脈以東、喀爾巴阡山脈以西的喀爾巴阡盆地區，是中歐板塊的另一個大區，匈牙利是這一盆地區的核心國家。比較特別的是羅馬尼亞，這個地域橫跨喀爾巴阡山脈的國家，實際位於中歐、南歐、東歐三大板塊交會之地，在地緣政治上，很難準確地將其歸於上述任何一個板塊。

在歐洲所有的板塊中，中歐與東歐的邊界是最難確定的。在喀爾巴阡山脈，這條向東南方向延伸的山脈，看起來是有資格成為一條天然邊界的。蘇聯時期的版圖，在這個方向也的確延伸至了山脈的東麓。然而，在阿爾卑斯山脈之北，卻缺乏這樣南北向的山脈為各大板塊之間維持天然平衡。在這個方位上，歐洲的平原帶從大西洋一路向西延伸到烏拉爾山脈，依照方位可以將之劃分為西歐平原、中歐平原、東歐平原三大塊。

在沒有山脈天然分割的情況下，河流主航道是最適合承擔天然邊界任務的。南北向的萊茵河下游，便成為法、德兩國，或者說西歐、中歐板塊的分割線。問題在於，河流的切割往往比山脈分水嶺更容易引發爭議。一個普遍存在的現象，是居住在同一河谷平原甚至同一流

域的社群，容易在歷史中形成共同的民族認同。困擾法、德兩國數百年的阿爾薩斯—洛林爭議便是如此。在法國追求以萊茵河下游為雙方天然疆界的情況下，上述兩個位於萊茵河西岸的板塊，卻早已為德意志人所覆蓋。

與西歐、東歐板塊內部還有隸屬於阿爾卑斯山系的高地部分不同，東歐幾乎是一個完全的平原板塊。這使得主導這一板塊的俄國人在確定自身西部邊界，尤其是與中歐平原的分割線時，存在許多不確定因素。一個比較簡單的幾何分割法，是從黑海西沿的多瑙河口西北方向沿喀爾巴阡山脈拉一根直線，延伸到波羅的海之南。觀察蘇聯的西部邊界，我們會發現它實際上就是一條趨近完美的中、東歐板塊的分割線。在蘇聯已經解體的今天，為東歐平原確立地理西界的任務，則由立陶宛、白俄羅斯、烏克蘭、摩爾多瓦四個前蘇聯國家的西部邊界所承擔。

當然，在實際操作中，這種直線分割法往往只適用於人跡罕至的沙漠地區。在歐洲這樣的人口密集區，地理學家和政治家依然需要尋找河流或者流域之間的分水嶺作為分割依據。至於在二戰後有實力按照自己的需求重塑歐洲中、東部地緣政治格局的蘇聯，到底是遵循甚麼樣的思路進行設計的，就是本書後面內容需要論述的了。

東歐平原的水系與「五海通航」

雖然東歐平原各大水系之間必然存在「分水嶺」，但與那些高大山脈相比，這些平均海拔不過200多米的丘陵，很難起到天然分割的作用。因此，釐清了東歐平原的水系結構，也就把握了這片土地的地緣脈絡。從位置來看，東歐平原的河流應該有機會向南北兩個方向入海，即注入北部的波羅的海、北冰洋，南部的黑海、裡海。

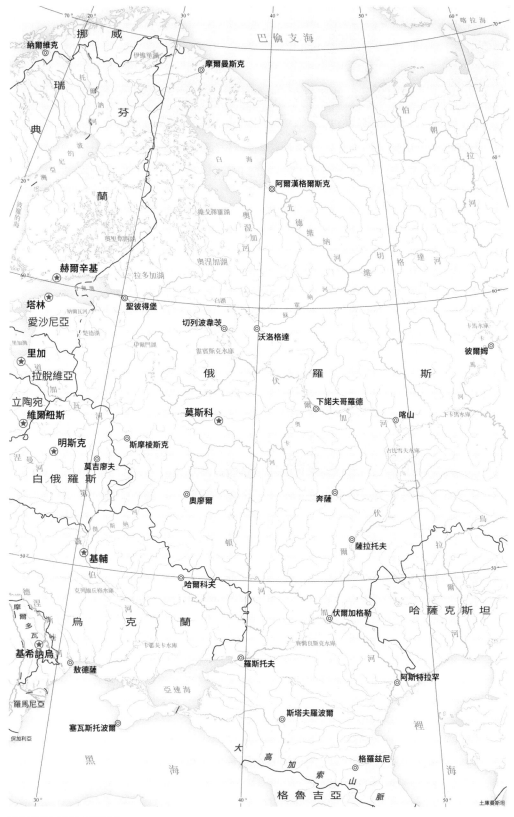

東歐平原的主要水系示意圖

相比北部河流，南部河流在東歐地緣政治結構中的地位要高得多。在南部，從喀爾巴阡山脈到烏拉爾山脈之間，自西向東排列着德涅斯特河、第聶伯河、頓河、伏爾加河、烏拉爾河五大河流。其中前三條河流注入黑海，後兩條注入裡海。對俄國歷史稍有了解的人都應該知道，上述河流在俄國的形成中佔據了多麼重要的地位。

氣候相對溫暖，是南部河流有機會成為東歐地緣政治舞台核心的主要原因。相比之下，那些向北注入北冰洋的河流，能夠發揮的作用就非常有限了。奧涅加河、北德維納河、伯朝拉河，這些注入北冰洋的河流名稱，相信很多人是第一次看到。寒冷氣候對人口承載力的影響，以及北冰洋所缺乏的航線價值，是東歐平原的北冰洋流域淪為邊緣板塊的主要原因。與西西伯利亞平原的情況一樣，控制了溫暖的南部地區，自然也就能夠將北部地區歸入勢力範圍。

然而，並不是所有北向流域都只能悲慘地淪為龍套。由東歐平原西北方向注入波羅的海的三條河流 —— 納爾瓦河、道加瓦河、尼曼河，在歐洲地緣政治舞台上發揮的作用就要顯著得多。光談這三條河流，估計還是會讓不少人感到陌生，不過提到它們分別對應的愛沙尼亞、拉脫維亞、立陶宛，那知道的人肯定就很多了。這三個國家經常一起被標註為「波羅的海三國」。從地理結構上看，波羅的海三國的特別之處在於，其境內河流所注入的波羅的海，實際上是大西洋東側的一個陸間海。以這一特點來看，今天屬於俄羅斯領土的聖彼得堡、加里寧格勒，實際與上述三國屬於同一板塊。

水路交通在人類文明的發展中一直發揮着舉足輕重的作用，在工業化之前，一個城市的興衰很大程度上取決於它所依靠的河流能夠為之提供多少物流方面的便利。鑒於東歐板塊與北冰洋、波羅的海、黑海、裡海四個海區相連，且境內河流分別注入上述海區，在俄國版圖向整個東歐平原擴張，以及後來的整合過程中，俄國人曾經不斷嘗試

在上述河流與海區之間挖通運河。

最早的嘗試可以追溯到 1697 年，當時主政俄國的彼得大帝，除了為俄國制定奪取出海口的戰略之外，同時也試圖通過開挖運河，使國內每一個板塊都能夠做到通江達海。由於北冰洋最為深入東歐平原的部分被稱為白海，同時黑海又在東北部分割出亞速海，因此這一戰略設想又被後人稱為「五海通航」。

在五海通航設想中，東歐平原水系覆蓋面積最大、自然通航條件最好的伏爾加河居於核心地位。在伏爾加河與頓河之間修築運河，是這一宏偉設想的啟動工程。考慮到這兩條河流的最近處僅有 50 公里，並且地勢平坦，在中國人看來挖通這樣的運河並不算高難度挑戰。不過，缺乏人力和技術的沙皇俄國還是沒有能夠完成這項工程。

1941 年，為了應對可能到來的戰爭，當時的蘇聯重啟了連通伏爾加河和頓河的運河工程，並將之命名為「列寧運河」。只不過，戰爭的爆發很快中止了這一切。直至二戰後的 1952 年，伏爾加河─頓河運河才宣告完工。藉助這條運河，俄國人打通了裡海與黑海之間的航道。在裡海以東的中亞五國成為獨立國家之後，伏爾加河─頓河運河開始有機會被賦予一層新的地緣政治意義。對於俄羅斯來說，維持對中亞的地緣影響力，將是一個享有優先級的戰略方向。在這個方向上，最有可能削弱俄羅斯影響力的將是中國。不過，基於雙方業已達成的背靠背戰略合作夥伴關係（包括成立「上合組織」），中、俄雙方暫時並沒有在中亞形成直接的競爭關係，而是形成了一個歐亞大陸中心地帶加歐亞大陸東邊緣地帶的戰略組合。

然而，政治或者說地緣政治的微妙之處在於，沒有永遠的敵人，也沒有永遠的朋友，即使是在合作當中，同樣存在話語權的分配問題。在這種情況下，除了利用蘇聯時代留下的地緣政治遺產（例如俄語在中亞的普及）以外，俄羅斯還需要為中亞國家提供一點獨特且不

可替代的存在 —— 為這片遠離海洋的土地提供一個可能的出海口。

在中亞國家當中，哈薩克斯坦與土庫曼斯坦屬於沿裡海國家。其中，面積超出中亞其他四國總和的哈薩克斯坦，無論從實力還是地緣位置上來看，都是俄羅斯必須拉攏的核心國家。事實上，在蘇聯解體之後，歐洲方向的白俄羅斯、中亞方向的哈薩克斯坦，一直充當着俄羅斯左膀右臂的角色。在俄羅斯用「獨聯體」維持在前蘇聯國家中的影響力的努力幾近破產後，俄羅斯、白俄羅斯、哈薩克斯坦三國於2011年提出了一個新的組織概念 —— 歐亞聯盟，並於2014年正式簽訂了《歐亞經濟聯盟條約》。很顯然，這是一個試圖在歐亞大陸腹地複製歐盟「先經濟後政治」一體化路線的地緣政治平台。

幫助哈薩克斯坦打通真正的出海通道，將是俄、哈關係進一步捆綁的手段之一。2007年，哈薩克斯坦率先提出了在裡海和黑海之間打通歐亞運河的提議。這一雙贏的提議，當即得到了俄羅斯總統普京的大力支持。除在兩個直線距離約600公里的海區之間，沿大高加索山脈北麓挖通一條新的歐亞運河以外，對舊有的伏爾加河—頓河運河進行擴容，使之適應更大噸位的船隻航行也是選項之一。

相比之下，俄國人傾向於省時省錢的伏爾加河—頓河運河擴容方案，哈薩克斯坦則更希望能夠開挖一條真正的海洋運河。後一方案的價值在於，在裡海水位因上游水資源開發而不斷下降的情況下，一條真正的海洋通道可以為之補水。如果考慮到還可以在鹹海和裡海之間再修建一條運河（鹹海水位下降得更厲害），並且烏茲別克斯坦擁有半個鹹海的現狀，一條能夠串聯起鹹海、裡海、黑海的歐亞運河，無論在地緣政治還是環境上，都擁有巨大的想像空間。在中國通過「鐵路」向歐亞大陸腹地輸出影響力的今天，打通與中亞國家的水路交通工程，將有機會成為俄國穩固在中亞地緣影響力的重要基石。

連通北冰洋與波羅的海，是俄國優化東歐大陸地理關係的另一個

方向。儘管理論上波羅的海可以通過大西洋與北冰洋相通，但顯然俄國人不會把自己的北方安全寄託在這樣的線路之上。1930−1933 年，由聖彼得堡出發向西北方向延伸接入白海（北冰洋伸入俄國陸地的陸間海）的白海—波羅的海運河被修通。由於可以藉助拉多加湖、奧涅加湖和維戈澤羅湖三個湖泊及部分天然河道，這條全長 227 公里的運河，實際需要全新挖掘的河道僅為 48 公里。然而，嚴酷的環境，以及勞動力的強制使用，還是讓 10 萬人為之付出了生命的代價。

對於俄國來說，白海—波羅的海運河最大的戰略價值，在於可以將其在波羅的海沿岸的力量，通過水路延伸到北冰洋乃至西伯利亞。一個彰顯這一價值的最近案例，是 2011 年聖彼得堡製造的巨型水輪機組經過白海—波羅的海運河進入北冰洋，再由中西伯利亞北部進入葉尼塞河，最終運抵唐努烏梁海之北的薩彥—舒申斯克水電站。如果沒有這條運河，而是橫穿整個波羅的海，再繞過斯堪的納維亞半島進入北冰洋的話，整個航程將多繞將近 4000 公里，更別說在航程中所需額外承擔的地緣政治風險了。（參考中國購買瓦良格號航母后經行土耳其海峽時遭遇的曲折。）

僅僅通過白海—波羅的海運河連通波羅的海和北冰洋、通過伏爾加河—頓河運河打通黑海和裡海之間的水上通道，五海通航的設想還不能完成。一如精於水利工程的中國人很早就開始在中央之國核心區構建靈渠、京杭大運河等連接南北水系的工程一樣，俄國人也希望在北向河流與南向河流之間構築第三個連接點，將東歐平原的內部全面打通。

1703 年，彼得大帝下令在波羅的海的東端修築聖彼得堡，並將俄國的首都從莫斯科遷移至此，此後的 200 年間（直至 1918 年），聖彼得堡都承擔着俄國政治中心的角色。結合伏爾加河在東歐平原的核心地位，連通聖彼得堡與伏爾加水系的工程，成為五海通航設想的樞紐

工程。這一宏偉設想包括從伏爾加河上游向北挖掘運河，通過白湖、奧涅加湖、拉多加湖，以及在三湖之間開挖的一系列運河工程。俄國人最終在 19 世紀上半葉打通了聖彼得堡至伏爾加河上游城市切列波韋茨之間的水上通道。在蘇聯時期，這一被統稱為伏爾加—波羅的海水道的運河工程，得到進一步擴容，並通過波羅的海—白海運河、伏爾加河—頓河運河的併網，完成了在東歐平原五海通航的構想。

如果你相信，中國之所以能夠成為一個統一的地緣政治板塊，數千年來華夏先輩們所進行的一系列水利工程起到了至關重要的作用，那麼就應該能夠理解，俄國人 300 多年來所做的類似努力，對俄國形成的意義了。上述內容的意義不僅在於解構東歐平原的地理脈絡，更在於讓我們明白，人類並非只能屈從於地球母親的原始創作。儘管迷信「人定勝天」的口號經常會誤導人類走向另一個極端，但人類在改造自然、優化地理環境的問題上，也並非完全無能為力。

當然，凡事有利有弊，無論是自然力還是人力所造成的改變，都會在重塑的同時，一定程度上打破原有的平衡。比如人類在伏爾加河流域修築水壩的做法，往往會對一些有洄游產卵需求的魚類造成毀滅性後果；蘇聯在中亞阿姆河、錫爾河上游開發農業潛力的同時，卻又使得下游鹹海地區的環境迅速惡化。重點並不在於人類要不要改造環境，而在於做出改變之前需要更加全面地權衡利弊。同樣，「見木不見林」地糾結於某一個點（比如保護某一物種生存習慣）而拒絕任何改變的做法也不可取。如果是那樣的話，人類估計就只能回到茹毛飲血的原始狀態了。

南俄草原

一個比較常見的誤區，是將整個東歐平原視為草原地帶，由此所

南俄草原及周邊示意圖

引發的另一個誤解,則是將斯拉夫人定位為遊牧民族。事實上,東歐平原只有南部才是草原地帶,中北部的大片土地則為森林所覆蓋。基於東歐草原的地緣位置,我們可以將之命名為「南俄草原」。除此以外,在喀爾巴阡山脈以西,還有一片被稱為「匈牙利草原」的乾草原地帶。在冷兵器時代,上述草原及馳騁於其上的遊牧民族,一直對歐洲歷史及地緣政治結構發揮着重要影響。

儘管歐洲整體算是各大洲中降水最為充沛的區域,你甚至無法在這片大陸找到一塊真正的沙漠,但具體到南俄草原,由於西、南方向山地阻隔的原因,能夠接受的大西洋水汽已是十分有限了。300-400毫米的年均降雨量,使得這一區域成為遊牧民族的樂園。不過,比起蒙古草原以及同屬西乾草原的哈薩克草原,南俄草原的條件已是相當不錯了。這一特點,使之成為亞洲遊牧民族渴望進入的水草豐美之地。

從位置上看,這是一片從喀爾巴阡山脈東南向東北方向一路延伸至烏拉爾山脈南端的草原地帶。由於眾所周知的原因,南俄草原目前主要被烏克蘭、俄羅斯所瓜分。如果一定要遵循現在的地緣政治結

構，這片草原故地也可再細分為烏克蘭草原、俄羅斯草原。之所以說是「故地」，是因為現在的南俄草原已經被農業開發，而不再是一片遊牧者的樂土了。

南俄草原之所以能夠得到開發，首要原因是這片草原雖然降水不足，但是並不缺水。以水系來說，這片草原自東向西包括烏拉爾河流域，伏爾加河、頓河中下游地區，第聶伯河、德涅斯特河下游，以及多瑙河三角洲。只要輔以適當的水利工程，原本注入黑海、裡海的河水，便可成為灌溉農業的基礎。

南俄草原也是整個歐亞草原中溫度最高的部分。以整片草原的中心伏爾加格勒，即蘇聯時期的斯大林格勒一帶為例，全年無霜期能夠達到 200 天（與華北平原相當）。同時，南俄草原還擁有千百萬年來植被腐殖而成的土壤。溫度、水、土壤這農業三大要素都具備了，南俄草原的開發實屬必然。今天，南俄草原的 70%−80% 已經被開墾，其中尤以黑海北部的烏克蘭部分條件最好，以至很多人認為，當烏克蘭人把蘇聯遺留下來的軍工底子賣得差不多後，他們唯一能夠指望的就是這片黑土地了。

以南俄草原的自然條件來說，即使在古代中國，進行農業開發的問題也是不大的。實際情況卻是，南俄草原開始進行農業開發的時間要延遲到 17 世紀，以南逃斯拉夫農奴為主的哥薩克開始形成規模優勢後才真正得到推進。而整片草原徹底剝離草原屬性，轉變為俄羅斯糧倉，則要晚至蘇聯時代。

造成這一問題的主要原因在於，歐亞草原是一個整體。周邊的定居民族如果想進入開發，對手並不僅僅是本土的印歐遊牧集團，還有為追求更好生存環境，源源不斷從亞洲方向湧入的遊牧民族。歐洲本身碎片化的地緣政治結構，是南俄草原遲遲沒有農業化的另一個重要原因。聯想一下人口和集權程度都要高於歐洲的中央之國在對抗北方

遊牧者時所遇到的困難，就不難想像為甚麼歐洲人長期不能在南俄草原佔據優勢了。

長期以來，歐洲人並沒有在地緣上將南俄草原乃至整個東歐平原視為歐洲的一部分。在身處其他板塊的歐洲人看來，這片曾經被森林和草原覆蓋的土地，只是亞洲力量的延伸。這一觀點甚至延續至今，以至俄羅斯在很多西方人心目中並不是一個歐洲國家，而是一個亞洲國家。考慮到俄國無論從地理還是文化上的確帶有明顯的亞洲色彩，「亞歐洲」是一個比較客觀的定位。對應歐亞大陸中心地帶這一地緣政治背景，俄國的這種雙重屬性並不讓人奇怪。

事實上，南俄草原是印歐語系諸民族的源頭。也就是說，今天歐洲大陸的高加索人種（俗稱的白種人），包括希臘人、拉丁人、日耳曼人、斯拉夫人、凱爾特人等大家耳熟能詳的歐洲民族集團，都源自最初生活在南俄草原的原始印歐人。不過，歐洲並不是原始印歐人唯一遷徙的方向。最為著名的一次遷移，是公元前 2000 年至公元前 1500 年間，雅利安人從南俄草原向歐亞大陸擴散，這次擴散形成了今天的波斯、印度斯坦等民族。

19 世紀的歐洲人在發現印度人與自己在體質和語言上的相通之處後，從印度梵文中找到了「雅利安」一詞（意為高尚、高貴）。這一帶有印度種姓特徵的標籤，在納粹時期發展為全體原始印歐人及所謂純正血統的代名詞。這種做法也使得「雅利安」一詞變得敏感。

拋開那些由於政治因素及各種誤會所形成的標籤，純粹從種族和語言上觀察歐亞遊牧力量在歐亞大陸中心地帶的博弈（及對周邊地區的影響），會更為清晰。

中亞草原是歐亞草原兩端力量博弈的中心地帶，印歐語系遊牧集團在這一地帶的絕對優勢，一直延續到公元前 2 世紀匈奴統一蒙古草原之前。在周邊地區進入文明期後，那些留在歐洲乃至中亞草原的印

歐語系遊牧者，曾經被周邊文明打上了「斯基泰」「塞人」「阿蘭」等標籤。此後隨着匈奴的崛起，以及因此而觸發的大月氏、烏孫等部的西遷，阿爾泰語系遊牧集團在中亞逐漸佔據上風。

公元 6–7 世紀突厥汗國的崛起，更是讓整個中亞成為阿爾泰語系（準確說是突厥語族）遊牧集團的繁衍、昌盛之地。其形成的地緣政治遺產，一直留存至今。這一文化與種族的碰撞和交融，為世人造就了帶有黃白混血、突厥語族特徵的中亞印象。不過，雖然從結果來看，「突厥」無疑是整個歐亞草原上最成功的地緣標籤，但作為亞洲遊牧力量崛起的引領者，匈奴的歷史地位依然不可動搖。

這很大程度是由於頂着「匈人」名號的遊牧集團，第一次在歐洲展現了亞洲力量。之所以用「頂着」一詞，是因為我們無法準確判斷，這批在公元 4 世紀時出現在歐洲，並最早被歐洲人稱為「黃禍」的遊牧民族，是否真的與公元前 2 世紀崛起的匈奴帝國有直接的繼承關係。不過，有一點是可以肯定的，這是歐洲人第一次體會到來自大陸另一端的巨大壓力，以至驚恐的歐洲人將領導匈人入侵西歐的首領阿提拉稱為「上帝之鞭」。

在匈人入侵南俄草原之前，統治南俄草原的是被稱為「阿蘭」的印歐語系遊牧者。匈人的成功入侵，意味着印歐遊牧集團在整個歐亞草原的落幕。儘管在後來的歷史中，還有一些操印歐語、種族特徵體現為高加索人種的遊牧部落活躍於歐亞草原之上，但總的來說，此後整個草原變成了亞洲阿爾泰語系遊牧集團的舞台。歐洲人則不得不面對一次又一次所謂「黃禍」的衝擊。在歐洲人看來，除了匈人的那次入侵之外，還有兩次源自亞洲的入侵，能夠被冠以「黃禍」之稱。它們的發動者分別是代表突厥語族的奧斯曼土耳其帝國，以及代表蒙古語族的蒙古帝國。區別在於，後者遵循的路線大致與匈人相當，即立足於南俄草原向中歐方向擴張；前者則從中亞向伊朗高原、小亞細亞

滲透，並最終在巴爾幹半島和地中海方向成為歐洲人的噩夢。

在歐亞大陸，每一個邊緣板塊都不同程度地存在「北方危機」。除了中國人有切身體會的北方威脅以外，日耳曼人對羅馬帝國的顛覆、北歐維京海盜對西歐的侵擾，以及印度一次又一次面臨來自西北方向的入侵，都是這一危機的具體體現。人類追求更好的生活環境的慾望在其中起了關鍵作用。相比環境優越的富庶地區，邊緣區域改變生存環境的慾望更為強烈。

在歐亞草原上，這一情況同樣存在。儘管南俄草原與蒙古草原的緯度相當，但後者的生存環境顯然要惡劣得多。以草原上最重要的戰略物資之一 —— 馬為觀察視角，可以看到，印歐語系遊牧民族率先馴服了馬，使得他們在這場草原競爭中佔得了先機。優良的草場環境，使得歐洲培育出來的馬種相比亞洲馬種要更為高大。斯基泰人所騎乘的馬匹，肩高可達 145–150 厘米，在負重及衝刺能力上佔據優勢。反觀蒙古高原所孕育出的蒙古馬，體型就要比歐洲馬矮得多了，其肩高大都在 120–135 厘米。然而，惡劣條件也造就了蒙古馬不挑食、耐低溫、耐力好、體力強的特點。後來席捲歐亞大陸的蒙古人可以連續十幾天不下馬，以一晝夜行軍上百公里的速度機動（中間會換馬），如果沒有任勞任怨的蒙古馬，是不可能做到的。

總的來說，騎兵大體分為兩種類型：機動能力強、善於用弓箭攻擊對手的輕騎兵，和裝甲較重、用於衝毀敵軍陣形的重騎兵。由於馬的負重、衝刺能力更好，歐洲遊牧民族更有條件發展重騎兵；反之，基於蒙古馬的特點，在北亞遊牧民族中，輕騎兵則成為主力。一個遊牧軍事集團要想佔得優勢，這兩個兵種其實都是要配備的。只不過，技術上更為倚重哪一點，決定了戰略天平倒向何方。

弓箭是亞洲遊牧者為配合輕騎兵特點而重點發展的遠程攻擊性武器。中原王朝一提到那些讓他們頭痛的遊牧民族，首先想到的就是

騎射。在遼闊的歐亞草原上，擁有大範圍的機動、迂迴及遠程攻擊能力，本質上會更有優勢。「敵進我退，敵駐我擾，敵疲我打，敵退我追」的遊擊作戰十六字訣，其實也是以輕騎兵為主的亞洲遊牧民族的戰鬥特點。

由於南俄草原並非東歐平原的全部，東歐平原的中北部為大片森林地帶，因此遊牧民族在擴張時，勢必與世居於北方森林的民族發生糾葛。蒙古人建立的金帳汗國與俄羅斯（包括其源頭基輔羅斯）之間長達數世紀的博弈，是發生在這片土地上最知名的博弈，俄國的勝利也完全改變了東歐平原的地緣政治背景，乃至基礎的地緣格局。這當中最大的變化，並不在於俄羅斯代表歐洲統治了這片草原，並且向亞洲方向延伸了如此遼闊的領土，而在於南俄草原在這個進程中漸漸失去了遊牧屬性，被開發成一個重要的糧倉。

在漫長的歷史進程中，以草原、森林民族屬性參與東歐平原博弈的民族和政權，遠不止俄國人和蒙古人。詳細解讀這些歷史將是一個宏大的工程。不過，我們可以從基礎的地理背景入手，找到兩個關鍵的節點，並通過對它們的解讀，揭示這一博弈的基本規律。這兩個節點在沙皇俄國的歷史上都非常著名，一個叫作基輔，另一個則是喀山。

基輔並不僅僅是當下烏克蘭的首都，它更是包含俄羅斯、烏克蘭、白俄羅斯三大民族在內的整體東斯拉夫人的政治源頭。公元 882 年（一說 862 年），來自瑞典方向的瓦良格人，在基輔建立了東斯拉夫歷史上第一個王朝 —— 留里克王朝。中國人知道「瓦良格」這個標籤，大多與遼寧艦的前身 —— 瓦良格號航空母艦有關。這個詞實際上與另一個著名地緣標籤「維京人」關係更為緊密。簡單點說，二者其實指的是同一族群。只不過基於地理方位原因，源出挪威、丹麥一帶的北歐斯堪的納維亞人，是沿着大西洋海岸線南下西歐的；源出瑞典的這部分，則由波羅的海東端進入東歐森林地帶，尋找權力和財富。

　　「瓦良格」在斯拉夫語中的原意為「商人」。從這點來看，這些斯堪的納維亞人比那些被視為海盜的維京人，名聲要好些。在相關傳說中，這些瓦良格人是受當地斯拉夫部落邀請來制止內亂，並最終選擇以基輔為政治中心建立王朝的。在歐洲歷史上，類似的事件時有發生。很顯然，這件事情當中不會只有歌聲和美酒。但是，這些並不是我們現在所關心的。事實上，在歐洲的政治史中，統治階層的出身與被統治國家的民族結構一開始毫無關係的情況是常態（但最終會融入）。相比之下，我們更關心的是，為甚麼會是「基輔」。

　　選擇基輔的原因有兩個。一是其位於第聶伯河之側。配合北方注入波羅的海的河流，這條源自俄羅斯境內、注入黑海的河流，可以為羅斯人打通一條連接波羅的海與黑海、地中海的商道，在身處東地中海的拜占庭帝國為當時全歐洲最繁榮之地的背景下，這條商道意味着巨大的利益。實際上，這也是瓦良格人進入東歐平原，並最終介入斯拉夫人政治的初始原因。在通過瓦良格人和基輔羅斯輸入拜占庭帝國的商品中，產自波羅的海地區的琥珀曾經是最引人注目的消費品。一如「絲綢之路」「茶馬古道」之類的命名，這樣一條縱穿東歐平原西部的商道，也被稱為「琥珀之路」。

　　在基輔羅斯連通商道的努力中，活躍於南俄草原的遊牧民族是繞不開的障礙。羅斯人需要一個能夠受到森林保護，同時又能與草原相接的樞紐點作為統治中心，這是選擇基輔的第二個原因。每兩個植被帶中間總會有兼具二者特色的過渡地帶，森林草原就是草原與溫帶落葉闊葉林之間的過渡帶。就南俄草原與北方森林之間這條南北縱深約100－250公里的森林草原地帶來說，整體呈由東至西逐漸收窄的走勢。基輔則位於森林草原地帶與森林地帶的相接處。

　　儘管基輔的位置有利於羅斯人向南對遊牧者施壓，但力的作用是相互的。在南俄草原那些分散的部落得以被統一在一面戰旗之下時，

基輔身處森林地帶前沿的位置，反而成為一種劣勢了。這一劣勢，在蒙古西征並建立強大的金帳汗國後顯露無遺，其後曾經一度強大的基輔羅斯，被迫分裂為若干獨立公國。鑒於基輔的位置是那麼容易遭遇遊牧者的侵擾，整個東斯拉夫的地緣政治中心逐漸轉移到了位於森林深處、伏爾加河上游的莫斯科，並以此為基點最終成就了強大的俄羅斯帝國。

順便說一下，「俄羅斯」這個名稱其實是一個誤會，它原本的發音就是「羅斯」。蒙古人在稱呼它時，在單詞前面加上定冠詞，使之變成了現在我們熟知的「俄羅斯」。從這個角度說，清朝時期將沙皇俄國翻譯為「羅剎國」倒是挺符合信、達、雅的翻譯原則的。在莫斯科奪取羅斯的政治遺產後，最初的羅斯國就只好加上一個「基輔」的前綴來與之區別了。有趣的是，在烏克蘭獨立之後，不止一次有議員提案，希望將「羅斯」之名奪回來，並將「俄羅斯」改稱為「莫斯科維亞」（意為「莫斯科之地」）。或者即使奪不回這筆地緣遺產，最起碼也應該使用「烏克蘭—羅斯」一名。儘管看起來有些道理，但這一願景在當下的地緣政治環境下，顯然不具可操作性。

如果說第聶伯河上下游節點的基輔是東歐平原南北博弈的西線代表，那麼位於伏爾加河上下游節點的喀山，則是東線的代表了。喀山目前是俄羅斯第八大城市，歷史地位與聖彼得堡、莫斯科處於同一等級（此三城為俄羅斯三大歷史名城）。身處伏爾加河流域的節點，是喀山能夠享此殊榮的重要原因。畢竟整個伏爾加河流域在俄羅斯的歷史中太重要了，僅人口就佔了俄羅斯總人口的 40% 以上。這條俄羅斯的母親河有兩個源頭，東源是發源於烏拉爾山西坡的卡馬河；東西向橫切俄羅斯中部丘陵地帶的西源，則被認定是伏爾加河正源。伏爾加河與卡馬河合流地帶，同樣屬於森林草原地帶。只不過這一森林草原地帶的南北縱深要更寬，從喀山一直向南延伸到古比雪夫水庫（俄

羅斯在伏爾加河修建的大型水利工程）的南端。

　　與類似地理背景的基輔成為東斯拉夫人政治源頭不同的是，位置更為邊緣的伏爾加河所縱切的這片森林草原地帶，則帶有更多的遊牧基因。位於這片森林草原地帶北部，以喀山為首都的韃靼斯坦共和國，是這一區塊目前在俄羅斯境內的行政標籤。伏爾加河—卡馬河口地區今天仍然掛着一個帶有遊牧屬性標籤的「韃靼」，大家從中也能感覺到，這一地區歷史上是南俄草原遊牧勢力向北擴張的橋頭堡，就像基輔是斯拉夫人向南擴張的跳板一樣。

　　最早在這一地區建立國家的遊牧者，是一支隸屬於突厥系遊牧集團的民族 —— 保加爾人。公元 7 世紀，受益於突厥帝國在亞洲的崛起，很多操突厥語的亞洲遊牧民族遷徙到了南俄草原，保加爾人便是其中一支。這支遊牧部落建立的最著名的國家，是與斯拉夫人融合後的保加利亞。很多人也是通過保加利亞獲知保加爾人的存在的。相比之下，在伏爾加河中游一帶存在過的保加爾汗國就不是那麼著名了。為示區別，這個汗國通常被稱為「伏爾加保加利亞」。

　　如果說南下巴爾幹的保加爾人最終的選擇是與南斯拉夫人融合（當下保加利亞語已屬於斯拉夫語族），並接受東正教信仰，那麼留在伏爾加河森林草原地帶的保加爾人則保留了更多的遊牧基因。在蒙古人成為草原之主後，這些保加爾人與蒙古人及其帶來的各類遊牧部落融合，成就了俄國人眼中的「韃靼人」。在金帳汗國分裂之後，依靠森林草原地帶農牧兼備的屬性，以及伏爾加河交通樞紐點的優勢，以喀山為中心的喀山汗國得以建立（1438–1552）。

　　很顯然，以喀山所處的位置來說，它必然屬於俄羅斯帝國擴張的第一目標。對喀山的征服，是俄羅斯崛起的重要標誌。為了抵禦東斯拉夫人的壓力，喀山的韃靼人與西乾草原的大多數遊牧者一樣，選擇了另一個宗教陣營。這一選擇，亦使得今天的韃靼和喀山成為俄羅斯

腹地頗有異域風格的板塊。不過，基於俄羅斯帝國的強勢崛起，以及整個南俄草原的去遊牧化，今天的東歐平原整體已經斯拉夫化或者說歐洲化了。只不過，在這一進程中，那些來自亞洲的遊牧基因，不可避免地對俄國的地緣屬性造成了重大影響。

俄羅斯國徽上的「雙頭鷹」標誌，很能代表其歐亞雙重屬性。儘管歐洲很多國家都在使用這筆源自東羅馬帝國（拜占庭帝國）的歷史遺產，但從地緣政治角度來說，沒有誰比俄國更適合繼承的了。除了地域上橫跨歐、亞兩洲以外，民族文化上的雙重屬性，才是俄國在歐洲人看起來像亞洲、在亞洲人看起來是歐洲的根本原因。這一混合基因，並不是俄國擴張得來大片亞洲領土之後才形成的，而是通過征服南俄草原逐漸融入的。

廣義來說，「韃靼」一詞在俄國或者西方的語境下，可以是包含所有亞洲馬上民族特徵的族群，就像清朝的建立者經常被西方納入這個範疇一樣。在歐洲範圍內，對韃靼族群的印象，往往又體現為突厥語族加伊斯蘭信仰（源自奧斯曼帝國）。不論哪種理解，所謂韃靼族群都對俄羅斯地緣屬性造成過重大影響。有俄國研究者甚至認為，大約 1/4 的俄國貴族擁有韃靼血統（甚至沿用韃靼姓氏）。當然，這些曾經在歐洲歷史中以「黃禍」面目示人的亞洲基因，能夠進入俄國統治階層的首要條件是皈依東正教。參考盛唐時期那些明顯帶有異域風格姓氏的歷史人物為中央之國所做的貢獻，以及對唐王朝風格的影響，你就不會覺得俄國的這種現象難以理解了。

烏拉爾人與基督教之盾

烏拉爾人是個存在感不強的族群，但從語言角度看，最起碼今天的匈牙利、芬蘭、愛沙尼亞三國的主體民族與之有淵源。鑒於烏拉

爾人並沒有湮滅於歷史的長河中，所以還是很有必要解讀一下其前世今生。

與印歐、閃含、突厥這類族群概念一樣，烏拉爾人也更多是通過語言而不是基因來歸類的。所謂烏拉爾語系，是一個與印歐語系、阿爾泰語系、漢藏語系、閃含語系平級的語言分類。從「烏拉爾」這個標籤來看，這個族群的生存之地，肯定跟歐亞大陸的分割線烏拉爾山脈有關。今天在烏拉爾山脈兩側，仍然生活着若干能被歸類於烏拉爾人的民族，包括科米人、涅涅茨人、漢特人、曼西人。儘管人口只有數萬至數十萬不等，但基於民族自治原則，俄國人還是為他們設立了民族自治區。這使得我們很容易在行政地區上觀察原始烏拉爾人曾經的分佈範圍。

烏拉爾人的原始種族特徵顯示為黃種人。相對來說，身處烏拉爾山脈東側，也就是西伯利亞地區的烏拉爾民族，會保有更多的黃種人特徵、原始宗教信仰，以及漁獵屬性（人口也更少）；反之，身處東歐平原的烏拉爾人，在各方面顯示出較明顯的「歐洲」特徵。及至深入歐洲腹地的芬蘭、匈牙利、愛沙尼亞三國，你甚至已經很難從當地主體民族的外表看出其與亞洲的聯繫了（參見本書第一章「歐亞大陸語言分佈示意圖」）。

大多數情況下，語區的分佈規律和種族的分佈規律是一致的。除了那些明確可以歸類於幾大人種的族群以外，在一些板塊相接之地，也會出現混血種族。最典型的就是身處歐洲草原與北亞草原之間的中亞地區了，今天覆蓋於這一地區的突厥系民族，明顯呈現出黃白混血狀態。事實上，烏拉爾人也一定程度上呈現出這樣的特質。不過早在人類進入文明階段之前，初始為黃種人的烏拉爾人就已經在歐洲生活了，所以對於身處亞洲的中國人來說，歐洲烏拉爾人血液裡到底帶有多少黃種人基因，其實並無助於提升民族或者種族自豪感。

　　大約 7000 年前，原始烏拉爾人已經生活在烏拉爾山脈西側，也就是後來被打上「伏爾加保加利亞」「喀山汗國」「韃靼斯坦」等標籤的那塊風水寶地。如果可以選擇，人類不會優先選擇氣候惡劣的區域生存。然而，在印歐、阿爾泰兩大語言集團的共同擠壓下，烏拉爾人並沒有太多機會擴大他們在溫帶地區的影響力。不過，在讓人望而卻步的亞寒帶地區，能夠對烏拉爾人構成障礙的就只有氣候了。

　　永遠不要低估人類的適應性，雖然亞寒帶地區幾乎沒有農業潛力，但針葉林和依附它生存的動物，還是足以支撐人類最基本的溫飽需求的。只是依靠最原始的漁獵生產方式，亞寒帶烏拉爾人的人口數量將極其有限，基本沒有可能對外部地區構成威脅。當然，惡劣的環境也會大大降低外族對這片土地的興趣，使得烏拉爾人有機會在封閉狀態中延續自己的民族文化。原始烏拉爾人應該在公元前就已經覆蓋了從斯堪的納維亞半島到西西伯利亞平原的亞寒帶針葉林帶。只不過，和其他語言集團一樣，由於區位、遷徙時間不同，烏拉爾人也分裂成了不同的部族。今天，從斯堪的納維亞半島到西西伯利亞，生活在森林氣候區的烏拉爾人，最初都是由伏爾加河中游開始擴散的，我們可以將之稱為「伏爾加烏拉爾人」，以區別於更早的來自亞洲的族源。

　　以語言歸類的話，「伏爾加烏拉爾人」也可以被稱為「芬蘭—烏戈爾人」（芬蘭—烏戈爾語族），歸類為這一語族的烏拉爾人中，最為人熟知的應該就是芬蘭人了。不過，「芬蘭」這個標籤已經成為所有芬蘭人的標籤，純粹從民族角度劃分，將之稱為「芬人」會更加清晰。芬人是在公元 1 世紀遷入芬蘭半島的。遷徙的動因，很可能和斯拉夫人的東進有關。而之前覆蓋芬蘭半島乃至斯堪的納維亞半島中北部的，則是另一支更早到達北歐的烏拉爾人 —— 薩米人。

　　在芬人和斯堪的納維亞人（日耳曼人北支）的共同擠壓之下，今天的薩米人已經成為一個寒帶民族了。北極圈內極度嚴酷的氣候成為

他們最後的庇護。在這片極限之地上，樹木因為寒冷基本已經無法生存。只有那些緊緊貼附地面生長的草本植物、苔蘚、地衣等，才有機會自然選擇出耐寒品種。依據這一植被覆蓋情況，亞寒帶針葉林帶以北的這片土地，也被稱為「苔原」（或「冰原」）。對於生存在苔原之上的民族，我們最熟悉的莫過於主要生活在北美大陸最北部的因紐特人（白令海峽西岸的東西伯利亞山地也有分佈）。

在新大陸被發現之前，整個美洲都是地球上的地緣孤島，無法與多樣性的「世界島」（歐亞非大陸）交流，更別說生活在苔原之上的因紐特人了。地緣環境的封閉，使得因紐特人的生產生活方式一直處在漁獵階段。說到這裡，可能會有人覺得奇怪，在如此極限之地，靠天吃飯難道不是唯一的選擇嗎？答案是否定的。最起碼身處歐洲，有機會與其他文明接觸的部分薩米人，學習到了另一種生產方式 —— 遊牧，以增加自己的食物來源。當然，凡事都是要付出代價的。薩米人所付出的代價，就是失去了自己獨特的語言，成為芬蘭—烏戈爾語族的一員。

在不同的地區，遊牧民族會因地制宜馴養不同的有蹄類動物。雨水較多的草甸草原可以養牛，相對乾旱的乾草原以牧羊為主，更加乾旱的荒漠草原可以養駱駝，至於苔原上最有機會被馴養的經濟動物，就是馴鹿了。薩米人大規模遊牧馴鹿，是中世紀結束之後的事情。不過，這支極地民族馴養馴鹿作為交通工具的歷史，肯定要遠遠早於這個時間。這一古代文化對世界最大的貢獻，就是融入了歐洲民間傳說，並最終演變出孩子們喜歡的「聖誕老人」。今天薩米人所在的芬蘭、挪威北部拉普蘭等地區，也被公認為聖誕老人的故鄉（薩米人也被稱為「拉普人」）。鑒於聖誕老人為世界帶來了那麼多的歡樂，即便在這本只關心地緣政治的書裡，也應該為他們留下一席之地。

回到競爭激烈的溫帶世界。受到印歐人擠壓、逐漸邊緣化的烏拉爾人，並非完全沒有機會讓文明世界記住他們。只是他們要是一直待

在森林裡，出頭的機會就不大了。加入遊牧民族的行列是一個不錯的選擇。受環境開放性的影響，遊牧民族對於接納外來族群的態度比定居者要開放得多。換句話說，只要你願意在草原上生活，就有機會成為他們中的一員。當然，前提是你自己要能適應艱苦的遊牧生活。

對於定居者來說，遊牧生活是沒有吸引力的，即使因為種種原因被迫加入遊牧陣營，他們也會一直思念故土那相對富庶、安定的生活。然而，對於經濟層級更低的漁獵者來說，這種身份轉換障礙要小得多。一方面，遊牧生活所能提供的食物要相對穩定；另一方面，森林漁獵者出於機動的需要，通常也已經變成「馬上民族」（除非沒有養馬的條件），更容易適應新的環境。事實上，很多遊牧部落都有過這種身份的轉換。比如我們熟悉的鮮卑，最早就是遊牧的東胡的一員。在東胡被匈奴擊敗之後，他們選擇退入大興安嶺北部，被迫以漁獵為生。在匈奴帝國遭遇漢帝國重壓而崩潰後，鮮卑人又成為蒙古草原的主人，進而入主中原。

正常情況下，漁獵民族向遊牧民族轉換有一個自然過渡過程。前面我們也說了，森林和草原之間存在一條過渡性的森林草原地帶。比如大興安嶺和燕山山脈之間的西拉木倫河流域，就是典型的森林草原地帶。從這裡走出的烏桓、契丹等民族，最初都具有鮮明的漁獵、遊牧混合結構的特點。類似的情況也會發生在南俄草原與烏拉爾人所處的溫帶森林之間。也就是說，烏拉爾人如果願意的話，是可以選擇遊牧生活的。在印歐語系遊牧民族統治南俄草原時，肯定已經有烏拉爾人這麼做過了，只不過他們並沒有機會保留自己的文化（結局是被更為強勢的草原民族融合）。

願意走出森林，進入草原打拚的烏拉爾人，終於在公元 4 世紀迎來了屬於自己的機會。當匈人揮師西進，讓整個歐洲都為之戰慄時，遊牧者作為一個利益共同體，也在歐亞大陸西端迎來了自己的盛宴。

這個更加廣闊的舞台上，有着足以讓所有遊牧者分配的土地和利益（降低了內部競爭度）。在這個大背景下，一部分烏拉爾人也有機會分上一杯羹。他們中的一支，甚至成功地在歐洲地緣政治舞台上爭得了一席之地。今天，我們依然能夠在喀爾巴阡山脈之南，看到帶有烏拉爾人基因的地緣標籤 —— 匈牙利。

在缺乏高大山脈的歐洲，喀爾巴阡山脈的存在有着特別的意義。很大程度上，這條山脈在地緣上所起的作用，類似於中央之國的陰山山脈。從阿爾泰山一路向西，橫穿整個西乾草原帶的遊牧者，只有在喀爾巴阡山脈面前時，才會感覺到地理障礙的存在。這條山脈的走勢整體呈反 C 狀，依據位置可以分割為三部分：北部與中歐平原對接的北喀爾巴阡山脈、東部直面東歐平原的東喀爾巴阡山脈，以及南部面對多瑙河下游平原和巴爾幹半島的南喀爾巴阡山脈。

反 C 狀的喀爾巴阡山脈，與阿爾卑斯山脈及巴爾幹半島的主脈迪納拉山脈，共同圍就了一個標準的盆地區。鑒於喀爾巴阡山脈在這一地理單元的形成中發揮了最重要的作用，我們可以將之命名為喀爾巴阡盆地。讓人意外的是，看起來更有機會與南俄草原融為一體的喀爾巴阡山脈的外圍，其實並不是草原地貌，而在喀爾巴阡盆地內部，卻存在着一片乾草原地帶。

先來看看喀爾巴阡山脈的內部地理結構。覆蓋這一盆地區的水系，是 Z 字形蜿蜒的多瑙河中游及其支流。依據山形水勢，大體可以將之分為三個部分：多瑙河中游平原西半部的潘諾尼亞平原、東半部的匈牙利大平原，以及東南部的特蘭西瓦尼亞高原。其中，匈牙利佔據了多瑙河中游平原的大部，而特蘭西瓦尼亞高原是羅馬尼亞的重要組成部分。

在羅馬帝國時代，潘諾尼亞平原及特蘭西瓦尼亞高原曾經是帝國最東北部行省的所在。強大的羅馬帝國之所以未能控制整個喀爾巴阡

喀爾巴阡山脈及周邊示意圖

山脈，在於匈牙利大平原還有一個標籤 —— 匈牙利草原。山地的包圍以及風向的原因，使得喀爾巴阡盆地內的降水量呈現自西向東遞減的走勢。地勢更為平坦的多瑙河以東，草本植物取代喬木成為主要植被，並且成為遊牧民族的樂園。

匈牙利草原的主體在今天的匈牙利東部，也包括塞爾維亞、羅馬尼亞、斯洛伐克的部分領土。其核心水系是發源於北部西喀爾巴阡山脈的蒂薩河，這條多瑙河左岸支流的中游地區，是整個喀爾巴阡盆地中最為乾旱的區域。不過發展農業並不是只依靠降雨，如果有山地為之集水的話，運用灌溉技術，草原甚至荒漠也能成為農業區（比如中亞的綠洲農業區）。正是由於這一點，今天匈牙利大平原的農牧分割線已經向東收縮。為了保護匈牙利東北部還未進行農業開發的乾草原地帶，匈牙利政府在此成立了保護區性質的霍爾托巴吉國家公園。

很顯然，以步兵方陣為核心的羅馬軍團，在草原上沒有絲毫優勢。在羅馬帝國時期，橫行於匈牙利草原的遊牧民族，還是印歐語

系遊牧民族。真正讓這片草原聲名鵲起的，卻是來自亞洲的遊牧民族——匈人。正是在翻越喀爾巴阡山脈入主匈牙利草原後，匈人才得以利用這個跳板，向西歐方向擴張，並在整個歐洲引發恐慌。以至大多數人認為，「匈牙利」一詞正是源自匈人。在這片孤立草原上，匈人其實更像一個過客，最終抓住歷史機遇並成為匈牙利主人的，是一支原本並不起眼的烏拉爾系遊牧者——馬扎爾人。

　　馬扎爾人是匈牙利民族及國家的源頭。在他們翻越喀爾巴阡山脈之前，這片草原已經被無數操各種語言的遊牧者所佔據。馬扎爾人的成功，在於他們做出的脫離遊牧體系、加入西方體系的戰略決定。在宗教取代民族成為劃分陣營的最顯性標誌的中世紀，這一轉變是以接受基督教信仰為表現的。公元 1000 年，馬扎爾人決定整體皈依天主教，並接受羅馬教廷的加冕和祝福。

　　這個千禧年被視為天主教進入匈牙利王國的起點。很顯然，馬扎爾人的這一轉變，對整個西方來說都是一個利好。一片本為遊牧民族入侵歐洲腹地跳板的草原，華麗轉身為一面「基督教之盾」。此後很長一段時間，匈牙利騎兵都是基督教世界的護衛者，並且幫助西歐抵禦來自蒙古人、奧斯曼人的入侵。馬扎爾人並不是唯一做出類似選擇的遊牧者。前面提到的保加利亞是另一個例子，只不過與拜占庭接近的保加爾人在宗教上的選擇是東正教罷了。

　　當然，事情是雙贏的。馬扎爾人同樣因為這一轉變而受益。最起碼他們在多瑙河西岸的存在與擴張，不會再被視為一種威脅。反過來，匈牙利領土內農耕之地的增加，也加速了它與西方文明的融合。無論從哪個方面來看，今天的匈牙利都是一個完全的歐洲民族。從大歷史的角度看，如果一千年前馬扎爾人沒有做出那個決定，他們應該也只是匈牙利的過客（雖然很可能還有其他民族繼承「匈牙利」這個名稱），畢竟遊牧者最終甚至連南俄草原都失去了。

第四節
斯拉夫人

　　人是地緣研究中最重要的因素之一。在遊牧勢力衰退之後，斯拉夫人成為整個東歐地區的核心民族。這當中的代表，自然是俄羅斯人。只不過，斯拉夫人也好，俄羅斯人也罷，都只是一個大的分類，並無可能僅僅因為這樣一個標籤就形成合力。下面這些文字，將為我們全景展現斯拉夫人內部的複雜關係。

俄羅斯人和他們的鄰居 [1]

　　俄羅斯帝國的崛起，讓「斯拉夫人」這個族群標籤能夠以強者的姿態展現在世人面前。更準確地說，我們應該將他們稱為「東斯拉夫人」。如果不是當年蘇聯的民族政策，也許包含俄羅斯、烏克蘭、白俄羅斯三族的東斯拉夫人就成為共同的「羅斯族」了。關於族群的認定到底以甚麼為標準，歷來是比較有爭議的。「共同語言」大體是比較統一的認知。如果被歸為同一民族，但彼此之間卻沒有共同語言交

---

[1]　參見本書第一章第一節「歐亞大陸語言分佈示意圖」。

流，的確是很難想像的。由此可見，無論「中華民族」還是「美利堅民族」的認定，「語同音」都是必須要做的（放在中國就是推廣普通話）。在內部結構鬆散且呈現明顯南北族群差異的印度，這一融合工作則體現在對印地語的推廣上。

　　然而，一個族群需要共同語言，卻並不代表有了共同語言就一定會成為同一個民族。所謂「民族」，很大程度上其實是一個政治問題。語言學中有句話，「語言是一種擁有了軍隊的方言」，放在政治碎片化的歐洲再合適不過了。比如，要是荷蘭和德國是一個國家，那麼荷蘭語就是德語的一種方言。反之，如果德國南北分裂，那麼南部的「高地德語」與北部的「低地德語」也會由方言上升為兩種語言。

　　回到這部分的重點──斯拉夫人的問題上來。以語言屬性來歸類的話，除了我們前面所說的，生活在東歐平原上，曾經在政治上共同歸屬於沙俄、蘇聯的東斯拉夫人以外，斯拉夫人還擁有兩個分支，即主要包含塞爾維亞人、克羅地亞人、黑山人、斯洛文尼亞人、馬其頓人、保加利亞人的南斯拉夫人，和包含波蘭人、捷克人、斯洛伐克人的西斯拉夫人。很顯然，這一劃分的依據主要就是前面所說的政治。上述每一個被歸類的民族，當下都擁有自己的獨立國家。儘管還會有一些人數極少、在語言上可以歸於上述分類的民族，但在他們建立獨立、半獨立政治版圖前，真正對他們感興趣的估計只有語言學家。

　　中歐平原上的維斯瓦河流域，被認為是斯拉夫人最初的聚集地，這條河流當下位於波蘭東部。公元初，斯拉夫人與他們的宿敵日耳曼人的分割線，是今天波、德兩國的政治分割線奧得河。也就是說，今天的波蘭可以被認定是斯拉夫人的祖地。事實上，在二戰之前，波蘭曾經幾度被德、俄兩個強鄰瓜分，其國境線也在中歐平原不斷地東西搖擺。波蘭的存在似乎就是為了充當日耳曼人和他們的東斯拉夫遠親的緩衝區。

　　只不過，在這個缺乏山脈分割的大平原地帶，緩衝國的必要性是一定的，但具體偏向哪一方就不一定了。總的來說，這取決於波蘭的兩個強鄰誰更加強勢。最近的例子，是二戰前因為德國的強勢，波蘭的領土範圍要比現在偏東。在第三帝國崩潰、蘇聯成長為超級大國之後，德涅斯特河、第聶伯河等蘇聯境內主要河流的上游地區，被從波蘭領土中剝離。已經成為東歐社會主義陣營一員的波蘭，則從西面的德國那裡得到了相應的補償。通過連鎖式的民族遷徙，這一調整得到鞏固。從蘇聯的角度來看，這樣的劃分不僅更符合地理原則（讓自己得以統治整個東歐平原），也幫助斯拉夫人完整拿到了自己的祖地。

　　實際上，波蘭也並非一直如此悲劇。整個歐洲地區的文明傳播路徑，是按照南歐、西歐、中歐、東歐順序漸次推進的。這與羅馬帝國的擴張方向，以及匈牙利、南俄草原的戰略阻隔有關。換句話說，作為歐洲的初始整合者，羅馬帝國在東北方向對戰遊牧者並沒有優勢，遂選擇向西歐平原（法國）乃至外島性質的不列顛（英國）擴張。居於阿爾卑斯山脈之北的日耳曼人，因與羅馬人緊密的地理關係，比之位置偏東的斯拉夫人要更容易進入文明階段。公元 5 世紀末，羅馬在日耳曼人的入侵下崩潰分裂，西羅馬帝國成為日耳曼人國家，便是這一位置優勢所促成的。這一事件，也使歐洲進入了以宗教為顯性地緣矛盾的中世紀時代。

　　相比之下，斯拉夫人進入歐洲文明視野要晚得多。在東歐平原整體還被隔離在歐洲文明之外時，波蘭人所代表的西斯拉夫人，是最早融入歐洲文明的斯拉夫人。公元 996 年，當時為公爵國的波蘭皈依天主教，並在不久後由教廷加冕升級為「王國」。16 世紀初，通過與波羅的人的聯合（建立波蘭—立陶宛聯邦），波蘭一度獲得了與日耳曼人分庭抗禮的資格。只是在東歐的潛力被俄羅斯人發掘之後，失去邊緣優勢的波蘭，無可奈何地成為德、俄之間的犧牲品。

　　除了語言與位置的差異，波蘭與其南部的捷克、斯洛伐克兩支西斯拉夫人，和東斯拉夫人最突出的差異，在於宗教信仰層面。簡單點說，東斯拉夫人信仰的是東正教，而受西歐地緣影響深厚的西斯拉夫人，信仰的則是天主教。如果現實是將俄羅斯或者東斯拉夫人，視為斯拉夫族群代言人的話，那麼西斯拉夫人這種民族、信仰上的雙重性，很顯然受到了地理位置的影響。這種雙重性並非沒有好處，最起碼在蘇聯解體之後，上述三個與西歐地緣關係緊密的西斯拉夫國家在融入歐洲時要順利得多。

　　同樣的情況也發生在南斯拉夫人這個群體上。隨着羅馬帝國的崩潰，南斯拉夫人同樣得到了改變命運的戰略機會。公元 6 世紀，他們開始從波蘭地區南下，縱穿喀爾巴阡盆地西部（潘諾尼亞平原），侵擾巴爾幹半島北部至多瑙河中下游一線的東羅馬帝國邊境地區。與此同時，被後人標註為「東羅馬」但視自己為羅馬正統的「拜占庭帝國」，需要一支新的力量取代反客為主的日耳曼人，幫助他們鎮守北部邊境（一如當年招安日耳曼人一樣）。這種合作關係，一方面成就了現在的南斯拉夫人各族，另一方面也讓他們中的大部分人接受了東羅馬帝國主導的東正教。位於亞得里亞海沿海的克羅地亞人和斯洛文尼亞人是其中的兩個例外。鑒於他們在地理上與日耳曼人主導的天主教世界接近，這種選擇並不意外。

　　馬扎爾人建立的匈牙利，是南斯拉夫人與西斯拉夫人分割為兩個獨立族群的原因所在。這支被天主教世界招安，並安置於喀爾巴阡盆地充當「基督教之盾」的遊牧民族，不僅讓天主教世界在戰略上獲得了一層保護，更因它的存在與壯大，客觀上切斷了南斯拉夫人與遷出地之間的地緣聯繫，使得斯拉夫人無法建立一個從波羅的海向南延伸至巴爾幹的政治聯盟。當然，考慮到蘇聯曾經一度將西斯拉夫、南斯拉夫，乃至匈牙利都納入東歐社會主義陣營，這一政治聯盟實際上還

是出現過的。只不過，主導者並不是身處斯拉夫源頭的波蘭人，而是後發制人、在東方擁有巨大想像空間的俄羅斯人。

提到俄羅斯人，就一定繞不過與之幾成世仇的德國人了。如果說前者是斯拉夫人的代表，那麼後者就是日耳曼人的代言人。德國所處之地，在羅馬時代被稱為「日耳曼尼亞」，是日耳曼人的根基之地。從政治上溯源的話，斯拉夫國家以西的歐洲國家，都可以定位為日耳曼人國家，並與地緣政治意義上的西歐範圍一致。西羅馬帝國崩潰之時，源出日耳曼尼亞的部落，開始擴散至從英格蘭到意大利的西羅馬故土上。只不過，那些在西羅馬領土上建國的日耳曼人，不可避免地在語言和種族上吸收了更多的羅馬成分。法語、西班牙語、葡萄牙語，與意大利語一樣，都屬於羅曼語族（拉丁語族），而不是日耳曼語族。基於日耳曼體系內部的複雜性，「德意志」逐漸成為日耳曼源頭之地的政治、民族標籤。

共同的民族和政治源頭，使得西歐國家在價值觀上更容易取得一致。在中世紀，這種一致性很大程度上是通過天主教這個紐帶連接起來的，並與以東正教為意識形態主體的拜占庭帝國相抗衡。16 世紀，拜占庭帝國被奧斯曼帝國攻滅。東斯拉夫人適時接過了東正教大旗，歐洲的東西分立局面，也從地中海一帶北移至中歐和東歐平原，並形成我們在近現代史上看到的德俄對抗的局面。在可以預見的將來，歐洲這種東西分立的地緣政治分割局面，並不會發生根本性改變。換句話說，歐洲統一的願景並無可能把俄國包含進去。

冷戰時期，是以蘇聯為核心的東歐體系最為強勢的時間段。蘇聯人不僅將所有斯拉夫國家拉入了自己的陣營，甚至還控制了身處日耳曼核心區的東德。現在，局面則恰恰相反。俄羅斯不僅失去了所有與西歐之間的緩衝國，甚至還失去了烏克蘭這個核心東歐（東斯拉夫）國家。「三十年河東，三十年河西」之說，用在這裡實在是再恰當不

過。正因為意識到這一點，俄國才一定要拿回最具戰略意義的克里米亞，以及在烏克蘭東部支持建立一個不受基輔控制的新緩衝地帶。

　　純粹從地理角度來看，發源於白俄羅斯境內，流經烏克蘭注入黑海的德涅斯特河，是東歐平原位置最西的重要河流。蘇聯當年為白俄羅斯、烏克蘭設計的西部邊境，也可視為東歐與中歐的地理分割線。相比內陸國家屬性的白俄羅斯，擁有黑海海岸線的烏克蘭在地緣政治上的選擇面要寬廣得多。在俄羅斯政治影響力跌入谷底的今天，烏克蘭選擇融入西歐，白俄羅斯則繼續與俄羅斯保持緊密同盟，很大程度上是受自身區位的影響。

　　在東、西歐地緣政治分立的舞台上，並非只有斯拉夫、日耳曼兩大體系的存在。如果說曾經以「奧匈帝國」名義存在於西歐體系中，冷戰中又加入東歐陣營的匈牙利，是雙方在中線的爭奪焦點，那麼同樣位於兩大陣營之間的波羅的海國家（立陶宛、拉脫維亞、愛沙尼亞），則是雙方在北線的爭奪點。事實上，與遊牧出身的馬扎爾人相比，波羅的人與斯拉夫人、日耳曼人的淵源要深得多。同屬印歐語系的波羅的語，甚至獨自享有一個「語族」。這意味着，日耳曼人、斯拉夫人、波羅的人三族擁有共同的祖先。只是後者在前兩者的擠壓下，生存空間只剩波羅的海東南海岸地帶了。

　　歷史上，波羅的人覆蓋的這片波羅的地區一直是日耳曼人和斯拉夫人試圖融合的關鍵點。從地理角度來說，波羅的地區應該被劃入東歐平原。然而在日耳曼人控制了波羅的海西部和北部的情況下，日耳曼人對波羅的地區施加影響，甚至比莫斯科或者基輔要容易得多。鑒於波羅的海位置的重要性，這場爭奪很大程度上又是關於波羅的海控制權的爭奪。在這場爭奪中，上演了無數歷史事件，其中有兩件最具地緣政治風向標意義：一是條頓騎士團國的建立，二是聖彼得堡的建立。

　　1200 年，在十字軍東征時成長起來的日耳曼人性質的條頓騎士

團，決心以波羅的地區為目標展開一場「聖戰」（名義上是讓波羅的人皈依天主教）。德意志開始滲透波羅的海地區時的最大地緣障礙，並不是尚處在未開化狀態的東斯拉夫人，而是身處二者之間的西斯拉夫人政治代表 —— 波蘭。因此，條頓騎士團最初只能以「聖戰」之名，在波羅的地區西端建立一塊飛地，並接受波蘭王國的政治領導。這塊飛地，即是近代德國統一的源頭之地 —— 東普魯士。然而，波蘭的存在，對於東普魯士與德意志本土連成一片始終是一個難以解決的結構性問題，除非將波蘭徹底變成一個內陸國。波蘭領土的幾度變遷都與德國的這個需求有着密切關聯。

今天的德國已經不再需要為要不要給波蘭一條連通波羅的海的「波蘭走廊」而煩惱了。因為在二戰之後，俄羅斯拿走了東普魯士的核心之地，並將之變成了俄羅斯人的加里寧格勒。在波羅的人借蘇聯解體之機，脫離其控制並倒向西方之後，這片東普魯士故地，現在又成了俄羅斯人的飛地。好在將海洋視為俄國崛起關鍵的彼得大帝，18世紀初已經在波羅的海地區的東部拿到出海口，並建立聖彼得堡（蘇聯時期的列寧格勒），甚至將首都從莫斯科遷至此（1712−1918）。這一戰略性的設計，使得今天的俄羅斯可以繞過陸地上的地緣障礙，通過海路與這片重要的飛地相連。在俄國人從烏克蘭手中拿到克里米亞後，類似的情況同樣存在。唯一不同的是，克里米亞半島與俄國本土之間，相隔的是一條最窄處僅有 4 公里的刻赤海峽，這使得俄國人可以通過修建一座橋樑讓這塊飛地與本土相連。

單從加里寧格勒、克里米亞在俄羅斯的存在來看，很容易讓人感覺到俄國人的強勢。然而，考慮到俄國人曾經把控制線向西壓至中歐腹地，這兩個點的存在，只能算是帝國最後的堅持了。從地緣角度切入了解俄羅斯和它的鄰居們的故事，可以幫助我們判斷俄國人在歐洲的期望值以及底線在哪裡。

哥薩克

在俄國向歐亞草原，乃至遠東方向擴張的過程中，被稱為「哥薩克」的特殊族群起了關鍵作用。出現在歷史舞台上的哥薩克騎兵驍勇善戰，極度渴望自由，同時又冷酷無情，就連兩千年來統治草原的遊牧騎兵在他們面前也黯然失色。南俄草原是哥薩克的興盛之地，在這片肥沃的草原上，河流是最為顯著的地理標誌。依聚落地的不同，哥薩克內部被貼上了「頓河哥薩克」「伏爾加哥薩克」「烏拉爾河哥薩克」等標籤，甚至還會根據所處流域的上下游位置再進行細分。

哥薩克出現的歷史背景，與草原帝國週期性的衰弱有關。在控制南俄—中亞草原的蒙古金帳汗國不可避免地陷入衰退、分裂狀態，沙皇俄國又尚未染指草原的 15、16 世紀，中亞草原、南俄草原所組成的西乾草原地帶，出現了一段時間的權力真空。一方面，一部分試圖脫離沙俄（包括波蘭）控制的斯拉夫農奴或者城市貧民開始逃亡到南俄草原，與同樣不願意接受汗國統治的遊牧者為伍，並最終形成能適應草原生活的哥薩克。另一方面，一些突厥遊牧部落脫離金帳汗國的控制成為「自由人」。15 世紀中期，後者甚至在中亞草原建立了哈薩克汗國。

蒙古人在歐亞草原建立的遊牧體系最終崩潰，並不讓人感到意外。所謂有盛就有衰，無論多強大的帝國都會經歷這個過程。只不過，按照過往的經驗來說，草原上的政治重組，始終是遊牧民族內部的事情。或者說，無非這些部落當中有一個最強大者最終統一了整片草原，並將自己的族名覆蓋到其他部落頭上罷了。然而，這一次情況卻有些不同。因為從歐洲方向參與草原地緣結構重組的哥薩克，並非遊牧體系的天然成員，相反，他們更應該被視為西方文明在草原上的代理人。

關於哥薩克的出身，前文也說了，儘管最初混跡於突厥語遊牧者中的斯拉夫人一度也被視為韃靼人的一部分（「韃靼」一詞為歐洲人對亞洲馬上民族的統稱），但隨着這些草原斯拉夫人的人口比例漸漸上升，他們終究還是獨立出來，成為一個有別於亞洲遊牧民族的特殊族群。事實上，「哥薩克」一詞並非源自俄語，而是突厥語中「自由的人」的意思。只是當這鳩佔鵲巢的草原斯拉夫人佔用了這個名稱之後，俄國人只好用「哈薩克」來稱呼這裡本來的主人。

哥薩克之所以成為草原遊牧體系的終結者，源於他們與遊牧體系迥異的地緣背景。儘管看上去他們也是一個馳騁在草原上的馬上「民族」。之所以為「民族」二字打引號，是因為在俄國官方認定的民族體系中，並不承認哥薩克是一個單獨的民族，而只將其看作俄羅斯族內部的一部分罷了。這種情況與漢族中的客家人頗有些類似。不過，這些官方的認定並不影響我們將之視為一個單獨的族群，從地緣角度來審視他們的存在。

哥薩克與哈薩克的區別，首先在於人種上。雖然哥薩克在形成過程中也吸收了一些突厥遊牧者，但族群的基本屬性還是屬於斯拉夫人（主要是俄羅斯人、烏克蘭人）。事實上，能夠沉澱在南俄草原的亞洲遊牧者，本身在種族特徵上就已經高加索化。因此哥薩克群體形成之後，在種族特徵上與其他東斯拉夫同族並沒有本質差異；後來被定義為「哈薩克」的族群，則是在中亞已經生活了上千年，並不斷補充新成員加入的混血突厥遊牧部落。身處歐亞交接之處，使得哈薩克匯集了很多歷史上曾經強盛一時的部落（比如烏孫、乃蠻）。這使得哈薩克群體各部在種族上表現得千差萬別。你既能在其中找到純粹的北亞蒙古人種特徵，也能看到金髮碧眼的高加索人種形象。

人種上的差別，並不是造成他們分為兩大族群的根本原因。實際上，所謂的突厥人，本身就是由歐、亞兩股遊牧勢力混合而成的。在

草原遊牧者看來，膚色、長相從來不是阻止他們融合的問題。哥薩克之所以沒能融入哈薩克，或者說徹底成為草原遊牧者，根源之一在於那些為脫離沙皇俄國控制、選擇進入南俄草原做「自由人」的斯拉夫人，已經擁有了成熟的民族認同，在文化中很難融入突厥體系。尤其是在俄羅斯帝國從拜占庭（東羅馬）帝國手中接過東正教中心的位置後，這些在政治上試圖脫離俄國控制的「自由人」，最起碼在宗教層面會很難接受另一個版本的一神教。

就這一點而言，雖然強勢但在「文化」上略顯粗獷的蒙古人（蒙古人最初信奉的是原始的薩滿教）就吃過大虧。代表帝國征服各方的部落，後來大都被當地文化、民族所吸收。當然，如果此時遊牧民族在歐亞大陸腹地仍然具有絕對統治力，被融合的情況依然可能發生。實際上，早在沙皇俄國建立之前的 13 世紀，也就是東斯拉夫人各邦國還在接受蒙古金帳汗國的統治之時，就已經開始有不同民族出身的人，試圖在草原上過「自由民」的生活了。也正因為這一時代背景，講突厥語的哥薩克才成為那些在南俄草原遊蕩的斯拉夫人、突厥人共同的名稱。只不過，這些早期進入南俄草原的斯拉夫人，並沒有維持住自己的民族認同，而是被後者所融合。

整個歐亞大陸西端，藉助大航海時代的開啟，成為世界文明的引領者後，遊牧民族在歐亞大陸的統治力逐漸被削弱。隨着工業化時代的來臨，遊牧民族徹底失去了在草原上的軍事優勢。這意味着，歷史已經不會再給草原按照既定週期率循環的機會了。接下來，誰能代表歐洲針對亞洲來一次「地理大發現」，實際就只是一個位置問題了。當介於西歐與歐亞草原之間的俄國開始征服南俄草原乃至亞洲時，那些出身於斯拉夫民族的「自由民」（哥薩克），很自然地會願意選擇成為西方文明與沙皇俄國進軍歐亞草原的代理人，並凸顯自己的宗教、民族屬性。

就地緣政治背景而言，哥薩克、哈薩克兩大族群的形成，與 16 世紀中葉兩個國家的形成有着直接關係。一個是沙皇俄國的建立，另一個則是哈薩克汗國的形成。前者的建立，無疑是東斯拉夫人族群的一次成功整合。而出於增強國力的需要，強化中央集權體系也加速了土地兼併和對農民的人身束縛（變成了所謂的「農奴」）。這種改變也使得逃往南俄草原的斯拉夫人數量劇增，以至可以自成體系，與正在重組的草原遊牧體系相抗衡。

按照 20 世紀流行的階級劃分理論來說，那些斯拉夫人中的草原自由民，應該與同樣背景的突厥遊牧民走得更近，甚至融合。不過，前文提到的那些根本性的民族背景，最終還是起了決定性作用。儘管哥薩克最初是為了脫離沙皇俄國統治而逃到南俄草原上的，但共同的民族背景，還是讓他們決心成為俄羅斯帝國在草原上的代理人。對於二者來說，這其實是一個雙贏的決定。帝國可以通過這些擁有與遊牧民族同等機動力、戰鬥力的哥薩克，擴張帝國在亞洲的領地。哥薩克則可以依靠強勢崛起的俄羅斯帝國提供的支撐作用（包括從西方文明中獲得技術優勢，例如武器），來擴大自己在草原上的利益。

拋開這些政治、文化背景，從更原始的地緣關係來分析哥薩克與哈薩克的博弈，我們可以認為這是一場發生在南俄草原與中亞草原之間的板塊碰撞，甚至可以將之看成兩種不同屬性族群之間的博弈。之所以這樣說，是因為支撐活躍於南俄草原上的哥薩克存在的生產方式，並不是傳統的遊牧。事實上，如果按照我們在古典時期經常用到的三類族群標籤來定義哥薩克，我們更應該將之定義為漁獵民族。也就是說，哥薩克在草原上的擴張，可以視為漁獵文化對草原遊牧體系的一次逆襲。

漁獵這種生產方式，可以說是人類最早的謀生方式了。從自然界捕獵、採集可食用的動植物，本身並不是人類所獨創的方式，而是一

種本能。然而，人類畢竟與動物不同，作為萬物之靈，人類的漁獵範圍並不僅僅是那些自然界的產出，更包括那些其他族群通過各種方式得到的產出，甚至是人類本身。從這點上來說，劫掠一類的生存方式本質上也是一種漁獵。

需要說明的是，我們把一個族群或者政權的原始屬性定義為漁獵、遊牧或者農耕，並不是說這個族群就只能採取這樣一種生存方式。而是說這種生產方式在其標誌性族群文化的形成過程中起到過主導作用。至於其成熟壯大後，這種初始經濟是否還佔據最大的份額，反而並不重要。比如說，隨着工業化的推進，農業在中國經濟中所佔的比例已經很低了，但從文明和民族本質來說，數千年農業社會打下的深深烙印，依然無時無刻不在影響當下的中國社會。

具體到漁獵民族的定義來說，漁獵屬性民族如果想在地緣政治舞台上嶄露頭角（標誌是國家化），幾乎很難依靠漁獵的方式做到。部分人口轉而從事更「高級」的遊牧、農耕生產是一種趨勢。不過，因漁獵而形成的族群性格、行為方式，通常會延續一段時間，尤其是漁獵所獲取的物資在經濟生活中還佔有相當比例時。

比較典型的案例就是在東北地區強勢崛起的高句麗人。在古典時期的農業技術條件下，燕山以北（包括朝鮮半島）適合大規模農耕的土地並不多。這支漁獵民族在立國並成為唐帝國勁敵之時，漁獵所獲得的經濟收益仍然佔有 50% 左右的份額。也就是說，受地理環境所限，高句麗人並沒有很好地完成由漁獵向農耕進化的過程。當然，這也不完全是一件壞事。最起碼這個漁獵份額不單讓我們可以認定這個政權的基本屬性為「漁獵」，更在技術上保證了高句麗人的軍事效率。對於這些，來自中原的隋、唐帝國，都有着用鮮血換來的教訓。

回到哥薩克的問題上來。將這個族群定義為「漁獵」，並不僅僅因為他們在西伯利亞追逐珍貴的毛皮，並把它們輸往西歐市場的行為。

實際上，正如我們在西伯利亞部分分析的那樣，大多數時候他們並不一定要親自去做這些事，而是與土著部落合作，以獲取這些物產。

哥薩克的族群屬性，並不是在為俄羅斯擴張西伯利亞時才定性的。當這些斯拉夫人聚集在南俄草原上，並因為宗教、民族方面的原因，拒絕融入突厥遊牧體系時，哥薩克「漁獵」的民族性就已經形成了。只不過，那時他們漁獵的重點並不是草原上那少得可憐的野生動物（相比森林地帶），而是往來於歐亞大陸的商隊。即使進入 17 世紀中葉，哥薩克成為南俄草原的控制者（甚至建立國家性質的自治政權），並依附河流興建了定居村落，乃至開始開發耕地、經商，都無法改變其族群文化中的漁獵基因。

什一稅是歐洲天主教會向教徒徵收的一種主要用於宗教開支的捐稅。顧名思義，這種稅總的徵收比例是十分之一。在哥薩克進入定居化，並依所處流域劃分地盤後，其漁獵屬性曾一度通過什一稅的形式程序化。耕地收入的十分之一被固定上繳給所在自治哥薩克村社組織，充作軍備、糧餉開支，然後在自己的地盤外進行劫掠。基於這一特性，有觀點認為這一階段的哥薩克應該屬於「武裝農民」性質。問題在於，哥薩克的武裝並不僅僅是為了保護自己的土地，更多是一種重要的經濟補充，甚至是為維持自身獨特屬性而刻意為之。從這個出發點來說，哥薩克這種有組織性的劫掠，與滿族成為中央之國統治者後，卻禁絕旗人從事農、商，同時通過木蘭圍場等形式維護其「馬上民族」屬性的做法，本質上是一樣的。

當各個哥薩克自治村社為周邊政權所收編，特別是後來被融入沙俄帝國框架後，從軍成為哥薩克保持自身特色的最重要方式。半農半軍成為哥薩克群體的新特點。只不過，對於哥薩克來說，在軍隊中獲取榮譽和戰利品，與向商旅收取「過路費」並沒有本質區別，都是他們樂於採用的。反之，對於沙俄帝國來說，哥薩克的這種屬性，以

及對草原生活的適應性，恰恰是其向亞洲擴張所需要的。直到以機槍為代表的自動化武器出現之前，傳統歐洲軍隊在草原上並沒有戰略優勢。

　　一個可供參考的案例，是發生在 19 世紀末的祖魯戰爭。作為 19 世紀最強步兵方陣存在的英國步兵，曾經在 1879 年伊散德爾瓦納戰役中，被祖魯王國軍隊全殲上千人。此前在歐洲人入侵撒哈拉以南非洲的 3 個多世紀中，從未遭遇過如此重大的失敗。只不過，在英國人開始使用剛剛引入的加特林機槍後，戰爭就演變成一場針對祖魯人的屠殺了。手搖式加特林機槍還不能算是一種自動武器，稍晚發明出來的馬克沁機槍，才真正是傳統戰法的終結者（甚至終結了歐洲的火器時代）。

　　「一戰」是馬克沁機槍等自動化武器開始發揮巨大威力的時代。對於採用輕騎兵戰術的哥薩克騎兵來說，這也是他們走向沒落的開始。然而，在此之前，沙皇俄國能夠在歐亞大地獲得如此廣袤的土地，與哥薩克自然形成的特殊斯拉夫分支有着直接的關係。對於哥薩克來說，最大的問題在於，當馬和戰刀失去價值之後，他們也同時失去了維繫自己漁獵屬性的途徑。從這點來說，二戰中那些列隊衝向坦克的哥薩克騎兵，更像是在以自己的方式告訴世人「我還能戰」。只不過，一如遊牧者一樣，屬於他們的時代已經逝去。即使今天還有人或者群體希望繼承這個曾經代表榮耀的名字，世上也不會再有真正的哥薩克了。

責任編輯　梅　林

書籍設計　彭若東

責任校對　江蓉甫

排　　版　肖　霞

印　　務　馮政光

書　　名　地緣看世界：歐亞腹地的政治博弈

作　　者　溫駿軒

出　　版　香港中和出版有限公司

　　　　　Hong Kong Open Page Publishing Co., Ltd.

　　　　　香港北角英皇道 499 號北角工業大廈 18 樓

　　　　　http://www.hkopenpage.com

　　　　　http://www.facebook.com/hkopenpage

　　　　　http://weibo.com/hkopenpage

　　　　　Email: info@hkopenpage.com

香港發行　香港聯合書刊物流有限公司

　　　　　香港新界荃灣德士古道 220-248 號荃灣工業中心 16 樓

印　　刷　陽光 (彩美) 印刷有限公司

　　　　　香港柴灣祥利街 7 號萬峯工業大廈 11 樓 B15 室

版　　次　2023 年 2 月香港第 1 版第 1 次印刷

規　　格　16 開 (168mm×230mm) 384 面

國際書號　ISBN 978-988-8763-91-7